Leitfaden durch die Volkswirtschaftslehre

von
Dipl.-Kaufmann Winfried Harter
unter Mitarbeit von
Dr. rer. pol. Sonning Bredemeier
Dipl.-Volkswirt Gottfried Buchs

Fünfte, überarbeitete und erweiterte Auflage

Deutscher Sparkassenverlag Stuttgart

V – 4/86 302 947

Vorwort zur 1. Auflage

Das vorliegende Lehrbuch will in erster Linie den Mitarbeitern der deutschen Sparkassenorganisation, die sich auf die Sparkassen-Fachprüfung vorbereiten, helfen, die Volkswirtschaftslehre verstehen zu lernen, Zusammenhänge des Wirtschaftslebens zu erkennen und somit den notwendigen Wissensstoff zu erarbeiten. Es lehnt sich in seiner Gliederung daher eng an den Rahmenlehrplan an, den der Arbeitskreis der Leiter der Sparkassenschulen festgelegt hat. Für die Mitwirkung einzelner Herren dieses Gremiums bei der Konzeption des Inhalts sei deshalb an dieser Stelle besonders gedankt.

Darüber hinaus soll dieses Kompendium Pädagogen und Schülern allgemeinbildender Schulen als Lehrmittel bei der Behandlung volkswirtschaftlicher Thematiken sowie von Geld- und Währungsfragen dienen.

Zum besseren Verständnis und zur Erleichterung bei der Einarbeitung seien die folgenden Hinweise zur Gliederung des Buches gegeben:

1. Jedes Kapitel beginnt zunächst mit einer Einführung in die Thematik. Es handelt sich dabei um Zitate aus Massenmedien, Vortragsveranstaltungen u. ä., auf die der Leser im Alltagsleben ständig stößt.

2. Es folgen die Lerninhalte. Aus Gründen der besseren Übersicht umreißen sie mit kurzen Schlagworten den Inhalt des Kapitels. Nach dessen Durcharbeiten sollte der Leser den Wissensstoff beherrschen und die behandelten wirtschaftlichen Fachbegriffe bzw. Zusammenhänge erklären können.

3. In den Ausführungen zum Lehrstoff sind Fachbegriffe durch besondere Schreibweise (halbfetter Druck) gekennzeichnet.

4. Den Abschluß eines jeden Kapitels bilden die Übungsfragen. Sie sollen dazu dienen, das Wissen zu testen und zu kontrollieren, ob das Gelesene auch verstanden wurde.

5. Das umfangreiche Sachwortverzeichnis am Schluß soll die spätere Verwendung des Buches als Nachschlagewerk erleichtern.

Hannover, im September 1976 — Die Verfasser

Vorwort zur 5. Auflage

Die Feststellung des griechischen Philosophen Heraklit ,,Alles fließt" hat noch heute uneingeschränkt seine Richtigkeit – insbesondere, wenn man sie auf die internationale Wirtschaftsentwicklung bezieht. So haben sich seit Erscheinen der letzten Ausgabe dieses Lehrbuches nicht nur die ökonomischen Umweltbedingungen in vielfältiger Weise verändert, sondern es sind auch zum Teil nicht prognostizierte Entwicklungen eingetreten. Letztere beweisen einmal mehr, daß Wirtschaftsabläufe sich nicht nach festen, berechenbaren Regeln vollziehen, sondern in starkem Maße abhängig sind von der individuellen Zukunftseinschätzung der am Wirtschaftsleben Beteiligten.

In der vorliegenden Neuauflage haben deshalb die zwischenzeitlich erfolgten nationalen und internationalen ökonomischen Entwicklungen ebenso Eingang gefunden wie neue gesetzgeberische Maßnahmen und wirtschaftspolitische Überlegungen.

Um dem Leser eine schnellere Übersicht über den behandelten Stoff zu verschaffen, wurde darüber hinaus jedes Kapitel um eine kurze Zusammenfassung des Inhalts ergänzt.

Unser Dank an dieser Stelle gilt wiederum all denen, die mit Rat und fachlichen Empfehlungen zur Weiterentwicklung beigetragen haben.

Hannover, im März 1986 — Die Verfasser

Inhaltsübersicht

1 Grundlagen des Wirtschaftens

2 Wirtschaftssysteme

3 Geld und Währung

4 Konjunktur und Konjunkturpolitik

5 Einkommen, Vermögen und ihre Verteilung

6 Außenhandel und Zahlungsbilanz

7 Wirtschaftsintegrationen

1 Grundlagen des Wirtschaftens

Einführung in Thematik

Der Markt verteilt die Einkommen nicht nach den Bedürfnissen, sondern nach der Leistung im Produktionsprozeß. Wer keine Leistung erbringt, geht leer aus.

(Jahresgutachten 1975/76 des Sachverständigenrates)

Die Arbeitsteilung ist zweifellos für den Fortschritt in der Entwicklung der Menschheit eine der größten organisatorischen Entdeckungen.

(Frankfurter Allgemeine Zeitung vom 22. 6. 1978)

Das Nebeneinander von großen, mittleren und kleinen Unternehmen ist notwendig für die Erhaltung funktionsfähiger Märkte und die Sicherung der Leistungsfähigkeit der Wirtschaft. Dezentrale Entscheidungsstrukturen tragen vor allem zur zügigen Anpassung der Volkswirtschaft an veränderte Bedingungen bei.

(Jahreswirtschaftsbericht 1980 der Bundesregierung)

Der Staat bedarf der Leistungen der Bürger, nur so kann er seine Leistungen gegenüber der Gemeinschaft erbringen. Diese müssen vor allem darin bestehen, daß die Grund- und Rahmenbedingungen für die möglichst menschenwürdige Existenz aller einzelnen und für die legitime Wirksamkeit aller legitimen Gruppen gesetzt und bewahrt werden. Auch der „Massenstaat" lebt unerläßlich vom Gemeinsinn seiner Bürger.

(Frankfurter Allgemeine Zeitung vom 12. 3. 1983)

Es geht vor allem darum, sich verstärkt auf die Grundwerte der Sozialen Marktwirtschaft zu besinnen und sie konsequent anzuwenden. Die Investitionskraft und die Wettbewerbsfähigkeit der Wirtschaft müssen gefestigt werden, indem individuelle Verantwortlichkeit und Leistung wieder größeres Gewicht erhalten und hierdurch mehr Arbeitsplätze gesichert und geschaffen werden. Deshalb kommt es darauf an, die vielfältigen Einwirkungen des Staates auf die Wirtschaft und den einzelnen Bürger zu reduzieren und dadurch private Initiative, Verantwortungsfreude und Einsatzbereitschaft wieder stärker zur Geltung zu bringen. Viele Dinge sind im privaten Entscheidungsbereich besser lösbar als durch staatliche Instanzen. Dem Bürger müssen daher wieder größere Freiräume zur Entfaltung seiner Persönlichkeit und seiner Fähigkeiten eingeräumt werden.

(Jahreswirtschaftsbericht 1983 der Bundesregierung)

Ein wesentliches Element der wirtschafts- und gesellschaftspolitischen Neuorientierung bleibt der Abbau überzogener staatlicher Gebote und Verbote. Mit dieser Deregulierung und Entbürokratisierung sollen die Bedingungen für mehr individuelle Freiheit, für selbstverantwortliches Handeln und damit auch für größere Flexibilität und mehr Wettbewerb verbessert werden. Die Erfahrung zeigt, daß ein marktgerechter Abbau staatlicher Vorschriften vielfach allgemein begrüßt wird, es aber im konkreten Fall zu Widerständen kommt, wenn eigene Interessen berührt zu sein scheinen.

(Jahreswirtschaftsbericht 1985 der Bundesregierung)

Lerninhalte

1. Sinn des Wirtschaftens
2. Summe der Bedürfnisse ergibt den Bedarf
3. Güter und Dienstleistungen
4. Konsum- oder Investitionsgüter
5. Wirtschaftliches Prinzip
6. Von der Robinsonwirtschaft über Betriebs- und Volkswirtschaft zur Weltwirtschaft
7. Arbeitsteilung als Grundlage der Massenproduktion
8. Die verschiedenen Wirtschaftssubjekte
9. Geld- und Güterstrom im Wirtschaftskreislauf
10. Die Produktionsfaktoren : Arbeit – Boden – Kapital
11. Der Markt als Treffpunkt von Angebot und Nachfrage
12. Nachfrage- und Angebotselastizität
13. Marktformen

Nach dem Durcharbeiten dieses Kapitels sollte der Leser die vorgenannten Lerninhalte erfaßt haben, den Wissensstoff beherrschen und die behandelten wirtschaftlichen Fachbegriffe bzw. Zusammenhänge erklären können. Eine Kontrolle bieten dazu die Übungsfragen am Schluß dieses Kapitels.

1.1 Warum wirtschaften?

Unser ganzes Leben ist eingebettet in eine Fülle wirtschaftlicher Vorgänge. So werden Waren produziert, gelagert und verkauft, Kredite aufgenommen und getilgt, Unternehmen gegründet, andere stillgelegt, oder sie gehen in Konkurs, Preise werden erhöht oder gesenkt, Steuern an das Finanzamt abgeführt, vom Staat Subventionen gezahlt u. v. a. m. Die Gesamtheit all dieser Vorgänge bildet den Wirtschaftsprozeß. Warum wird nun überhaupt gewirtschaftet, und wozu braucht man die Wirtschaft, ist deshalb eine häufig gestellte Frage.

Lebten wir alle im Schlaraffenland, gäbe es keine Wirtschaft, denn all unsere Wünsche – volkswirtschaftlich **Bedürfnisse** genannt – würden sofort und ohne unser Zutun, z. B. durch Arbeit, erfüllt werden. Mangel und Not, Arbeiten und

Sparen wären unbekannt; denn alles gäbe es im Überfluß. Daß wir uns überhaupt mit der Wirtschaft zu beschäftigen haben, liegt einfach an folgendem: Wir leben eben nicht im märchenhaften Schlaraffenland, sondern in einer Welt, in der die gewünschten Güter und Dienstleistungen nur beschränkt zur Verfügung stehen, während andererseits die Bedürfnisse der Menschen unbegrenzt sind. Der Mensch ist deshalb also gezwungen zu **wirtschaften.** Dabei bedeutet Wirtschaften zunächst nichts anderes als den Versuch einer optimalen Deckung der menschlichen Bedürfnisse.

Bedürfnisse und Bedarf

Die Bedürfnisse des Menschen resultieren aus dem Existenzwillen, seiner Bildung sowie den kulturellen, traditionellen und individuellen Umweltbedingungen des einzelnen, wie sie sich in Abhängigkeit von Ort und Zeit darstellen. Absolute menschliche Bedürfnisse sind die nach den lebensnotwendigen Gütern und Dienstleistungen wie Nahrung, Kleidung und Wohnung. Man nennt sie deshalb auch **Existenzbedürfnisse.** Daneben haben die Menschen z. B. je nach Geschlecht, Alter, sozialer Stellung, Bildungsstand zusätzliche, relative Bedürfnisse, die über die existentiellen hinausgehen. Man nennt diese auch Kultur- und **Luxusbedürfnisse.** Dazu gehören z. B. Reisen, der Erwerb von Schmuck, das Sammeln von Kunstwerken u. ä. Eine starre Grenze zwischen beiden läßt sich nicht ziehen, da mit steigender Zivilisation zunehmend viele Luxusgüter zu Existenzgütern werden. Luxusbedürfnisse signalisieren einerseits einen zunehmenden Wohlstand, sie werden aber überdies vielfach durch Verhaltensweisen wie Sozialprestige, Geltungsbedürfnis oder Machtstreben ausgelöst.

Ein Bedürfnis setzt einen tatsächlich oder subjektiv vorhandenen Mangel voraus, den man beseitigen möchte. Für die Wirtschaft sind die Bedürfnisse oder Wünsche der Menschen so lange nur bedingt von Interesse, wie sie nicht konkret auf dem Markt in Erscheinung treten. Ihre wirtschaftliche Bedeutung erhalten sie in dem Augenblick, in dem sie meßbar, damit plan- und kalkulierbar werden, das heißt also – mit Kaufkraft (= Geld) ausgestattet – als Nachfrage auf dem Markt erscheinen. Diese Gesamtheit aller Bedürfnisse, die als kaufkräftige Nachfrage auf dem Markt auftritt, wird als **Bedarf** bezeichnet.

Neben dem Bedarf des einzelnen Menschen – **Individualbedarf** genannt – spielt in der Volkswirtschaft derjenige der gesamten Gesellschaft (**Kollektivbedarf**) eine bedeutende Rolle. Zu letzterem zählen – aufgrund einer gesellschaftlichen Entscheidung – beispielsweise die Errichtung und Erhaltung von Schulen, Krankenhäusern, Straßen, oder Maßnahmen zur Aufrechterhaltung der öffentlichen Ordnung. Vielfach sind die Grenzen zwischen Individual- und Kollektivbedarf fließend. So können sich beispielsweise die persönlichen und gesamtgesellschaftlichen Sicherungsbedürfnisse nicht decken, so daß sich für den einzelnen die Notwendigkeit ergibt, neben der staatlichen Polizei auch noch private Sicher-

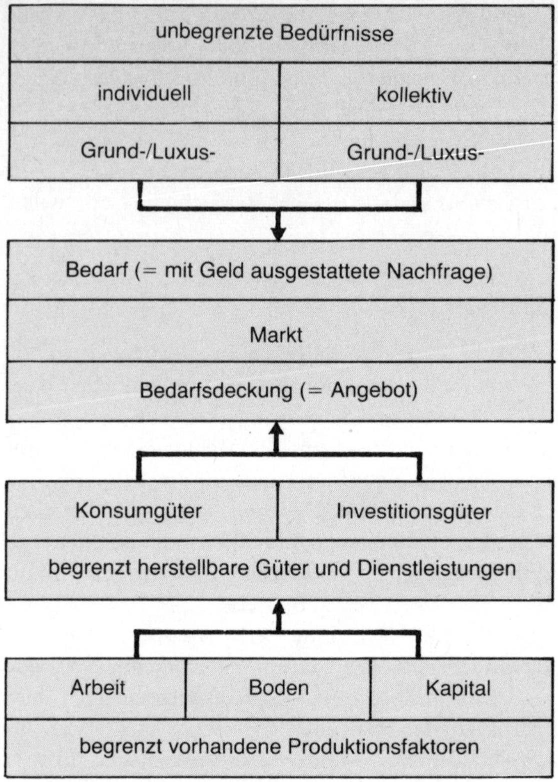

heitskräfte als Leibwächter zu halten. Ebenso ist es möglich, daß sich Individualbedürfnisse, die bislang von jedem einzelnen befriedigt wurden, aus den verschiedensten Gründen zu einem kollektiven Bedarf entwickeln. Als Beispiel dafür mag das Verlangen nach einer Sicherung im Krankheitsfall und im Alter dienen. Bis zur Sozialgesetzgebung unter Bismarck galt es, diese Bedürfnisse individuell zu befriedigen, danach avancierte dieses persönliche Streben mehr und mehr zum Kollektivbedarf und wurde der Gesamtgesellschaft übertragen.

Obwohl jede menschliche Existenz Wirtschaften bedingt, stellen sich doch die Bedürfnisse sehr unterschiedlich dar. Sie sind z. B. abhängig von der jeweiligen Zeit und dem Ort wie auch dem speziellen gesellschaftlichen Umfeld. So gab es beispielsweise im Mittelalter ebensowenig das Verlangen, Weltreisen zu machen – von einzelnen Forschern und Entdeckern abgesehen –, wie den Wunsch nach Urlaub. Während sich Menschen in tropischen Gebieten oftmals noch vor wilden Tieren schützen müssen, ist solches in nördlichen Regionen der Bevölkerung weitgehend fremd. Sie haben sich demgegenüber aber vor der winterlichen Kälte zu sichern, was umgekehrt wieder nicht für den Afrikaner in gleicher Weise erforderlich ist. Schließlich verlangen z. B. Mitglieder der buddhistischen Religionsgemeinschaft nach ganz bestimmten Kulturgegenständen, die in Ländern mit christlicher Religion lediglich von wenigen Sammlern nachgefragt werden.

Mehr als die reinen Existenzbedürfnisse stand immer wieder die Nachfrage nach Luxusgütern im Mittelpunkt vielfältiger Diskussionen. Dabei wurde häufig die Frage aufgeworfen, ob und inwieweit derartige Bedürfnisse dem Menschen aufgezwungen werden können. Insbesondere der Werbung wird vorgeworfen, neue, zum Teil bis dahin nicht einmal existente Bedürfnisse zu produzieren. Eine solche Aussage verkennt die Grundstruktur menschlichen Verhaltens. Es lassen sich wohl kaum Bedürfnisse erzeugen, die nicht in irgendeiner Weise im Menschen latent vorhanden sind. Es handelt sich hierbei weniger um die Frage, ob Bedürfnisse unter dem Aspekt des Unnützen erzeugt werden, als vielmehr darum, auf welche Weise unterschwellig vorhandene Bedürfnisse geweckt werden.

Güter und Dienstleistungen

Zur Befriedigung der Bedürfnisse dienen Güter und Dienstleistungen, die man auch beide zusammen als wirtschaftliche Leistungen bezeichnet. Die **Güter** finden Verwendung entweder in ihrem Urzustand oder nach Be- oder Verarbeitung unter Einsatz der in bestimmter Weise kombinierten Produktionsfaktoren Arbeit, Kapital und Boden zu anderen bzw. neuen Produkten. Bei den **Dienstleistungen** handelt es sich um ökonomische Produkte, die nicht immer direkt und unmitttelbar faßbar sind. Hierzu zählen beispielsweise die Leistungen von Verwaltung, Polizei, Sparkassen und Banken, Versicherungen, Ärzten, Rechtsanwälten, Lehrern u. ä.

Güter und Dienstleistungen stehen im allgemeinen nicht in unbegrenztem Umfang zur Verfügung bzw. können nicht in unendlicher Zahl hergestellt werden. Sie sind also knapp. Die Begrenzung der Gütermenge beginnt schon bei der Gewinnung von Rohstoffen, da diese nicht unbeschränkt vorhanden sind. Die Knappheit ist also natürlich oder produktionsbedingt, d. h. die nicht in unendlicher Menge vorhandenen Rohstoffe bzw. das Volumen der Produktionsanlagen von Industrie und Handwerk sowie das vorhandene Potential an Erwerbspersonen begrenzen den Umfang der Güterversorgung. Die Knappheit kann kurzfristig und auch mittel- bis langfristig nur innerhalb ganz enger Grenzen durch menschliche Anstrengungen sowie technischen Fortschritt abgebaut werden.

Neben den begrenzt vorhandenen Gütern unterscheidet man noch sogenannte freie Güter, deren Existenz keinerlei Beschränkung unterliegt. Zu ihnen zählt z. B. die Luft. Freie Güter kann jedermann kostenlos nutzen, für sie gibt es keinen Preis. Dabei hat man zu berücksichtigen, daß ein für den Menschen normalerweise freies Gut nicht in jeder Situation und überall ein freies Gut sein muß. So ist nämlich für einen Taucher bei der Ausübung seines Berufs oder Hobbys die Luft kein freies, sondern ein sehr knappes Gut, für das er in Form gefüllter Preßluftflaschen einen – manchmal sogar hohen – Kaufpreis zu entrichten hat. Finden Güter unmittelbar und direkt zur Bedürfnisbefriedigung des Menschen Verwendung, sind sie also dazu bestimmt, dem einzelnen zum Verbrauch oder ständigen Gebrauch zu dienen, bezeichnet man sie üblicherweise als **Konsumgüter.** Zu ihnen zählen als Verbrauchsgüter Nahrungsmittel und als Gebrauchsgüter Küchengeräte, Wohnungseinrichtungen, Kleidung u. ä. Demgegenüber spricht man von **Investitionsgütern** bei solchen Gegenständen oder Geräten, die nicht zur unmittelbaren Deckung der Bedürfnisse Verwendung finden oder finden können. Sie helfen vielmehr nur indirekt der Bedürfnisdeckung des Menschen, indem sie dazu dienen, Konsumgüter zu produzieren. Sie heißen deshalb auch **produzierte Produktionsmittel.** Beispiele stellen Verwaltungs- und Fabrikgebäude, Werkzeuge, Maschinenanlagen und Fahrzeuge dar.

Optimal wirtschaften

Die Individual- ebenso wie die Kollektiv-Bedürfnisse des Menschen sind tendenziell unbegrenzt. Demgegenüber stehen zu deren Befriedigung Güter und Dienstleistungen – abgesehen von bestimmten freien Gütern – nur in beschränktem Umfang zur Verfügung. Es kommt deshalb für den einzelnen ebenso wie für die Gesamtwirtschaft darauf an, die beschränkt vorhandenen Mittel so einzusetzen, daß ein möglichst großer Teil der vorhandenen Bedürfnisse befriedigt wird. Um das Optimum an Bedürfnisbefriedigung zu erreichen, ist ein bestimmtes vernünftiges Verhalten notwendig. Es wird als **ökonomisches** oder **Rationalprinzip** bezeichnet. Dieses Prinzip gliedert sich in zwei Teile:

1. **Minimumprinzip** (= Sparsamkeitsprinzip)
   Es gilt, ein bestimmtes Ziel mit dem geringstmöglichen Mitteleinsatz zu erreichen.
2. **Maximumprinzip**
   Es soll mit den gegebenen Mitteln ein maximaler Erfolg erzielt werden.

In die wirtschaftliche Praxis umgesetzt bedeutet das z. B.

für den Arbeitnehmer	für den Unternehmer
Minimumprinzip Anstreben von bestimmten Einkommen durch Auswahl der Tätigkeit mit dem geringsten zeitlichen oder körperlichen Arbeitsaufwand	*Minimumprinzip* Herstellung einer bestimmten Produktionsmenge bei minimalen Kosten für die Produktionsfaktoren (Rohstoffe, Arbeitskräfte u. a.)
Maximumprinzip Erzielung optimaler Bedürfnisbefriedigung bei der Verwendung des Einkommens	*Maximumprinzip* Erzielung des höchstmöglichen Gewinns beim Verkauf der produzierten Güter

Überall im Privat- wie im Wirtschaftsleben stoßen wir auf das wirtschaftliche Prinzip. Es bildet im allgemeinen die Grundlage jeden Handelns und der wirtschaftlichen Beziehungen untereinander. Für den Begriff „Wirtschaften" läßt sich daraus folgende Definition ableiten:

Wirtschaften ist jede planvolle und systematische Tätigkeit, die unter Beachtung des ökonomischen Prinzips mit dem Ziel erfolgt, die Bedürfnisbefriedigung der Menschen bei bestehender Knappheit der Güter zu optimieren.

Robinsonwirtschaft – Betriebswirtschaft – Volkswirtschaft – Weltwirtschaft

Auch Robinson Crusoe, der aus der Literatur bekannte Schiffbrüchige, befand sich auf seiner Insel nicht in einem Schlaraffenland. Für ihn galt ebenso das ökonomische Prinzip; denn nur wenige Güter waren für ihn frei. Abgesehen davon war seine wirtschaftliche Tätigkeit beschränkt durch die Kargheit der Natur, die Grenzen seiner Arbeitsfähigkeit und seines technischen Könnens. Eine solche Wirtschaft, die alles Lebensnotwendige aus sich selbst heraus – ohne fremde Hilfe – erstellt, wird als **autonome** oder **Robinsonwirtschaft** bezeichnet.

Im Gegensatz dazu sind die modernen Betriebs- und Volkswirtschaften sowie die Weltwirtschaft nicht mehr autonom. Sie haben vielmehr alle das gemeinsame Merkmal, daß sich der in ihnen ablaufende Wirtschaftsprozeß nicht nur im Verhältnis vom Menschen zur Natur, sondern auch von Mensch zu Mensch in Form von Kooperationen, Tausch, Wettbewerb u. a. vollzieht. Das Wirtschaften spielt sich also in einem bestimmten gesellschaftlichen Umfeld ab. Das ökonomische Verhalten ist deshalb beeinflußt durch die Beziehungen zwischen den einzelnen Wirtschaftseinheiten sowie zu anderen gesellschaftlichen Systemen.

Bei einer **Betriebswirtschaft** handelt es sich um eine **Einzelwirtschaft,** die nur einen Teil einer Gesamtwirtschaft darstellt. Einzelwirtschaften können Betriebe oder Haushalte sein, d. h. es gehören dazu sowohl Unternehmen als auch eine Arzt- bzw. Rechtsanwaltspraxis sowie eine Familie.

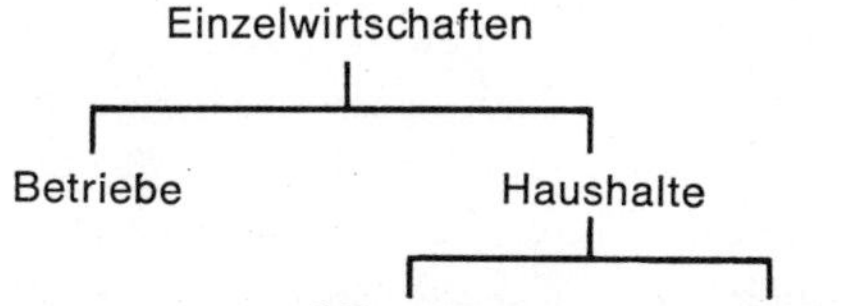

Während es die Funktion der privaten Haushalte ist, einerseits die Produktionsfaktoren zur Verfügung zu stellen und andererseits zu konsumieren, richtet sich die Tätigkeit der öffentlichen Haushalte sowie der Betriebe darauf, unter Verwirklichung des ökonomischen Prinzips durch Einsatz der Produktionsfaktoren zur Versorgung aller Haushalte mit Gütern oder Dienstleistungen beizutragen.

Zur Erfüllung ihrer Aufgaben unterhält eine Betriebswirtschaft Beziehungen zu anderen Betriebswirtschaften. Dementsprechend hat die **Betriebswirtschaftslehre** als Wissenschaft den einzelnen Betrieb, seine innerbetrieblichen Abläufe und Zusammenhänge sowie seine Verflechtungen zur Umwelt als Erkenntnisobjekt zum Gegenstand.

Die **Volkswirtschaftslehre** befaßt sich nun nicht nur mit der Addition der Einzelwirtschaften in einem Staatsgebiet. Sie bezieht auch die Vorgänge und Wirkungen zwischen den Einzelbetrieben in ihre Betrachtungen ein. Ihr Wirkungsfeld ist also die Wirtschaft eines Staatsvolkes, die in ihrem Entstehen und in der Fortentwicklung durch Volkstum, Tradition und einheitliche Rechtsordnung sowie gemeinsame Leitideen und Ziele geprägt wird. Die Volkswirtschaftslehre versucht, Beziehungen und Zusammenhänge innerhalb der Wirtschaft aufzudekken und zu analysieren, um Regelmäßigkeiten im Wirtschaftsablauf feststellen zu können und daraus wirtschaftspolitische Hilfsmittel und Instrumente zu entwikkeln.

Wie die Betriebswirtschaft innerhalb der Volkswirtschaft, so stellt letztere wiederum in der **Weltwirtschaft** nur einen Baustein im Gesamtgefüge dar. Die Weltwirtschaft ist gekennzeichnet durch ein Geflecht internationaler Wirtschaftsbeziehungen, die sich vom Austausch von Gütern und Dienstleistungen über den Wechsel von Arbeitskräften über Ländergrenzen hinweg bis hin zur Gewährung von Krediten und dem sonstigen Geld- und Kapitalverkehr erstrecken. Die besondere Eigenart des weltwirtschaftlichen Leistungsaustauschs im Vergleich zu Kooperationen innerhalb einer Volkswirtschaft ergibt sich durch die unterschiedlichen wirtschaftlichen Verfassungen, Rechts- und Währungsordnungen, Kulturen, historischen Entwicklungen, Ausstattungen mit Ressourcen und die Verschiedenartigkeit der erstellten Güter und Dienstleistungen. Alle diese Faktoren bestimmen entscheidend die wirtschaftlichen Beziehungen zwischen den einzelnen Volkswirtschaften als Teile der Weltwirtschaft. Im Gegensatz zu früheren Zeiten ist heute praktisch keine Volkswirtschaft mehr in der Lage – unabhängig davon, wie groß sie ist –, sich völlig aus den weltwirtschaftlichen Wechselbeziehungen herauszuhalten, d. h. autark zu sein. Im Rahmen der Volkswirtschaftslehre werden deshalb auch die Beziehungen der einzelnen Volkswirtschaften über ihre Grenzen hinaus untersucht. Ebenso muß sich die Betriebswirtschaftslehre seit geraumer Zeit durch die Internationalisierung der Unternehmen mehr und mehr den Fragen der weltwirtschaftlichen Einflüsse auf den Einzelbetrieb zuwenden.

Unsere heutigen modernen Volkswirtschaften werden auch als **arbeitsteilige Verkehrswirtschaften** bezeichnet. Die einzelnen Wirtschaftssubjekte produzieren die für den eigenen Verbrauch benötigten Güter in der Regel nicht mehr selbständig. Die Einzelwirtschaften spezialisieren sich vielmehr auf die Erzeugung bestimmter Produkte bzw. Produktteile oder auf die Herstellung besonderer

Leistungen. Sie erzeugen diese aber über den eigenen Bedarf hinaus, bieten sie am Markt an und tauschen sie über den Mittler Geld gegen gewünschte Güter ein. Alle Mitglieder einer Volkswirtschaft stehen also untereinander in einem ständigen, intensiven wirtschaftlichen Tauschverkehr. Sie ergänzen sich in ihren Leistungen und sind als Teile einer Gesamtwirtschaft aufeinander angewiesen.

Die **Arbeitsteilung** zeigt sich in den verschiedensten Formen, die sich aber auf drei Grundtypen zurückführen lassen. So wird unterschieden zwischen

- beruflicher Arbeitsteilung,
- technischer Arbeitsteilung und
- weltwirtschaftlicher Arbeitsteilung.

Bei der **beruflichen Arbeitsteilung** – auch als **volkswirtschaftliche** oder **gesellschaftliche Arbeitsteilung** bezeichnet – handelt es sich um die Unterscheidung einzelner Berufsarten und Produktionszweige innerhalb der gesamten Volkswirtschaft. Als Beispiel mag die Aufteilung des Handels in Groß-, Einzelhandel, Ex-, Import, Zwischenhandel u. a. dienen. Die Berufe gliedern sich entsprechend.

Bei der **technischen** – oder auch **betriebswirtschaftlichen – Arbeitsteilung** geht es um die Zerlegung des Produktionsprozesses in selbständige Teil- oder Spezialvorgänge innerhalb eines Einzelbetriebes. Die Anfänge dieser technischen Arbeitsteilung liegen bereits in der Aufgliederung der Arbeit zwischen Mann und Frau. In der zweiten Hälfte des 19. Jahrhunderts führte die Steigerung der Betriebsgrößen in der Industrie zu einer gewaltigen Ausdehnung der technischen Arbeitsteilung. Große Industrieunternehmen wie z. B. Automobilfabriken sind heute ohne weitreichende technische Arbeitsteilung undenkbar.

Die **weltwirtschaftliche Arbeitsteilung** ist ein Ergebnis der unterschiedlichen Ausstattung der einzelnen Volkswirtschaften mit Rohstoffen und Produktionsfaktoren, der verschiedenen klimatischen und geologischen Gegebenheiten, der geographischen Lage, von Kosten- und Preisunterschieden, der politischen Entwicklung und zahlreicher anderer Ursachen. Sie bildet die Basis für den internationalen Handel und den Güter- und Dienstleistungsaustausch rund um den Globus.

Die Vorteile der Arbeitsteilung sind vielfältig. Sie liegen z. B. bei der technischen Arbeitsteilung in der Erhöhung der Leistungsfähigkeit durch die ständige Ausübung derselben Tätigkeit und damit Steigerung der Geschicklichkeit, der besseren Nutzung der invidiuellen Fähigkeiten des einzelnen, dem schnellen Einsatz ungelernter und angelernter Arbeitskräfte infolge Zerlegung des Produktionsprozesses in einfache Teilvorgänge, der Möglichkeit der Verwendung technisch hochwertiger Werkzeuge und Maschinen mit größerer Ausbringung und damit einer wesentlich höheren Produktivität. Zusammengefaßt läßt sich sagen, daß die Arbeitsteilung weltweit zu einer gewaltigen Steigerung des volkswirtschaftlichen Leistungsvermögens beigetragen und die Grundlage für die heute überwiegend in den Industrieländern praktizierte Massen- und Fließbandproduktion geliefert hat, die die Basis für eine weitgehende Bedürfnisbefriedigung bedeutet.

Es versteht sich von selbst, daß zu jeder Arbeitsteilung als Gegenstück die Arbeitsvereinigung hinzukommen muß, d. h. für die technische Arbeitsteilung beispielsweise, daß die einzelnen Spezial- und Teilvorgänge in sinnvoller Weise zu der Erstellung des Endproduktes wieder zusammengeführt werden müssen.

Bei einer kritischen Würdigung dürfen aber die durch die Arbeitsteilung möglicherweise bedingten Nachteile nicht unbeachtet gelassen werden. Sie liegen z. B. in der Monotonie der Arbeit, die leicht zu Abstumpfungen, schnellerer Ermüdung und damit zu größeren Unfallgefahren führen kann, in dem schwindenden Interesse und der sinkenden Freude an der Arbeit, nicht zuletzt den daraus und aus einer steigenden Zahl ungelernter Arbeitskräfte erwachsenden Sozialproblemen.

Zusammenfassung

1.1 Warum wirtschaften?

Den unbegrenzten Bedürfnissen der Menschen als Einzelpersonen oder als Gemeinschaft stehen zur Befriedigung Güter und Dienstleistungen in nur begrenztem Umfang gegenüber. Durch Wirtschaften wird versucht, die Individual- wie auch die Kollektivbedürfnisse der Menschen bei bestehender Knappheit der Güter zu optimieren. Dieses ökonomische Verhalten ist sowohl bei Einzelwirtschaften als auch bei den internationalen Wirtschaftsbeziehungen anzutreffen.

In den heutigen modernen Volkswirtschaften mit praktizierter Arbeitsteilung werden die für den eigenen Verbrauch benötigten Güter gar nicht oder nicht vollständig selbst hergestellt, sondern gegen eigene Leistungen oder Produkte eingetauscht. Die verschiedenen Formen der Arbeitsteilung führen zu einer Erhöhung der Leistungsfähigkeit und sind damit Basis für eine weitergehende Bedürfnisbefriedigung.

1.2 Wirtschaftssubjekte

Am Wirtschaftsleben in einer Volkswirtschaft nehmen sowohl einzelne Menschen bzw. private Haushalte als auch bestimmte Organisationsformen wie Unternehmen, öffentliche Haushalte, Sparkassen, Banken u. ä. teil. Sie werden als

Wirtschaftssubjekte bezeichnet. Deren ökonomische Aktivitäten umfassen z.B. Tätigkeiten wie

- arbeiten,
- Löhne, Gehälter und Renten beziehen,
- sparen,
- verkaufen,
- kaufen,
- Kredite gewähren,
- Zinsen erheben,
- Gewinne machen.

Die gesamte Volkswirtschaft ist also von einem dichten, eng miteinander verwobenen Geflecht wirtschaftlicher Beziehungen überlagert. Um dieses Dickicht besser durchleuchten und überschauen zu können, faßt man die verschiedenen Wirtschaftssubjekte zu Gruppen mit gleichartigen ökonomischen Entscheidungen zusammen. Danach ergeben sich im wesentlichen fünf verschiedene Arten von Wirtschaftssubjekten.

1. Private Haushalte

In dieser Gruppe sind alle Privatpersonen zusammengefaßt, ob es sich nun um Jugendliche oder Erwachsene, Unternehmer, Arbeitnehmer oder Rentner handelt. Ihre wirtschaftlichen Entscheidungen erstrecken sich z.B. darauf, wieviel Arbeitsleistung der einzelne zur Verfügung stellen will und an wen, in welchem Ausmaß Einkommen zum Konsum verwendet oder gespart werden soll, wie hoch Kapitalbeteiligungen an Unternehmen zu bemessen sind.

2. Wirtschaftsunternehmen

In der volkswirtschaftlichen Terminologie sind Unternehmen Stätten, an denen Produkte hergestellt oder Dienstleistungen erbracht werden. Die wirtschaftlichen Entscheidungen, die solche Unternehmen zu fällen haben, umfassen beispielsweise die Zahl der zu beschäftigenden Arbeitskräfte, die Auswahl und Menge der zu fertigenden Produkte bzw. Art und Umfang von zu erbringenden Dienstleistungen, Kalkulation des Preises für die anzubietenden Leistungen, die Größe des Betriebes und die Auswahl des Standortes sowie der zu verwendenden Produktionseinrichtungen.

Bei den Produktionsunternehmen unterscheidet man zwischen solchen, die Konsumgüter herstellen, und den Investitionsgüterproduzenten. Deren Erzeugnisse (z.B. Maschinen, Fabrikgebäude, Fahrzeuge etc.) sind in einer modernen Volkswirtschaft eine Voraussetzung für das Erstellen von Konsumgütern.

3. Öffentliche Haushalte

Zu den öffentlichen Haushalten zählen Gemeinden, Länder, der Bund sowie einige weitere staatliche Einrichtungen wie z. B. die Sozialversicherung. Der Staat produziert sowohl Leistungen zur Deckung der Kollektivbedürfnisse als auch solche, die in einer marktwirtschaftlichen Ordnung von Unternehmen im allgemeinen nicht in gleicher Weise erbracht und zu gleichem Preis angeboten werden können. Diese öffentlichen Leistungen finanziert der Staat mit Hilfe sogenannter Zwangseinnahmen. Darunter sind Steuern, Zölle und andere Abgaben zu verstehen. In den ökonomischen Entscheidungsbereich des Staates fällt insbesondere, darüber zu befinden, welche gemeinwirtschaftlichen Aufgaben er in welchem Umfang erfüllen will, wie er die finanziellen Mittel dazu beschafft, wieviel Arbeitskräfte er beschäftigen muß oder welche Subventionen er in welcher Höhe zu zahlen beabsichtigt.

Der Staat ist aber nicht nur ein Wirtschaftspartner wie jeder andere, sondern er steuert in seiner Eigenschaft als wirtschaftspolitische Instanz zugleich unter bestimmten, von ihm festgelegten Zielsetzungen den wirtschaftlichen Ablauf. Das bedeutet, daß er im Rahmen der vom Gesetzgeber abgesteckten Grenzen regulierend und lenkend die Marktkräfte zu beeinflussen versucht.

4. Außenwirtschaft

Die Beziehungen einer Volkswirtschaft über ihre Grenzen hinaus nennt man Außenwirtschaftsverkehr. Dieser umfaßt den Verkauf von heimischen Gütern und Dienstleistungen ins Ausland (Export) und den Kauf von ausländischen Produkten und Dienstleistungen (Import) ebenso wie reine Geld- und Kreditbewegungen zwischen in- und ausländischen Wirtschaftssubjekten. Auch diese Gruppe ist durch gemeinsame wirtschaftliche Entscheidungen gekennzeichnet. Sie richten sich auf die Auswahl der ein- oder auszuführenden Güter und Dienstleistungen sowie auf den Umfang der Kapitalbewegungen. Prinzipiell handelt es sich hier um solche Entscheidungen, die die privaten Haushalte bzw. Wirtschaftsunternehmen in gleicher Weise auch im Inland zu treffen haben. Jedoch gelten für die internationalen Beziehungen eine Reihe von Sonderbedingungen, die auf die Entscheidungsfindung wesentlichen Einfluß haben. Erwähnt seien in diesem Zusammenhang z. B. unterschiedliche Währungssysteme, verschiedenartige Rechtsprechungen und andersartige Handelsbräuche.

5. Kreditinstitute

Die fünfte Gruppe umfaßt Sparkassen und Banken bzw. bankähnliche Institutionen. Kreditinstitute spielen in einer Volkswirtschaft eine besonders wichtige Rolle. Zu ihren wesentlichen Aufgaben zählt einerseits, diejenigen Geldbeträge zu sammeln, die die anderen Wirtschaftssubjekte nicht für den Kauf von Gütern oder sonstige Ausgaben benötigen, d. h. also sparen. Auf der anderen Seite schöpfen sie aus den bei ihnen erfolgten Einlagen Kredite. Dadurch stellen sie sicher, daß in einer Volkswirtschaft die notwendigen Investitionen getätigt werden können, die Voraussetzung für die Realisierung des technischen Fortschritts und damit für Wachstum und Verbesserung des Lebensstandards sind. Sparkassen und Banken üben also die für jede Volkswirtschaft wichtige **Transformationsfunktion** zwischen Sparen und Investieren aus. Beides ist für eine Volkswirtschaft lebensnotwendig; denn ohne Ersparnisbildung fehlen die Finanzierungsmittel für Investitionen. Ohne Investitionen schrumpft eine Volkswirtschaft und ist damit zum Rückschritt verurteilt.

Zusammenfassung

1.2 Wirtschaftssubjekte

Träger der ökonomischen Aktivitäten sind die Wirtschaftssubjekte. Sie werden zu folgenden Gruppen mit gleichartigen ökonomischen Entscheidungen zusammengefaßt:

- Private Haushalte
- Wirtschaftsunternehmen
- Öffentliche Haushalte
- Außenwirtschaft
- Kreditinstitute.

1.3 Wirtschaftskreislauf

Jede arbeitsteilige Verkehrswirtschaft ist also dadurch gekennzeichnet, daß in ihr zwischen den verschiedenen am Wirtschaftsprozeß beteiligten Gruppen ein permanenter Güter-/Leistungsstrom fließt, dem ein Geldstrom in entgegengesetzter Richtung entspricht. Der Austausch dieser Leistungen erfolgt durch Angebot und Nachfrage auf Märkten. An den dort erzielten Ergebnissen orientieren wiederum die Wirtschaftssubjekte ihre Aktivitäten: Bisherige Pläne werden eventuell korrigiert, neue aufgestellt. Für Wirtschaftspolitiker sind diese Verhaltensweisen und die daraus resultierenden Ströme insoweit wichtig, da sie – orientiert an gesamtwirtschaftlichen Zielen – hier mit der Beeinflussung dieser Aktivitäten durch ihre Maßnahmen ansetzen müssen. Insoweit ist es unumgänglich, das vielfältige Zusammenspiel zwischen den einzelnen Wirtschaftssubjekten bzw.

den Gruppen zu ergründen. Dieses kann am besten durch Beobachtung und Aufzeichnung erreicht werden. Durch Konzentrierung auf wesentliche Merkmale erhält man so immer wiederkehrende Beziehungen, aus denen sich aufgrund der relativen Konstanz durchaus auch Schlüsse auf zukünftige Entwicklungen ziehen lassen. Gesamtwirtschaftliche Größen, wie Sozialprodukt, Investitionen, privater und öffentlicher Konsum, Leistungsbilanzsalden usw. sind solche durch statistische Aufzeichnungen gewonnenen Größen. Um nun aus den Beziehungen zwischen den Wirtschaftssubjekten Erkenntnisse ziehen zu können, ist es unumgänglich, durch Abstraktion die Abläufe der Volkswirtschaft darzustellen. Dazu werden diejenigen Teilnehmer an den Wirtschaftsprozessen, die vielfache Gemeinsamkeiten aufweisen oder ähnlich handeln, zu Gruppen zusammengefaßt.

Ausgehend von einfachen Zusammenhängen zwischen zunächst nur zwei Gruppen von Wirtschaftssubjekten, privaten Haushalten und Unternehmen, soll dann durch Einbeziehung von Transaktionen mit dem Ausland und später auch mit den öffentlichen Haushalten eine zwar abstrakte, aber annähernd realitätsnahe Darstellung des volkswirtschaftlichen Kreislaufs gegeben werden.

1.3.1 Einfacher Wirtschaftskreislauf

Bei diesem einfachen Kreislauf-Modell handelt es sich um eine Volkswirtschaft ohne Auslandsbeziehungen und ohne staatliche Aktivitäten. Ökonomische Transaktionen finden lediglich zwischen den beiden Gruppen Unternehmen und Private Haushalte statt. Die Güter- und Geldströme ergeben hier folgendes Bild:

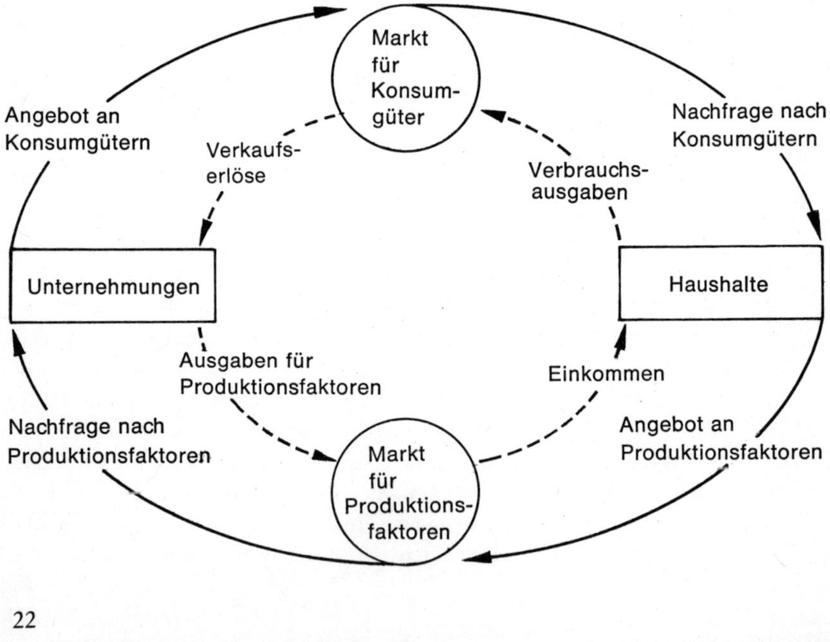

Die Haushalte bieten den Unternehmen auf den jeweiligen Märkten Arbeitsleistung, Grund und Boden sowie erspartes Kapital an. Unternehmen treten als Nachfrager auf, denn sie benötigen diese – als **Produktionsfaktoren*** bezeichneten – Leistungen der Haushalte, um durch deren Kombination konsumreife Güter oder Dienstleistungen erstellen zu können. Die Unternehmen ihrerseits bieten nun diese Güter und Dienstleistungen den Konsumenten, wiederum auf Märkten, zum Kauf an. Mit dem Erwerb der Produkte durch die als Konsumenten nachfragenden Haushalte ist der Güterkreislauf geschlossen. Ebenso wie die Haushalte ihre Produktionsfaktoren den Unternehmen nicht gratis zur Verfügung stellen – sie erhalten dafür Einkommen in Form von Löhnen, Gehältern, Gewinnen, Zinsen, Pachten, Mieten u. ä. –, geben die Unternehmen ihre Produkte nicht ohne Bezahlung ab. Die aus den Einkommen der Haushalte zu zahlenden Konsumausgaben fließen den Unternehmen als Verkaufserlöse zu, so daß damit auch der Geldstrom geschlossen ist. Er hat logischerweise die gegenläufige Richtung und den gleichen Wert wie die Güter und Dienstleistungen, da das Geld ja zu deren Bezahlung dient. Zur Darstellung der Transaktionen genügt somit nur ein Strom. Da das Zusammenfassen von Geldgrößen besser möglich ist als die Addition verschiedener Güter, wählt man zur Darstellung der Wirtschaftsbeziehungen die monetären Ströme. Dies soll auch im folgenden geschehen.

Im obigen System wurde unterstellt, daß die Wirtschaftssubjekte ihre Einkommen auch vollständig wieder für Konsumzwecke ausgaben. Diese Prämisse soll nun aufgegeben werden. Das bedeutet, daß durch Sparen nunmehr die Bildung von Vermögen möglich wird. Dabei gelten folgende Definitionen:

- Einkommen der privaten Haushalte, das nicht für Konsumgüter Verwendung findet, zählt als Ersparnis.
- Bei den Unternehmen werden alle produzierten, aber nicht dem Konsum zugeführten Güter als Investitionen angesehen. Nicht verkaufte Güter, das heißt Lagerbestände, zählen somit ebenso zu den Investitionen wie die Herstellung von Maschinen.
- Die zur Erhaltung des vorhandenen Kapitalbestandes benötigten Investitionen, sogenannte Ersatz-Investitionen, werden aus Abschreibungen finanziert. Darüber hinausgehende Investitionen sind Nettoinvestitionen. Sie erhöhen den Kapitalbestand. Netto- und Ersatzinvestitionen ergeben zusammen die Bruttoinvestition.
- In Unternehmen verbleibende Gewinne werden als Ersparnis der Unternehmen angesehen. Die Vermögensbildung wird auf dem sogenannten Vermögensänderungskonto erfaßt. Ein zu diesem Konto hinführender Strom zeigt die Bildung, ein abfließender Strom die Verwendung von Vermögen.

---

* Vielfach werden heute als Produktionsfaktoren nur noch Arbeit und Kapital benannt. Dabei bezieht man den Boden als Teil des Kapitals unter diesem mit ein.

– Der Austausch dieser Leistungen, Angebot an erspartem Kapital und Nachfrage nach Kapital, erfolgt auf den entsprechenden Geld- und Kapitalmärkten, bzw. die Kreditinstitute übernehmen die Transformationsfunktion.

Die Märkte für Konsumgüter und für andere Produktionsfaktoren sind nun nicht mehr dargestellt. Aus Gründen der Übersichtlichkeit werden auch bei den weiteren Modellen keine Märkte mehr eingezeichnet. Der Wirtschaftskreislauf stellt sich dann wie folgt dar:

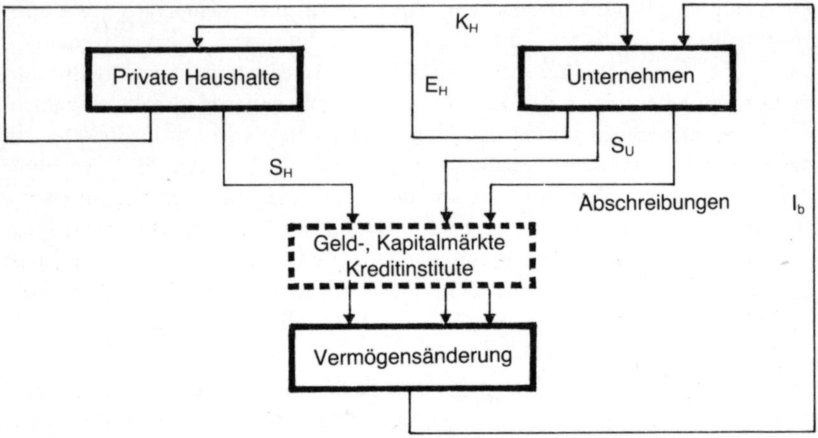

Dieses wie auch die folgenden Modelle unterstellen ein geschlossenes System. Danach gilt das sogenannte Kreislaufaxiom. Das heißt: Die Summe der einem Sektor zufließenden Ströme ist wertmäßig gleich der Summe der abfließenden Ströme. Aus dieser Definition lassen sich deshalb folgende Gleichungen für die einzelnen Sektoren aufstellen:

Private Haushalte: (1) $E_H = K_H + S_H$

Unternehmen: (2) $K_H + I_b = E_H + S_U$ + Abschreibungen

Vermögensänderung: (3) $S_H + S_U$ + Abschreibungen $= I_b$

Dabei bedeuten:
E_H = Einkommen der privaten Haushalte
K_H = Konsumausgaben privater Haushalte
S_H = Ersparnis privater Haushalte
I_b = Brutto-Investitionen
S_U = Ersparnis der Unternehmen

Aus Gleichung (3) folgt, daß die Ersparnisse in einer betrachteten Periode gleich den Netto-Investitionen (I_N) sind:

(3 a) $S_H + S_U = I_n$

Da es sich bei der Ersparnis der Unternehmen um unverteilte Gewinne handelt,

d. h. Gewinne, die nicht an die Haushalte ausgezahlt wurden, kann man sie quasi als Einkommen der Unternehmen (E_U) bezeichnen.

Somit erhält man (2a) $K_H + I_n = E_H + E_U$

Da es in dieser Volkswirtschaft nur zwei Sektoren gibt, ist das Volkseinkommen E_V gleich der Summe der Einkommen der Sektoren:

$$(2b)\quad E_V = K_H + I_n$$

Wertmäßig entspricht es auch dem Netto-Sozialprodukt dieser Volkswirtschaft.

1.3.2 Erweiterte Kreislaufdarstellungen

Gibt man die Beschränkung einer geschlossenen Volkswirtschaft auf und erlaubt den Wirtschaftssubjekten Handelsbeziehungen zum Ausland – aus Vereinfachungsgründen sollen hier nur die Unternehmen solche Transaktionen durchführen –, so ergibt sich folgendes Bild:

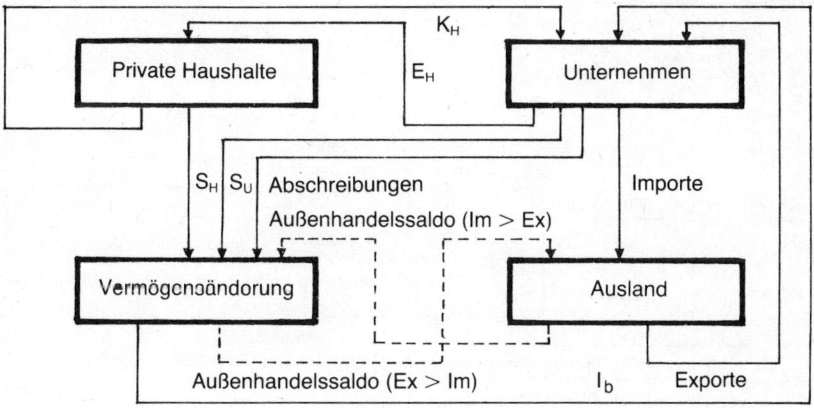

Die Unternehmen verkaufen Güter an das Ausland (Exporte) und erhalten dafür Geld. Gleichzeitig beziehen Unternehmen zur Produktion oder zum Weiterverkauf Güter vom Ausland (Importe), wofür sie bezahlen müssen. Ist das Volumen von Ex- und Importen in dem betrachteten Zeitraum gleich groß, gibt es keinen Saldo und es tritt keine Vermögensänderung in der Volkswirtschaft ein. Wird dagegen mehr exportiert als importiert, so bildet sich Vermögen in Form von Forderungen an das Ausland. Das heißt: Das Ausland erhält Waren auf Kredit. Umgekehrt vollzieht sich bei einem Importüberschuß ein Vermögensabbau, da die Volkswirtschaft Waren auf Kredit erhält.

Das Gleichungssystem dieses Wirtschaftskreislaufes lautet infolgedessen:

Haushalte:	(4) $E_H = K_H + S_H$
Unternehmen:	(5) $E_H + S_U + \text{Abschreibungen} = K_H + (Ex\text{-}Im) + I_b$
Vermögensänderung:	(6) $S_H + S_U + \text{Abschreibungen} = I_b + (Ex\text{-}Im)$
Ausland:	(7) $Ex - Im = (Ex - Im)$

Auch hier folgt aus Gleichung (6), daß die Ersparnisse der Periode der Summe von Netto-Investitionen und Außenbeitrag (Ex − Im) entsprechen.

Berücksichtigt man jetzt noch den Staat mit seinen Aktivitäten, so erhält man einen Wirtschaftskreislauf, der die wesentlichen Transaktionen unserer Volkswirtschaft beinhaltet:

Wirtschaftskreislauf

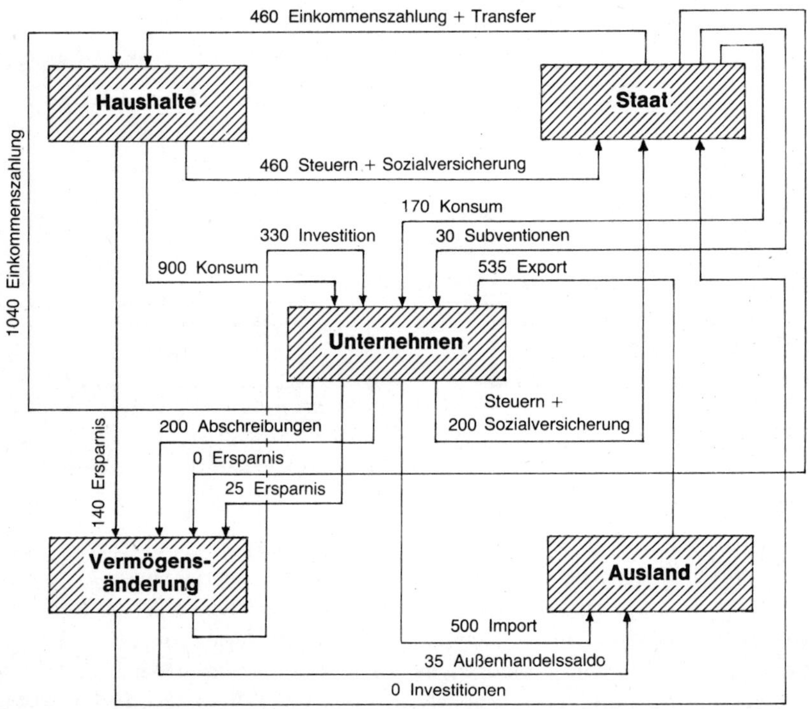

Die privaten Haushalte stellen nun Produktionsfaktoren sowohl den Unternehmen als auch dem Staat zur Verfügung. Dafür haben diese entsprechende finanzielle Gegenleistungen zu erbringen. Andererseits zieht der Staat sowohl von privaten Haushalten als auch von Unternehmen Steuern und Abgaben ein, mit denen er neben den Löhnen, Gehältern und Verwaltungskosten staatlichen Konsum bezahlt und Unterstützungszahlungen an private Haushalte (sog. Transferleistungen) und die Wirtschaft (Subventionen) leistet.

Die Kreislaufgleichungen lauten dann:

Haushalte: (8) $E_H^U + E_H^{St} + Tr = K_H + S_H + T_H$

Unternehmen: (9) $E_H^U + S_U + T_U - Z + \text{Abschreibungen} = K_H + A_{St} + (Ex\text{-}Im) + I_b$

Staat: (10) $T_H + T_U = E_H^{St} + A_{St} + S_{St} + Z + Tr$

Vermögensänderung: (11) $S_H + S_U + S_{St} + \text{Abschreibungen} = I_b + (Ex\text{-}Im)$

Dabei bedeuten:

$T_{H/U}$ = Steuern und Abgaben der privaten Haushalte bzw. Unternehmen

Tr = Transferleistungen

A_{St} = Staatsausgaben

S_{St} = staatliche Ersparnis

E_H^U bzw. E_H^{St} = Einkommen privater Haushalte bezogen von Unternehmen bzw. vom Staat

Die Zahlen für die einzelnen Geldströme (in Milliarden DM) verdeutlichen in etwa die Relationen, in denen sich die Werte für die Bundesrepublik Deutschland im Jahre 1982 bewegten.

Selbstverständlich läßt sich dieses Kreislaufmodell immer weiter verfeinern und damit mehr und mehr der Realität anpassen. So kann man z. B. die Kreditwirtschaft als gesonderten Sektor neben den Unternehmen darstellen, ferner zwischen Investitions- und Konsumgüter-Industrien unterscheiden, die privaten Haushalte nach Arbeitnehmern, Beamten uund Selbständigen differenzieren usw. Die graphische Darstellung würde dann jedoch schnell an einem Punkt anlangen, an dem die Übersichtlichkeit verloren ginge. Die fehlenden graphischen Möglichkeiten sind allerdings kein Grund, auf die Aufzeichnung der Transaktionen zwischen solch aufgegliederten Sektoren zu verzichten. Zur Erfassung wählt man deshalb die Darstellung in Form von Konten bzw. sogenannten Input-/Output-Tabellen. Grundlegende Kenntnisse über gesamtwirtschaftliche Größen und Zusammenhänge lassen sich aber hinreichend aus der vorstehend gewählten graphischen Form ziehen.

Die Wirtschaftskreislaufbeziehungen, ob nun graphisch oder in Gleichungsform dargestellt, gelten für jeden gewählten Zeitraum. Immer handelt es sich um eine Aufzeichnung abgelaufener Vorgänge. Aussagen, warum die gesamtwirtschaftlichen Größen Einkommen, Konsum, Investitionen und Ersparnis in dieser Höhe angefallen sind, warum nicht höher bzw. geringer, können daraus nicht abgeleitet werden. Aufgrund erkennbarer Wirkungszusammenhänge lassen sich wohl aber Aussagen über Abhängigkeiten machen. Auch wird in diesem System nichts darüber gesagt, ob mit den ermittelten Werten ein Gleichgewicht, in diesem Falle ein **gesamtwirtschaftliches Gleichgewicht,** vorliegt. Das Gleichungssystem ergibt zwar die Gleichheit zwischen Ersparnis und Investition. Damit ist aber noch nicht gesagt, daß ein Gleichgewichtszustand vorliegt. Die Gleichheit zwischen Ersparnis und Investition folgt bereits aus dem System, das definitionsgemäß immer ausgeglichen sein muß. Die Gleichheit von I = S ist somit eine „reine" Identität. Sie gilt für jede Periode, eben auch dann, wenn in Wirklichkeit ein Ungleichgewicht vorliegt. Formal läßt sich dies darstellen, indem beide Größen aufgespalten werden in geplante und ungeplante Größen:

$$I_{ungeplant} + I_{geplant} = S_{geplant} + S_{ungeplant}$$

Von einem Gleichgewicht kann man nur dann sprechen, wenn keine ungeplanten Größen auftreten. Ungeplante Investitionen können z.B. Lagerbestände, d.h. nicht verkaufte Produkte, sein. Ungeplante Ersparnisse – auch als Zwangssparen zu bezeichnen – können durch Preissteigerungen herbeigeführt werden. Dabei fällt dann die Ersparnis bei den Unternehmen in Form entsprechender Gewinne an. Weil alle Wirtschaftssubjekte in einem marktwirtschaftlich ausgerichteten System unabhängig planen und diese Pläne in der Regel den anderen Marktpartnern erst bei der Realisation erkennbar werden, überdies der Austausch der Leistungen sich auf Märkten vollzieht, ist leicht verständlich, daß es fast immer zu ungeplanten Größen kommt. Selbstverständlich lösen die ungeplanten und damit unerwünschten Zustände Reaktionen aus und verursachen somit einen permanenten Anpassungsprozeß. Dies ist keineswegs als negativ anzusehen. Die Freiheit jedes Einzelnen, wirtschaftliche Entscheidungen autonom zu treffen, birgt zwar das Risiko der Fehleinschätzung in sich. Dabei ist es insbesondere für die Unternehmen ein ständiger Suchprozeß, die Verbraucherwünsche herauszufinden, dem sie sich im Wettbewerb ständig stellen müssen und auch wollen. Einzelne unternehmerische Fehlentscheidungen werden aber im Markt von anderen Unternehmen schnell ausgeglichen, so daß negative gesamtwirtschaftliche Auswirkungen nicht ins Gewicht fallen. Dies ist ein entscheidender Vorteil gegenüber einer zentralgelenkten Wirtschaft, in der Fehleinschätzungen sich wegen der Abhängigkeiten durch das gesamte System fortsetzen und so leicht zu Mangel- bzw. partiellen Überschußerscheinungen führen können.

Es bleibt somit festzuhalten, daß unser Wirtschaftskreislauf nichts über einen Gleichgewichtszustand aussagt. Auch läßt sich nicht ablesen, welche Ausnutzung der Produktionsfaktoren vorliegt. Dafür sind weitere Erhebungen erforderlich. Die Wirtschaftspolitiker wiederum werden das Vorliegen eines Gleichgewichts nach der Realisierung vorgegebener gesamtwirtschaftlicher Ziele beurteilen müssen. Anhand der Kreislaufbeziehungen können und müssen sie versuchen, Auswirkungen von Maßnahmen abzuschätzen, um ihre Ziele zu erreichen. Ihr Eingriff erfolgt indirekt, d. h. über die Aktionen und Reaktionen der Marktteilnehmer. Denn die agierenden Gruppen von Wirtschaftssubjekten sind im Kreislauf so eng miteinander verbunden, daß ihr Erfolg – Einkommen und Erlöse – nicht zuletzt auch von der Bereitwilligkeit und Fähigkeit zur Kooperation der anderen Marktpartner abhängt. Geldausgaben setzen Geldeinkommen voraus. Umgekehrt läßt sich ohne Geldausgaben kein Geldeinkommen erzielen. Insofern gibt es im Kreislaufmodell weder Anfang noch Ende. Tritt an einer Stelle autonom eine Erhöhung ein, setzt sich dieser Prozeß im Kreislauf fort, wobei er sich verstärken oder auch vermindern kann. Diese Wirkungen zu erkennen und zu nutzen, sind Grundvoraussetzungen für die Wirtschaftspolitik und die von ihr zu treffenden Maßnahmen.

Zusammenfassung

1.3 Wirtschaftskreislauf

Zwischen den am Wirtschaftsprozeß beteiligten Gruppen findet ein permanenter Leistungsaustausch statt, dem ein Geldstrom in entgegengesetzter Richtung entspricht. Diese Kreislaufbeziehungen können grafisch oder in Gleichungsform dargestellt werden. Das System ist definitionsgemäß immer ausgeglichen. Ein gesamtwirtschaftliches Gleichgewicht muß aber nicht vorliegen. Ungeplante Größen verursachen in der Praxis einen permanenten Anpassungsprozeß.

1.4 Markt und Preisbildung

Bei der volkswirtschaftlichen Kreislaufbetrachtung sind bereits verschiedene Märkte als Austauschstellen von Leistungen der Wirtschaftssubjekte genannt worden. Im folgenden sollen nun die wichtigsten Merkmale des Marktgeschehens dargestellt werden.

Der Markt als Treffpunkt von Angebot und Nachfrage

Im Alltagsleben ist der Wochenmarkt eine wohlbekannte Erscheinung. An einem Tag in der Woche treffen sich dort Landwirte, Händler und Handwerker zu festgelegter Zeit an einem bestimmten Platz und bieten Nahrungs- und Genußmittel sowie Gebrauchsartikel jeglicher Art an. Hausfrauen prüfen dann sorgfältig die offerierten Waren, treffen ihre Auswahl nach den Erfordernissen ihres

Haushalts und tätigen danach ihre Käufe. In der Volkswirtschaftslehre ist dieser Wochenmarkt nur eine der vielfältigen Formen des Marktes. Allgemein versteht man unter **Markt** jedes Zusammentreffen von Angebot und Nachfrage. Dabei bilden die zum Verkauf gestellten Waren und Dienstleistungen das Angebot und die verlangten Güter, die die mit Geld ausgestatteten Käufer erwerben wollen, die Nachfrage.

Märkte bestehen in der arbeitsteiligen Verkehrswirtschaft für Produktionsfaktoren, alle Güter und Dienstleistungen. Den jeweiligen Marktteilnehmern geht es zwar um dasselbe Gut, sie verfolgen jedoch entgegengesetzte Interessen, getreu dem ökonomischen Prinzip. So trifft auf dem Arbeitsmarkt das Angebot an offenen Stellen mit der Suche nach Arbeitsplätzen zusammen, auf dem Immobilienmarkt wechseln unbebaute Grundstücke, Eigenheime und Eigentumswohnungen sowie Miethäuser ohne oder unter Einschaltung von Maklern die Eigentümer. Die Wertpapierbörse stellt ebenfalls einen konzentrierten Markt dar, auf dem täglich Millionenumsätze von Aktien und Schuldverschreibungen erfolgen. Zum Marktgeschehen zählt aber auch, wenn jemand in einer Sparkasse einen Goldbarren kauft oder der Fußballfan am Montagmorgen am Zeitungskiosk eine Sportzeitung erwirbt.

Für die Abgrenzung eines einzelnen Marktes gibt es keine allgemein gültige Formel. Sie hängt letztlich von Ziel und Zweck der Untersuchung ab. Das Bundeskartellamt z. B. wird andere Abgrenzungskriterien zugrundelegen als ein multinationales Unternehmen. Den privaten Hauskäufer interessiert insbesondere der Immobilienmarkt seiner näheren Umgebung und nicht der Immobilienmarkt der gesamten Bundesrepublik usw. Am Beispiel des Immobilienmarktes läßt sich darstellen, daß es sowohl eine räumliche Marktabgrenzung gibt als auch eine nach mehr oder weniger differenzierten Produkten. So konnte man z. B. Teilmärkte für Mehrfamilienhäuser, Einfamilienhäuser, Reihenhäuser, Eigentumswohnungen, Altbauten oder Neubauten bilden.

Da in einer Geldwirtschaft für das Marktprodukt ein Preis, d. h. eine bestimmte Geldsumme gefordert bzw. geboten wird, übernimmt dieser Preis den Interessenausgleich zwischen den Marktpartnern. Zu welchen Konditionen der Leistungsaustausch erfolgt – zum geforderten Preis, zum angebotenen Preis oder durch Kompromißbildung –, ist von Fall zu Fall zu bestimmen. Auf die wichtigsten Kriterien soll im folgenden eingegangen werden.

Die wesentlichen Elemente eines jeden Marktes bilden

- Angebot
- Nachfrage und
- Preis.

Zwischen diesen drei Größen besteht ein gegenseitiges Abhängigkeitsverhältnis.

Das Wechselspiel zwischen **Preis** und Nachfrage läßt sich anhand sogenannter **Nachfrage-Funktionen/-Kurven** darstellen. Sie zeigen die im allgemeinen gültige Aussage, daß bei niedrigen Preisen die Nachfrage hoch (es wird viel gekauft), bei hohen Preisen dagegen niedrig ist (es wird wenig gekauft). Jedes Wirtschaftssubjekt, ob Haushalt oder Unternehmen, hat für die gewünschten Güter seine individuelle Nachfragekurve.

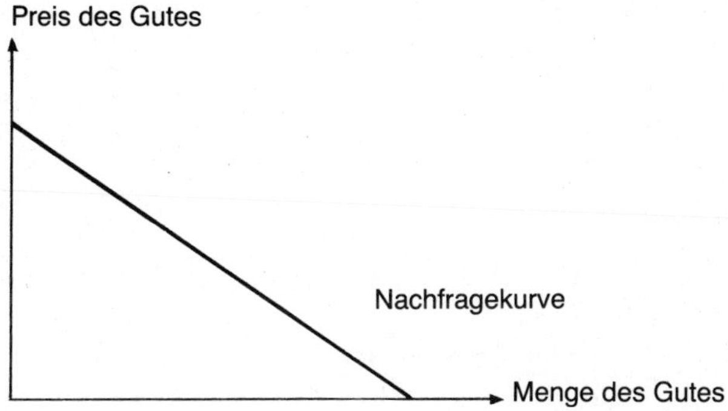

Die am Markt auftretende Gesamtnachfrage ergibt sich als die Summe der von den einzelnen Wirtschaftssubjekten zu den verschiedenen Preisen jeweils nachgefragten Mengen. Deshalb richtet sich die Höhe der Gesamtnachfrage nach den Bestimmungsgründen, die im einzelnen Haushalt oder Unternehmen für die Ausgaben ausschlaggebend sind. Das sind bei den Haushaltungen der Bedarf (= Nachfragestruktur), das Einkommen und die Preise der Güter. Die Bedürfnisse bestimmen die Wünsche eines Haushalts. Sie bleiben jedoch so lange unrealistisch, wie sie nicht aus Einkommen befriedigt werden können. Nur die mit den erforderlichen Geldmitteln, also mit Kaufkraft ausgestatteten Bedürfnisse (= Bedarf) treten also als Nachfrage auf und wirken sich auf dem Markt aus. Ob diese Nachfrage tatsächlich zum Zuge kommt, hängt dann von den Preisen ab. Nimmt man zunächst einmal die Nachfragestruktur und das Einkommen als feststehend und gegeben an, um die Untersuchungen des Preisbildungsprozesses zu erleichtern, so besteht eine Abhängigkeit der nachgefragten Menge vom Preis. Die Wirtschaftssubjekte fragen also nicht eine ständig gleichbleibende, feststehende Menge nach, sondern die Mengeneinheiten ändern sich mit dem Preis. Erfahrungsgemäß ist die Nachfrage nach einem Gut bei hohen Preisen geringer, bei niedrigeren Preisen höher. Dieser Verlauf der Nachfragekurve bleibt bei einem Gut solange gleich, wie sich die gedanklich ausgeklammerten Faktoren – Einkommen und Nachfragestruktur – nicht ändern. Verschiebungen in der Nachfragestruktur z. B. infolge Geschmackswandels oder neuer Mode und die Veränderung des Einkommens haben dagegen Verschiebungen der Nachfragekurve zur Folge. Steigt nun z. B. infolge einer Einkommenserhöhung die gesamte

Nachfrage nach einem Gut bei gleichen Preisen, so kann z. B. die Kurve N_2 an die Stelle der ursprünglichen Kurve N_1 treten.

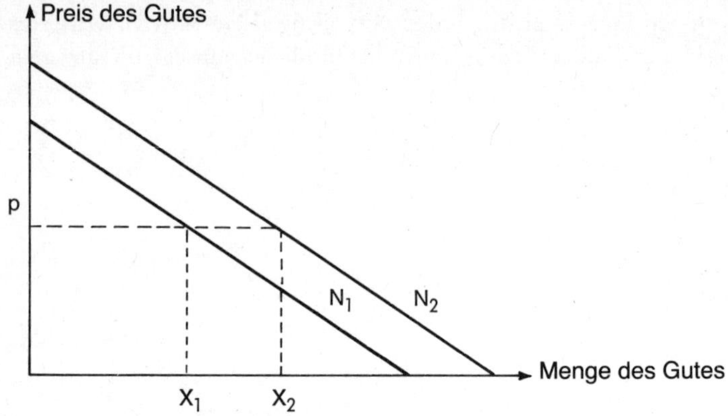

Ausdruck für die Reaktion der Nachfrager auf Preisänderungen eines Gutes ist die sogenannte **Preiselastizität der Nachfrage.** Sie gibt an, wie sich z. B. die Nachfrage nach einem Gut verändert, wenn der Preis dafür sinkt oder steigt. Errechnet wird sie nach der Formel:

$$\text{Preiselastizität der Nachfrage} = \frac{\text{prozentuale Mengenänderung der Nachfrage}}{\text{prozentuale Preisänderung}}$$

Steigt z. B. der Preis für ein bestimmtes Gut von 100,– DM auf 110,– DM, also um 10%, und sinkt dadurch die Nachfrage von 20 Einheiten auf 16 Einheiten, also um 20%, so ist die Nachfrageelastizität 20 : 10 = 2*. Auf einfache Weise kann man so für alle Güter Elastizitätsziffern ermitteln. Sie geben Aufschluß über die Art dieser Güter. Ändern sich z. B. die nachgefragten Mengen gar nicht oder nur geringfügig trotz Preissteigerungen – in diesem Fall liegt die Elastizitätsziffer unter 1 –, hat man es mit einer **unelastischen** oder **starren Nachfrage** zu tun. Sie ist charakteristisch für lebensnotwendige Güter, die die Konsumenten auch dann kaufen müssen, wenn die Preise steigen. Hohe, d. h. über 1 liegende Elastizitätsziffern weisen auf Luxusgüter hin. Da sie nicht unbedingt zum Lebensunterhalt benötigt werden, reagieren die Konsumenten bei ihnen im allgemeinen stärker auf Preisanhebungen.

Die **Angebots-Funktion/-Kurve** zeigt die Abhängigkeit zwischen Preis und angebotener Menge eines Gutes auf. Im allgemeinen gilt hier, daß mit steigenden Preisen das Angebot zunimmt und umgekehrt. Der vom Anbieter für sein Pro-

* Die Preiselastizität der Nachfrage ist im allgemeinen negativ. Sie lautet korrekterweise (+ 20) : (– 10) = – 2 in diesem Beispiel. Wir geben jedoch – wie üblich – nur die absolute Zahl an.

dukt geforderte Preis wird – von Ausnahmen abgesehen – mindestens seine Produktionskosten decken, im allgemeinen noch einen Kalkulationszuschlag beinhalten.

Ebenso wie sich die Elastizität der Nachfrage ermitteln läßt, kann man die gleiche Berechnungsmethode zur Ermittlung der **Preiselastizität des Angebots** anwenden.

Preisbildung bei verschiedenen Marktformen

Nachfrage- und Angebotskurven zeigen die bereits oben angesprochenen gegenläufigen Interessen der Marktpartner deutlich: Die einen sind nur bereit, mehr zu kaufen, wenn der Preis sinkt, die anderen wollen nur mehr anbieten, wenn der Preis steigt. Wie nun der Interessenausgleich erfolgt, d. h. zu welchem Marktpreis der Austausch der Produkte vorgenommen wird, hängt wesentlich mit von der herrschenden Marktform ab. In der Realität sind im Hinblick auf die Preisbildung noch weitere Faktoren von Bedeutung. Hingewiesen sei nur auf die unterschiedlichen Einflüsse staatlicher und unternehmerischer Preispolitik, die sich nicht ausnahmslos an marktwirtschaftlichen Grundsätzen orientiert. Als staatliche Einflüsse seien nur genannt: Höchst-, Mindestpreise, Zölle, Kontingente, Subventionen. Bei der Preispolitik der Unternehmen sei auf die Problematik marktbeherrschender Unternehmen und von Unternehmenszusammenschlüssen zwecks Einflußnahme auf die Preisbildung hingewiesen (Mondpreise, Preisbildung u. ä.).

Bei der Kennzeichnung der **Marktform** spielt die Zahl der Marktpartner eine entscheidende Rolle. Je nachdem, ob nun auf der Angebots- oder Nachfrageseite viele, wenige oder nur ein Partner vorhanden sind, spricht man von **Polypol*** (auch vollständige Konkurrenz genannt), **Oligopol*** oder **Monopol***.

Die verschiedenen Marktformen

Nachfrage ▷ ▽ Angebot	viele	wenige	einer
viele	vollständige Konkurrenz	Nachfrage-oligopol	Nachfrage-monopol
wenige	Angebots-oligopol	Zweiseitiges Oligopol	Beschränktes Nachfragemonopol
einer	Angebots-monopol	Beschränktes Angebotsmonopol	Zweiseitiges Monopol

* aus dem Griechischen: poly = viele, oligo = wenige, mono = einer.

Bei der **vollständigen Konkurrenz** müssen auf beiden Seiten des Marktes viele Partner vorhanden sein. Kein Käufer oder Verkäufer darf einen bedeutenden Marktanteil besitzen, durch den seine Dispositionen einen Einfluß auf den Preis ausüben können. Der Preis am Markt gilt für alle als gegeben, als von einzelnen nicht beeinflußbare Größe. Darüber hinaus sind – zumindestens im theoretischen Modell der vollständigen Konkurrenz – noch einige weitere Bedingungen notwendig, nämlich: Die Güter müssen vollkommen gleich (homogen) sein, damit die Käufer sich nicht von vornherein für die eine oder andere Ware entscheiden. Die am Markt handelnden Wirtschaftssubjekte dürfen sich nur von reinen Vernunftsüberlegungen leiten lassen, d. h. sie müssen die Mittel nach dem wirtschaftlichen Prinzip einsetzen. Es darf keinen Kontrahierungszwang geben, d. h. es muß das Vertragsprinzip herrschen (jeder muß seinen Marktpartner frei wählen dürfen). Auf einem solchen Modellmarkt bildet sich der Preis als **Gleichgewichtspreis** aus dem Zusammentreffen von Angebot und Nachfrage.

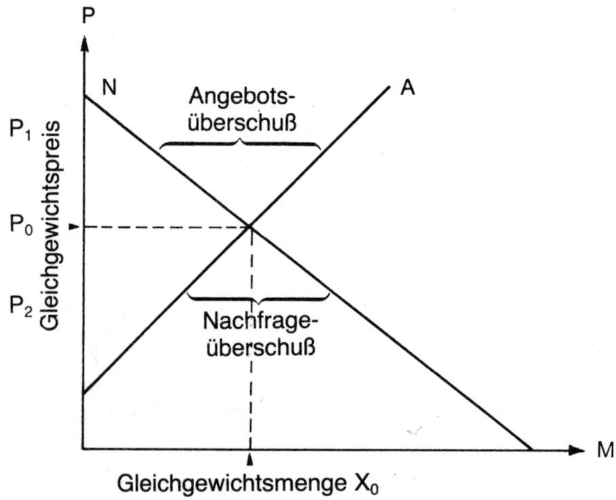

Im Schnittpunkt von Angebots- und Nachfragekurve liegt der sogenannte Gleichgewichtspreis. Bei ihm sind Angebot und Nachfrage ausgeglichen, es wird die höchstmögliche Menge umgesetzt. Jedes Abweichen vom Gleichgewichtspreis – an der Börse ist es der Einheitskurs – führt zu einer Verringerung des Umsatzes. Denn steigt der Preis auf P_1, würden die Anbieter zwar mehr verkaufen wollen, es fehlte dafür jedoch die entsprechende Nachfrage (Angebotsüberschuß). Umgekehrt bei P_2 würde die Zahl der Käufer zunehmen, das Angebot sich jedoch verknappen (Nachfrageüberschuß). Der Gleichgewichtspreis schaltet also alle nicht mit entsprechenden Kaufkraft ausgestatteten Nachfrager ebenso aus wie die nicht leistungsfähigen Anbieter. Er erfüllt damit auch eine marktwirtschaftliche Lenkungsaufgabe. Bei vollständiger Konkurrenz steht der einzelne

Betrieb unter dem Zwang, ständig nach dem bestmöglichen Einsatz der Produktionsmittel zu streben und durch Rationalisierung auf dem neuesten Stand der Technik zu sein; der Wettbewerbsdruck führt daher zu Preissenkungen. Unternehmen mit vergleichsweise hohen Kosten laufen Gefahr, von leistungsfähiger Konkurrenz aus dem Markt gedrängt zu werden. Die vollständige Konkurrenz, auch **atomistischer Wettbewerb** genannt, bietet also theoretisch die besten Voraussetzungen dafür, daß eine Volkswirtschaft das höchstmögliche Sozialprodukt erwirtschaftet; denn alle Betriebe sind bestrebt, größere Produktivität und damit die billigste und beste Versorgung der Verbraucher zu erreichen.

Ein ganz anderes Bild ergibt sich im Fall eines vollkommenen **Angebotsmonopols.** Hier steht ein Anbieter vielen Nachfragern gegenüber. Da der Monopolist sich nicht mit anderen im Wettbewerb befindet, kann er praktisch das Angebot nach eigenem Ermessen bestimmen. Anhand der Nachfragekurve trifft er allein die Entscheidung über Preis und Menge. Der Monopolist strebt nach höchstem Gewinn, d. h. größter Differenz zwischen Erlösen und Kosten. Um dies zu erreichen, verknappt er – in der Modellbetrachtung – das Angebot und bietet weniger Produkte zu höheren Preisen an als bei Wettbewerbsverhältnissen. Die Versorgung des Verbrauchers gestaltet sich dadurch ungünstiger – höhere Preise, kleinere Mengen – als im Fall der vollständigen Konkurrenz.

In der Modellbetrachtung stehen sich also vollständige Konkurrenz und Monopol als Gegensatz gegenüber. Der Alltag zeigt jedoch bei den Extremen erhebliche Abweichungen von den theoretischen Konstruktionen.

Echte Monopole kommen nur äußerst selten vor. Häufig besitzen einzelne Unternehmen nur beträchtliche Marktanteile – man spricht dann von **Teilmonopol** –, oder aber einige wenige beherrschen zusammen das Angebot (Oligopol). Unternehmen mit monopolähnlicher Stellung nützen überdies in der Praxis ihre Machtposition häufig nicht oder nur in begrenztem Rahmen zu Preiserhöhungen aus. Mit einer solchen Preispolitik versuchen sie, auf lange Sicht das Eindringen von Außenseitern und Mitwettbewerbern in den Markt zu verhindern. Vielfach finden die aus der Sonderstellung heraus erzielten Gewinne auch Verwendung zur Finanzierung von kostspieligen Entwicklungs- und Forschungsarbeiten, die ihrerseits wieder in irgendeiner Form auch dem Konsumenten zugute kommen.

Ebenso wird das Idealbild der Preisbildung bei vollständiger Konkurrenz heute mehr und mehr in marktwirtschaftlichen Systemen durchbrochen. Das beruht einerseits darauf, daß z. B. bei gleichen Gütern bereits erhebliche Differenzierungen anzutreffen sind. So rufen allein Firmenname und Verpackung eine unterschiedliche Wertschätzung durch den Verbraucher hervor. Oder die Höhe der Transportkosten kann u. U. die Konkurrenz zwischen sonst gleichwertigen Gütern aufheben. Daneben treffen Produzenten und Verbraucher vielfach ihre Entscheidungen nicht nach reinen Vernunftsüberlegungen, sondern es wirken starke persönliche Momente wie Bequemlichkeit und Interesselosigkeit, Tradition,

Sympathie oder Antipathie, Modetrends u. a. m. mit. Zum anderen bedingen hoher Stand der Technik und die Komplexität der Produktionsanlagen bei Nachfragerückgängen oder Absatzstockungen nicht – wie es marktwirtschaftlich theoretisch notwendig wäre – Preissenkungen, sondern eher noch -erhöhungen. Wir haben es deshalb in der Praxis vorwiegend mit unvollkommenen Märkten zu tun. Die positiven Aussagen über den Marktmechanismus in reiner Form besitzen deshalb hier nur bedingt Geltung.

Zusammenfassung

1.4 Markt und Preisbildung

Der Austausch der Leistungen erfolgt durch Angebot und Nachfrage der jeweiligen Güter und Dienstleistungen auf Märkten. Den Interessenausgleich zwischen den Marktpartnern übernimmt der Preis. Zwischen ihm und der angebotenen bzw. nachgefragten Menge besteht eine Abhängigkeit. Bei der Preisbildung ist die Marktform mit entscheidend. In einem marktwirtschaftlich ausgeprägten System handeln und planen die Wirtschaftssubjekte autonom. Dadurch kommt es zwangsläufig am Markt zu Überraschungen. Die Folge sind permanente Anpassungsprozesse.

Übungsaufgaben:

1. Welche Merkmale sind kennzeichnend für eine wirtschaftliche Tätigkeit?
2. Wie kann man Individual- und Kollektivbedarf voneinander unterscheiden? Können Individualbedürfnisse auch zu Kollektivbedürfnissen werden?
3. Die Bedürfnisse des Menschen sind sehr unterschiedlich. Von welchen Faktoren hängt die jeweilige Bedürfnisstruktur ab?
4. Welche Voraussetzungen müssen gegeben sein, um ein Gut als ein freies Gut bezeichnen zu können? Ist ein sogenanntes freies Gut in jedem Fall in dem definierten Sinn frei, oder sind Situationen denkbar, in denen daraus ein knappes Gut wird?
5. Nennen Sie die beiden Ausprägungen des ökonomischen Prinzips (Rationalprinzip).
6. Welche Formen von Arbeitsteilung unterscheidet man, und welche Vorteile sind damit für die moderne Industriegesellschaft verbunden?
7. Welche Gründe lassen es sinnvoll erscheinen, bestimmte Wirtschaftssubjekte zu Gruppen zusammenzufassen?
8. Die Gruppe Sparkassen und Banken bzw. bankähnliche Institutionen wird gelegentlich von den Unternehmen getrennt behandelt. Warum erscheint diese unterschiedliche Betrachtungsweise gerechtfertigt?
9. Welches Ziel verfolgt die Darstellung des Wirtschaftskreislaufs?
10. Was versteht man unter der Transformationsfunktion der Sparkassen und Banken?
11. Nach welchen Kriterien kann man die verschiedenen Marktformen einer Volkswirtschaft klassifizieren?

12. Ist die Marktform der vollkommenen Konkurrenz realistisch?
Welcher Nachfragesituation sehen sich die Anbieter, die in einem Konkurrenzmarkt anbieten, gegenüber?
13. Was muß ein Oligopolist, der seine Preise verändern will, insbesondere berücksichtigen, wenn er seine Marktstellung behalten möchte?
14. Kann ein Monopolist in jedem Fall den Preis so festsetzen, daß sein Gewinn maximal wird?
15. Können Sparkassen und Banken in der Bundesrepublik Deutschland ihre Aktiv- und Passivkonditionen heute frei nach eigenem Ermessen bestimmen?

2 Wirtschaftssysteme

Einführung in die Thematik

Ein marktwirtschaftliches System bringt nur dann befriedigende Ergebnisse, wenn Wettbewerb herrscht. Der Leistungsfähigste soll den größten Gewinn erzielen; der Leistungsunfähige aus dem Markt ausscheiden. Für neue Produzenten muß ein Marktzugang möglich bleiben. Das Anreizsystem der Gewinnerzielung führt aber dazu, daß die Unternehmen versuchen, den Wettbewerb auszuschalten. Wird der Wettbewerb durch Konzentration ausgeschaltet, dann geht das zu Lasten der Käufer. Der Preis bildet sich nicht mehr auf dem Markt, sondern er wird von den Unternehmen auf die von ihnen gewünschte Höhe gesetzt. Die gegensätzlichen Interessen der am Marktprozeß beteiligten Wirtschaftssubjekte werden nicht mehr im Wege des Kompromisses aufeinander abgestimmt.

(Lothar Hübl: „Gefahren der Marktwirtschaft", Die Steuerberatung 12/1974)

Was die soziale Marktwirtschaft der Bundesrepublik im ersten Vierteljahrhundert ihres Bestehens an Anpassungsleistungen vollbracht hat, verkleinert die vor uns stehenden Probleme nicht, setzt sie aber zu jenen ins rechte Verhältnis. Sie hat in zwei Jahrzehnten rapiden Strukturwandels das Schrumpfen alter und das Wachstum neuer Wirtschaftszweige ohne größere Friktionen bewältigt und dank dieses Anpassungsprozesses ihre Mitglieder in einem Maße mit privatem Wohlstand versorgt, das im Vergleich zu dem Lebensniveau des Jahres 1950 eine unerhörte Steigerung bedeutet.

(Jahresgutachten 1975/76 des Sachverständigenrates)

Konzentrationsprozesse und auch machtbedingte Verhaltensweisen drohten die Marktstrukturen irreversibel zu verschlechtern und hätten sie auch schon verschlechtert. Die Entwicklung im Bereich der vertikalen und konglomeraten Konzentration habe beispielsweise gezeigt, daß die Fusionskontrolle hier nur recht unzulänglich funktioniere.

(Handelsblatt vom 14. 6. 1978)

Die Überlegenheit der Marktwirtschaft liegt nicht nur in der optimalen Berücksichtigung pluralistischer Vielfalt und gesellschaftlicher Wertvorstellungen, sie liegt auch in der Eindeutigkeit und Schnelligkeit der Koordinierung der dezentralen Entscheidungen und in der generellen Gültigkeit des ökonomischen Prinzips, das auf den sorgsamen Einsatz aller knappen Ressourcen zielt, sowie in der hohen Reaktionsgeschwindigkeit der Marktteilnehmer auf neue oder veränderte wirtschaftliche, technische und politische Daten. Diese Vorteile des Marktmechanismus werden von keinem anderen Koordinierungssystem erreicht – weder von Struktur- und Wirtschaftsräten noch von computergestützten Zentralverwaltungswirtschaften.

(Otto Schlecht, Frankfurter Allgemeine Zeitung vom 12. 7. 1980)

Konkurse gehören nun einmal zur Marktwirtschaft, soll sie funktionieren. Fehlen sie, ist dies immer ein Zeichen für eine Störung des Wettbewerbs.

(Börsenzeitung vom 24. 2. 1983)

Eine Wirtschaft, die im Wettbewerb steht, arbeitet für die Bürger im Regelfall ergiebiger als eine Wirtschaft ohne Wettbewerb. Erfahrungen bestätigen, daß diese Vorstellung richtig ist, und theoretische Überlegungen stützen sie ebenfalls. Darum muß für Wettbewerb gesorgt, darum muß Wettbewerb geschützt werden, geschützt vor Wettbewerbern, die Wettbewerb nicht mögen und daher dazu neigen, ihn zu beschränken oder gar ganz auszuschalten. Eine Marktwirtschaft ohne Schutz des Wettbewerbs wäre keine soziale Marktwirtschaft. Darum ist ein Gesetz gegen Wettbewerbsbeschränkungen für die deutsche Marktwirtschaft unabdingbar, ist gleichsam ihr Grundgesetz.

(Klaus Peter Krause, Frankfurter Allgemeine Zeitung vom 24. 2. 1983)

Werden Vollbeschäftigung und Wohlstand zur Selbstverständlichkeit, so zehren sie an der Leistungsmoral und Selbstdisziplin, wenn diese nicht aus anderen Gründen als aus ökonomischer Zweckmäßigkeit eine Selbstverständlichkeit bleiben.

Solange Leistung nicht wieder zu etwas Selbstverständlichem geworden ist, kann vor mehr Mitbestimmung plus mehr Verstaatlichung nur gewarnt werden.

(Heinz-Dietrich Ortlieb, Frankfurter Allgemeine Zeitung vom 8. 6. 1985)

Die Marktwirtschaft ist deshalb so robust, weil sie die Fähigkeit zur Selbstkorrektur besitzt. Krisen – konjunktureller wie struktureller Art – hat es immer gegeben. Früher oder später folgte darauf regelmäßig ein neuer Aufschwung.

(Gerhard Fels, Frankfurter Allgemeine Zeitung vom 10. 6. 1985)

Lerninhalte

1. Vom Wirtschaftssystem zur Wirtschaftsordnung
2. Zentralverwaltungswirtschaft im Ideal und in der Praxis
3. Die freie Marktwirtschaft hat die Bewährungsprobe bestanden
4. Die soziale Marktwirtschaft als Basis für das Nachkriegs-Wirtschaftswunder in der Bundesrepublik Deutschland
5. Die Aufgabe des Staates in der sozialen Marktwirtschaft
6. Die Gesetze gegen unlauteren Wettbewerb und gegen Wettbewerbsbeschränkungen garantieren das Funktionieren des Marktmechanismus

Nach dem Durcharbeiten dieses Kapitels sollte der Leser die vorgenannten Lerninhalte erfaßt haben, den Wissensstoff beherrschen und die behandelten wirtschaftlichen Fachbegriffe bzw. Zusammenhänge erklären können. Eine Kontrolle bieten dazu die Übungsfragen am Schluß dieses Kapitels.

2.1 Grundfragen jeder Wirtschaftsordnung

Die industrialisierten modernen Volkswirtschaften unserer Tage zeichnen sich durch eine Vielzahl wechselseitiger ökonomischer Beziehungen unter den einzelnen Wirtschaftssubjekten und durch hochgradige Arbeitsteilung aus. Daraus folgt, daß die von den privaten und öffentlichen Haushalten bzw. Unternehmen aufgestellten Pläne zu deren Realisation aufeinander abgestimmt sein müssen, soll der Wirtschaftsprozeß zu einem sinnvollen Ergebnis führen. Zentrales Problem jeder Volkswirtschaft ist also die Koordination der Produktionspläne der Unternehmen mit den Konsumplänen der Haushalte und somit die Lenkung des Wirtschaftsprozesses in der Weise, daß eine möglichst reibungslose, den Wünschen der Nachfrager entsprechende Güterversorgung gewährleistet ist. Dabei gilt es, sowohl eine bestmögliche Versorgung der Bevölkerung mit Verbrauchsgütern als auch eine optimale Ausstattung der Unternehmen mit Investitionsgütern zwecks Erhaltung und Erweiterung ihrer Produktionsanlagen zu erreichen. In jeder Volkswirtschaft müssen also insbesondere die Fragen beantwortet werden, was, wie und für wen produziert werden soll.

Es geht somit um die Lösung der Probleme

1. Festlegung des Produktionsziels
2. Optimaler Einsatz der Produktionsfaktoren für die Gütererstellung
3. Verteilung der Produkte.

Eine Koordination der einzelnen Wirtschaftspläne ist notwendig, um ein sinnvolles Ganzes zu erreichen, d. h. mit den gegebenen knappen Mitteln ein für alle beteiligten Wirtschaftssubjekte optimales Ergebnis.

Die Art und Weise, in der diese Problemkreise gelöst werden, bestimmt die jeweilige Wirtschaftsordnung. Sie legt fest, wer Träger der Wirtschaftspläne ist und über ihren Vollzug entscheidet. Die Frage nach der Wirtschaftsordnung ist somit identisch mit der nach den Planträgern.

Zusammenfassung

2.1 Grundfragen jeder Wirtschaftsordnung

Zentrales Problem im Wirtschaftsprozeß ist es, die Produktionspläne der einzelnen Wirtschaftssubjekte zu koordinieren und auf eine höchstmögliche Bedürfnisbefriedigung hinzulenken. Produktionsziele, Einsatz der Produktionsfaktoren für die Gütererstellung und Verteilung der Wirtschaftsleistung sind Aufgaben, die die jeweilige Wirtschaftsordnung lösen muß.

2.2 Wirtschaftssysteme und Wirtschaftsordnungen

Im allgemeinen Sprachgebrauch werden häufig die Begriffe **„Wirtschaftssystem"** und **„Wirtschaftsordnung"** in gleicher Bedeutung gebraucht. Soll eine Unterscheidung vorgenommen werden, so könnte man Wirtschaftssystem als einen Typus der Koordinierungstechnik einer Wirtschaft definieren, der quasi idealtypisch ist, also real nicht zu existieren braucht. Demgegenüber stellt dann Wirtschaftsordnung die in einer Volkswirtschaft tatsächlich praktizierte, konkrete Plankoordination dar. In ihr können Elemente verschiedener Wirtschaftssysteme enthalten sein. Wirtschaftsordnung bedeutet somit die Gesamtheit aller für die Existenz und den Ablauf einer Volkswirtschaft geltenden Regeln und Institutionen. Sie kann im allgemeinen auch als die **Wirtschaftsverfassung** des jeweiligen Staates bezeichnet werden.

Die Aufgaben, die eine Wirtschaftsordnung zu erfüllen hat, lassen sich im wesentlichen auf zweierlei Weise lösen: entweder durch eine zentralisierte Reglementierung in einer zentralverwaltungswirtschaftlichen Ordnung oder durch die dezentralisierte Koordinierung der individuellen Einzelpläne der verschiedenen Wirtschaftssubjekte in einem marktwirtschaftlichen Rahmen. In der **zentralen Verwaltungswirtschaft** werden alle ökonomischen Entscheidungen und deren Abstimmung aufeinander von einer – meist staatlichen – Instanz vorgenommen. Der zentrale Plan ist dann für alle am Wirtschaftsprozeß Beteiligten verbindlich. In der **freien Marktwirtschaft** dagegen treffen die einzelnen Wirtschaftssubjekte ihre Entscheidungen frei und unabhängig von der Einflußnahme Dritter. Der Wirtschaftsprozeß wird allein von dem **Marktmechanismus**, d.h. dem freien Wechselspiel von Angebot und Nachfrage, bestimmt. Liegen diese beiden Wirtschaftssysteme in idealtypischer Form vor, spricht man von totaler Zentralverwaltungswirtschaft oder totaler Marktwirtschaft. Liegen von diesen idealtypischen Modellen Formabweichungen vor, bezeichnet man diese als partielle Zentralverwaltungs- oder partielle Marktwirtschaft.

Wird die zentrale Stelle vom Staat ausgefüllt, werden bei Aufstellung und Abstimmung der Pläne letztlich politische Zielvorstellungen realisiert. Demgegenüber entscheidet bei der Abstimmung über den Markt ausschließlich das Konsumenteninteresse.

Die Frage, welche Wirtschaftsordnung die Aufgabe der Versorgung der Bevölkerung mit Gütern und Dienstleistungen am besten erfüllt, wird in der Geschichte wie in der Gegenwart unterschiedlich beurteilt.

Im Zeitalter des **Merkantilismus** – 17. bis Mitte 18. Jahrhundert – spielte der Staat eine führende Rolle. Fehlende Privatinitiative in der Wirtschaft wurde durch staatliche Lenkung ersetzt. Durch Vergabe von Lizenzen, Konzessionen, Urbarmachung brachliegenden Bodens sowie Errichtung von Manufakturen zielte der Staat auf einen Handelsbilanzüberschuß ab, um damit Gold und Silber sowie Rohstoffe zu erwerben. Im Mittelpunkt der Überlegungen stand also die Förderung des Handels, speziell des Außenhandels, mit dem Ziel, eine aktive Handelsbilanz zu erreichen.

Als Reaktion auf das System des Merkantilismus entstand in Frankreich die physiokratische Lehre. Deren Mittelpunkt bildete die natürliche Ordnung in der Wirtschaft, wobei der Boden als die Quelle allen Reichtums angesehen wurde. Alle gesellschaftlichen Erscheinungen einschließlich der des Wirtschaftslebens werden nach Ansicht der **Physiokraten** von natürlichen Gesetzen bestimmt, die in ihrer Wirkung nicht behindert werden dürfen. Das Rationalprinzip ist das ausschließlich der Wirtschaft innewohnende Gesetz. Dabei gilt laisser-faire als oberste Richtschnur, d. h. der Staat hat sich jeglicher Intervention zu enthalten.

Auch nach Ansicht der Vertreter des **Liberalismus** (etwa Mitte 18. bis Mitte 19. Jh.) müssen Staatseingriffe in die Wirtschaft auf ein Minimum beschränkt bleiben. Wenn jeder einzelne am Wirtschaftsprozeß Beteiligte nach optimalem Nutzen strebt, führt das nach Ansicht der Liberalen auch zu maximalem Gesamtnutzen der Volkswirtschaft.

Die sozialen Reformbewegungen des 19. Jahrhunderts ergeben sich durch die wirtschaftliche Entwicklung vom Handwerk und Kleingewerbetum zur Industrie. Marx und Engels prophezeien den Zusammenbruch des liberalen marktwirtschaftlichen Systems und den Übergang zur Kollektivwirtschaft. Ferdinand Lassalle fordert die Intervention des Staates, da sonst das eherne Lohngesetz – die Lohnhöhe reicht nur für den lebensnotwendigen Unterhalt – nicht durchbrochen werden kann.

Aufbauend auf dem liberalen Gedankengut, dabei aber die Kritikpunkte und Fehleinschätzungen dieser Konzeption weitgehend vermeidend, entstand nach verschiedenen Zwischenstufen Ende der zwanziger/Anfang der dreißiger Jahre dieses Jahrhunderts der sogenannte **Neoliberalismus.** Er erkannte den Staat als ordnenden und lenkenden Faktor an, ohne ihm aber eine zentrale Steuerungsfunktion zuzubilligen. Zu den bedeutendsten neoliberalen Vertretern im deutschsprachigen Raum, deren Gedankengut in die Wirtschaftsordnung der Bundesrepublik Deutschland, die Soziale Marktwirtschaft, eingeflossen ist, zählen u. a. Walter Eucken, Franz Böhm, Wilhelm Röpke, Alexander Rüstow, Alfred Müller-Armack.

Zusammenfassung

2.2 Wirtschaftssysteme und Wirtschaftsordnungen

Wirtschaftsordnung ist die – im Gegensatz zum idealtypischen Wirtschaftssystem – tatsächlich praktizierte Plankoordination. Zwei konträre Konzeptionen stehen sich gegenüber: eine zentralisierte Reglementierung in einer zentralverwaltungswirtschaftlichen Ordnung und die dezentralisierte Koordinierung im marktwirtschaftlichen Rahmen. Die Frage nach der ,,richtigen" Ordnung wird in Vergangenheit und Gegenwart sowie je nach politischem System unterschiedlich beantwortet.

2.3 Zentralverwaltungswirtschaft

Der Begriff **Zentralverwaltungswirtschaft** stammt aus der Schule der Neoliberalen. Im allgemeinen Sprachgebrauch wird für dieses Wirtschaftssystem häufig auch der Begriff **Planwirtschaft** benutzt. Er ist jedoch mißverständlich; denn auch im marktwirtschaftlichen System gibt es Planung. Die Unterscheidung zwischen Zentralverwaltungs- und Marktwirtschaft liegt also nicht in der Planung schlechthin, sondern darin, wer die Pläne aufstellt und wie sie koordiniert werden. Während in Marktwirtschaften die ökonomischen Entscheidungen von den wirtschaftlichen Individuen, nämlich den privaten Haushalten und den Unternehmen, gefällt werden, nimmt in der Zentralverwaltungswirtschaft alle wirtschaftlichen Entscheidungen und deren Abstimmung aufeinander eine zentrale Stelle vor. Der von ihr aufgestellte zentrale Plan, der Arbeitseinsatz-, Investitions-, Produktions- und Verbrauchsentscheidungen regelt, ist für alle Wirtschaftssubjekte, Haushalte und Unternehmen, verbindlich. Das einzelne Wirtschaftssubjekt hat somit keinen Entscheidungsspielraum mehr, weder bei der Wahl seines Arbeitsplatzes oder Berufes und damit der Einkommenserzielung noch bei der Einkommensverwendung. In diesem Wirtschaftssystem gibt es weder Privateigentum an den Produktionsmitteln noch Vertragsfreiheit für die Unternehmen. Auch ist freier Außenhandel, Ex- wie Import, nicht möglich.

In der Zentralverwaltungswirtschaft besteht die Hauptaufgabe darin, für alle Wirtschaftssubjekte für einen bestimmten Zeitraum verbindliche Pläne aufzustellen, die dann zu einem Gesamtplan koordiniert werden müssen.

Der Grad der Technik und der Umfang der vorhandenen Produktionsfaktoren bestimmen den Rahmen für die Planung. Hinzu kommen politische Entscheidungen, z. B. darüber, inwieweit eine Aufteilung der Gesamtleistungserstellung auf Investitions- oder Konsumgüter erfolgen soll. Aufstellung wie Vollzug des Planes machen ständige Informationsflüsse von der Zentralstelle bis zur Basis und zurück erforderlich. Daten über die Wirtschaftseinheiten und ihre Leistungsfähigkeit sind gleichfalls Voraussetzung für die Planerstellung. Unentbehrlich sind deshalb bei der Ausführung Instanzen, die die Plananweisungen weitergeben und den Soll-/Ist-Vergleich vornehmen.

Die Konsumenten bestimmen nicht selbst über die Zusammensetzung des Warenangebots, sondern eine zentrale Planungsstelle. Auch wenn die Haushalte für die Zurverfügungstellung des Produktionsfaktors Arbeit Geld als Vergütung erhalten, verschafft ihnen dieses nicht die freie Konsumwahl. Sie wird durch das vorgegebene Angebot eingeschränkt. Geld sowie Preise sind also in der Zentralverwaltungswirtschaft nur Hilfsmittel, sie haben zweitrangige Bedeutung. Geld und Preise müssen lediglich als monetäre Größen gesehen werden, die als Verrechnungseinheiten zur Koordination der Teilpläne als wertvoll und nützlich angesehen werden. Nach der ideologischen Konzeption wird in der Endstufe der Zentralverwaltungswirtschaft Geld nicht mehr notwendig sein, sondern durch ein **Bezugscheinsystem** abgelöst werden können.

So nachteilig Zentralverwaltungswirtschaften aus der Sicht marktwirtschaftlich orientierter Menschen beurteilt werden können, weisen sie dennoch auch gewisse Vorzüge im Vergleich zum marktwirtschaftlichen System auf. So können zentralverwaltungswirtschaftlich geführte Volkswirtschaften wesentlich leichter als Marktwirtschaften politische, insbesondere wirtschaftspolitische Zielsetzungen realisieren. Ferner können durch eine umfassende, alle Details richtig abdeckende Planung gesamtwirtschaftliche Fehlentwicklungen weitgehend ausgeschlossen werden. Auch sind inflationäre Entwicklungen ebenso wie Konjunkturschwankungen in der Zentralverwaltungswirtschaft im Rein-Modell kaum denkbar. Ein Vorteil liegt ferner im Bereich der sozialen Sicherheit für die Arbeitnehmer. Anders als im marktwirtschaftlichen System hat hier der Staat die Verpflichtung zur sozialen Sicherung im Falle von Krankheit oder Arbeitunfähigkeit.

Das bisher geschilderte System der Zentralverwaltungswirtschaft ist idealtypisch. Es kommt in der Realität in dieser Rein-Modell-Form nicht vor. Die heute praktizierten zentralverwaltungswirtschaftlichen Ordnungen beinhalten vielmehr auch Dispositionsspielräume, die allerdings im Laufe der Zeit durchaus Änderungen unterliegen können und mehr oder weniger groß sind. Diese partiellen Zentralverwaltungswirtschaften lassen inzwischen ebenso eine freie Einkommensverwendung mit beschränkter bis voller Konsumentensouveränität zu, wie auch hinsichtlich Arbeitsplatz- und Berufswahl bis hin zur freien Unternehmertätigkeit Öffnungen gegenüber dem Idealtypus erfolgt sind. Dafür bieten die bestehenden Zentralverwaltungswirtschaften der Ostblockländer vielfältige Beweise.

Da die Erfassung der Plandaten, die Ausarbeitung des Zentralplans und die Vorgabe der Normen beträchtliche Zeit in Anspruch nehmen, operieren Zentralverwaltungswirtschaften im allgemeinen mit Mehrjahresplänen, z. B. die UdSSR oder DDR mit Fünfjahresplänen.

Als problematisch erweisen sich die während einer Planperiode auftretenden Änderungen der wirtschaftlichen Daten oder Abweichungen in der Soll-/Ist-Rechnung, z. B. niedrigere Ernteergebnisse infolge von Schlechtwetterphasen oder Naturkatastrophen, Rohstoffmangel durch internationale Energiekrisen oder auch nur schlechtere Produktionsergebnisse aufgrund von Fehlern im Plan oder Ausfall von Fertigungsanlagen. Derartige Abweichungen können ähnliche Wirkungen haben wie ein Stein, den man ins Wasser wirft, sie ziehen beträchtliche Kreise und führen zu Schwierigkeiten in anderen Bereichen.

Zusammenfassung

2.3 Zentralverwaltungswirtschaft

In der Zentralverwaltungswirtschaft werden alle Pläne von einer zentralen Instanz aufgestellt und koordiniert. Das einzelne Wirtschaftssubjekt hat hier keine freie Entscheidungsmöglichkeit. In den tatsächlich praktizierten Zentralverwaltungswirtschaften gibt es – abweichend vom idealtypischen Konzept – Dispositionsspielräume.

2.4 Freie Marktwirtschaft

In einem völlig reinen System der **Marktwirtschaft** treffen die wirtschaftlichen Individuen, nämlich die Haushalte und die Unternehmen, autonom sämtliche ökonomischen Entscheidungen. Sie sind damit im wahrsten Sinne des Wortes Wirtschaftssubjekte. Der Staat greift hier weder lenkend noch ordnend ein.

Es herrscht bei den Arbeitnehmern freie Arbeitsplatz- und Berufswahl, freie Verfügung über die erzielten Einkommen, und es besteht die Möglichkeit, sich an den Produktionsmitteln direkt zu beteiligen. Die Unternehmen haben das

Recht, Verträge über Lieferungen und Abnahmen zu schließen, mit wem sie wollen, frei zu exportieren und einzuführen, die Entscheidung über Investitionen ebenso wie über das Güterangebot allein zu treffen.

Alle Wirtschaftssubjekte, Haushalte und Unternehmen, stellen ihre Wirtschaftspläne unabhängig auf. Der Ausgleich erfolgt über den Preisbildungsprozeß am Markt, wo sich Angebot und Nachfrage treffen. Preisänderungen führen zu Nachfrage- und Angebotsänderungen. Steigen die Preise, scheiden Teile der Nachfrage ebenso aus, wie bei sinkenden Preisen unrentable Unternehmen ihre Produktion nach einer gewissen Zeit einstellen werden oder müssen. Der Preis ist also alleiniger Koordinierungsmechanismus und Ordnungsfaktor. Als freie Marktwirtschaft gilt eine solche auch dann noch, wenn der Staat lediglich Normen setzt, die den Ablauf der Preisbildung sicherstellen. In der freien Marktwirtschaft hat der Staat den Rahmen vorzugeben und für die Einhaltung der von ihm in dieser Richtung erlassenen Vorschriften Sorge zu tragen.

Man darf jedoch nicht übersehen, daß die freie Marktwirtschaft auch Schwachstellen besitzt. Zum Beispiel ist in der Realität nicht auszuschließen, daß es zu Kapital- und Unternehmenskonzentrationen kommt mit möglichen Nachteilen für die Abnehmer. Außerdem führen Fehlleistungen und Fehlinvestitionen von Unternehmen zu volkswirtschaftlichen Verlusten. Die soziale Sicherheit des einzelnen liegt nicht in der Hand des Staates, sondern bei jedem selbst. Wer nicht rechtzeitig für sein Alter sorgt, hat die Konsequenzen daraus selbst zu tragen.

Die Vorteile der Marktwirtschaft werden – zumindest in den Industrienationen – vor allem gesehen in der weitgehenden Freiheit, die jeder einzelne Marktpartner hat. Insbesondere ist durch den Selbstregulierungsprozeß des Marktes im allgemeinen eine größere Flexibilität in diesem System zu finden, so daß Umstrukturierungen – ausgelöst durch Nachfrage- und/oder Kostenveränderungen – rasch vollzogen werden können, was schließlich die Leistungsfähigkeit der Volkswirtschaft sichert. Dadurch, daß die Nachfrage über das Angebot entscheidet, kommt es nur bei Fehlentscheidungen von Unternehmen dazu, daß vorübergehend am Markt vorbeiproduziert wird. Nicht zuletzt führt die Möglichkeit, durch mehr Leistung mehr Einkommen zu erzielen, generell zu einer größeren Produktivität in diesem Wirtschaftssystem.

Die freie Marktwirtschaft in der idealtypischen Modellform gibt es heute nicht. Die Industrienationen, deren Wirtschaftsordnung marktwirtschaftlich ausgerichtet ist, haben sämtlich durch entsprechende staatliche Maßnahmen bzw. Gesetze versucht, die im Idealtyp möglichen Fehlentwicklungen auszuschließen. Hierzu zählen u. a. Kartellgesetzgebungen, Einführung der Sozialversicherung u. a. m.

Zusammenfassung

2.4 Freie Marktwirtschaft

Im idealtypischen System der freien Marktwirtschaft handeln alle Wirtschaftssubjekte autonom. Die Koordination erfolgt ausschließlich über den Markt. Der Staat greift auch bei Fehlentwicklungen nicht ein.

2.5 Mischsysteme

Die bisher aufgezeigten Koordinierungsmechanismen für die wirtschaftlichen Aktivitäten waren idealtypisch, d. h. es handelte sich um eine theoretische Darstellung. In der Realität weisen die Wirtschaftsordnungen im allgemeinen Elemente beider Systeme auf. Je nachdem, welcher Mechanismus überwiegt, ordnet man diese Volkswirtschaft der Zentralverwaltungs- oder der Marktwirtschaft zu.

In den Volkswirtschaften der sogenannten **Industrienationen** überwiegt in den meisten Fällen das marktwirtschaftliche Element. Aber es finden sich in sehr vielen Bereichen auch nichtmarktwirtschaftliche Einschläge. Erwähnt seien in diesem Zusammenhang Anbaubeschränkungen und garantierte Preise in der Landwirtschaft. In einigen Ländern übt der Staat als Eigentümer Kontrollen über ganze Industriezweige aus. So sind z. B. in Großbritannien der Kohlenbergbau, in Frankreich die Elektrizitätserzeugung, der Bergbau sowie Teile der Automobil-, der chemischen Industrie und des Bankensektors verstaatlicht. Verkehrswesen, Eisenbahnen, Luftfahrtgesellschaften und die Post sind weitere Bereiche, die in zahlreichen Ländern von staatlich geleiteten Stellen betrieben werden.

Vorwiegend Elemente der Zentralverwaltungswirtschaft finden wir in den Ländern des Ostblocks und anderen kommunistisch regierten Staaten. Aber auch bei diesen lassen sich inzwischen marktwirtschaftliche Tendenzen erkennen, so z. B. in vielen Ländern in Bereichen der Landwirtschaft, wo von dem reinen Kolchosesystem wieder abgewichen wird. Ferner besitzen in mehreren Staaten die Haushalte das Recht der freien Verfügung über ihr Einkommen, schließlich zahlen Staatsbanken auf Spareinlagen Zinsen.

Die Aufstellung von Wirtschaftsplänen setzt in der Regel die Verfügbarkeit über die Produktionsfaktoren und -mittel voraus. In marktwirtschaftlichen Systemen ist deshalb bei autonomer Entscheidung der Wirtschaftssubjekte als wesentliches Element das Privateigentum anzutreffen, während in der zentral geleiteten Wirtschaft die Verfügung einer Zentralinstanz zusteht, die auch das Eigentum des Staates verwaltet. Selbst hier lassen sich bereits Mischformen entdecken. So sei das Beispiel Jugoslawiens erwähnt, wo kollektives Eigentum mit marktwirtschaftlichen Elementen kombiniert ist.

Zusammenfassung

2.5 Mischsysteme

Die Modelle der Zentralverwaltungswirtschaft und der freien Marktwirtschaft sind theoretisch. In der Praxis weisen die Wirtschaftsordnungen Elemente beider Systeme auf, um dadurch die systemimmanenten Nachteile zu minimieren.

Die Charakterisierung der jeweiligen Wirtschaftsordnung erfolgt je nach Dominanz des Koordinierungsmechanismus.

2.6 Soziale Marktwirtschaft – die Wirtschaftsordnung der Bundesrepublik Deutschland

Am 19. Juni 1948 wurde mit Wirkung vom 21. Juni in den drei westlichen Zonen Deutschlands die Währungsreform verkündet. Mit ihr einher ging die Wiedergeburt des deutschen Wirtschaftslebens. Bei der Diskussion um Ordnung und Gestaltung der Bundesrepublik Deutschland nach dem Krieg im ökonomischen Bereich setzten sich seinerzeit wirtschaftspolitische Kräfte durch, die eine freiheitliche Wirtschaftsordnung forderten. Sie erhoben zugleich das Postulat, daß soziale Komponenten mit eingebaut werden sollten, um von vornherein die Fehlentwicklungen auszuschließen, die in der völlig freien Marktwirtschaft möglich sind. Bekannte Nationalökonomen wie Alexander Rüstow, Walter Eucken, Wilhelm Röpke und Ludwig Erhard arbeiteten an dieser neuen Ordnung mit. Die Bezeichnung **Soziale Marktwirtschaft** für diese neue Wirtschaftsordnung stammt von Alfred Müller-Armack, dem Staatssekretär im Wirtschaftsministerium unter Ludwig Erhard.

Die soziale Marktwirtschaft ist nicht als eine für alle Zeit feststehende Wirtschaftsordnung zu verstehen, sondern mehr als ein Programm, das auf den Erfahrungen bereits bekannter und praktizierter Wirtschaftssysteme basiert. Es soll ständig entsprechend den neu gewonnenen Erkenntnissen verbessert und ausgebaut werden. Wesensmerkmale der sozialen Marktwirtschaft sind weitgehend die Elemente der freien Marktwirtschaft, d. h. das freie Wechselspiel von Angebot und Nachfrage reguliert das Marktgeschehen.

So sehr der Staat für die Einhaltung der Wirtschaftsordnung verantwortlich ist, darf er nach den Vorstellungen der freien Marktwirtschaft dennoch nicht selbst in dem Wirtschaftsprozeß durch Eingriffe in die Preisbildung oder Lenkung der Güterströme tätig werden. Andererseits sind aber dem absoluten Prinzip des laisser-faire dort Grenzen gesetzt, wo die marktwirtschaftlichen Ergebnisse im Interesse des Gemeinwohls nicht mehr vertretbar erscheinen. Besondere Bedeutung kommt dabei dem Schutz des wirtschaftlich Schwächeren zu. Diese Konzeption der Wirtschaftsordnung läßt sich auch aus dem Begriff ,,sozial" ablesen. Soziale Gerechtigkeit, Sicherheit und Verantwortung sind Leitsätze, die im wirtschaftlichen Zusammenleben in der sozialen Marktwirtschaft zu berücksichtigen sind. Dies gilt auch für das Privateigentum. In Artikel 14 des Grundgesetzes heißt es nämlich in Absatz 2: ,,Eigentum verpflichtet. Sein Gebrauch soll zugleich dem Wohle der Allgemeinheit dienen." Die soziale Marktwirtschaft erwirbt also ihr Prädikat ,,sozial" nicht dadurch, daß sie einem sonst unverändert kapitalistischen System künstlich, etwa durch direkte Eingriffe in das Marktgeschehen zugunsten einzelner Wirtschaftsbereiche, einige sozial anmutende Elemente aufpfropft, sie weist vielmehr eine erheblich veränderte innere Ordnung auf, die von ihren Fundamenten her auf natürlichem Wege selbsttätig eine Koordination zwischen den wirtschaftlichen und sozial erstrebenswerten Zielen herbeiführt. Dabei erfüllt sie außerdem die übergeordnete Funktion der Sicherung einer freiheitlichen Gesellschaftsordnung und einer demokratischen Staatsform.

Die soziale Marktwirtschaft hat also mit der freien Marktwirtschaft gemeinsam solche Kriterien wie Privateigentum an den Produktionsmitteln, freie Arbeitsplatz- und Berufswahl, Vertragsfreiheit, freien Außenhandel sowie Steuerung des Wirtschaftsablaufs über den Preis durch das Zusammentreffen von Angebot und Nachfrage. Völlig funktionsfähig im Sinn der angestrebten Ordnung wird sie aber erst durch vier weitere Komponenten, die nicht einem Marktautomatismus überlassen bleiben, sondern eine bewußte Tätigkeit des Staates erfordern. So sind diesem folgende Aufgaben übertragen:

1. Sicherung der Stabilität des Geldwertes, eines stetigen Wachstums, einer hohen Beschäftigung und eines außenwirtschaftlichen Gleichgewichts
2. Schaffung einer Rahmenordnung für eine Wettbewerbswirtschaft und Schutz der Marktpartner vor wettbewerbsschädigenden Elementen
3. Eingreifen bei strukturellen Krisen und Fehlentwicklungen
4. Entwicklung und Verwirklichung sozialstaatlicher Elemente.

Sicherung von Geldwertstabilität und Wachstum

Die erste Aufgabe, nämlich die Sicherung der Kaufkraft der DM, haben die Politiker der Deutschen Bundesbank übertragen. Zu diesem Zweck enthält das Bundesbankgesetz einen umfassenden Katalog wirtschafts- und währungspolitischer Instrumentarien, der im Laufe der Zeit entsprechend den wirtschaftlichen Erfordernissen ergänzt und verfeinert wurde. Was die Sicherung eines stetigen Wachstums, von Vollbeschäftigung und außenwirtschaftlichem Gleichgewicht angeht, beinhaltet das Stabilitätsgesetz des Jahres 1967 den Katalog der Maßnahmen, der die Politiker in die Lage versetzen soll, einer entsprechend positiven Entwicklung zum Durchbruch zu verhelfen.

Schaffung einer Rahmenordnung für den Wettbewerb

Die zweite Aufgabe, wettbewerbsschädigende Einflüsse aus der Wirtschaft fernzuhalten, ist in der Bundesrepublik Deutschland zu lösen versucht worden durch den Erlaß der **Gesetze gegen unlauteren Wettbewerb und gegen Wettbewerbsbeschränkungen.** Im Recht gegen den unlauteren Wettbewerb gilt es, solche Mittel zu verbieten, die Mitbewerber in ihrer Tätigkeit behindern oder einschränken oder aber den Verbraucher irreführen oder belästigen. Neben dem Gesetz gegen den unlauteren Wettbewerb sind in diesem Zusammenhang ferner die Verordnung über Sommer- und Winterschlußverkäufe, das Rabattgesetz, das Warenzeichengesetz und das Abzahlungsgesetz zu nennen. Im Recht gegen Wettbewerbsbeschränkungen geht es darum, den Wettbewerb selbst funktionsfähig zu erhalten. Es sollen also die Freiheit jedes einzelnen Teilnehmers gewährleistet sowie der Ausübung wirtschaftlicher Macht zum Schaden Marktschwächerer Grenzen gesetzt werden. Neben dem Gesetz gegen Wettbewerbsbeschränkungen – auch **Kartellgesetz** genannt – wirken hier auch übernationale Verordnungen mit hinein, so z. B. der Vertrag zur Gründung der Europäischen Wirtschaftsgemeinschaft.

Das Gesetz gegen Wettbewerbsbeschränkungen, am 1. 1. 1958 in Kraft getreten, ist bisher durch vier Gesetze (vom 3. 1. 1966, 3. 8. 1973, 14. 12. 1976 und 1. 5. 1980) ergänzt worden. Dabei wurde die Einführung einer vorbeugenden **Fusionskontrolle,** die Abschaffung der **Preisbindung** für Markenartikel sowie des Verbots eines aufeinander abgestimmten Verhaltens von Marktpartnern gesetzlich verankert. Die vierte Kartellnovelle aus dem Jahre 1980 erschwert vor allem das Eindringen von Großunternehmen in mittelständisch strukturierte Märkte und führt über neue Kontrollmöglichkeiten zu einer Verbesserung der wettbewerblichen Situation bei kleinen und mittleren Handelsunternehmen. Das Kartellgesetz in seiner heute gültigen Fassung hat das Ziel, den freien Wettbewerb vor Beschränkungen verschiedenster Art zu schützen. Es kann somit als das Grundgesetz der Marktwirtschaft bezeichnet werden. Es findet generell für die gesamte Wirtschaft der Bundesrepublik Deutschland Anwendung. Ausnahmen bzw. teilweise Ausklammerungen wie z. B. für die Bereiche der Landwirtschaft, den Verkehrs- und Energiesektor sowie die Kredit- und Versicherungswirtschaft sind in den § 99ff. geregelt. Im ersten Teil des Gesetzes finden sich die sogenannten materiellen Vorschriften, die den Wettbewerb sichern. Dort heißt es in § 1: „Verträge, die Unternehmen oder Vereinigungen von Unternehmen zu einem gemeinsamen Zweck schließen und Beschlüsse von Vereinigungen von Unternehmen sind unwirksam, soweit sie geeignet sind, die Erzeugung oder die Marktverhältnisse für den Verkehr mit Waren oder gewerblichen Leistungen durch Beschränkungen des Wettbewerbs zu beeinflussen." In § 15 liest man weiter: „Verträge zwischen Unternehmen über Waren oder gewerbliche Leistungen, die sich auf Märkte innerhalb des Geltungsbereichs dieses Gesetzes beziehen, sind nichtig, soweit sie einen Vertragsbeteiligten in der Freiheit der Gestaltung von Preisen oder Geschäftsbedingungen bei solchen Verträgen beschränken, die er mit Dritten über die gelieferten Waren, über andere Waren oder über gewerbliche Leistungen schließt." Wettbewerbseinschränkungen durch **Konzentrationen** behandelt dieses Gesetz ebenfalls. Eine Monopolkommission begutachtet regelmäßig die Entwicklung der Unternehmenskonzentration in der Bundesrepublik Deutschland. Ist zu erwarten, daß durch Zusammenschlüsse eine marktbeherrschende Stellung entsteht oder verstärkt wird, so können diese Zusammenschlüsse untersagt werden. Die in dem Gesetz der **Kartellbehörde** übertragenen Aufgaben und Befugnisse nehmen das **Bundeskartellamt,** der Bundesminister für Wirtschaft sowie zuständige oberste Landesbehörden wahr.

Ziel des Gesetzes gegen den unlauteren Wettbewerb ist es, einen von allen Marktteilnehmern einzuhaltenden Wettbewerb zu sichern. Der § 1 enthält deshalb die Generalklausel: „Wer im geschäftlichen Verkehr zu Zwecken des Wettbewerbs Handlungen vornimmt, die gegen die guten Sitten verstoßen, kann auf Unterlassung und Schadenersatz in Anspruch genommen werden." Rechtsprechung und Wissenschaft haben im Laufe der Zeit Verhaltensnormen entwickelt, wodurch die Generalklausel das nötige Maß von Beweglichkeit erhalten hat. Grundsätzlich gilt aber Gewerbe- und Niederlassungsfreiheit.

Eingreifen bei Strukturkrisen und Fehlentwicklungen

Die dritte Aufgabe des Staates zielt auf die Beseitigung von Störungen im Wirtschaftsablauf hin, die weniger von den Marktpartnern hervorgerufen oder zu vertreten sind, als vielmehr auf strukturellen Veränderungen beruhen. Ausgerichtet auf die gesamtwirtschaftlichen Zielvorstellungen, die im Stabilitätsgesetz verankert sind, hat der Staat durch die ihm zustehenden wirtschafts- und währungspolitischen Mittel bei Strukturkrisen oder anderen Fehlentwicklungen des wirtschaftlichen Ablaufs korrigierend oder unterstützend einzugreifen. Durch die Finanz- und Steuerpolitik wirkt der Staat nicht nur konjunktur-, sondern auch verteilungspolitisch auf die Marktergebnisse ein. Alle Maßnahmen sollen jedoch marktkonform sein, d. h. mit den marktwirtschaftlichen Prinzipien übereinstimmen. Ein staatlicher Dirigismus, bei dem die einzelnen Wirtschaftssubjekte lediglich Befehlsempfänger der Obrigkeit werden, entspricht nicht dieser Ordnung. Staatliche Eingriffe sind auch dort notwendig, wo Leistungen erforderlich sind, die der freie Markt nicht hervorbringt. Hierzu gehört insbesondere der Bereich der sogenannten Infrastruktur, und zwar sowohl der technischen (wie z. B. Verkehrswege, Versorgungsanlagen etc.) als auch der gesellschaftlichen (so Bildungsstätten, Krankenhäuser, Sportanlagen etc.).

Verwirklichung sozialstaatlicher Elemente

Um der sozialen Gerechtigkeit willen, mit dem Ziel, eine soziale Sicherheit zu erreichen, greift der Staat schließlich bei der Verfolgung der vierten Aufgabe ein. Vorsorge für den Krankheitsfall, bei Arbeitslosigkeit oder Berufsunfähigkeit, ferner für das Alter, Aus- und Fortbildungsförderung, Einkommens- und Vermögensverteilung sowie die Herstellung der Chancengleichheit aller in der Bundesrepublik Deutschland Lebenden sind Beispiele für eine solche staatliche **Sozialpolitik.** Ebenso gehören Wohn- und Kindergeld in diesen Bereich des Schutzes der wirtschaftlich Schwächeren. Eine Verpflichtung zur Fürsorge wird auch dem Arbeitgeber im Produktionsprozeß auferlegt. Zwischen Arbeitgebern und Arbeitnehmern soll ein partnerschaftliches Verhältnis bestehen, wofür schon allein die Bezeichnung **Sozialpartner** Ausdruck sein soll. Das schließt jedoch nicht Konflikte bei Tarifverhandlungen aus. Die Tarifautonomie ist wesentlicher Bestandteil der marktwirtschaftlichen Ordnung. In Artikel 12 Absatz 1 des Grundgesetzes heißt es: ,,Alle Deutschen haben das Recht, Beruf, Arbeitsplatz und Ausbildungsstätte frei zu wählen." Die Berufsausübung kann durch Gesetz geregelt werden. Für bestimmte Berufe muß in Anlehnung an die Gewerbeordnung ein Befähigungsnachweis erbracht werden.

Aufgrund der Mitgliedschaften in den europäischen Gemeinschaften kann die Wirtschaft der Bundesrepublik Deutschland jedoch nicht isoliert betrachtet werden. So setzt die Errichtung eines gemeinsamen Marktes voraus, daß sich die Wirtschaften der einzelnen Länder annähern und nicht konträr entwickeln. Deshalb baut der Vertrag zur Gründung der Europäischen Wirtschaftsgemeinschaft vom 25. 3. 1957 auch auf dem Wettbewerbsprinzip auf. Regeln zur Sicherung und Aufrechterhaltung des Wettbewerbs enthält der Artikel 85ff. des **EWG-Vertrages.** Dort heißt es z. B.: ,,Mit dem gemeinsamen Markt unvereinbar und verboten sind alle Vereinbarungen zwischen Unternehmen, Beschlüsse von Unternehmensvereinigungen und aufeinander abgestimmte Verhaltensweisen, welche den Handel zwischen Mitgliedsstaaten zu beeinträchtigen geeignet sind und eine Verhinderung, Einschränkung oder Verfälschung des Wettbewerbs innerhalb des gemeinsamen Marktes bezwecken oder bewirken.“ Ebenso wie das deutsche Kartellgesetz verbietet auch Artikel 86 EWG-Vertrag jede mißbräuchliche Ausnutzung einer Marktstellung. Die Gemeinschaft betreibt ferner eine Fusionskontrolle durch den Europäischen Gerichtshof, so daß einer Konzentration nicht nur innerhalb eines Landes durch die dort herrschenden Gesetze, sondern auch durch überstaatliche Verordnungen Einhalt geboten werden kann.

Die ökonomische Entwicklung unter einer marktwirtschaftlichen Ordnung mit sozialer Komponente in den zurückliegenden mehr als 35 Jahren seit Gründung der Bundesrepublik Deutschland hat deutlich die Vorzüge dieser freien Wirtschaft gezeigt, so insbesondere ihre hohe Produktivität. Steigende Realeinkommen, zunehmende Konsum- und Sparfähigkeit, relativ hohe Beschäftigung und eine hervorragende Stellung in der Weltwirtschaft sind Kennzeichen der wirtschaftlichen Stärke der Bundesrepublik Deutschland. Parallel zur ökonomischen Bedeutung wurde eine Sozialpolitik verwirklicht, die für jeden einzelnen Staatsbürger ein hohes Maß an sozialer Sicherheit gewährleistet. Verschiedene Konzentrationsbestrebungen sowie – häufig durch Interessengruppen verzögerte – Strukturveränderungen, die zu unerwünschten Reibungsverlusten führten, sind Beispiele dafür, daß das Programm der sozialen Marktwirtschaft ständig überprüft, korrigiert und verbessert werden muß. Zwar waren auch Rückschläge zu verzeichnen, und es sind sicherlich längst noch nicht alle angestrebten Ziele vollkommen erreicht. Der beschrittene Weg hat jedoch schon in der relativen Kürze des Bestehens der Wirtschaftsordnung ihre Richtigkeit bestätigt.

Zusammenfassung

2.6 Soziale Marktwirtschaft – die Wirtschaftsordnung der Bundesrepublik Deutschland

Die Wirtschaftsordnung der Bundesrepublik Deutschland ist die soziale Marktwirtschaft. Sie fußt auf den Elementen der freien Marktwirtschaft. Hinzu kommen Komponenten, die nicht einem Marktautomatismus überlassen bleiben sollen, sondern eine bewußte Tätigkeit des Staates erfordern.

Hierzu zählen:

- Sicherung der Stabilität des Geldwertes
- Schaffung einer Rahmenordnung für eine Wettbewerbswirtschaft und Schutz der Marktpartner vor wettbewerbsschädigenden Elementen
- Eingreifen bei strukturellen Krisen und Fehlentwicklungen
- Schaffung von sozialstaatlichen Elementen.

Übungsaufgaben:

1. Welche Grundprobleme muß jede Wirtschaftsordnung lösen? Durch welche Kriterien unterscheiden sich die verschiedenen Wirtschaftssysteme?
2. Ist das Planen im wirtschaftlichen Leben ein ausschließliches Kennzeichen der Zentralverwaltungswirtschaft?
3. Welches sind die Nachteile einer freien Marktwirtschaft im Idealtypus?
4. Durch welche Tatbestände wird eine Planwirtschaft im allgemeinen schwerfälliger und damit ineffizienter?
5. Welche besonderen Merkmale weist die soziale Marktwirtschaft im Vergleich zur freien Marktwirtschaft auf?
6. Welche Bedeutung hat das Gesetz gegen Wettbewerbsbeschränkungen im Rahmen der Wirtschaftsordnung der Bundesrepublik Deutschland?
7. Was bezweckt das Gesetz gegen unlauteren Wettbewerb?
8. Gibt es in einem Rein-Modell der Zentralverwaltungswirtschaft Sparkassen und Girozentralen, wie wir sie in der Bundesrepublik Deutschland kennen?
9. Welche Funktion hat das Geld in einer idealtypischen Zentralverwaltungswirtschaft?

3 Geld und Währung

Einführung in die Thematik

Bisher jedenfalls stieg die Umlaufsgeschwindigkeit im Konjunkturaufschwung und sank bei nachlassendem Wirtschaftswachstum oder in der Rezession.

(Geschäftsbericht der Deutschen Bundesbank 1977)

Die D-Mark ist eine Reservewährung wider Willen: Zum einen ist die Kapazität unserer Finanzmärkte zu klein, um ausländischen Währungsbehörden aureichende und schnell liquidierte Anlagemöglichkeiten bieten zu können, ohne daß dadurch die Funktionsfähigkeit der eigenen Märkte belastet oder die Notenbank zu binnenwirtschaftlich nicht vertretbaren Interventionen auf den Geld- und Kapitalmärkten gezwungen würde. Zum andern ist auch die Wirtschafts- und Finanzkraft der Bundesrepublik zu gering, um die Belastungen tragen zu können, die mit internationalen Reservebewegungen verbunden sein können.

(Otmar Emminger: „30 Jahre Deutsche Mark",
in Monatsberichte der Deutschen Bundesbank, Juni 1978)

Inflation ist in den meisten Fällen eine subtile Form der entschädigungslosen Enteignung derjenigen, die Geldvermögen besitzen.

(Helmut Schlesinger, Die Welt vom 15. 10. 1980)

Warum aber gibt es keine preisindexierten Anleihen auf dem internationalen Kapitalmarkt? Nun, dabei spielt vermutlich eine Rolle, daß viele Staaten es nicht zulassen würden, daß sich Firmen oder Verwaltungen nach außen direkt auf diese Weise verschulden oder Darlehen mit dieser Formel von Banken aufnehmen, die ja die von ihnen aufgenommenen Mittel mit der gleichen Indexierung weitergeben müßten. In der Tat ist auch das Eindringen der Preisindexierung von außen währungspolitisch recht gefährlich, weil selbst dann die Indexierung im Innern weitere Kreise zieht.

(H.-O. Steffe, Vizepräsident der Europäischen Investitionsbank,
– Vortrag am 23. 9. 1975 in Wiesbaden)

Eine verstärkte Ausweitung der Geldmenge führt, solange sie nicht mit einer gleich starken Ausweitung der Umsätze und Nominaleinkommen einhergeht, zu einer Veränderung der Relation zwischen Geldmenge und Umsätzen, also der sog. Umlaufsgeschwindigkeit des Geldes. Tatsächlich kann es Perioden geben, in denen dies auf den nachhaltigen Wunsch des Publikums zurückgeht, sich liquide zu halten; besonders in Zeiten einer Verschlechterung der wirtschaftlichen Lage oder im Hinblick auf wichtige, als negativ eingeschätzte politische Ereignisse läßt sich ein derartiges Verhalten beobachten.

(Geschäftsbericht der Deutschen Bundesbank 1982)

Eine wesentliche Grundlage der Geldmengensteuerung der Bundesbank stellt die Beobachtung dar, daß sich auf längere Sicht die Geldmenge weitgehend im Einklang mit dem nominalen Bruttosozialprodukt bzw. dem nominalen Produktionspotential ausgeweitet hat. Stellt man auf die Veränderungen des Bruttosozialprodukts im Verhältnis zur Geldmengenentwicklung ab, so läßt sich in der so ermittelten statistischen „Umlaufsgeschwindigkeit" der Zentralbankgeldmenge seit der Mitte der 70er Jahre ein leichter Rückgang ermitteln. Mit großer Wahrscheinlichkeit ist dies jedoch darauf zurückzuführen, daß die Wirtschaft wegen der besonderen Umstände der zurückliegenden Jahre (Ölpreiserhöhung und Anpassungsprozeß an neue Wettbewerbsbedingungen im Außenhandel, Zunahme der strukturellen Arbeitslosigkeit u. a.) nicht die in früherer Zeit verzeichnete Wachstumsdynamik erreichen konnte.

(Geschäftsbericht der Deutschen Bundesbank 1984)

Lerninhalte

1. Warum überhaupt Geld?
2. Von der Kaurimuschel zum unbaren Zahlungsverkehr
3. Zentralbankgeld – die Grundlage des heutigen Geldsystems
4. Geldvolumen, Quasi-Geld und Geld-Surrogate
5. Die Bedeutung der Umlaufsgeschwindigkeit des Geldes
6. Geldwertschwankungen beeinflussen die wirtschaftliche Entwicklung
7. Inflation und Deflation
8. Von der „schleichenden" über die „trabende" zur „galoppierenden" Inflation
9. Ursachen und Auswirkungen einer Inflation
10. Die Veränderung des Geldwertes in der Bundesrepublik Deutschland seit 1948
11. Sparkassen und Banken schöpfen Geld
12. Der Geldmarkt als Liquiditätsregulator
13. Die Transformationsfunktion des Kapitalmarktes

Nach dem Durcharbeiten dieses Kapitels sollte der Leser die vorgenannten Lerninhalte erfaßt haben, den Wissensstoff beherrschen und die behandelten wirtschaftlichen Fachbegriffe bzw. Zusammenhänge erklären können. Eine Kontrolle bieten dazu die Übungsfragen am Schluß dieses Kapitels.

3.1 Die Funktionen des Geldes im Wirtschaftsleben

In früheren Jahrhunderten, als die reine Tauschwirtschaft herrschte, gab es kein Geld, das eine Mittlerfunktion im Warenaustausch zwischen den Wirtschaftssubjekten ausübte. Diese Zeit der reinen **Tauschwirtschaft** war vor allem gekennzeichnet durch einen hohen Grad an Selbstversorgung der einzelnen Haushalte mit den Gütern des täglichen Bedarfs. Man produzierte alles das, aber auch nur das, was man zum Lebensunterhalt benötigte, d. h. also die zum Überleben notwendigen Nahrungsmittel, Kleidungsstücke, Gerätschaften für Jagd, Ackerbau sowie die erforderliche Behausung. Tauschvorgänge vollzogen sich nur in Form von Ware gegen Ware. D. h. ein Güteraustausch kam überhaupt nur dann zustande, wenn sich die Wünsche und Vorstellungen der Marktpartner deckten, jeder also das vom anderen benötigte Produkt besaß. Es versteht sich von selbst, daß dieses Verfahren, den richtigen Tauschpartner zu finden und sich mit ihm über Wertrelationen der Güter zu einigen, sehr aufwendig war und Tauschvorgänge im allgemeinen nur innerhalb einer eng begrenzten Region vonstatten gehen konnten, da der Transport von Produkten über längere Strecken gefährlich und technisch kaum durchführbar war. Das Anwachsen der Bevölkerung führte zwangsläufig zu einer Ausdehnung der Tauschvorgänge und zu einer Spezialisierung der Menschen in den Tätigkeiten. Arbeitsteilung und Handel sind aber nicht möglich ohne einen neutralen, anerkannten Tauschmittler, der unterschiedliche Güter vergleichbar macht. Es entstand also als Medium das Geld, in seiner Form von Landschaft zu Landschaft und im Verlauf der Zeit sehr verschieden. So verwendete man als Geld z. B. Tiere, Felle, Öl, Salz, Muscheln, Perlen u. ä. Später traten an deren Stelle Metalle, und zwar Eisen, Kupfer, Silber und Gold. Allen diesen Stoffen war gemeinsam, daß sie verhältnismäßig selten, aber auch unhandlich, schwer herstellbar und nur bedingt teilbar waren. Es galt also, an deren Stelle etwas zu entwickeln, das leicht übertragbar, problemlos aufzubewahren, beliebig aufteilbar und dabei nicht verderblich war. Diese Eigenschaften besitzt das Geld in der Form, wie wir es heute kennen.

Parallel zu der Entwicklung des Geldes vom reinen Naturaltausch über die verschiedenen Ersatzstoffe und Metalle bis hin zur heutigen Banknote und ihrer Bedeutung im Wirtschaftsleben vollzog sich auch die Geschichte des Bankwesens vom einfachen Geldwechsler früherer Jahrhunderte – er tauschte zunächst Güter gegen Geld, dann die verschiedenen Geldformen gegeneinander – zur modernen Kreditwirtschaft unserer Zeit.

Im heutigen Wirtschaftsleben übt das Geld im wesentlichen folgende drei Funktionen aus. Es ist

- Tauschmittel
- Recheneinheit
- Wertübertragungs- und Wertaufbewahrungsmittel.

Das Geld in seiner Funktion als Tauschmittel

Die wichtigste Aufgabe des Geldes liegt darin, den Einsatz von Arbeit gegen Lohn, von Kapital gegen Zins sowie den Austausch von Gütern und Dienstleistungen zu ermöglichen. Das Geld stellt also ein Tauschmittel dar, ohne das moderne Volkswirtschaften, die durch einen hohen Grad von Arbeitsteilung und durch vielseitige, oft über große Entfernungen reichende Handelsbeziehungen gekennzeichnet sind, nicht existieren könnten. In einer hochgradig arbeitsteiligen Wirtschaft wie der der industrialisierten Länder sind Transaktionen im Wege des Naturaltausches kaum mehr möglich. Das Geld stellt also das Blut der Wirtschaft dar, das den Kreislauf ermöglicht und am Leben hält.

Entscheidend für die Funktionsfähigkeit des Geldes ist allerdings die Bereitschaft der Menschen, es jederzeit zur Erfüllung von Ansprüchen anzunehmen. Besteht ein staatlicher Annahmezwang, so spricht man von **gesetzlichem Zahlungsmittel.** Der Tauschwert bildet sich jedoch nach eigenen Gesetzen. Dabei ist Voraussetzung, daß das Geld nicht beliebig vermehrt wird, sondern knapp bleibt. Diese Knappheit läßt sich auf zweierlei Weise erreichen:

- durch Verwendung von (seltenem) Edelmetall (z. B. Silber oder Gold) oder
- durch Begrenzung der umlaufenden Geldmenge seitens des Staates.

Die Funktion des Geldes als Tauschmittel wäre jedoch nicht ausreichend, erfüllte es nicht gleichzeitig auch andere Aufgaben. Jeder Tausch setzt eine genaue Wertbestimmung der Güter voraus. Beim Naturaltausch drückt man den Wert eines Gutes in Einheiten eines anderen Gutes aus. In der arbeitsteiligen Verkehrswirtschaft mit ihrem täglichen Umschlag an Millionen von Gütern und Leistungen ist der Vergleich auf Naturalbasis nicht mehr durchführbar. Der Wert der Güter muß vielmehr auf einen dritten Nenner gebracht werden. Hierzu bedarf es der Rechenhaftigkeit.

Die Funktion des Geldes als Recheneinheit

Zur Bewertung der gehandelten Güter und Dienstleistungen in den modernen Volkswirtschaften muß ein gemeinsamer Nenner bestehen. Das Geld als Recheneinheit ermöglicht es, die verschiedenen Wertschätzungen für einzelne Güter und Dienstleistungen zum Ausdruck zu bringen. Über den Preis bestimmt sich somit, welche Güter und Leistungen in welchem Umfang gekauft bzw. veräußert werden.

Das Geld in seiner Funktion als Wertübertragungs-/Wertaufbewahrungsmittel

In der Eigenschaft als Wertübertragungsmittel tritt das Geld dann auf, wenn kein unmittelbarer Tausch vorliegt, so z. B. bei Darlehensgewährungen oder Schenkungen. Schließlich besteht die Möglichkeit, Werte mit Hilfe des Geldes aufzubewahren und anzusammeln, also zu thesaurieren. Zu diesem Zweck, d. h. um also gespart werden zu können, muß das Geld so beschaffen sein, daß es lagerungsfähig und wertbeständig ist.

Zusammenfassung

3.1 Die Funktionen des Geldes im Wirtschaftsleben

In der heutigen Zeit der arbeitsteiligen Verkehrswirtschaft, in der die einzelnen Wirtschaftssubjekte nur Teilfunktionen im gesamten ökonomischen Prozeß ausüben, ist der Austausch von Gütern und Leistungen nicht ohne einen anerkannten Tauschmittler möglich, der die unterschiedlichen Güter und Leistungen vergleichbar macht. Als dieses Medium fungiert das Geld. Es übt im heutigen Wirtschaftsleben im wesentlichen folgende Funktionen aus:

- Tauschmittel
- Recheneinheit
- Wertübertragungs- und Wertaufbewahrungsmittel.

3.2 Arten des Geldes

Die drei genannten Aufgaben nimmt das Geld in verschiedenen Erscheinungsformen wahr. Entsprechend der historischen Entwicklung unterscheidet man deshalb folgende Geldarten:

Stoffgeld { Warengeld; Metallgeld { Kurantgeld; Scheidemünzen }}

Stoffwertloses Geld (= Papiergeld)

Stoffloses Geld (= Buch- oder Giralgeld, Computergeld)

Beim **Warengeld** wird – wie schon ausgeführt – eine bestimmte Ware aufgrund ihrer besonderen Eigenschaften zum Zahlungsmittel (z. B. Muscheln, Salz, Perlen). Dieses Geld hat erhebliche Nachteile; denn es ist nicht wertbeständig, unhandlich, nicht genügend teilbar und schwer übertragbar.

Das **Metallgeld** kann entweder aus Kurantgeld oder aus Scheidemünzen bestehen. **Kurantgeld** ist vollwertig ausgeprägt. Bei ihm stimmt der auf der Münze angegebene Nennwert mit dem tatsächlichen Gegenwert des Stücks in Gold oder Silber überein. Kurantmünzen – noch im vorigen Jahrhundert vorherrschendes Zahlungsmittel in den meisten Ländern – sind aus dem Umlauf weitgehend verschwunden. An ihre Stelle traten inzwischen fast ausschließlich **Scheidemünzen.** Bei diesen klein gestückelten Zahlungsmitteln liegt der Metallwert unter dem aufgeprägten Nominalwert der Münze.

Das stoffwertlose oder **Papiergeld** – es wird von den Zentralbanken emittiert – hat sich im Lauf der letzten 70 Jahre mehr und mehr als gesetzliches Zahlungsmittel durchgesetzt. Das Papiergeld wird durch ein Zeichen, das öffentlichrechtlichen Schutz genießt, zum gesetzlichen Zahlungsmittel. Das bedeutet, daß jedermann verpflichtet ist, dieses Geld anzunehmen*.

Wie jedoch die Vergangenheit gezeigt hat, wurden im Wirtschaftsleben in bestimmten Ausnahmesituationen oder Krisenzeiten als gesetzlich deklarierte Zahlungsmittel von der Bevölkerung nicht mehr als Tauschmittel akzeptiert. Die Verkäufer von Waren und Dienstleistungen lehnten die Annahme des Geldes als Gegenleistung dafür ab und forderten die Begleichung der von ihnen zur Verfügung gestellten Leistungen durch Sachwerte. Das bedeutet, daß das gesetzliche Zahlungsmittel seine Geldfunktion verloren hat. Eine solche Entwicklung ergibt sich fast immer dann, wenn die Menge des Geldes in einem krassen Mißverhältnis zu dem Volumen der angebotenen Güter und Dienstleistungen steht – eine typische Erscheinung nach den beiden letzten Kriegen. Beispielsweise wurde nach 1945 zunehmend die Reichsmark als offizielles Zahlungsmittel von der Bevölkerung abgelehnt, und es traten an die Stelle der amtlichen Währungseinheit mehr und mehr lebensnotwendige Güter wie Butter, Kleidung oder auch Tabakwaren. Die Geldfunktion verlagerte sich also von dem gesetzlichen Zahlungsmittel auf ein anderes Wirtschaftsgut. Mit der Ausgabe der ersten DM-Noten bei der Währungsreform am 21. Juni 1948 änderte sich dieses Bild schlagartig; die **„Zigarettenwährung“** verschwand, und die neuen Geldscheine fanden uneingeschränkt als Zahlungsmittel Anerkennung. Um also einen Stoff zu Geld werden zu lassen bzw. die Geldfunktion im Wirtschaftsleben zu erhalten, muß eine wesentliche Verhaltensweise der Menschen gegenüber diesem Geld hinzukommen, nämlich die Bereitschaft, dieses Geld als Zahlungsmittel anzuerkennen. Geld muß also von der Bevölkerung als Tauschmittel akzeptiert werden. Sobald die allgemeine Annahmebereitschaft fehlt, verliert jedes Zahlungsmittel, auch das vom Staat als gesetzliches Zahlungsmittel vorgegebene, seine Funktion.

Das stofflose Geld (**Buch-** bzw. **Giralgeld**) entsteht bei den Sparkassen und Banken. Es kommt z.B. durch Gutschrift auf einem Konto zustande und wird durch Umbuchung übertragen. Durch Kreditgewährung kann es – ebenso wie das Papiergeld – in Umlauf gebracht werden. Alle Kreditinstitute „schaffen“ Buchgeld, sie stehen jedoch dabei in Abhängigkeit von dem Zentralbankgeldvolumen der Notenbank. Das Buchgeld bildet die höchste Stufe in der Entwicklung des Geldes. Nachdem bereits das Zeitalter neuer Zahlungssysteme begonnen hat,

---

* In der Bundesrepublik Deutschland sagen die gesetzlichen Bestimmungen, daß Kleingeld maximal bis zum Betrag von 20,– DM anzunehmen ist. Die Verpflichtung, Zahlungen in Form von Pfennigen entgegenzunehmen, beschränkt sich auf 5,– DM. Bundes- und Landeskassen haben Münzen in jedem Betrag in Zahlung zu nehmen oder in andere gesetzliche Zahlungsmittel umzutauschen.

wird in Zukunft das sogenannte **„Computergeld“** an Bedeutung gewinnen. Das bedeutet nichts anderes, als daß Zahlungen z. B. für im Kaufhaus erworbene Güter, für Hotelzimmer u. ä. direkt über ein Terminal per elektronischer Umbuchung beglichen werden. Es erfolgt also die Abwicklung von Zahlungsvorgängen ohne Einschaltung von Bargeld oder Geldsurrogaten in Form von Schecks lediglich durch Computer-Befehle.

Zusammengefaßt lassen sich also zwei große Gruppen von Geld unterscheiden:

- das Bargeld – dazu zählen heute Metall- und Papiergeld – und
- das Buchgeld.

Wie gelangt nun dieses Geld in den volkswirtschaftlichen Kreislauf?

Zusammenfassung

3.2 Arten des Geldes

Geldfunktionen können von verschiedenen Geldarten erfüllt werden. Entsprechend der historischen Entwicklung lassen sich folgende Formen des Geldes unterscheiden:

- Stoffgeld in Form von Waren- bzw. Metallgeld. Letzteres läßt sich unterteilen in Kurantgeld und Scheidemünzen.
- Stoffwertloses Geld
- Stoffloses Geld

Wegen der nur begrenzten Einsetzbarkeit bildet Warengeld in modernen Volkswirtschaften eine auf Ausnahmesituationen beschränkte Geldform. Der Forderung nach Teilbarkeit und Übertragbarkeit kommen das Metallgeld (heute in der Regel als Scheidemünzen) und das Papiergeld nach. Emittent des Metallgeldes ist in der Bundesrepublik Deutschland die Bundesregierung. Das Papiergeld wird von der Deutschen Bundesbank herausgegeben. Metallgeld und Papiergeld sind gesetzliche Zahlungsmittel, d. h. jedermann ist verpflichtet, dieses Geld anzunehmen.

Stoffloses Geld entsteht bei Banken und Sparkassen. Es wird durch Umbuchungen von einem Konto auf ein anderes zur Begleichung von Verpflichtungen übertragen. Das Buchgeld kann im Rahmen des Kredit- und Geldschöpfungsprozesses des Bankensystems vermehrt werden. Das beginnende Zeitalter integrierter Kommunikationssysteme wird dem Buchgeld als Computergeld neue Dimensionen eröffnen.

3.3 Geldentstehung und Geldvernichtung

Bargeld

Die Grundlage des heutigen Geldsystems bildet das Zentralbankgeld. In den meisten Ländern geben die Zentralbanken Noten im Zusammenhang mit den üblichen für diese Institute spezifischen Geschäften heraus. In der Bundesrepublik Deutschland regelt die Deutsche Bundesbank laut Gesetz „mit Hilfe der währungspolitischen Befugnisse den Geldumlauf und die Kreditversorgung der Wirtschaft". Die Deutsche Bundesbank bestimmt also die Menge der in der deutschen Volkswirtschaft umlaufenden Banknoten. Das Recht zur Herstellung der Münzen, das sogenannte Münzregal, steht demgegenüber – wie in den meisten Ländern durch Tradition bedingt – dem Bund selbst zu, nachdem zu Zeiten der Bank deutscher Länder (bis 1950) dieses Recht aufgrund eines besonderen Gesetzes vorübergehend auf das Institut übertragen war.

In der Bundesrepublik Deutschland sind heute vier **Münzstätten** tätig, unterschieden durch die auf den Münzen eingeprägten Kennbuchstaben. So gehört zur Münzstätte München der Kennbuchstabe „D", zu Stuttgart „F", zu Karlsruhe „G" und zu Hamburg „J". Die Münzstätten prägen jeweils nach Anforderung durch die Deutsche Bundesbank die für den Münzumlauf notwendige Zahl.

Der Münzumlauf in der Bundesrepublik Deutschland entwickelte sich parallel zu dem wachsenden Wirtschaftsvolumen, wie die folgenden Zahlen erkennen lassen.

Münzumlauf in der Bundesrepublik Deutschland

Jahresende	Mio. DM	Jahresende	Mio. DM
1948	–	1970	3009
1950	182	1975	5407
1955	1001	1980	7461
1960	1370	1982	8120
1965	1997	1984	8956

Heute überwiegt in den industrialisierten Volkswirtschaften als Zahlungsmittel die Banknote, die aus in bestimmter Weise bedrucktem Papier besteht und durch besondere Merkmale (z. B. eingelassene Metallfäden, Wasserzeichen, fluoreszierende Teile u. ä.) nahezu fälschungssicher ist. **Banknoten** sind Wertpapiere, die über einen bestimmten Geldbetrag lauten. Ausgebende Stelle und damit zugleich Schuldner dieser Wertpapiere sind die Zentralbanken, die deshalb auch als **No-**

tenbanken bezeichnet werden. Sie besitzen im allgemeinen das ausschließliche Recht, Banknoten drucken zu lassen und in Umlauf zu bringen.

Auch der Banknotenumlauf in der Bundesrepublik Deutschland kennzeichnet den Zusammenhang zwischen Menge an umlaufendem Bargeld und Zunahme der wirtschaftlichen Aktivitäten deutlich.

Banknotenumlauf in der Bundesrepublik Deutschland

Jahresende	Mio. DM	Jahresende	Mio. DM
1948	6319	1970	36480
1950	8232	1975	55143
1955	13641	1980	83730
1960	20470	1982	88575
1965	29456	1984	100636

Das Bundesbankgesetz hat festgelegt, auf welche Weise die Deutsche Bundesbank Bargeld in den volkswirtschaftlichen Kreislauf einschleusen oder aus diesem wieder herausziehen kann. Sie bedient sich dazu derjenigen Geschäfte, die ihr in Erfüllung der notenbankpolitischen Aufgaben vom Gesetz zugestanden sind. Dazu gehören insbesondere:

- An- und Verkauf von Wechseln
- Gewährung von Lombardkrediten
- Gewährung von Kassenkrediten an Bund und Länder
- An- und Verkauf von Schatzwechseln, Schatzanweisungen und zum Handel an Börsen zugelassenen Schuldverschreibungen am offenen Markt
- An- und Verkauf von Devisen.

Die Bundesbank vollzieht täglich eine Vielzahl von einzelnen Geschäften, die jeweils eine Ausweitung oder Verringerung des Geldumlaufs zur Folge haben. Die Gesamtwirkung ergibt sich also aus dem Saldo zwischen der Summe aller expansiven und kontraktiven Geschäftsvorgänge.

Eine besondere Form der Geldausgabe ergab sich anläßlich der **Währungsreform** 1948. Damals tauschte die Zentralbank im Auftrag der Militär-Regierungen der Alliierten RM-Noten in DM-Noten um. Da die RM-Noten keinen Wert mehr besaßen und vernichtet wurden, hätte die Bank deutscher Länder praktisch einen großen Verlust erlitten, deshalb wurden ihr in Höhe der auftragsgemäß umgetauschten Noten zum Ausgleich gegen den Bund bzw. die Länder sogenannte **Ausgleichsforderungen** zugestanden.

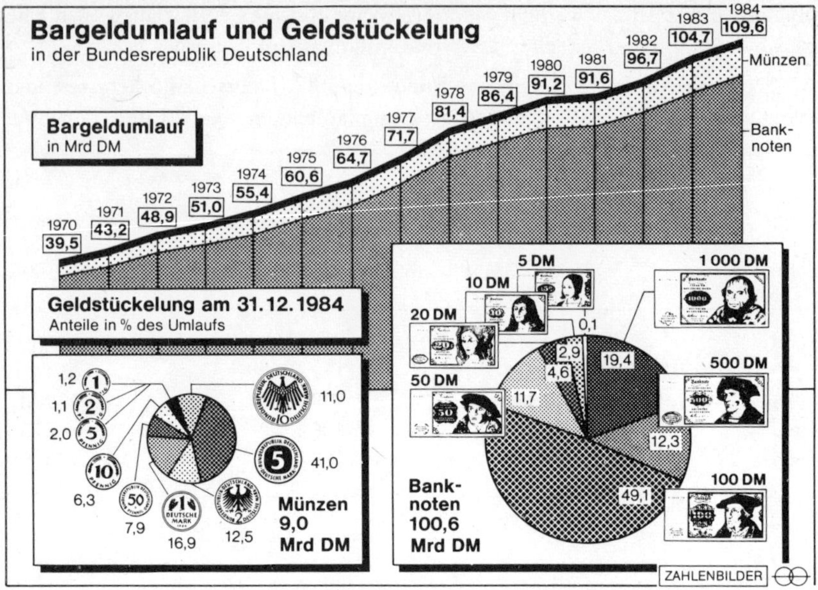

Die Ausgabe von Banknoten und Münzen war nicht immer – wie seit der Währungsreform 1948 – unbeschränkt möglich. Nach der Gründung des Deutschen Reiches im Jahre 1871 und der Schaffung einer einheitlichen deutschen Währungseinheit gab es gesetzliche Bestimmungen, die den Umfang der umlaufenden Geldmenge, d. h. also das Volumen der Banknoten und Münzen, begrenzten. Die erste Regelung findet sich im Münzgesetz vom 9. 7. 1872. Darin heißt es, daß die umlaufenden Banknoten zu einem Drittel durch Gold und zu zwei Dritteln durch gute Handelswechsel gedeckt sein müssen. Infolge der Auswirkungen des Ersten Weltkrieges wurde am 9. 5. 1921 die Drittel-Deckung des Banknotenumlaufs durch Gold aufgehoben und nach der Währungsreform 1923/24 durch eine Neufassung des Währungsgesetzes dahingehend ersetzt, daß die umlaufenden Banknoten zu 40% durch Gold und Devisen zu decken seien, davon bis zu einem Drittel in Form von Devisen. Mit dem Ende der Reichsmark-Ära und der Neuordnung des Geldwesens nach dem Zweiten Weltkrieg sind alle Deckungsvorschriften in Fortfall gekommen. Heute kann die Deutsche Bundesbank im Rahmen der ihr vom Gesetz erlaubten Bankgeschäfte Geld in dem Umfang ausgeben, wie es ihr im Hinblick auf ihre Verpflichtung, den Wert der DM zu sichern, volkswirtschaftlich vernünftig und vertretbar erscheint. Die Grenze für die Ausgabe von Zentralbankgeld liegt also in der Wahrung der Stabilität der Währung.

Buchgeld

Das Wirtschaftsleben in den weiterentwickelten Volkswirtschaften erzwang zunehmend andere Formen der monetären Abwicklung von Tauschtransaktionen. An Stelle des Bargeldes trat deshalb im Laufe der Zeit mehr und mehr der unbare Zahlungs- und Überweisungsverkehr. Dazu ist notwendige Voraussetzung, daß die Kontrahenten bei ein und demselben oder verschiedenen Kreditinstituten Konten unterhalten, über die sie jederzeit im Umfang ihres Guthabens bzw. eines eingeräumten Kredits verfügen können. Diese Konten werden als Sicht-, Giro- oder Kontokorrentkonten bezeichnet.

Das auf diese Weise bewegte Geld heißt deshalb auch Giral- oder Buchgeld; denn es erscheint lediglich in den Büchern (auf den Konten) der Kreditinstitute. Man spricht heute auch von Computergeld, da die Abwicklung der Zahlungstransaktionen zunehmend mit Hilfe elektronischer Datenverarbeitungsanlagen erfolgt. Diese Form des nicht mehr sichtbaren Geldes bestimmt immer mehr das Geldsystem der modernen Industriestaaten.

Buchgeld entsteht bei den Kreditinstituten also durch Einlagen. Dabei unterscheidet man drei Arten, nämlich

- Sichteinlagen
- Termineinlagen
- Spareinlagen.

Zunehmende Sichteinlagenbestände von Unternehmen und privaten Haushalten bei Kreditinstituten signalisieren vermehrte Wirtschaftsaktivitäten, höhere Umsätze und damit Wirtschaftswachstum, denn niemand hält unnötig viel und für lange Zeit Geld in Form von **Sichteinlagen,** da diese wegen ihrer Kurzfristigkeit nur niedrig verzinst werden. In Zeiten positiver gesamtwirtschaftlicher Entwicklung und damit steigenden Wohlstands benötigen die Wirtschaftssubjekte aber zur Bewältigung der zahlreicher werdenden monetären Transaktionen in vermehrtem Umfang Geld. Da in diesem Fall die Sichtguthaben bei den Kreditinstituten die ökonomisch sinnvollste Geld- und Zahlungsform darstellen, werden sie zwangsläufig in größerem Umfang gehalten. Das zeigt auch die Entwicklung der westdeutschen Wirtschaft in den vergangenen rund dreieinhalb Jahrzehnten (s. Tabelle Seite 66).

Aus den drei Geldformen Münzen, Banknoten und Sichteinlagen setzt sich das **Geldvolumen** einer Volkswirtschaft zusammen. Mit dessen Hilfe werden alle Zahlungen vorgenommen, die zur Finanzierung der Tauschvorgänge bzw. rein geldlicher Bewegungen wie Kreditaufnahmen oder Schuldenrückzahlungen bewältigt werden müssen. Von Ende 1983 bis Ende 1984 nahm in der Bundesrepublik Deutschland das Geldvolumen um 18,4 Mrd. DM auf 314,2 Mrd. DM zu.

Sichtguthaben von Unternehmen und Privatpersonen bei Kreditinstituten in der Bundesrepublik Deutschland

Jahresende	Mio. DM	Jahresende	Mio. DM
1948	5198	1970	65374
1950	8069	1975	112955
1955	15357	1980	160705
1960	27425	1982	171192
1965	42862	1984	197740

Das bedeutet durchschnittlich pro Tag einen Betrag von rund 50,4 Mio. DM. Damit wickelten die Wirtschaftssubjekte im Jahr 1984 ein Zahlungsvolumen über Konten in Höhe von ca. 14473 Mrd. DM ab. Daraus ergibt sich, daß das Geldvolumen im Vergleich zum Zahlungsvolumen, aber auch zum Sozialprodukt nur einen Bruchteil ausmachte. Um mit dem verhältnismäßig geringen Geldvolumen die Gesamtheit der Zahlungsvorgänge finanzieren zu können, muß also jede Deutsche Mark im Verlauf des Jahres den Besitzer mehrfach gewechselt haben. Die Häufigkeit des Wechsels bezeichnet man auch als die **Umlaufsgeschwindigkeit des Geldes.**

Neben den Beträgen, die aufgrund ihrer jederzeitigen Verfügbarkeit zum Geldvolumen gerechnet werden, existieren in einer Volkswirtschaft weiter sogenannte **Quasi-Geldbestände.** Sie werden so lange nicht zum eigentlichen Geldvolumen gerechnet, wie sie in ihrer ursprünglichen Verwendungsform verbleiben, können aber aus diesen Anlageformen jederzeit in die Form des Bargeldes bzw. der Sichteinlagen überführt und damit zu Geldvolumen werden. Es handelt sich hierbei z. B. um befristete Einlagen, die den Kreditinstituten für einen bestimmten Zeitraum von ihren Kunden überlassen werden. Die Einleger können über diese **Termineinlagen** nicht jederzeit verfügen, sondern nur entsprechend den getroffenen Vereinbarungen. Man unterscheidet hier im wesentlichen zwei Arten, nämlich Festgeld und Kündigungsgeld. Bei der Belegung von **Festgeld** vereinbart der Kunde mit seiner Sparkasse oder Bank eine bestimmte Laufzeit für die eingelegten Gelder, es werden z. B. 5000,– DM für ein, zwei oder sechs Monate bzw. ein, zwei oder mehr Jahre fest dem Kreditinstitut zur Verfügung gestellt. Demgegenüber stellt der Kunde seiner Bank oder Sparkasse sogenanntes **Kündigungsgeld** grundsätzlich unbefristet zur Verfügung, vereinbart zugleich aber eine bestimmte Kündigungsfrist, z. B. 30 Tage. Sobald die Festlegungs- oder Kündigungsfrist verstrichen ist, wandelt sich das Termingeld zum Sichtguthaben und ist damit für den Kontoinhaber dann jederzeit wieder verfügbar. Diese Termineinlagen besitzen im deutschen Geld- und Bankenwesen eine außerordentlich große Bedeutung, wie der Bestand von 346,57 Mrd. DM Ende 1984 beweist.

Zum Quasi-Geld gehören auch die **Spareinlagen** mit gesetzlicher Kündigungsfrist, die den Kreditinstituten von Nichtbanken gebracht werden. Spareinlagen dürfen in keinem Fall zu bargeldlosen Zahlungszwecken Verwendung finden. Deshalb sind Überweisungen vom Spar- oder Sparkassenbuch auf andere Konten nicht möglich. Da Spareinlagen oft unter dem Motiv der Vermögensbildung angelegt werden, haben sie den Charakter längerfristiger Mittel. Das bedeutet aber, daß sie nicht direkt zum Geldvolumen gerechnet werden können. Daraus folgt auch, daß über Spareinlagen zumindest in größerem Umfang nur nach Einhaltung einer längeren Kündigungsfrist verfügt werden kann. Der Sparer hat jedoch das Recht, über einen Betrag von derzeit 2000,– DM pro Sparbuch innerhalb von 30 Tagen ohne besondere Kündigung disponieren zu können. Ende 1984 betrugen die privaten Ersparnisse bei den Sparkassen und Banken in der Bundesrepublik Deutschland 546,4 Mrd. DM. Würden die Quasi-Geldbestände von den Einlegern aufgelöst und zu Zahlungszwecken verwendet werden, hätte das erhebliche Störungen des Wirtschaftsablaufs zur Folge.

Neben dem Geldvolumen und den Quasi-Geldbeständen unterscheidet man noch sogenannte **Geld-Surrogate.** Dazu zählen z. B. Schecks und Wechsel, die beide als Hilfsmittel für die Begleichung von Waren- oder Geldschulden dienen. Sie stellen aber kein Geld dar und können folglich auch nicht zum Geldvolumen gerechnet werden.

Die Deutsche Bundesbank unterscheidet vier **Geldmengenbegriffe:**

- Geldvolumen M 1
- Geldvolumen M 2
- Geldvolumen M 3
- Zentralbankgeldmenge

Der Geldvolumenbegriff M 1 stellt die klassische Abgrenzung dar. Er umfaßt Bargeldumlauf (ohne Kassenbestände der Kreditinstitute) sowie Sichteinlagen inländischer Nichtbanken bei Kreditinstituten und der Deutschen Bundesbank. Allerdings werden die Einlagen der öffentlichen Haushalte bei der Bundesbank nicht berücksichtigt. Dieser Geldmengenbegriff beinhaltet also die Geldformen, über die unmittelbar verfügt werden kann.

Der weiter gefaßte Geldmengenbegriff M 2 addiert zum Geldvolumen M 1 die Termingelder inländischer Nichtbanken mit Befristung unter 4 Jahren. Bei diesen Termingeldern handelt es sich um Geldbestände, die in absehbarer Zeit in die jederzeit disponiblen Geldmengenkategorien überführt werden können.

Der Geldmengenbegriff M 3 beinhaltet die weiteste Abgrenzung, indem Spareinlagen inländischer Nichtbanken mit gesetzlichen Kündigungsfristen zu dem Geldvolumenbegriff M 2 addiert werden. Man könnte diesen Geldmengenbegriff auch als potentielle Geldmenge bezeichnen, denn genau diese Geldmenge könnte für Transaktionszwecke schließlich eingesetzt werden.

Im Rahmen ihrer Geldmengenpolitik hat die Deutsche Bundesbank in Anlehnung an den Geldmengenbegriff M 3 eine Abgrenzung für die bei ihrer Politik maßgebende Geldvolumensgröße gewählt, die unter dem Begriff Zentralbankgeldmenge läuft. Eine Darstellung dazu findet sich im Kapitel ,,Die Deutsche Bundesbank".

Buchgeld entsteht nicht nur durch Einzahlung von Bargeld auf Girokonten, sondern ebenso auch durch Kreditgewährung der Sparkassen und Banken. Häufig nehmen Kunden die ihnen gewährten Kredite nicht in bar in Anspruch, sie lassen vielmehr die kreditierten Beträge gutschreiben, um darüber – z. B. durch Überweisung – zu verfügen. In diesem Fall sind Kreditgeschäft und Einlage unmittelbar miteinander verbunden. Die Kreditgewährung läßt gewissermaßen die Einlage erst entstehen. Die Sparkassen oder Banken geben also vielfach Kredite in Form von Giralgeld und nicht als Bargeld. Die Kreditinstitute können somit innerhalb bestimmter Grenzen ,,Giralgeld" schöpfen. Sie müssen aber immer damit rechnen, daß ein Teil der gewährten Kredite in Form von Bargeld abgezogen wird, und deshalb flüssige Mittel für diesen Fall bereithalten. Die Wünsche und Gepflogenheiten der Kunden entscheiden darüber, ob Bargeld abgehoben oder unbar bezahlt wird. Somit beeinflussen die Zahlungsgewohnheiten innerhalb einer Volkswirtschaft die Giralgeldschöpfungsmöglichkeiten des Bankensystems. Jedes einzelne Kreditinstitut muß damit rechnen, daß von seinen Konten Überweisungen auf andere Sparkassen oder Banken erfolgen. Die letzte Grenze für die **Giralgeldschöpfung** im Kreditsystem liegt im Zentralbankgeld als Grundlage des Geldverkehrs sowie in der Nachfrage nach Krediten. Hier finden sich die Ansatzpunkte für eine expansive oder kontraktive Notenbankpolitik.

Zusammenfassung

3.3 Geldentstehung und Geldvernichtung

Die Grundlage des Geldsystems bildet das Zentralbankgeld. Den Umlauf des Zentralbankgeldes reguliert aufgrund gesetzlicher Bestimmungen die Deutsche Bundesbank. Die in der Bundesrepublik Deutschland umlaufenden Münzen werden in vier Münzstätten entsprechend dem Bedarf hergestellt und von der Bundesbank in Umlauf gebracht. Als Zahlungsmittel kommt der Banknote zentrale Bedeutung zu. Die fälschungssicher gestalteten Banknoten sind Wertpapiere, die über einen bestimmten Geldbetrag lauten. Der Weg, auf dem Bargeld von der Deutschen Bundesbank in den volkswirtschaftlichen Kreislauf eingebracht bzw. diesem wieder entzogen wird, ist vom Gesetz geregelt.

Die Höhe des in der Bundesrepublik Deutschland umlaufenden Bargeldes wird von der Bundesbank unter Beachtung ihrer Aufgabe, den Wert der D-Mark zu sichern, entsprechend den volkswirtschaftlichen Erfordernissen festgelegt. Es gibt nicht mehr wie in früheren Zeiten eine feste Bindung des Banknotenumlaufs an Gold- oder Devisenbestände.

Zum Buchgeld im engeren Sinne zählen die Sichteinlagen von Nichtbanken bei Kreditinstituten. Diese Form des Geldes war die zwangsläufige Entwicklung einer arbeitsteilig arbeitenden und sich dynamisch entwickelnden Volkswirtschaft.

Das Geldvolumen einer Volkswirtschaft ergibt sich aus dem Volumen an umlaufenden Münzen, Banknoten und Sichteinlagen. Mit ihrer Hilfe werden alle Zahlungen zur Finanzierung sämtlicher Tauschvorgänge bzw. rein monetärer Transaktionen vorgenommen. Dabei wechselt eine Deutsche Mark im Verlauf eines Jahres in der Regel mehrfach den Besitzer. Dieser Vorgang wird als Umlaufsgeschwindigkeit des Geldes bezeichnet. Die Deutsche Bundesbank unterscheidet für ihre geldpolitischen Maßnahmen vier Geldmengenbegriffe: M 1, M 2, M 3 sowie die Zentralbankgeldmenge. Während M 1 die klassische Abgrenzung (Bargeldumlauf – ohne Kassenbestände der Kreditinstitute – sowie Sichteinlagen inländischer Nichtbanken bei Kreditinstituten und der Bundesbank) darstellt, werden beim Geldmengenbegriff M 2 die Termingelder inländischer Nichtbanken mit Befristung unter vier Jahren zum Geldvolumen M 1 hinzugerechnet und beim Geldmengenbegriff M 3 ferner die Spareinlagen inländischer Nichtbanken mit gesetzlicher Kündigungsfrist berücksichtigt. Die Gelddefinition Zentralbankgeldmenge verwendet die Bundesbank für die Festlegung ihrer Geldmengenziele.

3.4 Ursachen und Wirkungen von Geldwertschwankungen

3.4.1 Klassische Inflationserklärung

Der Wert des Geldes – und damit die Kaufkraft – unterliegt im Zeitablauf gewissen Schwankungen. Die Ursache für derartige Entwicklungen ist nicht, wie gelegentlich behauptet wird, in dem Fehlen der Deckung der in der Volkswirtschaft umlaufenden Geldbestände in Gold oder sonstigem Edelmetall zu suchen. Seit mit dem Einsetzen weltweiter Industrialisierung der Güter- und Dienstleistungsaustausch die engen Grenzen der einzelnen Volkswirtschaften in vielerlei Hinsicht übersprungen hat, ist es problematisch, den Umlauf des Geldes in irgendeiner Weise abhängig zu machen von einem mehr oder weniger zufällig vorhandenen oder verteilten Stoff. Der Wert des Geldes hängt heute deshalb vielmehr ab von dem Grad der Übereinstimmung von Angebot und Nachfrage nach Gütern und Dienstleistungen innerhalb einer Volkswirtschaft. Vor allem zwei Ereignisse der jüngsten Vergangenheit unterstreichen dies nachdrücklich. Obwohl für die frühere Reichsmark eine Golddeckungspflicht bestand, konnte diese Tatsache nicht verhindern, daß Deutschland in den Jahren 1921 bis 1923 eine außergewöhnliche Inflation zu verzeichnen hatte, die schließlich am 25. 11. 1923 in einem Währungsschnitt mit der Relation: eine Billion Mark = eine Rentenmark endete. Das zweite Ereignis bildete die Entwicklung der DM nach dem Zweiten Weltkrieg zu einer der stabilsten Währungen der Welt, ohne daß gesetzliche Vorschriften irgendeine Währungsdeckung in Edelmetall oder Devisen forderten. Maßstab für den Geldwert ist das Preisniveau und dessen Veränderung. Die Entwicklung einzelner Preise sagt allerdings über den Geldwert allgemein noch nichts aus. Man muß vielmehr die Gesamtheit aller Preise und deren Abweichungen betrachten. Zur Ermittlung dienen die an späterer Stelle behandelten Preisindizes für die verschiedenartigsten Güter und Leistungen, die von den statistischen Ämtern errechnet werden.

Steigendes Preisniveau bedeutet Abnahme des Geldwertes, denn man bekommt für den gleichen Nominalbetrag nicht mehr die gleiche Gütermenge wie zuvor. Übersteigt der in wachsenden Volkswirtschaften meist anzutreffende leichte Kaufkraftschwund einen gewissen unteren Toleranzwert – in den sechziger Jahren bewegte sich dieser Wert um 1%, heute sind es dagegen 2 bis etwa 3% –, so spricht man von Geldentwertung oder **Inflation.** Dabei wird der Begriff Inflation zum Unterschied von mehr oder weniger kurzfristigen Preiserhöhungen immer dann verwandt, wenn es sich um einen Prozeß längerfristiger stärkerer Preisanhebungen handelt. Diese trägt je nach ihrer Intensität unterschiedliche Beinamen. So bezeichnet man beispielsweise Preissteigerungsraten von bis zu etwa 4% pro Jahr noch als „schleichende" Inflation – hier schreitet der Kaufkraftschwund nur langsam voran. Je nachdem, in welchem Ausmaß die jährliche Preiszuwachsrate darüberliegt, spricht man von „trabender" oder sogar „galoppierender" Inflation. Bei extremen Teuerungsraten, wie sie in der jüngsten Vergangenheit häufig in südamerikanischen Staaten, aber auch im letzten Jahrzehnt zeitweise in Japan, USA und England beobachtet wurden, spricht man auch von **Hyper-Inflation.**

Die Ursachen einer Inflation sind im marktwirtschaftlichen System vor allem in der Entwicklung der am Markt auftretenden Kräfte zu suchen, nämlich der Nachfrage nach Gütern und Dienstleistungen auf der einen und deren Angebot auf der anderen Seite. Je nachdem, welche Seite das Übergewicht besitzt, spricht man daher auch von Nachfrage- oder Angebotsinflation. Zur Inflationierung kommt es regelmäßig dann, wenn die Nachfrage entweder auf Teilgebieten oder in der gesamten Volkswirtschaft das vorhandene Angebot übersteigt.

Zu Inflation führt deshalb eine Vermehrung der kaufkräftigen Nachfrage beispielsweise über eine steigende Geldmenge, der kein entsprechender Zuwachs an Gütern und Dienstleistungen gegenübersteht. Demgegenüber kommt es zur **Deflation,** wenn dem Angebot von Gütern und Dienstleistungen keine nachhaltige ausreichende Nachfrage gegenübersteht. In einem derartigen deflatorischen Prozeß sinken die Preise der Güter und es kommt zu Arbeitslosigkeit.

Beide Tatbestände, Inflation und Deflation, sind für den volkswirtschaftlichen Kreislauf gleichermaßen schädlich und führen im Extrem zu einem Kollaps. Im Hinblick darauf, daß Deflationen bisher in den modernen Wachstumsgesellschaften außerordentlich selten auftraten, dagegen inflationäre Entwicklungen weltweit das Bild bestimmen, stehen Betrachtungen zum Kaufkraftschwund bei den nachstehenden Ausführungen im Mittelpunkt. Die dort auftretenden negativen Auswirkungen treffen in umgekehrter Form jeweils bei deflationären Zuständen zu.

In den letzten Jahren konnte man in den Industrienationen eine Entwicklung beobachten, die als **Stagflation** bezeichnet wird. Hierbei handelt es sich um eine Kombination von wirtschaftlicher Stagnation, d. h. einer Entwicklung ohne ausgeprägtes Wirtschaftswachstum, die begleitet wird von einem mehr oder weniger umfangreichen Kaufkraftverlust.

Betrachtet man die Ursachen der Inflation und hier zunächst die klassischen Inflationserklärungen im einzelnen, so lassen sich folgende anführen:

- Nachfrage-Inflation
- Angebots-Inflation
- Importierte Inflation

Nachfrage-Inflation

Nach der klassischen Preistheorie kommt es immer dann zu Preissteigerungen, wenn die Nachfrage größer ist als das vorhandene Angebot. Diese Reaktion ergibt sich aus der Funktion des Preises als einem Maßstab für die Knappheit der Güter bzw. Dienstleistungen. Die Differenz zwischen der Nachfrage und dem Angebot wird deshalb auch als **inflatorische Lücke** bezeichnet. Die aus einem solchen Nachfragesog entstandene Inflation gleicht wertmäßig bei unveränderter Gütermenge die Differenz zwischen Angebot und Nachfrage aus.

Ein Nachfrageüberhang kann in der gesamten Volkswirtschaft sowohl entstehen infolge von verstärktem Konsum wie auch aufgrund einer extremen Zunahme der Investitionen. Ausgelöst werden kann eine solche Entwicklung beipielsweise durch eine verringerte Sparneigung der privaten Haushalte bei gleichbleibendem oder sogar wachsendem Einkommen. Oder eine größere Investitionstätigkeit wird über die Kreditschöpfung der Banken finanziert. In einem solchen Prozeß der Nachfrageausweitung konkurrieren dann Investitionsgüter- und Konsumgüterindustrie um die nur begrenzt vorhandenen Produktionsfaktoren. Denn beide Bereiche sind bestrebt, die erweiterte Nachfrage durch ein zusätzliches Mengenangebot zu befriedigen. Dadurch kommt es, daß man sich auf dem Markt für die Beschaffung von Produktionsfaktoren gegenseitig überbietet, was neue Einkommensteigerungen bewirkt und damit zusätzliche Nachfrageimpulse auf dem Konsumgütersektor auslöst. Der verstärkte Verbrauch stimuliert seinerseits erneut die Investitionstätigkeit der Konsumgüterindustrie. Um längere Wartezeiten mit entsprechendem Gewinnausfall zu vermeiden, ist man dann bereit, gegebenenfalls für die Investitionen höhere Preise zu zahlen.

Preissteigerungen können aber auch durch das Verhalten einer Gruppe von Wirtschaftssubjekten ausgelöst werden. Ein klassisches Beispiel dafür ist die Nachfrageausdehnung öffentlicher Haushalte. Die öffentlichen Haushalte, die im wesentlichen durch ihre Aktivitäten Kollektivbedürfnisse befriedigen, können in diesem Bereich eine Nachfrage entwickeln, die höher ist als das gesamtwirtschaftliche Angebot. Liegen die Ansprüche des Staates über dem Volumen des durchschnittlichen jährlichen Zuwachses der gesamtwirtschaftlichen Leistung, dann kann auch dieses Verhalten eine Geldentwertung auslösen. Im Regelfall beschafft sich der Fiskus die Gelder, die er zur Bezahlung seiner Nachfrage benötigt, über die Erhebung von Steuern bzw. anderer Abgaben. Dadurch vermindert er die Kaufkraft anderer Wirtschaftssubjekte und nutzt diese zur Bezahlung des eigenen Bedarfs. Stellen nun die öffentlichen Haushalte einen höheren Anspruch an das Sozialprodukt, als sie mit Hilfe ihrer Einnahmen finanzieren können, bedeutet das bei bestehender Vollbeschäftigung in der Wirtschaft einen Nachfrageüberhang mit der Wirkung von Preiserhöhungen. Die Finanzierung solch vermehrter Nachfrage wird z. B. ermöglicht durch die Kreditaufnahme des Staates in den verschiedensten Formen. Vor dem Zweiten Weltkrieg war es den öffentlichen Haushalten möglich, bei der damaligen Reichsbank Kredite in unbegrenzter Höhe zur Finanzierung ihrer öffentlichen Aufgaben aufzunehmen. Im Hinblick auf die Fixierung des Gesamtvolumens durch die Währungs- und Deckungsvorschriften ließ sich das vertreten. Da wir heute in der Bundesrepublik Deutschland keine derartigen begrenzenden Bestimmungen mehr haben, ist dieser Weg der öffentlichen Hand inzwischen versperrt. Die Deutsche Bundesbank darf den öffentlichen Haushalten nur noch bis zu bestimmten, im Gesetz festgelegten Höchstgrenzen Kredite gewähren. Da darüber hinaus aber die staatlichen Instanzen bei anderen Wirtschaftssubjekten, z. B. bei Kreditinstituten wie Sparkassen und Banken, ihren Kreditbedarf decken können, besteht dennoch die Möglichkeit, daß solche Ausgaben inflationierende Effekte hervorrufen.

Ebenso kann die Nachfrageentwicklung in einzelnen Wirtschaftsbereichen bzw. Branchen entsprechende, den Geldwert verringernde Wirkungen im Wirtschaftsablauf zur Folge haben. Steigt z. B. die Nachfrage nach Wohnungseinheiten und reichen die vorhandenen Kapazitäten zu deren Befriedigung nicht aus bzw. können nicht in entsprechendem Umfang ausgedehnt werden, führt dieses zwangsläufig zu Preiserhöhungen im Bausektor. Über den Preis soll dann eine Angleichung der zahlungsfähigen Nachfrage an das vorhandene Angebot erzielt werden. Die Unternehmen werden sich in einer solchen Situation darum bemühen, ihre Kapazitäten auszudehnen. Diese Nachfrage nach Maschinen und Arbeitskräften erstreckt sich auf die entsprechenden Branchen und löst dort bei bereits voller Kapazitätsauslastung eventuelle Preisanhebungen aus.

Aus den vorgenannten Beispielen ergibt sich, daß Nachfrageüberhänge in ursprünglich einem Wirtschaftsbereich in der Regel nicht nur dort zu Preiserhöhungen führen, sondern sich auch in anderen Sektoren fortsetzen und u. U. die gesamte Volkswirtschaft erfassen können.

Angebots-Inflation

Preissteigerungen können aber nicht nur über die Nachfrage ausgelöst werden. Eine ebensolche Wirkung ist auch von der Angebotsseite her möglich. Das bedeutet, daß Preissteigerungen primär durch Kostenerhöhungen im Bereich der Produktion von Gütern und Dienstleistungen eintreten. Man spricht deshalb in diesen Fällen auch von einer **Kosten-Inflation.** Solche durch die Angebotsseite bedingten Preiserhöhungen können verschiedene Ursachen haben, z. B. Zunahme der Rohstoffpreise, Lohnerhöhungen oder Ausweitung der Unternehmensgewinne mit der Absicht einer verstärkten Selbstfinanzierung u. a.

Bei Gütern, deren Herstellung in starkem Maß von den verwendeten Rohstoffen bestimmt wird, kommt es in der Regel immer dann zu Kostenerhöhungen, wenn die Rohstoffpreise aus irgendwelchen Gründen nach oben in Bewegung geraten. Diese Erscheinung war besonders deutlich im Zusammenhang mit dem Anstieg der Rohölpreise in den Jahren 1973/74 sowie 1979/80 zu beobachten. Die seinerzeit von den Erdöl exportierenden Ländern (OPEC) vorgenommenen Preiserhöhungen konnten von den Unternehmen weltweit nicht durch Kostensenkungen in anderen Bereichen aufgefangen werden. Sie wurden dementsprechend in höheren Preisen weitergegeben, was international einen beträchtlichen Inflationsschub mit sich brachte.

Preissteigerungen können weiter dadurch erfolgen, daß Unternehmen ihre Gewinne im Hinblick auf die Finanzierung umfangreicher Investitionsvorhaben auszuweiten bemüht sind. Ein Teil der Preissteigerungen in der Nachkriegsgeschichte der Bundesrepublik Deutschland ist darauf zurückzuführen. Denn die privaten Haushalte waren nach der Währungsreform infolge geringer Einkommenshöhen und des enormen Nachholbedarfs bei der Beschaffung lebensnotwendiger Güter kaum bereit und in der Lage zu sparen, um somit die Voraussetzungen für die Finanzierung der gesamtwirtschaftlich notwendigen Investitionen zu schaffen. Den Unternehmen blieb infolgedessen, sollten sie dem Postulat wirtschaftlichen Wachstums und der Schaffung neuer zusätzlicher Arbeitsplätze gerecht werden, nur der eine Weg, dieses Problem zu lösen: Sie mußten über höhere Preise die Überschüsse erwirtschaften, die sie zur Finanzierung der Investitionen zur Ausdehnung ihrer Produktionskapazitäten benötigten. Dieses Verfahren einer hohen Selbstfinanzierung zum Ausbau der Fertigungsanlagen bildete mit einen wesentlichen Baustein für das deutsche Wirtschaftswunder und die allgemeine Wohlstandszunahme nach 1945, wenngleich sie zu einer ungleichgewichtigen Vermögensverteilung beitrug.

Auch die Durchsetzung von Lohnsteigerungen, die über das Ausmaß der Produktivitätserhöhungen hinausgehen, kann in entsprechender Weise zu Preisanhebungen führen, dann nämlich, wenn die Unternehmen nicht willens sind bzw. es ihnen nicht möglich ist, die Lohnkostensteigerungen zu Lasten der Gewinne zu finanzieren. In diesem Zusammenhang spricht man gelegentlich auch von Verteilungskampf zwischen Arbeitnehmern und Unternehmen, wobei es um die Frage der „gerechten" Aufteilung der Unternehmensergebnisse auf die Produktionsfaktoren Arbeit und Kapital geht.

In der Diskussion über die Inflationsursachen hat in den vergangenen Jahrzehnten ein Begriff besondere Bedeutung gewonnen, nämlich die sogenannte **Lohn-Preis-Spirale.** Die Tatsache, daß sie vielfach auch als Preis-Lohn-Spirale bezeichnet wird, zeigt, daß es vordergründig dabei um eine Diskussion über den auslösenden Faktor für die Preisanhebungen – entweder Lohn oder Preis – geht. Unabhängig davon, welches Moment am Anfang stand, charakterisiert dieser Begriff einen Prozeß permanenter Inflationierung, indem stets Preissteigerungen auf der einen Seite in kürzester Frist Anpassungen auf der anderen zur Folge haben. Da jeder Partner – Arbeitnehmer- oder Unternehmerseite – versucht, seinerseits einen kleinen Vorsprung zu erreichen, führt das dazu, daß die Drehungen der Spirale immer schneller und die Zeitabstände zwischen den Preisanhebungen immer kürzer werden.

Neben den genannten Faktoren kann es auch zu Preiserhöhungen durch die Zunahme anderer Kosten wie z. B. der Zinsen kommen. Sehen sich Unternehmen außerstande, Mehrbelastungen infolge Anstiegs des Zinsniveaus auszugleichen, werden sie versuchen, diese über die Preise abzuwälzen.

Eine angebotsseitig bedingte Inflation läßt sich praktisch am Markt aber nur dann durchsetzen, wenn die Nachfrager auch bereit sind, die Preiserhöhungen zu akzeptieren und die verteuerten Güter zu kaufen. Das wird um so leichter der Fall sein, je stärker die Einkommenssteigerungen bzw. Lohnerhöhungen ausfallen und damit die Voraussetzungen geschaffen werden, die verteuerten Güter und Dienstleistungen weiter zu erwerben.

In den westlichen Industrienationen, deren Entwicklung in den vergangenen 40 Jahren durch mehr oder weniger größere Preissteigerungen gekennzeichnet ist, läßt sich der – theoretisch in gewisser Weise herausfilterbare – Unterschied zwischen nachfrage- bzw. angebotsbedingter Inflationierung nicht eindeutig nachweisen. Im allgemeinen ist ein Faktor vorherrschend – er gibt dann den Namen –, aber auch andere besitzen ihren Einfluß.

Bei der Untersuchung der Ursachen kam es auch immer wieder mit zur Erörterung der Frage, ob Wirtschaftswachstum stets mit leicht steigenden Preisen erkauft werden müsse. Ein solcher Zusammenhang ist theoretisch weder exakt nachweisbar noch durch die historische Entwicklung eindeutig zu belegen. In den marktwirtschaftlich organisierten Volkswirtschaften der freien Welt wechselten seit dem Zweiten Weltkrieg Phasen starken Wachstums bei gleichzeitig mäßigen Preissteigerungen mit solchen geringer Sozialproduktzuwächse oder sogar der Rezession und zugleich hoher Geldentwertungsraten. Begünstigt wurde die schleichende Inflation auch durch die Einstellung der Wirtschaftssubjekte, die als **Inflationsmentalität** bezeichnet wird, worunter eine Tolerierung eines permanent leichten Kaufkraftschwundes verstanden wird. Diese inzwischen weltweit anzutreffende Verhaltensweise – lange Zeit begünstigt durch regelmäßig steigende Einkommen, die die leichten Preissteigerungen kaum spürbar werden lassen – verhilft dieser Form der Geldentwertung zu einem langen Leben. Man kann deshalb heute aufgrund der Nachkriegsentwicklung davon ausgehen, daß Wirtschaftswachstum weitgehend mit einer gewissen Geldentwertungsrate einhergeht.

Importierte Inflation

Die zunehmenden weltwirtschaftlichen Verflechtungen der Industriestaaten untereinander haben in den späten fünfziger und seit den sechziger Jahren zu einer besonderen Form der Inflation geführt, die inzwischen als sogenannte **importierte Inflation** international Eingang in den Sprachgebrauch gefunden hat. Auslösendes Moment für diese Erscheinung war aber nicht nur die verstärkte wirtschaftliche Aktivität der Staaten untereinander, sondern zugleich auch das damals bestehende Währungssystem fester Wechselkurse. Während nämlich bei einem System flexibler Wechselkurse sich Im- und Exporte theoretisch wertmäßig weitgehend ausgleichen, kann es bei starren Wechselkursen zu Disproportionalitäten zwischen den Außenhandelsströmen eines Landes kommen. Dann nämlich, wenn aufgrund der wirtschaftlichen Kostenvorteile ein Land z. B. in der Lage ist, in andere Staaten mehr Güter und Dienstleistungen zu exportieren, als es von diesen importiert. Eine solche Volkswirtschaft, die sich um ein stabiles Preisniveau im Inland bemüht, während die wichtigsten Handelspartner dieses nicht in gleichem Umfang tun, verbessert dadurch seine Möglichkeiten, inländische Produkte auf den Auslandsmärkten zu verkaufen. Dadurch wird zwar der

Abstand zwischen Export und Import zunehmend größer – das bedeutet eine zunehmend aktive Außenhandelsbilanz im Waren- und Dienstleistungsverkehr –, zugleich wird aber das binnenländische Preisniveau negativ beeinflußt. Denn die im Ausland schneller steigenden Preise ziehen die bis dahin stabilen Inlandspreise mit sich. Das geschieht vor allem auf dreierlei Weise:

1. Die internationale Markt- und Preistransparenz führt durch die schnellen Informations- und Handelswege zur Orientierung der eigenen Preisgestaltung an derjenigen der ausländischen Konkurrenz.
2. Exportüberschüsse bewirken bei den inländischen Wirtschaftssubjekten Einkommen, mit denen diese Güter und Dienstleistungen im Inland nachfragen. Der Exportüberschuß vermindert zugleich das inländische Angebot, so daß durch den Nachfrageüberhang Preissteigerungen hervorgerufen werden.
3. Die Exporteure erhalten die Erlöse für ihre ins Ausland verkauften Güter im allgemeinen auf Bankkonten gutgeschrieben. Das bedeutet einen Liquiditätszufluß bei den Kreditinstituten, der zu verstärkter Kreditvergabe führen kann und damit die Nachfrage weiter anregt.

3.4.2 Moderne Inflationserklärung

Die klassischen Theorien führen die Ursachen der Inflation auf ein Auseinanderklaffen von Angebot und Nachfrage zurück. Danach müßte bei nicht mehr steigender bzw. sinkender Nachfrage – sofern nicht Kosten der ausschlaggebende Faktor sind – die Preisentwicklung zum Stillstand kommen.

In den Industriestaaten konnte man aber in der jüngsten Vergangenheit beobachten, daß es auch ohne Nachfrageüberhänge zu Preissteigerungen kam – einem Phänomen, das nach klassischer Auffassung undenkbar war. Hierfür sind im wesentlichen drei Gründe ausschlaggebend:

1. Das Streben der Unternehmen, Jahr für Jahr einen möglichst gleichbleibenden bzw. wachsenden Gewinn auszuweisen. Dieses Verlangen resultiert einerseits aus dem Bemühen um eine Konstanz in der Ausschüttung an die Kapitalgeber und – bei ständig zunehmender Publizitätspflicht – dem Bestreben, eine permanent erfolgreiche Tätigkeit des Unternehmens zu dokumentieren.
2. Betriebswirtschaftliche Preiskalkulationen verlangen, daß jede Investition einen bestimmten Prozentsatz an Rendite erwirtschaften muß.
3. Bei den ständig komplizierter und technisch schwieriger werdenden Produktionsverfahren fällt aufgrund des hohen Kapitaleinsatzes ein immer stärker werdender Fixkostenblock an, der sich nicht den veränderten Produktionsauslastungen jeweils flexibel anpaßt.

All diese Faktoren tragen mit dazu bei, daß die Unternehmen – wollen sie ihren Gewinn erhalten bzw. auch nur kostendeckend verkaufen – bei Nachfragerückgängen und Absatzflaute gezwungen sind, die Preise zu erhöhen, um den Gesamtgewinn bzw. die Gesamtkostendeckung sicherzustellen.

3.4.3 Der Ablauf einer Inflation und die Auswirkungen des Geldwertschwundes

Wenn auch in den meisten westlichen Industrienationen die Geldwertstabilität unter den wirtschaftspolitischen Postulaten mit an erster Stelle rangiert, ist dennoch in vielen Volkswirtschaften dieses Ziel nur mit Einschränkungen verwirklicht worden. Die Bundesrepublik Deutschland steht unter den marktwirtschaftlich orientierten Ländern bezüglich der Stabilität der DM vergleichsweise günstig da. Aber auch in unserem Land hat die Inflationsmentalität dazu geführt, daß Preissteigerungen von 3 bis 4% p. a. durchaus als Normalwerte angesehen werden. Solche Preiszuwachsraten bis etwa 4% werden im allgemeinen als **schleichende Inflation** bezeichnet.

Kommt es – aus welchen Gründen auch immer – zu höherem Kaufkraftschwund, spricht man von **trabender Inflation,** die dann zu einem späteren Zeitpunkt sich zur **galoppierenden Inflation** verstärken kann. Während im ersten Stadium der trabenden Inflation die Menschen vielfach noch Ersparnisse bilden und damit zunächst ein Gegengewicht gegen die Wirkungen der Inflation schaffen, ändert sich die Situation in späteren Phasen der Inflation völlig. Mit fortschreitender Krise, wenn Spar- und Kapitalmarktzinsen von der Inflationsrate aufgezehrt werden, beginnt die Bevölkerung nämlich zu entsparen. Das bedeutet, daß sich zusätzlich zu den Einkommen durch Abhebung der Sparguthaben und Liquidisierung der festverzinslichen Wertpapiere die Geldmenge in der Volkswirtschaft erhöht. Die Erkenntnisse der Bürger, daß sie beim Sparen von Geld Verluste erleiden und daß das Geld die Funktion als Wertaufbewahrungsmittel nicht mehr erfüllt, verstärkt die Flucht in die Sachwerte und führt dazu, daß alle bestrebt sind, die ihnen zur Verfügung stehenden Mittel möglichst schnell auszugeben, um keine Nachteile in Kauf nehmen zu müssen. Zur vermehrten Geldmenge kommt nun eine Erhöhung der Geldumlaufsgeschwindigkeit hinzu, die den Inflationsprozeß weiter beschleunigt und den Geldwertschwund noch rascher vorantreibt. Im letzten Stadium einer Inflation verliert dann schließlich das Geld seine Funktion als Tauschmittel. Man weigert sich, Geld anzunehmen, und tauscht lieber Ware gegen Ware.

Die Geldvermehrung vollzieht sich in der Regel nicht an allen Orten und zu jeder Zeit gleichmäßig, sie breitet sich vielmehr von bestimmten Bereichen ausgehend auf die gesamte Volkswirtschaft aus. Die einzelnen Wirtschaftssubjekte werden daher von der Inflation und dem Kaufkraftschwund unterschiedlich – und zwar zeitlich wie auch von der Intensität her – betroffen.

Geldwertschwankungen sind für Einkommensbezieher so lange unbedeutend, solange sich ihr Einkommen automatisch und parallel zu den Preissteigerungen mit nach oben entwickelt. Das betrifft im wesentlichen Selbständige und Unternehmen, die ihre Preise und damit auch den Gewinn flexibel entsprechend dem veränderten Geldwert gestalten können. Dagegen sind die Arbeitnehmer in der Inflation benachteiligt, weil ihre Einkommensentwicklung im allgemeinen hinter der des Kaufkraftschwundes nachhinkt und somit der Wert ihres Einkommens sich permanent verringert. In einer ähnlichen Situation befinden sich Rentner und solche Personen, deren Einkommen ausschließlich aus Vermögensanlagen oder Versicherungsleistungen herrührt. Auch der Sparer ist in inflationären Zeiten immer auf der Verliererseite, weil seine Ersparnisse sich ständig um den Preisanstieg verringern und die Zinsen als Entgelt für die Überlassung von Kapital nicht Mehr-Kaufkraft bedeuten, sondern nur dazu dienen, Geldwertverluste ganz oder teilweise auszugleichen.

Begünstigt werden durch Geldentwertungen dagegen alle diejenigen, die sich vor bzw. während des Inflationsprozesses verschulden. Sie können infolge der steigenden Preise und zunehmenden Einkommen die Ursprungsschuld leichter, weil mit entwertetem Geld, zurückzahlen. Gerade die Bereitschaft, sich in Zeiten des Kaufkraftschwundes zunehmend zu verschulden, bewirkt aber, daß die Inflation verstärkt vorangetrieben wird. Ebenso führen Hamsterkäufe in Erwartung weiterer Preissteigerungen zu überschüssiger Nachfrage, die ihrerseits erneute Preisanhebungen nach sich zieht.

Geldentwertungen haben also stets Störungen im gesamtwirtschaftlichen Ablauf zur Folge. Sie beeinflussen nicht nur die monetäre Entwicklung, sondern wirken, wenn sie längerfristig anhalten und ein bestimmtes Ausmaß überschreiten, auch nachteilig auf die realwirtschaftliche Entwicklung einschließlich der Beschäftigungslage einer Volkswirtschaft.

Stabilität – zumindest aber relative Stabilität – des Binnenwertes der Währung ist die notwendige Voraussetzung für eine gesunde volkswirtschaftliche Entwicklung. Sie zu erhalten, bedarf es der Anstrengungen aller am Wirtschaftsprozeß Beteiligten, sollen nicht Lebensstandard und Leistungsvermögen in einer Volkswirtschaft in Gefahr geraten.

3.4.4 Die Entwicklung des Geldwertes in der Bundesrepublik Deutschland

Gemessen an dem Anstieg der Lebenshaltungskosten entwickelten sich die Preise – wie das Schaubild zeigt – in der Zeit von 1950 bis 1970 in maßvollem

Rahmen nach oben. Die Steigerungen waren in den einzelnen Jahren unterschiedlich hoch. Sie gestalteten sich nahezu zyklisch entsprechend dem allgemeinen Konjunkturverlauf, wobei die höchsten Preissteigerungsraten stets einige Zeit hinter dem konjunkturellen Boom lagen. Das ist nicht zuletzt darauf zurückzuführen, daß die Kostensteigerungen, die zu den Preisanhebungen beigetragen haben, oftmals auch erst in größerem Ausmaß nach Überschreiten der Konjunkturspitze einsetzten, z. B. bedingt durch die feste Laufzeit der Tarifverträge. Sondereinflüsse, wie in den Jahren 1951 und 1952 die sogenannte Koreakrise, spielten teilweise eine verstärkte Rolle. Insgesamt läßt sich feststellen, daß der Geldwertschwund in der Bundesrepublik Deutschland sich im Vergleich zu vielen anderen Staaten bis 1970 in relativ engen Grenzen hielt. Dabei war die Preisentwicklung in den sechziger Jahren zu einem großen Teil durch die zunehmende außenwirtschaftliche Verflechtung beeinflußt. Man sprach deshalb auch von importierter Inflation. Die Bundesrepublik Deutschland wies vom Anfang der fünfziger Jahre bis 1978 permanent einen Exportüberschuß auf. Das bedeutete, daß die deutsche Wirtschaft jahrelang ständig mehr Güter und Dienstleistungen an das Ausland verkauft als vom Ausland bezogen hat. Das aber führte zu einem laufenden Zustrom an Devisen und bedeutete eine Vermehrung des Geldumlaufs und der Nachfrage im Inland. Dieser Nachfrageausweitung folgte oftmals nicht das entsprechende Angebot, wodurch es dann zu den Preiserhöhungen kam.

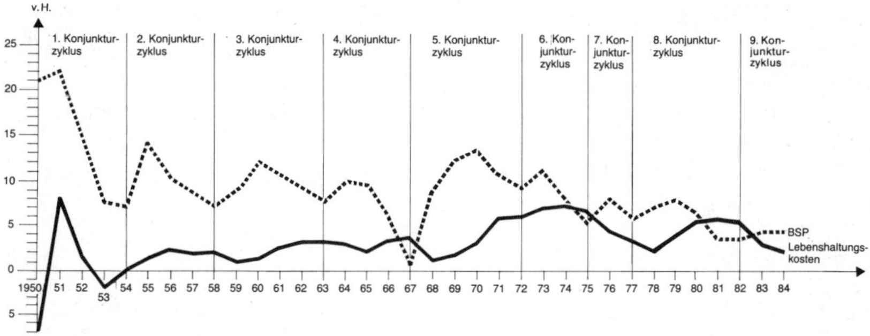

Der Kaufkraftschwund in den siebziger und beginnenden achtziger Jahren läßt sich jedoch kaum mit diesem Schlagwort erklären. Vielmehr sind in zunehmendem Maß auch binnenwirtschaftliche Einflüsse hinzugetreten. So haben die Ansprüche aller Wirtschaftsgruppen – der privaten Haushalte, Unternehmen und nicht zuletzt des Staates – an die Angebotsmöglichkeiten der deutschen Wirtschaft ein extremes Ausmaß erreicht. Hinzu kamen die Versteuerungen bei einer Reihe von Rohstoffen, allem voran dem Erdöl, die dem allgemeinen Preisniveau einen deutlichen Impuls nach oben gegeben haben.

Die drastischen Ölpreisverteuerungen der Jahre 1978 bis 1980 haben sich in unterschiedlicher Weise auf die Preisentwicklung in der Bundesrepublik Deutschland ausgewirkt. Da die Rohölpreise in Dollar bezahlt werden müssen, profitierte die Bundesrepublik 1978 von einer recht deutlichen Aufwertung der DM gegenüber dem Dollar, so daß auf DM-Basis gerechnet die Verteuerung des Rohöls am Weltmarkt auf die heimische Preisentwicklung nicht fühlbar durchschlug. Anders war es in den Jahren 1979 und 1980. Bei einem relativ stabilen Dollarkurs wirkten sich die Ölpreiserhöhungen auch im gesamtwirtschaftlichen Preisniveau steigernd aus. Die explosionsartige Entwicklung der Erdölpreise, die ökonomisch nicht zu rechtfertigen ist, beeinflußte aber nicht nur das Preisniveau, sondern hatte entscheidende Auswirkungen auf die Struktur der Nachfrage und damit schließlich auch auf Angebots- und Produktionsverhältnisse. Da die Volkswirtschaft nur einen bestimmten „Kaufkraft-Kuchen" pro Jahr verteilen kann, folgt zwangsläufig, daß bei einem größeren Anteil des Erdöls die „Kaufkraft-Portionen" für andere Waren oder Dienstleistungen kleiner ausfallen müssen.

Während nun die DM in den über 35 Jahren seit ihrer Schaffung rund 70% ihres ursprünglichen Wertes nominal verloren hat, sind in dem gleichen Zeitraum die Einkommen aller Schichten der Bevölkerung erheblich stärker gestiegen. So wuchs der durchschnittliche Verdienst in dieser Zeit um mehr als das Fünffache und übertrifft bei weitem die Geldentwertungsrate, d. h., daß das Realeinkommen in der Bundesrepublik Deutschland sich in den letzten 35 Jahren durchschnittlich mehr als verdreifacht hat. Dieser an sich erfreuliche Tatbestand darf nicht darüber hinwegtäuschen, daß jede Geldentwertung sozial ungerechte Konsequenzen mit sich bringt und jeder Kaufkraftschwund den Keim einer weiteren Beschleunigung mit Gefährdung der gesamtwirtschaftlichen Entwicklung in sich trägt.

3.4.5 Indexierung – Schutz vor Inflation?

In dem Bemühen, Schutz vor den schädlichen und nachteiligen Auswirkungen der Inflation, insbesondere vor Vermögensverlusten, zu schaffen, ist in der Vergangenheit des öfteren der Vorschlag in die öffentliche Diskussion hineingetragen worden, **Wertsicherungsklauseln** und Indexbindungen in Verträge aufzunehmen. Nach den gesetzlichen Bestimmungen bedürfen Wertsicherungsklauseln der Zustimmung bzw. Genehmigung der Deutschen Bundesbank – mit Ausnahme derjenigen, die ausschließlich an den Lebenshaltungskostenindex geknüpft sind.

Auf den ersten Blick hat eine **Indexierung** ohne Frage gewisse Vorteile. So beseitigen Wertsicherungsklauseln die Spekulation auf Schuldnergewinne, wodurch die Kreditnachfrage in Grenzen gehalten wird. Zum anderen fördert die Möglichkeit einer geldwertgesicherten Vermögensform die Bereitschaft zur längerfristigen Anlage und mindert damit die Flucht in die Sachwerte; d.h. verstärkte Sparneigung einerseits und Beschränkung der Ausgabentätigkeit im Investitions- und Konsumgüterbereich andererseits tragen zur Stabilisierung bei. Ferner würde eine Indexbindung helfen können, eine gleichgewichtigere Einkommensentwicklung zu sichern. Schließlich mindern solche Klauseln die Beschäftigungsrisiken der Stabilitätspolitik, und zwar dadurch, daß die Indexbindung die sonst übliche Erscheinung verhindert, daß bei überhöhten Nominallöhnen eine erfolgreiche Stabilitätspolitik Reallohnsteigerungen bewirkt und damit möglicherweise einen Rückgang der Beschäftigung zur Folge hat. Insgesamt schreibt man der Indexbindung zu, auch dann, wenn die Konjunkturpolitik das Ziel der Preisniveaustabilität nicht erreicht hat, eine automatische Korrekturfunktion auszuüben, wobei insbesondere diejenigen begünstigt werden, die von der Geldentwertung besonders hart betroffen sind.

So einleuchtend diese positiven Auswirkungen auf den ersten Blick zu sein scheinen, beinhalten Index- und Wertsicherungsklauseln doch beträchtliche Gefahren für die Gesamtwirtschaft. So tragen sie nach anfänglichen Erfolgen wegen des Fortfalls der **Geldillusion,** wenn nämlich 1,— DM nicht mehr als 1,— DM angesehen wird, zu einer Beschleunigung der Preis-Lohn-Spirale bei. Ein Index in einem Bereich, z.B. nur für Lohnbezieher oder Sparer, hat nämlich zwangsläufig auch die Ausdehnung auf andere Bereiche zur Folge. Werden wertgesicherte Anleihen eingeführt, verlieren automatisch die Altsparer an den Kursen ihrer Papiere. Zugleich haben indexgesicherte Anlageformen zwangsläufig Kapitalzuflüsse aus dem Ausland zur Folge, die den Inflationseffekt in kurzer Zeit noch verstärken. Der Verteilungskampf der Gruppen würde ebenfalls nicht abnehmen, sondern sich jetzt auf die Festlegung des Indexwertes verlagern. Da Indexklauseln bei den Löhnen und Gehältern nicht die Preisbildung der Unternehmen berühren, kann es über den Preis wieder zu sozialen Spannungen kommen. Insgesamt gesehen tritt also an die Stelle der Geldillusion eine **Indexillusion** mit unerwünschten Inflationsfolgen. Indizes und Wertsicherungsklauseln heilen also nicht die Krankheit an der Wurzel, sondern verdecken nur durch einzelne Pflaster und Verbände nach außen hin die Blessuren.

Zusammenfassung

3.4 Ursachen und Wirkungen von Geldwertschwankungen

Der Wert des Geldes (Kaufkraft) unterliegt im Zeitablauf Schwankungen. Nimmt die Kaufkraft ab, spricht man von Geldentwertung oder Inflation. Je nach der Änderungsgeschwindigkeit der Meßgröße für eine Inflation, nämlich der Steigerungsrate des Preisniveaus einer Volkswirtschaft, werden verschiedene Inflationstypen unterschieden, und zwar:

- schleichende Inflation
- trabende Inflation
- galoppierende Inflation
- Hyperinflation.

Das Gegenteil einer Inflation stellt die Deflation dar. In ihr ist die Preisänderungsrate negativ.

Gleichsam zwischen Inflation und Deflation angesiedelt ist die Stagflation, bei der ein Rückgang oder eine Stagnation der volkswirtschaftlichen Produktion und Beschäftigung mit Kaufkraftverlusten einhergehen.
Bei Inflation oder Deflation liegen stets Ungleichgewichte zwischen der Gütermenge und der in der Volkswirtschaft umlaufenden Geldmenge vor. Für die Ursachen der Inflation gibt es verschiedene Erklärungsansätze. So kann eine über die Angebotsmöglichkeiten der Volkswirtschaft hinausgehende Erhöhung der Nachfrage der privaten Haushalte, des Staates oder auch der Investoren zu inflatorischen Prozessen führen. Aber auch die Angebotsseite vermag Inflationen auszulösen beziehungsweise zu beschleunigen. In diesem Fall bilden Kostenerhöhungen die Ursache für Preissteigerungen. Inflationen können schließlich auch über die außenwirtschaftlichen Beziehungen importiert werden.

Obwohl in den westlichen Volkswirtschaften in der Vergangenheit permanente Preisniveauanstiege zu verzeichnen waren, gibt es weder Anhaltspunkte für Normalwerte einer Geldentwertung noch nachweisbare positive Effekte einer solchen Entwicklung auf das volkswirtschaftliche Wachstum. Benachteiligt von inflatorischen Entwicklungen werden stets die Bezieher fester Einkommen und insbesondere die Sparer.

Die Entwicklung des Geldwertes in der Bundesrepublik Deutschland vollzog sich unter Schwankungen. Insgesamt lagen die Geldentwertungsraten im internationalen Vergleich fast immer außerordentlich niedrig. Auch externe Preisschocks wie die drastischen Ölpreiserhöhungen oder die anhaltende kräftige Dollaraufwertung in den frühen 80er Jahren konnten in ihrer inflatorischen Wirkung begrenzt werden.

Zum Schutz gegen die Wirkung inflatorischer Entwicklungen werden gelegentlich Wertsicherungs- bzw. Indexklauseln vorgeschlagen bzw. in einigen Ländern sogar praktiziert. In der Bundesrepublik Deutschland bedürfen derartige Vereinbarungen grundsätzlich der Zustimmung bzw. Genehmigung durch die Bundesbank. Die Wirkungen solcher Indexklauseln für die Entwicklung einer Volkswirtschaft sind weitgehend negativ. Sie stellen keine Lösung des Problems Inflation dar, sondern bedeuten lediglich ein Kurieren an den Symptomen.

3.5 Liquidität und Kreditschöpfung

Der Begriff der Liquidität wird in der Wirtschaft in vielfältiger Weise gebraucht. So spricht man von der Liquidität einer gesamten Volkswirtschaft dann, wenn diese in der Lage ist, ihren internationalen Zahlungsverpflichtungen jederzeit nachzukommen. Auch im Unternehmensbereich wird eine ähnliche Interpretation verwendet. Unternehmen gelten somit als liquide, wenn sie stets ihre Zahlungsverpflichtungen erfüllen können.

Im Kreditwesen umfaßt demgegenüber der Liquiditätsbegriff noch einen weiteren Aspekt, nämlich den, daß Sparkassen und Banken nicht nur jederzeit den Auszahlungswünschen ihrer Gläubiger entsprechen, sondern darüber hinaus sich auch imstande sehen müssen, Kredite zu gewähren. Das Ausleihvolumen der Kreditinstitute wird dabei bestimmt durch das Maß der Liquidität, die nicht für die Aufrechterhaltung der unmittelbaren Zahlungsbereitschaft benötigt wird. Die Liquidität eines Kreditinstituts läßt sich prinzipiell als Differenz zwischen den gesamten Einlagen (= Verbindlichkeiten) und den gewährten Krediten ermitteln. Dabei soll der Einfachheit halber die gesamte Passivseite als Einlagen bezeichnet werden; denn es besteht hier bei allen Positionen eine Verpflichtung für das Kreditinstitut. Zu den Krediten im hier verwendeten Sinn zählen sämtliche ausgeliehenen Gelder einschließlich Wertpapierbeständen und Beteiligungen ebenso wie die Geschäftsausstattung. Als liquide Mittel bleiben danach alle die Forderungswerte, die bereits Zentralbankgeld sind oder schnell und ohne Verlust in solches umgewandelt werden können. Dazu zählen im einzelnen die Kassenbestände, Guthaben auf den Landeszentralbank- und Postscheckkonten, Geldmarktpapiere sowie Schecks und Wechsel, die bei der Bundesbank noch rediskontiert oder gegebenenfalls in Pension gegeben werden können. Diese Liquiditätspositionen abzüglich der bei der Bundesbank zu haltenden Mindestreserven stehen den Kreditinstituten für Zahlungszwecke zur Verfügung und bilden deren frei disponierbare Liquiditätsreserven. Während eine einzelne Sparkasse oder Bank in der Lage ist, ihre Liquiditätsposition durch die Geldaufnahme bei anderen Instituten zu verbessern, besteht diese Möglichkeit für das Bankensystem insgesamt nicht, da sich bei Zusammenfassung aller Kreditinstitute die gegenseitigen Geschäfte saldieren.

Beeinflußt wird die Höhe der Liquidität innerhalb des Bankensystems (ohne die Zentralbank) durch eine Reihe von Marktfaktoren, und zwar

- Nichtbanken-Transaktionen der Zentralbank
- Devisenbewegungen
- öffentliche Kassen-Transaktionen
- Höhe des Bargeldumlaufs.

Bei Nichtbanken-Transaktionen der Zentralbank handelt es sich beispielsweise um Steuerzahlungen von Unternehmen und privaten Haushalten auf die Konten des Fiskus bei der Notenbank. Diese Zahlungen werden von den Steuerschuldnern zu Lasten eigener Guthaben bzw. durch Aufnahme neuer Kredite finanziert, was in beiden Fällen zu einer Verringerung der Liquidität innerhalb des Bankensystems führt.

Weist die Zahlungsbilanz einer Volkswirtschaft infolge von Exportüberschüssen Devisenzuflüsse auf, bedeutet dieses eine Verbesserung der **Liquiditätsreserven der Kreditinstitute.** Denn die exportierende Wirtschaft läßt die Devisen in der Regel auf ihre Konten fließen. Sie bilden dort neue Guthaben bzw. finden zu Kreditrückzahlungen Verwendung.

Öffentliche Kassen-Transaktionen können ebenfalls die Liquidität der Kreditinstitute beeinflussen, nämlich dann, wenn Steuergelder nicht wieder für Ausgabenzwecke an die Wirtschaft (z. B. in Form von Aufträgen oder Subventionen) zurückgereicht, sondern stillgelegt werden, wie z. B. in Zeiten der Hochkonjunktur in Form der Konjunkturausgleichsrücklage. Dagegen haben Kreditaufnahmen der öffentlichen Hände bei der Notenbank und die aus diesen Mitteln beispielsweise finanzierten Infrastruktur- oder Umweltschutzmaßnahmen liquiditätserhöhende Wirkung im Bereich der Kreditwirtschaft.

Veränderungen des Bargeldumlaufs bei Nichtbanken beeinflussen den Umfang der verfügbaren liquiden Mittel im Bankensystem. So bedeutet verstärkter Bargeldumlauf ein Abnehmen, geringerer Bargeldumlauf dagegen ein Ansteigen der Liquidität bei den Kreditinstituten. Das ergibt sich daraus, daß Bargeld über die Sparkassen und Banken in den volkswirtschaftlichen Kreislauf gelangt, entweder dadurch, daß Einlagen abgehoben oder zugesagte Kredite in Anspruch genommen werden.

Der Wirkungsumfang der Marktfaktoren ergibt sich aus dem Marktgeschehen und der konjunkturellen Situation. Er ist nur in begrenztem Umfang durch die Zentralbank oder andere wirtschaftspolitische Instanzen beeinflußbar. Der Notenbank steht dazu das an späterer Stelle behandelte währungspolitische Instrumentarium zur Verfügung.

Die Kreditinstitute können aus den vorhandenen freien Liquiditätsreserven, die sie nicht zur Aufrechterhaltung der jederzeitigen Zahlungsfähigkeit benötigen, Kredite schöpfen. Eine einzelne Bank oder Sparkasse ist in der Lage, die ihr aus Einlagen bzw. Rückzahlungen von Krediten zufließenden Mittel wieder neu auszuleihen. Das kann sie deshalb, weil bei einer großen Zahl von Einlagen sich trotz möglicher Abhebungen herausgestellt hat, daß insgesamt nur ein Teil der eingelegten Gelder im Durchschnitt abgefordert wird, so daß ein gewisser Bodensatz ständig den Instituten für die Kreditgewährung zur Verfügung steht. Die Höhe der für Ausleihungen verwendeten Mittel hängt dabei ab von den Zahlungsgewohnheiten der Bevölkerung, d. h. von ihrer Abhebungsquote, sowie von dem Reservesatz, den die Kreditinstitute freiwillig bzw. gezwungenermaßen halten. Wie die Giralgeldschöpfung funktioniert, soll kurz erklärt werden.

Zu diesem Zweck stellen wir uns das Bankensystem in einer Volkswirtschaft als aus zwei Kreditinstituten bestehend vor. Aus Erfahrung wissen wir, daß die Kunden beider Banken jeweils höchstens im Durchschnitt 10% ihrer Einlagen wieder abfordern, der Rest verbleibt also quasi dauerhaft auf den Bankkonten. Aus diesem Grund und weil die Institute besonders vorsichtig sind, unterhalten sie in unserem Fall 20% der Einlagen als Reserven für Auszahlungen. Auf eine Mindestreservehaltung wird aus Gründen der Vereinfachung verzichtet. Die Kunden der Bank 1 bringen ihr nun an einem Tag Geld in Höhe von 100000,– DM zur Bildung von Sichteinlagen. In der Bankbilanz sieht dieser Vorgang folgendermaßen aus:

Aktiva		Bank 1	Passiva
.	.	.	.
.	.	.	.
.	.	.	.
Bargeld	100000,—	Einlage	100000,—

Am nächsten Tag gewährt diese Bank aufgrund des Einlagenzuganges einen bzw. mehrere Kredite von zusammen 80000,– DM.

Wird dieser Kredit nun in Bargeld abgefordert, dann ist der Prozeß der Giralgeldschöpfung bei dieser Bank hier beendet, und es erhöht sich die Geldmenge dadurch lediglich um die 80000,– DM, die an Kreditmitteln ausgezahlt wurden. Ganz anders sieht aber der Fall aus, wenn diese 80000,– DM nicht bar abgehoben und ausgegeben werden, sondern dazu Verwendung finden, einen Lieferanten, der sein Konto bei einer anderen Bank hat, zu bezahlen. Zu diesem Zweck überweist der Kreditnehmer bei der Bank 1 den Betrag von 80000,– DM an die Bank 2 zugunsten des Kontos des Lieferanten. Damit ergibt sich folgende Bilanzsituation:

Aktiva		Bank 1	Passiva
.	.	.	.
.	.	.	.
.	.	.	.
Bargeld	~~100000,—~~	Einlage	100000,—
Auszahlungsreserve	20000,—		
Kredit	80000,—		

Aktiva	Bank 2		Passiva
.	.	.	.
.	.	.	.
.	.	.	.
Guthaben aus Überweisung von Bank 1	80000,—	Einlage des Lieferanten A	80000,—

Für die Bank 2 bedeuten diese Zuflüsse Einlagen, die für sie nicht anders aussehen als die ursprünglichen Einlagen bei der Bank 1. Weder weiß noch kümmert es sie, daß sie der Zweitempfänger der betreffenden Einlage ist. Auch sie bemüht sich darum, unter Beachtung der Reservehaltung für eventuelle Auszahlungswünsche, diese Mittel als Kredite auszuleihen. Die Bank 2 stellt deshalb Kredite in Höhe von 64000,– DM zur Verfügung und behält gleichzeitig eine Auszahlungsreserve von 16000,– DM, wie das Bilanzbild zeigt:

Aktiva	Bank 2		Passiva
.	.	.	.
.	.	.	.
.	.	.	.
Guthaben	~~80000,—~~	Einlage des	
Auszahlungsreserve	16000,—	Lieferanten A	80000,—
neuer Kredit	64000,—		

Der Kreditnehmer der Bank 2 überweist nun diesen Betrag an die Bank 1 zugunsten eines Kunden, der dort sein Konto unterhält, um damit seine Schulden zu begleichen. Das bedeutet aber, daß der Bank 1 nunmehr wiederum 64000,– DM an neuen Einlagen zufließen und die Kassenhaltung ebenfalls 64000,– DM mehr beträgt. Die Bank wird – ebenso wie vorher die Bank 2 – diese Gelder wieder unter Berücksichtigung der Reservehaltung in Form von Krediten auszuleihen bestrebt sein.

Aktiva	Bank 1		Passiva
.	.	.	.
.	.	.	.
.	.	.	.
Auszahlungsreserve	20000,—	Einlage	100000,—
Kredit	80000,—	Einlage des	
Guthaben aus Überweisung von Bank 2	64000,—	Lieferanten B	64000,—

Solange die Kreditnehmer nicht einen Teil des Kreditbetrages in Bargeld abfordern, setzt sich der Prozeß in gleicher Weise zwischen den Banken 1 und 2 fort. Wäre das der Fall, könnten insgesamt maximal 500000,– DM an zusätzlichen Krediten und damit Sichteinlagen geschöpft werden.

Banken müssen nun neben einer Eigenvorsorge für die Inanspruchnahme ihrer Gläubiger in Bargeld – das ist Geld, das sie selbst nicht schaffen können –, bei der Zentralbank für die Einlagen eine Mindestreserve unterhalten. Diese hat nicht den Charakter einer Liquiditätsreserve, sondern dient ausschließlich kreditpolitischen Steuerungszwecken. Führt man neben der Auszahlungsreserve diese Mindestreserve mit in den Kreditschöpfungsprozeß ein, ergeben sich für die maximal mögliche Kreditschöpfung entsprechende Konsequenzen. Mit Hilfe einer Formel läßt sich der maximale Kreditschöpfungsrahmen ermitteln, wenn man die Auszahlungsreserve bzw. Barabhebungsquote (c) und eine Mindestreserve (r) berücksichtigt. Der Mittelzufluß bei den Banken, der den Kreditschöpfungsprozeß einleitet, wird als Überschußreserve (ÜR) bezeichnet. Daraus ergibt sich dann eine zusätzliche Kreditgewährungsmöglichkeit (ΔK) von

$$\Delta K = \frac{1}{c + r\,(1 - c)} \cdot \text{ÜR}$$

Dazu läßt sich generell feststellen, daß es keinen Automatismus der Giralgeldschöpfung gibt. Stets ist das Zusammenwirken von vier Faktoren notwendig:

1. Den Sparkassen und Banken müssen neue Mittel zufließen.
2. Sie müssen bereit sein, anstelle einer ausschließlichen Aufstockung der Reservehaltung das Kreditgeschäft auszuweisen.
3. Es ist erforderlich, daß eine ausreichende Nachfrage nach Krediten vorhanden ist, und
4. es muß schließlich das neugeschaffene Geld den Kreditinstituten in Form von Einlagen wieder zufließen.

Kreditgewährung ist eine wesentliche Aufgabe der Sparkassen und Banken. Sie ist deshalb weder als schlecht anzusehen noch produziert sie Inflation. Sparkassen und Banken verfolgen vielmehr mit der Kreditgewährung die Lenkung der Kapitalströme von den Einlegern zu denjenigen, die dieses Geld am produktivsten für Produktions- oder sonstige Zwecke einsetzen können. Sie fördern also nicht eine Geldentwertung, sondern verfolgen lediglich den ihnen gestellten Geschäftszweck. Die Verantwortung dafür, daß sich gutes Geld zu schlechtem Geld wandelt, trägt in erster Linie die Wirtschaftspolitik, ob sie nun vom Staat selbst oder der Zentralnotenbank betrieben wird. Diese Institutionen bestimmen die Rahmenbedingungen, unter denen der Wirtschaftsprozeß und die Geldvermehrung ablaufen.

Zusammenfassung

3.5 Liquidität und Kreditschöpfung

Unter Liquidität im Bankensystem versteht man die Fähigkeit, seinen Zahlungsverpflichtungen jederzeit nachkommen zu können, und zusätzlich das Vermögen, Kredite gewähren zu können. Das Ausleihvolumen der Kreditinstitute wird bestimmt durch das Maß der Liquidität, die nicht für die Aufrechterhaltung der unmittelbaren Zahlungsbereitschaft benötigt wird. Die Liquidität des Bankensystems wird von Marktfaktoren einerseits sowie geldpolitischen Maßnahmen der Zentralbank andererseits beeinflußt.

Kreditinstitute können aus vorhandenen freien Liquiditätsreserven Kredite schöpfen. Die Höhe der daraus bereitzustellenden Ausleihungen hängt von den Zahlungsgewohnheiten der Kunden ab, d. h. von ihrer Abhebungsquote sowie von dem Reservesatz, mit dem die Kreditinstitute ihre zu haltende Liquiditätsreserve bestimmen. Ein Bankensystem vermag infolge des Zustroms freier Liquiditätsreserven bei einer Bank ein Mehrfaches dieses Zuflusses an Krediten herauszulegen. Der Umfang dieses Kreditschöpfungsprozesses ist dabei abhängig von der Höhe der Überschußliquidität, von der Barabhebungsquote und dem Reservesatz. Zur Erreichung der maximalen Kreditschöpfung ist es selbstverständlich auch erforderlich, daß eine entsprechende Kreditnachfrage besteht, die den Risikoanforderungen der kreditgewährenden Banken entspricht. Die maximale Kreditschöpfungsfähigkeit des Bankensystems aufgrund einer zugeflossenen Überschußreserve (ÜR) läßt sich aus deren Multiplikation mit dem Kreditschöpfungsmultiplikator ermitteln. Der Kreditschöpfungsmultiplikator wiederum wird bestimmt von der Barabhebungsquote (c) und dem Reservesatz (r). Insgesamt lautet die Berechnungsformel für die zusätzliche Kreditgewährungsmöglichkeit

$$\Delta K = \frac{1}{c + r\,(1 - c)} \cdot \text{ÜR}$$

Wenn auch die Kreditgewährung zu den fundamentalen Aufgaben der Sparkassen und Banken gehört, kann diese gelegentlich inflationäre Tendenzen begünstigen. Dies zu verhindern ist Aufgabe der Zentralbank, die mit ihrem kreditpolitischen Instrumentarium auf die Kreditgewährungsmöglichkeiten der Sparkassen und Banken im preisniveaustabilisierenden Sinne einwirkt.

3.6 Geld- und Kapitalmarkt

Im Bereich der Kreditwirtschaft spielen vor allem zwei Märkte eine besondere Rolle: der Geldmarkt und der Kapitalmarkt. Auf dem Geldmarkt handeln vor allem die Kreditinstitute untereinander kurzfristiges Geld. Aber auch Wirtschaftsunternehmen und sogar private Haushalte sind dort als Partner zu finden. Gelegentlich tritt ferner die Bundesbank mit entsprechenden kreditpolitischen Instrumenten als Marktpartner auf, um regulierend einzugreifen. Auf dem Kapitalmarkt beteiligen sich auf der Anbieterseite langfristiger Wertpapiere nicht nur Banken, sondern ebenso öffentliche Haushalte und Wirtschaftsunternehmen. Als Nachfrager finden sich neben den Kreditinstituten ebenfalls Unternehmen und private Haushalte.

Beim Interbankengeschäft auf dem **Geldmarkt** trifft sich die Nachfrage der Kreditinstitute nach liquiden Mitteln mit dem Angebot derjenigen Sparkassen und Banken, die Liquiditätsüberschüsse anzubieten haben, die nicht in andere aktive Anlageformen gelenkt werden sollen oder können. Die ungleiche Entwicklung der Bankenliquidität beruht zum einen auf strukturellen Unterschieden und zum andern auf momentanen, vor allem konjunkturell bedingten Einflüssen. Der Geldmarkt erfüllt dabei die Funktion, die partiell auftretenden Liquiditätsüberschüsse und -fehlbeträge auszugleichen.

Auf dem Geldmarkt werden unterschiedliche Formen von Zentralbankgeld gehandelt:

1. **Tagesgeld**
   Diese kürzeste Anlage am Geldmarkt ist zugleich oftmals die bedeutendste Form. Heute aufgenommenes Tagesgeld muß am nächsten Tag bis mittags an den Gläubiger zurückgezahlt werden. Die Disponenten der Kreditinstitute haben somit ein Mittel, kurzfristig auftretende Engpässe oder Überschüsse an Liquidität zu beseitigen.
2. **Tägliches Geld**
   Diese Form des Liquiditätsausgleichs wird ohne festen Rückzahlungstermin vorgenommen. Die Mittel können jedoch jederzeit mit einer Frist von einem Tag gekündigt werden.
3. **Monats-, Halbjahres- und Jahresgeld**
   In diesen Fällen gleichen Kreditinstitute nicht nur vorübergehend Ungleichgewichte in ihrer Liquidität aus. Hier handelt es sich vielmehr um kurzfristige Anlageformen.
4. **Jahresultimogeld**
   Infolge umfangreicher Zahlungsabwicklungen der Nichtbanken zum Jah-

resultimo dient diese Form des Geldausgleichs der Korrektur der Liquiditätspositionen der Kreditinstitute. Sofern solche Transaktionen ausschließlich von den Banken zur Verbesserung des Bilanzbildes im Hinblick auf den Liquiditätsstatus vorgenommen werden, spricht man auch von **window-dressing.**

Am Geldmarkt werden aber nicht nur Zentralbankgeldbestände gehandelt, sondern auch liquide **Geldmarktpapiere** gekauft bzw. veräußert. Diese zeichnen sich dadurch aus, daß die Deutsche Bundesbank sich prinzipiell bereit erklärt hat, sie vor Fälligkeit – selbstverständlich unter Abzug eines entsprechenden Zinses – zurückzukaufen. Deshalb weisen diese Papiere einen hohen Grad an Liquidität auf. Die bedeutendsten Formen solcher Geldmarktpapiere sind Schatzwechsel und unverzinsliche Schatzanweisungen, auch U-Schätze genannt. Emittenten dieser Wertpapiere sind die öffentlichen Haushalte bzw. die Sondervermögen Bundesbahn und Bundespost.

Schatzwechsel unterscheiden sich formell nicht von Handelswechseln mit Ausnahme der Tatsache, daß ihnen kein Warengeschäft zugrunde liegt. Sie dienen in der Regel den öffentlichen Haushalten dazu, kurzfristige Fehlbeträge in der Kassenhaltung zu finanzieren. Die Schatzwechsel haben eine Laufzeit von bis zu 90 Tagen. Bei den U-Schätzen zeichnet als Schuldner ebenfalls ein öffentlicher Haushalt. Im Gegensatz zu den verzinslichen **Schatzanweisungen,** deren Zinsen zu bestimmten Terminen zu zahlen sind, wird vom Nennwert der unverzinslichen Schatzanweisungen bei deren Ausgabe der Zins im Wege des Diskonts abgezogen. U-Schätze gibt es in der Bundesrepublik Deutschland mit Laufzeiten von einem halben bis zu zwei Jahren.

Über den Bestand an Schatzwechseln und U-Schätzen hinaus ist die Deutsche Bundesbank ferner berechtigt, sogenannte Mobilisierungs- und Liquiditätspapiere in Form von Schatzwechseln und U-Schätzen zur Geldmarktregulierung einzusetzen. Diese Mobilisierungspapiere kann sie im Umtausch von Ausgleichsforderungen bis zur Höhe von 8 Mrd. DM auf den Markt bringen. Ebenso ist sie gesetzlich ermächtigt, weitere Finanzierungspapiere – wiederum als Schatzwechsel oder U-Schätze – in den Markt zur Regulierung abzugeben.

Als Geldmarktpapiere gelten darüber hinaus noch folgende:

1. **Privatdiskonten**
   Das sind Bankakzepte sogenannter erster Adressen, die der Finanzierung von Außenhandelsgeschäften dienen. Sie werden ebenfalls als Geldmarktpapiere gehandelt, wenn sie bestimmte Voraussetzungen erfüllen (z. B. Mindestwechselsumme 100000,– DM u. a.). Die von den Kreditinstituten gegründete Privatdiskont AG, Frankfurt/M., hat für diese Papiere gleichsam die Marktregulierung übernommen.

2. **Kassenobligationen**
   Bei den Kassenobligationen handelt es sich um Wertpapiere mit mehrjähriger Laufzeit, die die öffentlichen Haushalte, Bundesbahn und Bundespost ausgeben. Sie können als echte Geldmarktpapiere im Sinne der Zentralbankfähigkeit jedoch erst angesehen werden, wenn die Restlaufzeit 18 Monate oder weniger beträgt.

Die Deutsche Bundesbank bedient sich zur Feinsteuerung der Geldmengen- und Zinsentwicklung gelegentlich auch des Instruments der Wechselpensionierung. Hierbei nimmt sie bundesbankfähige Wechsel für einen bestimmten Zeitraum (beispielsweise von 10 Tagen) in Pension, womit sie den Pensionsgebern für diese Frist außerhalb des Rediskontkontingents Liquidität zur Verfügung stellt.

Am **Kapitalmarkt** werden dagegen langfristige Wertpapiere gehandelt. Sie treten in sehr unterschiedlicher Form auf. Deshalb wird der Kapitalmarkt auch noch einmal unterteilt in den Markt für Dividenden-Papiere und denjenigen für festverzinsliche Wertpapiere, auch Rentenmarkt genannt. Bei den Dividenden-Werten handelt es sich um **Aktien.** Sie beteiligen den Erwerber als Miteigentümer an einem Unternehmen und werden deshalb auch als Eigentümer-Papiere bezeichnet. Rentenwerte stellen demgegenüber Gläubigerpapiere dar. Sie verbriefen feste Zinsen und Laufzeiten sowie eine genau vereinbarte Rückzahlungshöhe bei Fälligkeit.

Die **Papiere des Rentenmarktes** sind folgende:

1. **Bankschuldverschreibungen**
   Darunter sind Wertpapiere zu verstehen, durch deren Ausgabe die Kreditinstitute sich die Mittel beschaffen, die sie im Aktivgeschäft ausleihen. Dabei besteht eine feste Bindung zwischen den aufgenommenen Geldern und den Aktivgeschäften bei Pfandbriefen und Kommunalobligationen. Pfandbriefe sind ausschließlich für die Finanzierung von erstrangig abgesicherten Wohnungsbau-Darlehen zu verwenden, Kommunalobligationen für die Refinanzierung von Krediten an öffentliche Haushalte. Neben Pfandbriefen und Kommunalobligationen geben Banken auch Schuldverschreibungen aus, die auf der Aktivseite keiner Zweckbindung unterliegen.
2. **Industrieobligationen**
   Diese festverzinslichen Wertpapiere werden von Wirtschaftsunternehmen ausgegeben. Sie dienen der Finanzierung langfristiger eigener Investitionen.
3. **Öffentliche Anleihen**
   Mit der Emission dieser Schuldverschreibungen verschaffen sich die öffentlichen Haushalte die notwendigen langfristigen Mittel zur Finanzierung von beispielsweise Infrastruktur- oder Umweltschutzmaßnahmen.

Diese Papiere werden sowohl von Bund, Bundesbahn, Post, Ländern als auch einzelnen größeren Gemeinden ausgegeben.

4. **Kassenobligationen öffentlicher Haushalte**
   Wie schon angesprochen, handelt es sich hier um festverzinsliche Wertpapiere öffentlicher Stellen mit mittelfristiger Laufzeit.
5. **Schuldscheine**
   Sie verbriefen ebenfalls ein Gläubigerrecht, unterscheiden sich von den anderen genannten festverzinslichen Wertpapieren vor allem aber dadurch, daß sie über hohe Gesamtbeträge lauten, die nicht klein gestückelt sind.
6. **Auslandsanleihen**
   Ausländische öffentliche Haushalte und Unternehmen sind ebenfalls am deutschen Kapitalmarkt vertreten. Sie bieten auf DM oder die jeweilige ausländische Währung lautende festverzinsliche Wertpapiere an.

Ausgehend von der internationalen Entwicklung hielten 1985

- **Zerobonds** (= langlaufende abgezinste Anleihen) und
- **Floating-Rate-Notes** (= Anleihen mit variablem Zinssatz)

auch am deutschen Kapitalmarkt Einzug.

Ebenso fand die Form der **Genußscheine** in letzter Zeit verstärkte Beachtung seitens der Emittenten.

Aus den verschiedenen Arten der am Kapitalmarkt gehandelten Wertpapiere ergibt sich, daß die größte Bedeutung auf der Anbieterseite die Kreditinstitute und die öffentlichen Haushalte bei den festverzinslichen Wertpapieren besitzen sowie die Wirtschaftsunternehmen bei den Dividendenwerten. Auf der Nachfrageseite rangieren an erster Stelle mit deutlichem Abstand die Kreditinstitute, zu denen andere Gruppen, u. a. die privaten Haushalte, hinzukommen.

Der Kapitalmarkt stellt also den Umschlagplatz für Spargelder in eine bestimmte wirtschaftliche Verwendung längerfristiger Art dar. Er erfüllt somit eine wichtige Transformationsfunktion. Die Attraktivität des Kapitalmarktes für Anbieter und Nachfrager ergibt sich aus dem hohen Grad der Fungibilität, d. h. der Handelsfähigkeit und Tauschbarkeit der Wertpapiere. Das wird erleichtert durch eine relativ niedrige Stückelung mit Mindestbeträgen im Nennwert von 50,– DM bei den meisten Aktien und 100,– DM bei festverzinslichen Wertpapieren.

Die Entwicklung des Wertes bzw. Preises der Wertpapiere – in der Fachsprache Kurs genannt – hängt in unterschiedlichem Ausmaß auf dem Markt für Aktien bzw. dem für festverzinsliche Papiere von folgenden Faktoren ab:

1. Angebot und Nachfrage
   Hier gibt insbesondere infolge der meist dominierenden Stellung der Kreditinstitute die Nachfragebereitschaft der Sparkassen und Banken in Abhängigkeit von ihrer jeweiligen Liquiditätssituation den Ausschlag.

2. Die Zinsentwicklung auf den nationalen und internationalen monetären Märkten allgemein
3. Sondereinflüsse wie z. B. politische Entwicklungen
   Sie sind aber im Vergleich zu den vorhergehenden Effekten häufig nur von vorübergehender Bedeutung.
4. Erwartungen über die weitere wirtschaftliche Entwicklung und das zukünftige Zinsniveau.

Vielfach unterscheidet man noch bei der Preisgestaltung nach dem Emissionsmarkt und dem Markt für umlaufende Werte. Auf beiden Teilmärkten sind die Kurse für Wertpapiere ein und derselben Gesellschaft bzw. ein und desselben Schuldners unterschiedlich hoch, z. B. bei jungen Aktien, die noch nicht voll dividendenberechtigt sind, o. ä. Während die Neuemission von Wertpapieren in der Regel über ein Bankenkonsortium verkauft wird, vollzieht sich der Handel umlaufender Papiere zum weitaus größten Teil an den Börsen.

Geld- und Kapitalmarkt stellen in den volkswirtschaftlichen Finanzierungsbeziehungen bedeutende Einrichtungen dar. Der Geldmarkt sichert insbesondere über den Liquiditätsausgleich zwischen den Kreditinstituten eine gleichmäßige Versorgung der Wirtschaft mit monetären Mitteln und verhindert Störungen bei einzelnen Instituten mit u. U. katastrophalen Auswirkungen auf das gesamte Geldsystem. Demgegenüber dient der Kapitalmarkt als Transformationsstelle zwischen den Ersparnissen auf der einen und den Investitionen von Wirtschaft und öffentlichen Stellen auf der anderen Seite. Er erfüllt damit eine wichtige langfristige Finanzierungsfunktion im Dienst der Sicherung von Wirtschaftswachstum und allgemeinem Wohlstand.

Zusammenfassung

3.6 Geld und Kapitalmarkt

Im Bereich der Kreditwirtschaft spielen zwei Märkte eine besondere Rolle: der Geldmarkt und der Kapitalmarkt

Auf dem Geldmarkt handeln vor allem die Kreditinstitute untereinander liquide Mittel, also kurzfristiges Geld. Mehr und mehr treten aber auch dort Wirtschaftsunternehmen und private Haushalte in Erscheinung. Neben den verschiedenen Formen der Geldanlage

- Tagesgeld
- tägliches Geld
- Monats-, Halbjahres- und Jahresgeld
- Jahresultimogeld

werden überdies auch liquide Geldmarktpapiere gehandelt. Dazu zählen:

- Schatzwechsel
- Schatzanweisungen
- Privatdiskonten
- Kassenobligationen.

Am Kapitalmarkt findet demgegenüber der Handel langfristiger Wertpapiere statt. Dabei unterscheidet man zwischen Anteilspapieren, den Aktien, und Gläubigerpapieren, den sogenannten Rentenpapieren. Zu den Papieren des Rentenmarktes zählen:

- Bankschuldverschreibungen
- Industrieobligationen
- Öffentliche Anleihen
- Kassenobligationen öffentlicher Haushalte
- Schuldscheine
- Auslandsanleihen.

Geld- und Kapitalmarkt stellen in den volkswirtschaftlichen Finanzierungsbeziehungen bedeutende Institutionen dar. So sichert der Geldmarkt über den Liquiditätsausgleich zwischen den Kreditinstituten eine gleichmäßige Versorgung der Wirtschaft mit monetären Mitteln. Der Kapitalmarkt führt die in der Volkswirtschaft erbrachten Ersparnisse den wachstumssichernden Investitionen von Wirtschaft und Öffentlicher Hand zu.

Übungsfragen:

1. Unter welchen Voraussetzungen kann man einen bestimmten Stoff als Geld bezeichnen?
2. Schildern Sie die Funktionen des Geldes im heutigen Wirtschaftsleben.
3. Welche Arten des Geldes kennen Sie?
4. Wie gelangt Geld in den volkswirtschaftlichen Kreislauf?
5. Welche Bedeutung hat die Liquidität für die Kreditschöpfung der Sparkassen und Banken?
6. Was sind Quasi-Geldbestände, und welchen Wert besitzen sie gesamtwirtschaftlich?
7. Welche Arten von Inflation lassen sich unterscheiden?
8. Was versteht man unter importierter Inflation?
9. Welche negativen Auswirkungen hat eine Inflation für eine Volkswirtschaft, und welche Gruppen von Wirtschaftssubjekten sind besonders hart vom Kaufkraftschwund betroffen?
10. Wie entwickelte sich der Geldwert der Deutschen Mark in der Bundesrepublik Deutschland?

11. Die Liquiditätslage des Bankensystems wird einmal beeinflußt durch die Marktfaktoren und zum anderen durch kreditpolitische Aktionen. Wodurch zeichnen sich diese Marktfaktoren aus, und in welchen Bereichen entstehen sie?
12. Die Kreditinstitute insgesamt sind in der Lage, Geld zu schöpfen. Um welche Art von Geld handelt es sich dabei? Welche Faktoren begrenzen die Geldschöpfungsfähigkeit?
13. Welche gesamtwirtschaftliche Funktion haben Sparkassen und Banken sowie Geld- und Kapitalmarkt?
14. Welche Gruppen treten am Kapitalmarkt als Dauer- bzw. Einmalemittenten auf?
15. Wann spricht man von einem festen und wann von einem flüssigen Geldmarkt?
16. Wodurch unterscheiden sich die geschäftspolitischen Zielsetzungen der Sparkassen und Girozentralen von denen der anderen Bankengruppen?
17. Ist es denkbar, daß etwas anderes als Geld ein dauerhaftes Währungssystem begründen kann?
18. Was versteht man unter Geldillusion?
19. Was sollen Wertsicherungsklauseln in Verträgen bezwecken? Sind sie jederzeit möglich?
20. Schildern Sie die Vor- und Nachteile von Indexbindungen.
21. In den 20 Jahren von 1955 bis 1975 haben sich die Preise für vier Grundnahrungsmittel entsprechend der nachstehenden Grafik entwickelt.

    Wie erklären Sie sich diesen unterschiedlichen Preisverlauf?

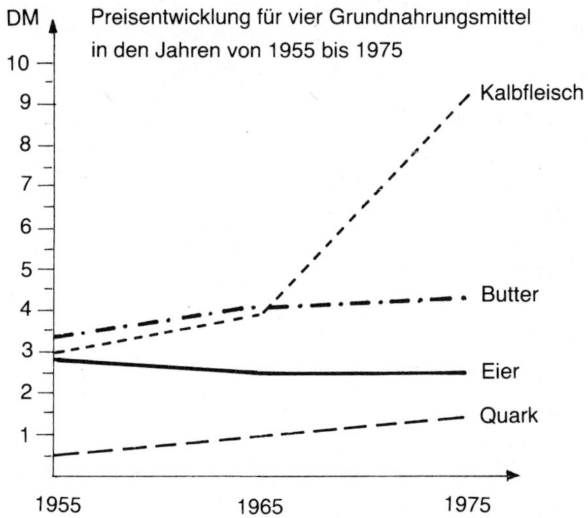

22. Wie unterscheiden sich die verschiedenen Geldmengenbegriffe der Bundesbank?

4 Konjunktur und Konjunkturpolitik

Einführung in die Thematik

Natürlich beschränkt sich die Aufgabe der Geldpolitik nicht auf die Inflationsbekämpfung; eine Rezession oder ein anhaltendes außenwirtschaftliches Ungleichgewicht beseitigen zu helfen, gehört ebenso dazu.

(Dr. Helmut Schlesinger „Chancen der Geldpolitik", Frankfurter Allgemeine Zeitung vom 10. 4. 1976)

Voraussetzung jeder erfolgreichen Stabilitäts-, Wachstums- und Beschäftigungspolitik sind funktionsfähige Märkte. Die notwendigen ordnungspolitischen Rahmenbedingungen dafür werden vor allem durch die Wettbewerbs-, Struktur-, Mittelstands- und Verbraucherpolitik gestaltet. Strukturerhaltende Subventionen und Interventionen führen in der Regel über nachlassenden Wettbewerb und falsche Preissignale rasch zu verzerrten Strukturen mit nachteiligen Folgen für Wachstum und Beschäftigung in der Gesamtwirtschaft. Durch solche Maßnahmen können Strukturprobleme günstigenfalls vorübergehend überdeckt werden. Die unvermeidlichen Anpassungsprozesse führen erfahrungsgemäß zu um so schwereren zusätzlichen Belastungen für die Wirtschaft, je länger sie hinausgezögert werden.

(Jahreswirtschaftsbericht 1980 der Bundesregierung)

Seit zwei Jahren gelingt es den verschiedenen wirtschaftswissenschaftlichen Instituten der Bundesrepublik kaum, Wachstumsraten richtig zu prognostizieren. Ist die Nationalökonomie in der Bundesrepublik am Ende ihres Lateins angekommen? Gelassen reagierte vor einigen Wochen der Vorsitzende des Sachverständigenrates, Professor Olaf Sievert, während einer Diskussionsveranstaltung in Saarbrücken. Natürlich seien Theorien oder ökonometrische Modelle nur unvollkommene Hilfsmittel. Früher sei die Zukunft nicht weniger unsicher gewesen, heute kämen allerdings neue Faktoren mit ins Spiel, die in den sechziger Jahren nicht die Rolle gespielt hätten.

Drei Gründe für die Schwierigkeiten, den Gang der Konjunktur zu bestimmen, werden immer wieder genannt: die zunehmende Verflechtung der Handels- und Kapitalströme in Verbindung mit den Unwägbarkeiten am Devisenmarkt. Außerdem behindere die derzeitige „Waschbrettkonjunktur" mit ihren heftigen kleinen Sprüngen die Bestimmung des Wendepunktes. Drittens spielten die Stimmungsfaktoren eine erhebliche Rolle. Der Mensch sei nie ein exakt berechenbarer „Homo oeconomicus" gewesen.

(Die Welt vom 19. 9. 1978)

Ohne daß die Wirtschafts-, Finanz- und Sozialpolitik die notwendigen Weichenstellungen vornehmen, damit die Wirtschaftssubjekte wieder Vertrauen in die Zukunft setzen und ihre Ausgabenneigung erhöhen, wird es in den Industrieländern kein nachhaltiges gesamtwirtschaftliches Wachstum geben.

(Jahreswirtschaftsbericht 1983 der Bundesregierung)

Eine Stabilität und Stetigkeit anstrebende Geldpolitik muß vermeiden, für Preiserhöhungen, die in einem anhaltenden Konjunkturaufschwung potentiell stets angelegt sind, monetäre Spielräume zu schaffen.

(Geschäftsbericht der Deutschen Bundesbank 1982)

Der Beitrag, den die Regierung zur Bekämpfung der Arbeitslosigkeit leisten kann, besteht darin, ein Klima herzustellen, in dem genügend beschäftigungsfördernde private Investitionen gedeihen können.

(Rudolf Scheid, Frankfurter Allgemeine Zeitung vom 26. 3. 1983)

Die Bundesbank hat mit der Praxis der Ankündigung von Geldmengenzielen in den Jahren seit 1974 zum Ausdruck gebracht, auf welche Weise sie versucht, den Geldwert zu stabilisieren und zugleich Raum zu geben für ein Wachstum der Wirtschaft im Rahmen der Produktionsmöglichkeiten.

(Monatsbericht der Deutschen Bundesbank, Dezember 1982)

Die Schattenwirtschaft wird wachsen, denn es ist Arbeit genug vorhanden, nur eben nicht zu den Konditionen, die unser hochgefahrenes Besitzstandsdenken fordert. Das Sonderbare an der Schattenwirtschaft besteht darin, daß sich die Arbeitnehmer freiwillig zu Konditionen verdingen, die als übelstes Manchestertum verschrien sind. Kein Kündigungsschutz, kein Arbeitsschutz, kein Versicherungsschutz, kein schriftlicher Vertrag, oft nur ein Handschlag. Und doch fühlt sich offenbar niemand ausgebeutet oder mißbraucht, sie genießen die freie Vertragsgestaltung ohne sozialen Schutz, und die Gewerkschaften werden ihnen mit erkämpften Arbeitszeitverkürzungen jenen zeitlichen Freiraum schaffen, den sie für zusätzliche privatwirtschaftliche Unternehmungen brauchen. Wir müßten schon einen Polizeistaat einrichten, wenn wir das weitere Anwachsen der Schattenwirtschaft verhindern wollten.

(Arno Surminski, Frankfurter Allgemeine Zeitung vom 3. 6. 1985)

Erfolgreiche Wirtschaftspolitik hat wichtige Vorbedingungen. Ohne eine Konsolidierung der staatlichen Haushalte und ohne Bekämpfung der Inflation sind die Folgen der gewaltigen Strukturverschiebungen, von denen alle Industriestaaten betroffen sind, nicht zu bewältigen. Nur unter diesen Voraussetzungen kann auch die dringendste Aufgabe, nämlich die Bekämpfung der Arbeitslosigkeit, gelöst werden.

(Ernst Günter Vetter, Frankfurter Allgemeine Zeitung vom 14. 6. 1985

Lerninhalte

1. Das Phänomen Konjunktur
2. Die Phasen des Konjunkturzyklus
3. Stagflation – eine neue Konjunkturerscheinung
4. Der Rhythmus der Saisonschwankungen
5. Die Wirtschaft auf dem Wachstumspfad
6. Die Skala des Konjunkturbarometers
7. Arbeitsmarkt: von Vollbeschäftigung bis Kurzarbeit
8. Die Auftragslage – Signal für künftige wirtschaftliche Entwicklung
9. Investitionen sichern das ökonomische Wachstum
10. Sozialprodukt und Volkseinkommen – das Spiegelbild wirtschaftlicher Aktivitäten
11. Die Verfahren zur Ermittlung des Sozialprodukts
12. Der Informationswert von BSP- und Volkseinkommenszahlen
13. Preisanstieg bedeutet Kaufkraftschwund
14. Warenkorb und Lebenshaltungskostenindex
15. Geld- und Kreditvolumen als Konjunkturindikator
16. Konjunktur-Theoretiker ergründen die Ursachen des Wirtschaftsablaufs
17. Konjunkturforschung – ein bedeutsames Instrument für die Zukunftsplanung
18. Angebot und Nachfrage bestimmen über den Preis das Geschehen in der Marktwirtschaft
19. Das magische Viereck als gesamtwirtschaftliche Zielsetzung in der Bundesrepublik Deutschland
20. Die Wirtschaftspolitik im Dienst der Steuerung ökonomischer Aktivitäten
21. Konjunkturpolitische Maßnahmen helfen wirtschaftliche Fehlentwicklungen zu vermeiden
22. Finanz- und Währungspolitik als Stabilitätskomponenten
23. Die Deutsche Bundesbank – Hüterin der Währung
24. Ursachen und Risiken einer wachsenden Schattenwirtschaft
25. Das Für und Wider steigender Staatsverschuldung
26. Wirtschaftspolitische Strategien auf dem Prüfstand

Nach dem Durcharbeiten dieses Kapitels sollte der Leser die vorgenannten Lerninhalte erfaßt haben, den Wissensstoff beherrschen und die behandelten wirtschaftlichen Fachbegriffe bzw. Zusammenhänge erklären können. Eine Kontrolle bieten dazu die Übungsfragen am Schluß dieses Kapitals.

4.1 Das Konjunkturphänomen

Die verschiedenen Massenmedien konfrontieren Hörer und Leser tagtäglich mit wirtschaftspolitischen Forderungen, Prognosen, Lageberichten und ähnlichem. Es werden Maßhalteappelle verkündet, Konjunkturprogramme verabschiedet, zu Lohn- und Preisdisziplin aufgerufen, die Inflation zum Staatsfeind Nr. 1 erklärt, hohe Arbeitslosenzahlen angeprangert, Stabilitätszuschläge bei der Steuer erhoben, Investitionszulagen gewährt und sonstige expansiv oder restriktiv wirkende Schritte auf dem Gesetz- oder Verordnungswege eingeleitet. Wann und von wem diese Maßnahmen getroffen bzw. Forderungen erhoben werden, von Politikern, Forschungsinstituten, Gewerkschaften, Verbraucher- oder Wirtschaftsverbänden, eines haben sie gemeinsam: Man vergleicht den Ist-Zustand mit bestimmten Sollwerten und wünscht, daß die Wirtschaft sich in ihrer Gesamtheit in einem Zustand der Prosperität, also des Wachstums und Wohlstands, befindet.

Erfaßbare Kennzeichen unserer Wirtschaft, wie Produktion, Beschäftigung, Preise etc., sind nur Ergebnisse, die aus der Umsetzung der Entscheidungen der am Wirtschaftsprozeß beteiligten Menschen resultieren. Die Unternehmen bestimmen z. B. Art und Menge der Produktion und damit das Angebot, die Haushalte entscheiden ihrerseits durch ihre Nachfrage, welche Güter und Dienstleistungen abzusetzen sind. Aufgrund der Vielzahl der zu treffenden Entscheidungen, der sie beeinflussenden Faktoren und der auf sie einwirkenden verschiedenen Erwartungen der einzelnen Wirtschaftssubjekte wird es von vornherein nie zu einer vollständigen Übereinstimmung der von den einzelnen geplanten und dann auch realisierten wirtschaftlichen Aktivitäten kommen. Nur im Idealfall, in der Theorie, gibt es ein Gleichgewicht, bei dem der wirtschaftliche Prozeß als ein störungsfreier Kreislauf, wie er modellhaft dargestellt worden ist, verläuft. In Wirklichkeit treten ständig Einflüsse auf, die auf den Ablauf mehr oder weniger stark einwirken oder gar zu unerwünschten Störungen in der Entwicklung führen.

In der Bundesrepublik Deutschland konnte man ebenso wie in anderen Volkswirtschaften in den vergangenen Jahren sehr unterschiedliche Wirtschaftslagen beobachten. Es wechselten Phasen der Überbeschäftigung und hoher Preissteigerungsraten mit Zeiten niedrigerer Beschäftigung oder Kurzarbeit und relativer Preisstabilität ab.

Ursache für die nicht gleichmäßige Entwicklung sind zum einen Einflüsse, die außerhalb des Wirtschaftsprozesses liegen. Zu diesen sogenannten **exogenen** Faktoren zählen z. B. Naturereignisse, technische Erfindungen, große Bevölkerungsbewegungen bzw. -änderungen, aber auch kriegerische Auseinandersetzungen. Weit bedeutender und häufiger sind jedoch die sogenannten **endogenen**

Faktoren, d. h., diejenigen Einflüsse, die im Wirtschaftsablauf selbst entstehen. Das können beispielsweise überhöhte Produktion, zu geringer Verbrauch, unzureichende oder zu große Spartätigkeit und ähnliche gravierende Veränderungen bei wirtschaftlichen Größen sein.

Derartige Überhitzungs- und Entspannungserscheinungen in der wirtschaftlichen Entwicklung sind die äußeren Kennzeichen der **Konjunktur.**

Die Schwankungen des wirtschaftlichen Ablaufs mit ihren Auswirkungen bezeichnet man als den Konjunkturverlauf der Wirtschaft.

Will man ihn verfolgen, muß man die Entwicklung verschiedener ökonomischer Größen in der Zeit betrachten. Als globale Größen für die Beobachtung des Konjunkturverlaufs bieten sich dabei besonders Produktionsvolumen, Beschäftigung und Sozialprodukt an. Unter Konjunktur versteht man die in bestimmten, mehr oder weniger regelmäßigen Zeitintervallen wiederkehrenden Schwankungen in der Produktions- und Absatztätigkeit der Gesamtwirtschaft, die das längerfristige Wachstum überlagern.

Zusammenfassung

4.1 Das Konjunkturphänomen

Die wirtschaftswissenschaftliche Theorie ist darauf gerichtet, die notwendigen Bedingungen aufzuzeigen, um eine gleichgewichtige, d. h. störungsfreie wirtschaftliche Entwicklung zu ermöglichen. In Wirklichkeit treten jedoch ständig Einflüsse auf, die den Ablauf der wirtschaftlichen Aktivitäten mehr oder weniger stark stören. Wirtschaftslagen mit Über- oder Unterbeschäftigung, hoher oder niedriger Preissteigerung, starken außenwirtschaftlichen Überschüssen oder Defiziten wechseln sich meist mit einer gewissen zeitlichen Regelmäßigkeit ab. Ursache dafür sind teils exogene Faktoren, d. h. solche, die außerhalb des Wirtschaftsprozesses liegen, teils aber auch endogene Faktoren, die im Wirtschaftsablauf selbst entstehen. Der im Zeitverlauf zyklische Ablauf wirtschaftlicher Aktivität wird als Konjunktur bezeichnet. Als globale Größe für die Bestimmung eines solchen Konjunkturablaufs dient die Veränderungsrate des Sozialprodukts. Dabei lagert sich dieser konjunkturelle Ablauf um den langfristigen Wachstumstrend einer Volkswirtschaft, der die Diagonale durch das Auf und Ab darstellt.

4.2 Konjunkturphasen

Grafisch dargestellt gleicht das ständige Auf und Ab der Konjunktur einer Wellenbewegung. Die gesamtwirtschaftliche Entwicklung von einem bis zum nächsten Tiefpunkt bezeichnet man als **Konjunkturzyklus.** Dauer und Intensität dieser Schwankungen können zwar sehr unterschiedlich sein, in der Bundesrepublik Deutschland waren sie jedoch seit dem Zweiten Weltkrieg stets nahezu gleich lang, wie die Abbildung zeigt.

Brutto-Sozialprodukt (BSP) und Geldmenge (G): Veränderung gegenüber Vorjahr

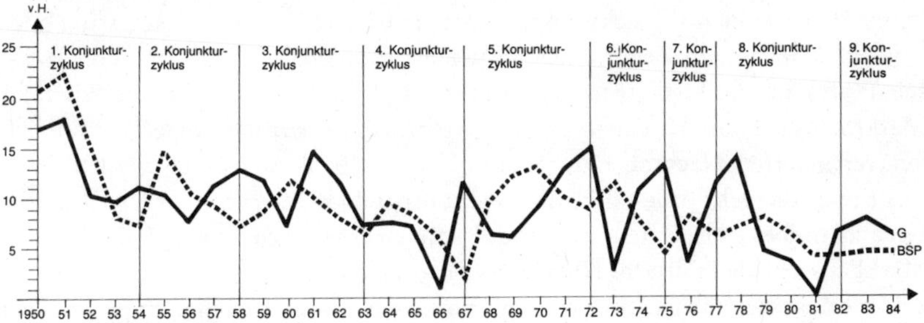

Der Konjunkturzyklus umfaßt vier Phasen:

1. den Tiefpunkt – auch als Depression oder Rezession bezeichnet
2. den Aufschwung
3. den Höhepunkt bzw. Boom
4. den Abschwung.

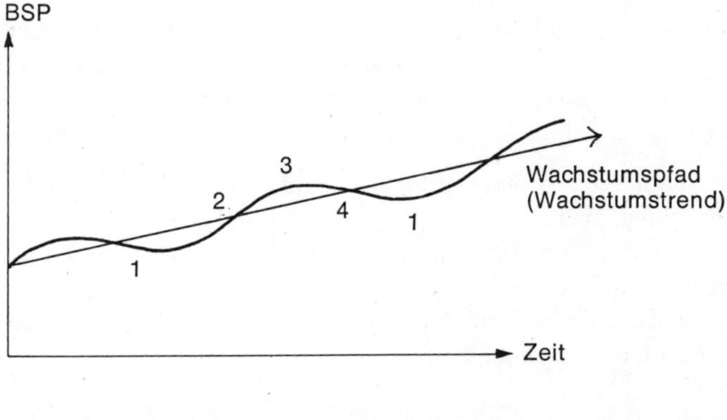

Der Beginn eines Konjunkturzyklus liegt im Tiefpunkt einer wirtschaftlichen Entwicklung. Weist die Talsohle einen starken, länger anhaltenden Einschnitt auf, bezeichnet man die Konjunkturlage auch als **Depression.** Sie war ein markantes Kennzeichen der deutschen Wirtschaft in den zwanziger und dreißiger Jahren mit dem Millionenheer von Arbeitslosen und zahlreichen Zusammenbrüchen von Wirtschaftsunternehmen. Nach 1945 sind allerdings Depressionen derartigen Ausmaßes in Deutschland nicht mehr zu beobachten gewesen. Dank der Einsichten und Möglichkeiten der Wirtschaftspolitik ist es durch den Einsatz von währungs- und konjunkturpolitischen Instrumenten bisher gelungen, die Gesamtwirtschaft schwer belastende Konjunktureinbrüche zu vermeiden bzw. weniger einschneidend werden zu lassen. Diesen heute üblichen, gegenüber früheren Depressionen abgeschwächten Zustand bezeichnet man als **Rezession** oder – wenn kein gesamtwirtschaftliches Wachstum mehr vorliegt, die Volkswirtschaft also auf der Stelle tritt – als **Stagnation.** In der Rezessionsphase führt der Marktmechanismus zu einem Anpassungsprozeß, d. h., das Angebot paßt sich der verringerten Nachfrage an. Je nach Stärke des Abschwungs werden dabei nicht marktgerecht produzierende bzw. unrentable Unternehmen – sogenannte **Grenzbetriebe** – als erste ihre Produktion einschränken bzw. ganz aus dem Markt ausscheiden müssen. Die Rezession gestaltet insoweit den Reinigungsprozeß, als diejenigen Betriebe durch den Wettbewerb zum Ausscheiden gezwungen werden, die nur in wirtschaftlich günstigen Zeiten Gewinn machen können.

So wie nach jeder Baisse an der Börse eine Hausse folgt, tritt auch in der wirtschaftlichen Entwicklung nach einer Rezession zu einem im voraus kaum genau bestimmbaren Zeitpunkt eine Wiederbelebung der ökonomischen Aktivitäten ein. Diese Phase der Konjunktur – sie ist gekennzeichnet durch eine gleichermaßen von Verbrauchern wie Unternehmen ausgehende Zuversicht in die wirtschaftliche Entwicklung – nennt man **Aufschwung** oder auch Expansion. Äußere Merkmale sind eine ständig zunehmende Auslastung aller Kapazitäten, wachsende Umsätze, anziehende Preise, höhere Einkommen, Gewinne und Steuern.

Die Wiederbelebung der wirtschaftlichen Aktivitäten beschleunigt sich im Lauf der Zeit von selbst. Am Ende des sich kumulierenden Prozesses, wenn die Produktionskapazitäten voll ausgelastet und Überstunden an der Tagesordnung sind, werden dann alle Anzeichen einer wirtschaftlichen Überhitzung deutlich. Einen solchen konjunkturellen Höhepunkt bezeichnet man als **Boom.** Besonders nachteilig machen sich in dieser Phase hohe Preissteigerungsraten bemerkbar.

Den Überhitzungserscheinungen folgt dann der Abschwung der konjunkturellen Entwicklung, nicht zuletzt mit ausgelöst durch die zur Bekämpfung des Booms eingesetzten restriktiven Maßnahmen. Die wirtschaftlich rückläufigen Aktivitäten münden schließlich in die Rezession oder Talsohle einer Konjunktur ein, aus der dann der nächste Aufschwung und damit ein neuer Konjunkturzyklus seinen Ursprung nimmt.

In früheren Konjunkturzyklen konnte man die für die Rezessionsphase im allgemeinen typischen Preisrückgänge sowohl bei den absoluten Werten als auch bei den Steigerungsraten deutlich beobachten. Etwa seit Anfang der sechziger Jahre ist jedoch diese Parallelität von wirtschaftlichem und Preisrückgang in den meisten Industriestaaten durchbrochen worden. Trotz stagnierender oder sogar abnehmender Produktionstätigkeit wurde nämlich ein weiterhin anhaltender kräftiger Kosten- und Preisschub festgestellt. Für dieses neue Konjunkturphänomen fand man im Sprachgebrauch bald ein neues Schlagwort. Zuerst in Amerika angewandt, hielt es auch in das Wirtschaftsvokabular der Bundesrepublik Deutschland Einzug. Aus der Situation der Stagnation bei gleichzeitiger Inflation wurde durch Zusammensetzung der beiden Worte die neue Bezeichnung **Stagflation** geschaffen. Nicht jedes Verharren der Produktion auf einem bestimmten Niveau bei gleichzeitigem Preisanstieg gilt jedoch als Stagflation. Wichtig ist vielmehr auch, wie lange dieser Zustand andauert. Nach einer von der Organisation für wirtschaftliche Zusammenarbeit und Entwicklung (OECD) vorgenommenen Begriffsbestimmung ist Stagflation eine Phase „fortgesetzter Inflation unter der Bedingung stagnierender Erzeugung und wachsender Beschäftigungslosigkeit". Die Ursache dafür, daß es trotz rückläufiger Produktion zu Preissteigerungen kommt, liegt im wesentlichen in Kostensteigerungen begründet. Konjunkturforscher früherer Zeit führten Preissteigerungen ausschließlich auf eine Übernachfrage zurück. Neben dieser sogenannten Nachfrage-Inflation darf man heute aber die Angebots-Inflation – hier haben Kostensteigerungen Preiserhöhungen zur Folge – nicht übersehen. Die Verteuerung der Produktionsfaktoren, wie z. B. Anstieg der Löhne und Gehälter, Zunahme der Rohstoffkosten (z. B. Erdöl), führt trotz rückläufiger Nachfrage zur Anhebung des Preisniveaus. Der Anpassungsprozeß seitens der Unternehmen erfolgt dann über Produktionseinschränkungen und damit Beschäftigungsrückgang.

Neben diesen Konjunkturschwankungen gibt es im Wirtschaftsleben rhythmische Bewegungen, die im Verlauf eines jeden Jahres gleichmäßig und unabhängig von der Konjunktur wiederkehren. Hier handelt es sich um die sogenannten **Saisonschwankungen.** Sie finden ihre Erklärung z. B. in unterschiedlichen Witterungsbedingungen (z. B. in der Bauwirtschaft oder Landwirtschaft) oder in bestimmten Käufergewohnheiten (Weihnachtsgeschäft, Urlaub u. a. m.). Die Saisonschwankungen sind als natürliche Erscheinung weitgehend vorhersehbar, sie lassen sich deshalb einplanen und stören den Wirtschaftsablauf kaum.

Durch Glättung der Konjunkturzyklen erhält man den sogenannten **Trendverlauf** einer Wirtschaft. Seine Werte werden mathematisch so ermittelt, daß die positiven und negativen Abweichungen der Konjunkturschwankungen sich über einen längeren Zeitraum hin ausgleichen. Die auf diese Weise errechnete langfristige durchschnittliche Entwicklung bezeichnet man als **Wachstumspfad.**

Zusammenfassung

4.2 Konjunkturphasen

Der Konjunkturzyklus umfaßt vier Phasen:

- den Tiefpunkt (auch als Rezession bezeichnet),
- den Aufschwung,
- den Höhepunkt oder Boom,
- den Abschwung.

Zunächst werden diese einzelnen Phasen von der Entwicklung des Sozialproduktes charakterisiert. Gleichzeitig weisen aber in den einzelnen Konjunkturphasen andere ökonomische Indikatoren wie Inflation, Beschäftigung, Investitionen, Ex- und Importe usw. bestimmte Merkmalsausprägungen auf. Das zyklische Ablaufmuster der Konjunktur bestimmt sich dabei zu einem Teil aus den sich verändernden Verhaltensweisen der am Wirtschaftsprozeß beteiligten Wirtschaftssubjekte wie auch durch wirtschaftspolitische Eingriffe der Regierungen und der Zentralbank. Der langfristige Wachstumspfad, der den Trend der volkswirtschaftlichen Entwicklung kennzeichnet, wird letztlich mitbestimmt durch die sich in Zyklen vollziehenden konjunkturellen Verläufe. Diese wiederum werden in der Regel – auf Jahresbasis betrachtet – durch saisonale Schwankungen, die u. a. durch Witterungsbedingungen oder bestimmte Käufergewohnheiten ausgelöst werden, mit beeinflußt.

4.3 Konjunkturindikatoren

Entsprechend der Skala auf einem Barometer, auf der man ablesen kann, wie sich die Wetterlage gestaltet, gibt es auch zur Bestimmung der wirtschaftlichen Position Kennzeichen.

Zu den ökonomischen Größen, deren Veränderungen Indikatoren für die wirtschaftliche Entwicklung darstellen, zählen u. a.

- Arbeitsmarkt
- Auftragslage
- Investitionstätigkeit
- Sozialprodukt und Volkseinkommen
- Preisniveau
- Geld- und Kreditvolumen.

4.3.1 Arbeitsmarkt

Das für eine Volkswirtschaft wichtige Arbeitskräftepotential sind die **Erwerbspersonen.** Ihre Zahl läßt sich durch flexible Altersgrenzen sowie die Länge des gesetzlich vorgesehenen Mindestschulbesuches ebenso beeinflussen wie durch das Anwerben von ausländischen Arbeitnehmern. Für die Beurteilung der Leistungskraft eines Staates ist das Verhältnis von Erwerbspersonen zur Gesamtbevölkerung einer Volkswirtschaft sehr wichtig, gibt es doch Aufschluß über die Altersstruktur. Je größer der Anteil der Erwerbspersonen an der Gesamtbevölkerung ist, um so niedriger sind die allgemeinen Lasten für Sozialversicherung, öffentliche Aufgaben etc., die der einzelne zu tragen hat. Wie sich das Verhältnis von Arbeitslosen zu Erwerbstätigen und Wohnbevölkerung in Deutschland seit 1950 entwickelt hat, zeigt die nachfolgende Tabelle:

Die Arbeitsmarktlage in der Bundesrepublik Deutschland

Jahr[1]	Wohnbevölkerung	Erwerbstätige	Arbeitslose, Kurzarbeiter, offene Stellen			
		insgesamt	Arbeitslose	Arbeitslosenquote[2]	Kurzarbeiter	Offene Stellen
	in Mio.	in Mio.	in 1000	in %	in 1000	in 1000
1950	50,0	20,4	1584	8,5	·	119
1955	52,4	23,2	935	4,5	25	204
1960	55,4	26,2	271	1,3	3	465
1965	58,6	26,9	147	0,7	1	649
1970	60,7	26,7	149	0,7	10	795
1971	61,3	26,7	185	0,8	86	648
1972	61,7	26,7	246	1,1	76	546
1973	62,0	26,7	273	1,2	44	572
1974	62,1	26,2	582	2,6	292	315
1975	61,8	25,3	1074	4,7	773	236
1976	61,5	25,1	1060	4,6	277	235
1977	61,4	25,0	1030	4,5	231	231
1978	61,3	25,2	993	4,3	191	246
1979	61,3	25,6	876	3,8	88	304
1980	61,6	25,8	889	3,8	137	308
1981	61,7	25,7	1272	5,5	347	208
1982	61,5	25,6	1833	7,5	606	105
1983	61,3	25,2	2258	9,1	675	76
1984	61,1	25,2	2266	9,1	384	88

[1] Jahresdurchschnitte bis 1956 ohne Berlin, Wohnbevölkerung ab 1950 einschließlich Berlin.
[2] Bis 1965: Anteile der Arbeitslosen an den abhängigen Erwerbspersonen (Angestellte, Arbeiter, Beamte sowie Arbeitslose), ab 1966: Arbeitslose in % der unselbständigen Erwerbspersonen nach dem Mikrozensus.

In der Bundesrepublik Deutschland gab es 1984 bei einer Wohnbevölkerung von über 61,1 Mio. rund 25,2 Mio. Erwerbstätige. Diese stellen das Angebot an Arbeit, die von der Wirtschaft bereitgestellten Arbeitsplätze die Nachfrage auf dem Arbeitsmarkt dar. Nicht beschäftigte Personen werden als **Arbeitslose,** nicht besetzte Arbeitsplätze als **offene Stellen** gezählt. Die Nichtbesetzung von offenen Stellen kann verschiedene Gründe haben. So ist es möglich, daß die qualitativen Anforderungen an die Arbeitskräfte nicht mit deren Ausbildung übereinstimmen oder die offene Stelle und der Arbeitslose nicht am gleichen Ort vorkommen. Umschulungen und Maßnahmen zur Erhöhung der Mobilität sind Wege, um diese Diskrepanzen abzubauen. In einer Volkswirtschaft wird es immer eine gewisse Zahl von Arbeitslosen und offenen Stellen geben. Dabei überwiegen bei normaler wirtschaftlicher Entwicklung die angebotenen Arbeitsplätze. Übersteigt dagegen die Arbeitslosenziffer diejenige der offenen Stellen und verstärkt sich diese Tendenz noch mit der Zeit, ist dies ein deutliches Zeichen dafür, daß sich hier nicht aus dem Marktgeschehen ergebende Anpassungsvorgänge vollziehen – z. B. Drosselung der Produktion und Abbau von Mitarbeitern in bestimmten Branchen wegen Auftragsmangels infolge veränderter Mode oder Kaufgewohnheiten –, sondern daß sich die konjunkturelle Lage verschlechtert.

Neben der absoluten Zahl der Arbeitslosen wird zur Beurteilung der gesamtwirtschaftlichen Lage vielfach auch die sogenannte **Arbeitslosenquote** herangezogen. Darunter ist das Verhältnis von ,,Arbeitslosen: Zahl der unselbständigen Erwerbspersonen (ohne Soldaten)" zu verstehen. Wie bei den absoluten Zahlen läßt sich auch eine aus wirtschaftlichen Veränderungen resultierende leicht steigende Arbeitslosenquote für eine gewisse Zeit vertreten. Bis zu welcher Höhe diese jedoch akzeptiert werden kann, ist in den einzelnen Ländern unterschiedlich. In den siebziger Jahren sprach man in der Bundesrepublik Deutschland von Vollbeschäftigung bei einer Arbeitslosenquote von 0,8–1%. Die damalige Toleranzobergrenze liegt heute weit unterhalb der günstigstenfalls zu erreichenden Quote, die – regionale Unterschiede einmal ausgeklammert – nicht unter 3% bis 5% anzusiedeln ist.

Zunehmende Arbeitslosigkeit – ganz gleich, ob an der absoluten Zahl oder der Quote der Arbeitslosen gemessen – spiegelt einen Konjunkturrückgang wider. Hinweis auf einen sich abzeichnenden wirtschaftlichen Abschwung bietet hingegen ein anderer Arbeitsmarktindikator, nämlich die Zahl der **Kurzarbeiter.** Mit der Einführung von Kurzarbeit steht den Unternehmen eine schnell anwendbare Maßnahme zur Verfügung, mit der sie flexibel auf Rückgänge anderer wirtschaftlicher Größen, wie z. B. der Aufträge, reagieren können. Ohne gleich Entlassungen vornehmen zu müssen – sie haben Nachteile, da die Wiederbeschaffung geeigneter Kräfte oft nur schwer möglich ist –, wird damit bei noch gegebenem Auftragsbestand eine Streckung der Produktion erreicht.

Plötzliche Veränderungen der weltwirtschaftlichen Rahmenbedingungen – beispielsweise entstanden durch die beiden Erdölpreisschocks 1973/74 und 1979/80 – mit erheblichen Verschiebungen in der Nachfrage

oder strukturelle Verschiebungen zwischen den Volkswirtschaften der Welt – zum Beispiel hervorgerufen durch Produktionsverlagerungen ganzer Wirtschaftszweige in kostengünstiger produzierende Länder –

oder die Entstehung beträchtlicher Überkapazitäten aufgrund einer nachhaltigen Nachfrageveränderung – so im Stahlbereich –

oder eine dauerhafte Abschwächung in der weltweiten Nachfrage

oder erhebliche technologische Umbrüche sowohl bei Fertigungsverfahren als auch bei Produkten der Endnachfrage

führen zu erheblichen und in der Regel langanhaltenden Rückwirkungen auf die Beschäftigungslage in einer Volkswirtschaft und damit auf die Höhe der Arbeitslosigkeit. Die dabei entstehende strukturelle Arbeitslosigkeit weist zumeist einen langfristigen Charakter auf und hat zur Folge, daß die Verweildauer in der Arbeitslosigkeit ansteigt. Kommen in einer solchen Situation zusätzliche demographische Belastungen z. B.dadurch hinzu, daß ein in den Arbeitsprozeß zu integrierender Zuwachs an Erwerbsfähigen aufgrund eines früheren Geburtenüberschusses auftritt, erhöht das die Arbeitslosigkeit weiter. Verstärkend hat daneben in der aktuellen Entwicklung die Korrektur wirtschaftspolitischer Versäumnisse der Vergangenheit gewirkt. So führte die intensive Inflationsbekämpfung in den USA seit Ende 1979 zu einem außerordentlich hohen Zinsniveau, was nicht ohne Rückwirkungen auf die weltweite Beschäftigungslage blieb. Aber auch der Zwang zur Konsolidierung der öffentlichen Neuverschuldung, beispielsweise in der Bundesrepublik Deutschland, wirkte zusätzlich negativ auf die Beschäftigungsmöglichkeiten.

Unabhängig von der konjunkturell bedingten Arbeitslosigkeit hat sich aus einem oder mehreren der vorgenannten Gründe inzwischen in nahezu allen Volkswirtschaften der Industrieländer eine strukturelle Arbeitslosigkeit aufgebaut. Nun schon über Jahre anhaltend hohe Arbeitslosenzahlen mit eher steigender als fallender Tendenz riefen inzwischen weltweit die Regierungen auf den Plan, Maßnahmen zum Abbau der Arbeitslosigkeit und damit zur Verringerung der daraus erwachsenden Spannungen zu entwickeln. Dabei besteht unter den Volkswirtschaftlern Uneinigkeit darüber, welches das richtige oder geeignete Konzept darstellt. Übereinstimmung findet man jedoch darüber, daß ohne angemessenes Wirtschaftswachstum eine Zunahme der Beschäftigung nicht erreichbar ist. Wie sich die Arbeitslosigkeit in der Bundesrepublik bei unterschiedlichem Wachstumstempo voraussichtlich bis zum Jahre 2000 entwickeln wird, zeigt die nachstehende Grafik:

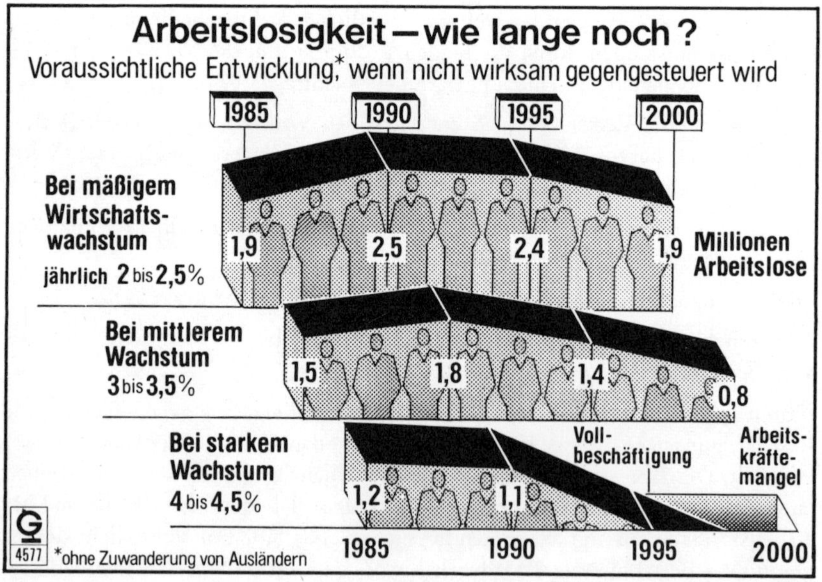

4.3.2 Auftragslage

Die Auftragslage eines Unternehmens umfaßt sowohl den Bestand als auch den Eingang an Aufträgen. Ein hohes unerledigtes Volumen an Bestellungen ist Kennzeichen dafür, daß die vorhandenen Kapazitäten nicht kurzfristig zur Abwicklung der Orders ausreichen. Ein größeres Auftragspolster sichert die Produktion für längere Zeit. Veränderungen in der Bestelltätigkeit sind Frühindikatoren für die zukünftige wirtschaftliche Entwicklung.

Die Auftragslage entscheidet also über die weitere Auslastung der Kapazitäten. Das Verhältnis von tatsächlicher Produktion zur technisch und wirtschaftlich möglichen gibt der **Auslastungsgrad** wieder. Dieser wird für einzelne Branchen wie für die Industrie insgesamt ermittelt. Die Unternehmen können eine nur teilweise Ausnutzung ihrer Fertigungskapazitäten infolge fehlender Aufträge lediglich für eine vorübergehende Zeit verkraften, bei andauernder Unterbeschäftigung bleiben dagegen Konsequenzen wie Einführung von Kurzarbeit, Abbau von Kapazitäten einschließlich Entlassung von Arbeitskräften nicht aus.

4.3.3 Investitionstätigkeit

Die Anlage von Geldkapital in Sachgütern, z. B. für den Bau einer Fabrikhalle oder den Kauf einer Maschine, bezeichnet man als **Sachinvestition,** im Gegensatz zur **Finanzinvestition,** die dann vorliegt, wenn beispielsweise Wertpapiere erworben werden.

Sachinvestitionen werden nicht nur von Unternehmen, sondern auch vom Staat und unter bestimmten Voraussetzungen sogar auch von privaten Haushalten (z. B. beim Bau eines Eigenheims) vorgenommen. Alle von den Wirtschaftssubjekten getätigten Investitionen stellen die sogenannten **Bruttoinvestitionen** dar, mit denen der Investor verschiedene Ziele ansteuern kann. Zum einen erfolgen Neuanschaffungen, um abgenutzte oder technisch überholte Anlagen zu ersetzen. Diesen Teil der Bruttoinvestitionen, der ausschließlich die Leistungsfähigkeit der bestehenden Kapazitäten aufrechterhalten soll, bezeichnet man als **Ersatz-** oder **Re-Investitionen.** Alle Investitionen, die darüber hinausgehen, d. h. also neue zusätzliche Anlagen schaffen, nennt man **Neu-** oder auch **Nettoinvestitionen.** Nur diese führen zu einer Vergrößerung der Produktionskapazitäten bei den Unternehmen wie zur Verbesserung der Infrastruktur einer Wirtschaftsregion, wenn sie seitens der öffentlichen Hand erfolgt sind. Erreichen die Bruttoinvestitionen jedoch nicht den Wert der abgenutzten und zu ergänzenden Anlagen, schrumpft also das Produktionspotential, spricht man von **Des-Investitionen.** Einen solchen Rückgang kann sich über längere Zeit keine Volkswirtschaft leisten, bedeutet er doch eine Einschränkung der Produktion, Arbeitslosigkeit und damit unter Umständen eine Verschlechterung der Marktversorgung und somit der Lebensqualität.

In bestimmten Fällen kann jedoch eine Ersatzinvestition auch zu einer Erhöhung der Kapazitäten führen. Das ist immer dann der Fall, wenn eine alte Anlage durch eine neue ersetzt wird, die qualitativ und quantitativ bessere Ergebnisse bringt. Führt ohne Änderung der Kapazität eine Investition zu kostengünstigerer Produktion, bewirkt also die Ersatzinvestition einen Rationalisierungseffekt, liegt eine sogenannte **Rationalisierungsinvestition** vor.

Entscheidungen über Investitionen werden im Unternehmensbereich in der Regel nach dem erwerbswirtschaftlichen Prinzip getroffen. Das bedeutet, daß Anschaffungen nur dann vorgenommen werden, wenn man sich mit ihnen einen Erfolg für die Zukunft verspricht. Nettoinvestitionen sind also nur sinnvoll, wenn die zukünftig erhöhte Produktion auch zu angemessenen Preisen abgesetzt werden kann. Deshalb ist es notwendig, vor der Tätigung solcher Investitionen sowohl Marktanalysen vorzunehmen als auch **Investitionsrechnungen** – bei ihnen werden die Kosten der Investitionen den dauerhaft daraus erzielbaren Erlösen gegenübergestellt – zu stellen. Die Neigung zu investieren wird somit beeinflußt von den Erwartungen über die rentablen Absatzchancen in der Zukunft und den Finanzierungsmöglichkeiten der Gegenwart. Die von Unternehmen erzielten Überschüsse sind aber nicht nur Finanzquelle für neue Investitionen, sie erschließen überdies auch zusätzlich Fremdmittel. Investitionen der Unternehmer bzw. die Bereitwilligkeit des Managements zu solchem Schritt sind deshalb ein bedeutender Konjunkturindikator, da sie die Erwartungen einer für die zukünftige Entwicklung wichtigen Gruppe widerspiegeln.

4.3.4 Sozialprodukt und Volkseinkommen

Der wohl am meisten zitierte und in vielerlei Hinsicht besonders aussagefähige gesamtwirtschaftliche Indikator ist das **Sozialprodukt.** Es vermittelt einen Überblick über den Ausstoß einer Volkswirtschaft an Gütern und Dienstleistungen innerhalb eines bestimmten Zeitraums. Die Ergebnisse der regelmäßig vorgenommenen Sozialproduktberechnungen sind mehr und mehr zu einem festen Bestandteil des wirtschaftspolitischen Instrumentariums geworden, das den interessierten Stellen zur Verfügung steht. In immer stärkerem Maß legen weite Kreise in Staat und Wirtschaft Wert darauf, für finanz-, wirtschafts- und konjunkturpolitische Entscheidungen, für Förderungsmaßnahmen sowie überhaupt zur Durchleuchtung und Beurteilung ökonomischer Vorgänge diese Grunddaten des Wirtschaftskreislaufs zu erhalten.

Wirtschaftsunternehmen, Staat, private Haushalte, Sparkassen, Banken u. a. sind laufend im volkswirtschaftlichen Kreislauf tätig. Das Ergebnis dieser Aktivitäten wird regelmäßig – vierteljährlich, halbjährlich, jährlich – in der Sozialproduktsberechnung statistisch erfaßt. Sie ist ein Teil der volkswirtschaftlichen Gesamtrechnung, die für die Bundesrepublik Deutschland das Statistische Bundesamt in Wiesbaden durchführt.

Die Entwicklung des Sozialprodukts im Zeitablauf bildet einen Maßstab für Wachstum, Stillstand oder Schrumpfen einer Volkswirtschaft. Dabei wird das Wort Sozialprodukt in verschiedener Bedeutung gebraucht. Die Statistik grenzt vor allem drei Begriffe gegeneinander ab:

1. das Bruttosozialprodukt zu Marktpreisen
2. das Nettosozialprodukt zu Marktpreisen
3. das Nettosozialprodukt zu Faktorkosten, auch Volkseinkommen genannt.

In der wirtschaftspolitischen Praxis und Diskussion tauchen am häufigsten die Begriffe Bruttosozialprodukt und Volkseinkommen auf.

Das **Bruttosozialprodukt** ist gleich dem Gesamtwert aller in einem bestimmten Zeitraum in einer Volkswirtschaft erstellten Güter und Dienstleistungen, bewertet zu ihren Marktpreisen.

Bei seiner Ermittlung werden die wirtschaftlichen Leistungen in einer Summe zusammengefaßt. Um eine künstliche Aufblähung und damit Verfälschung der Werte zu verhindern, kommt es darauf an, Doppelzählungen zu vermeiden. Wie bei der Mehrwertsteuer-Ermittlung gilt es auch bei der Sozialproduktberechnung, jeweils nur den unmittelbar erbrachten Mehrwert zu erfassen. Das z. B. von einem Bäcker produzierte und verkaufte Brot ist zwar Bestandteil des Sozialprodukts, der Beitrag des Bäckers dazu entspricht jedoch nicht dem vollen Verkaufspreis des Brotes, sondern nur jenem Teil, der nach Abzug des verbrauchten Mehls, der Verpackung, der Transportleistungen und aufgewandten Energie, also aller Vorleistungen, übrigbleibt. Die Differenz ist als Leistung der Lieferanten des Bäckers in deren Anteil am Sozialprodukt zu erfassen.

Das Bruttosozialprodukt ist die umfassendste volkswirtschaftliche Gesamtgröße. Es schließt auch die Ersatzinvestitionen ein, die zur Erneuerung der durch ihre Verwendung im Wirtschaftsprozeß abgenutzten bzw. aufgebrauchten Produktionsanlagen – Gebäude, Maschinen, Werkzeuge, Fuhrpark – notwendig sind. Das Volumen dieser Ersatzinvestitionen wird an den abnutzungsbedingten Abschreibungen gemessen. Zieht man nun den Betrag der Abschreibungen vom Bruttosozialprodukt ab, erhält man das **Nettosozialprodukt zu Marktpreisen.** Es gibt den Marktwert aller Produkte und Dienstleistungen an, die einer Volkswirtschaft in einer Periode neu, d. h. über den anfänglichen realen Vermögensbestand hinaus, zugewachsen sind.

Das Nettosozialprodukt zu Marktpreisen enthält die dem Fiskus zufließenden indirekten Steuern und schließt die vom Staat an einzelne Wirtschaftszweige gezahlten Zuschüsse (Subventionen) aus. Während die indirekten Steuern zu einer künstlichen Erhöhung der Preise führen, bewirken die staatlichen Subventionen das Gegenteil. Zieht man dementsprechend die indirekten Steuern vom Nettosozialprodukt zu Marktpreisen ab und zählt umgekehrt die Subventionen hinzu, gelangt man zum **Nettosozialprodukt zu Faktorkosten,** das auch kurz als **Volkseinkommen** bezeichnet wird.

Das Volkseinkommen zeigt an, wie hoch in einem bestimmten Zeitraum die „echte" **Wertschöpfung** einer Volkswirtschaft nach Sicherstellung der Ersatzinvestitionen und nach Ausschaltung „verfälschender" Subventionen und indirekter Steuern war. Man spricht in diesem Zusammenhang von Faktorkosten, weil die Kosten für die Produktionsfaktoren Arbeit, Boden und Kapital eben dem Volkseinkommen entsprechen.

Das Volkseinkommen läßt sich also definieren als die Summe aller von Inländern – das sind die ständigen Bewohner eines Landes – im Lauf einer Periode aus dem In- und Ausland bezogenen Erwerbs- und Vermögenseinkommen (Löhne, Gehälter, Zinsen, Mieten, Pachten, Gewinne etc.).

Den Zusammenhang der drei verschiedenen Begriffe des Sozialprodukts zeigt das folgende Schema:

Bruttosozialprodukt zu Marktpreisen
./. abnutzungsbedingte Abschreibungen

= Nettosozialprodukt zu Marktpreisen
./. indirekte Steuern
\+ Subventionen

= Nettosozialprodukt zu Faktorkosten = Volkseinkommen

Die nachfolgende Tabelle gibt Aufschluß über die Entwicklung der Werte in der Bundesrepublik Deutschland seit 1950.

Bruttosozialprodukt und Volkseinkommen (in jeweiligen Preisen) in Milliarden DM

Jahr	Bruttoinlandsprodukt zu Marktpreisen	Saldo der Erwerbs- und Vermögenseinkommen mit dem Ausland[1] (+)	Bruttosozialprodukt zu Marktpreisen (Sozialprodukt)	Abschreibungen (−)	Nettosozialprodukt zu Marktpreisen	Indirekte Steuern abzügl. Subventionen (−)	Nettosozialprodukt zu Faktorkosten (Volkseinkommen)
1950[2]	97,2	+ 1,4	98,6	7,9	90,7	12,2	78,5
1960	302,7	+ 0,3	303,0	23,6	279,4	39,3	240,1
1961	331,7	− 0,3	331,4	27,1	304,3	43,5	260,8
1962	360,8	− 0,3	360,5	31,2	329,3	47,2	282,1
1963	382,4	− 0,3	382,1	35,0	347,1	49,3	257,8
1964	420,2	− 0,6	419,6	39,0	380,6	53,4	327,3
1965	455,2	− 1,0	458,2	43,3	415,0	56,4	358,5
1966	488,2	− 0,8	487,4	47,8	439,6	59,9	379,8
1967	494,4	− 0,7	493,7	50,5	443,2	62,4	380,7
1968	533,3	+ 0,4	533,7	53,7	480,1	62,0	418,1
1969	597,0	+ 0,9	597,8	58,2	539,6	76,7	462,9
1970	675,3	+ 0,4	675,7	68,0	607,7	77,3	530,4
1971	750,6	+ 1,2	751,8	77,5	674,3	86,1	588,2
1972	823,7	+ 1,4	825,1	85,4	739,7	94,4	645,3
1973	917,3	+ 1,6	918,9	94,6	824,3	102,4	721,9
1974	984,6	+ 1,0	985,6	106,5	879,1	106,2	773,0
1975	1026,5	+ 2,4	1028,9	115,9	913,0	109,9	803,1
1976	1119,7	+ 3,3	1123,0	124,0	999,0	119,8	879,2
1977	1196,1	+ 0,2	1196,3	132,5	1063,9	127,9	936,0
1978	1285,1	+ 4,9	1290,0	142,8	1147,2	137,9	1009,3
1979	1392,5	+ 2,8	1395,3	156,3	1239,0	152,0	1086,9
1980	1481,4	+ 4,3	1485,7	173,3	1312,4	163,0	1149,4
1981	1544,1	+ 1,0	1545,1	188,2	1356,9	169,1	1187,8
1982[3]	1601,2	− 1,3	1599,9	200,5	1399,4	172,4	1227,0
1983[3]	1669,6	+ 4,1	1673,7	210,6	1463,1	182,5	1280,6
1984[3]	1745,0	+ 5,0	1750,0	220,5	1529,5	188,8	1340,7

[1] Zwischen Inländern und der übrigen Welt. [2] Ohne Saarland und Berlin. [3] Vorläufig.

Bei der statistischen Ermittlung von Sozialprodukt und Volkseinkommen finden drei verschiedene Methoden Anwendung, je nachdem, welche Aussage mit dem Ergebnis erreicht werden soll. Man unterscheidet deshalb zwischen:

1. Entstehungsrechnung
2. Verteilungsrechnung
3. Verwendungsrechnung.

Entstehungsrechnung

Die Entstehungsrechnung kann gleichermaßen für das Brutto- und das Nettosozialprodukt zu Marktpreisen wie auch für das Volkseinkommen erfolgen. In jedem Fall werden die Beiträge der verschiedenen in der Volkswirtschaft tätigen Wirtschaftsbereiche (z. B. Land- und Forstwirtschaft, Industrie, Handel, Sparkassen und Banken u. a. m.) systematisch erfaßt. Dabei ermittelt man die Leistung jedes einzelnen Sektors als Differenz zwischen dem Wert der produzierten Güter, dem Ausstoß (auch Output genannt), einerseits und dem Wert der darin enthaltenen Leistungen der vorgelagerten Bereiche, dem Einsatz (auch Input genannt), andererseits. Wie schon ausgeführt, kommt es aus Gründen der Genauigkeit darauf an, Mehrfach- oder Doppelzählungen zu vermeiden. Nachdem dann ferner der Beitrag des Staates und der privaten Haushalte hinzugerechnet ist, ergibt sich das sogenannte **Bruttoinlandsprodukt.**

Das Bruttoinlandsprodukt ist derjenige Teil der wirtschaftlichen Leistung einer Volkswirtschaft, der innerhalb der Landesgrenzen erbracht wurde, gleichgültig ob durch Inländer oder Ausländer. Berichtigt man diesen Wert um die Differenz zwischen den von Inländern im Ausland und den von Ausländern im Inland erzielten Erwerbs- und Vermögenseinkommen, so erhält man das Bruttosozialprodukt zu Marktpreisen.

Welche Beiträge zum Bruttoinlandsprodukt der Bundesrepublik Deutschland die einzelnen Wirtschaftsbereiche seit 1950 geleistet haben, zeigt die nachfolgende Tabelle.

Bruttowertschöpfung nach Wirtschaftsbereichen in Mrd. DM[2] (in jeweiligen Preisen)

Jahr	Brutto-wertschöpfung insgesamt[1]	Unternehmen: Land- und Forstwirtschaft	Waren-produzierendes Gewerbe[4]	Handel und Verkehr[5]	Dienst-leistungs-unternehmen[6]	darunter Handwerk	Staat, Private Haushalte usw.[7]
1950[9]	98,1	10,0	48,7	20,0	10,0	·	9,4
1960	302,2	17,7	160,8	56,0	41,1	36,0	26,7
1961	331,1	17,2	177,4	60,4	46,1	40,0	30,0
1962	360,0	18,8	191,8	66,5	50,4	44,3	32,4
1963	381,5	19,5	200,1	70,8	55,3	46,9	35,8
1964	420,1	19,5	223,4	76,5	61,8	52,6	39,0
1965	459,7	20,0	243,6	82,1	70,1	57,3	44,0
1966	490,6	20,9	254,8	87,8	78,4	61,0	48,8
1967	497,1	20,4	252,2	88,4	84,3	59,1	51,8
1968	509,1	22,2	258,0	84,2	89,7	58,8	55,1
1969	567,9	23,5	290,4	90,3	101,5	62,3	62,3
1970	645,9	21,8	333,7	103,5	114,4	73,3	72,6
1971	718,3	22,8	361,3	116,1	131,8	82,3	86,4
1972	789,5	24,8	387,8	129,3	150,5	90,4	97,1
1973	882,9	26,6	430,9	141,3	171,4	95,7	112,8
1974	955,2	25,9	456,0	149,1	193,8	95,6	130,5
1975	995,9	28,5	454,9	157,3	213,4	96,3	141,8
1976	1085,5	30,5	499,9	173,1	232,1	104,4	150,0
1977	1160,1	31,4	529,6	185,6	253,4	115,3	160,1
1978	1242,0	32,0	562,8	200,3	276,0	120,0	170,9
1979	1342,7	30,9	611,0	217,6	299,3	131,2	183,9
1980	1425,8	30,9	639,4	226,0	330,2	143,9	199,4
1981	1494,0	33,1	647,4	239,6	361,2	144,6	212,4
1982[8]	1560,2	38,3	663,2	246,3	392,4	143,3	220,1
1983[8]	1626,9	34,3	689,6	255,1	420,0	·	227,8
1984[8]	1699,2	35,3	724,3	264,6	441,4	·	233,6

[1] Die Bruttowertschöpfung der Volkswirtschaft ist um die Einfuhrabgaben niedriger als das Bruttoinlandsprodukt.
[2] Die Summe der Bruttowertschöpfung aus den einzelnen Wirtschaftsbereichen ist jeweils größer als die Bruttowertschöpfung insgesamt. Die Differenz ergibt sich dadurch, daß bei der Bruttowertschöpfung insgesamt die unterstellten Entgelte für Bankdienstleistungen und der Vorsteuerabzug an Umsatzsteuer auf Investitionen abgesetzt sind.
[3] vH der bereinigten Bruttowertschöpfung (Bruttowertschöpfung insgesamt zuzüglich unterstellte Entgelte für Bankdienstleistungen und Vorsteuerabzug an Umsatzsteuer auf Investitionen).
[4] Energiewirtschaft (einschl. Wasserversorgung) und Bergbau, Verarbeitendes Gewerbe, Baugewerbe.
[5] Einschließlich Nachrichtenübermittlung.
[6] Kreditinstitute und Versicherungsunternehmen, Wohnungsvermietung, sonstige Dienstleistungen.
[7] Gebietskörperschaften und Sozialversicherung, häusliche Dienste und private Organisationen ohne Erwerbscharakter.
[8] Vorläufig.
[9] Bruttoinlandsprodukt insgesamt ohne Saarland und Berlin.

Bruttowertschöpfung nach Wirtschaftsbereichen (Anteile vH[3])

Jahr	Brutto-wertschöpfung insgesamt[1]	Unternehmen				darunter Handwerk	Staat, Private Haushalte usw.[7]
		Land- und Forstwirtschaft	Warenproduzierendes Gewerbe[4]	Handel und Verkehr[5]	Dienstleistungsunternehmen[6]		
1950[9]	*100*	*10,2*	*49,6*	*20,4*	*10,2*	·	*9,6*
1960	*100*	*5,9*	*53,2*	*18,5*	*13,6*	*11,9*	*8,8*
1961	*100*	*5,2*	*53,6*	*18,2*	*13,9*	*12,1*	*9,1*
1962	*100*	*5,2*	*53,3*	*18,5*	*14,0*	*12,3*	*9,0*
1963	*100*	*5,1*	*52,5*	*18,6*	*14,5*	*12,3*	*9,4*
1964	*100*	*4,6*	*53,2*	*18,2*	*14,7*	*12,5*	*9,3*
1965	*100*	*4,4*	*53,0*	*17,9*	*15,2*	*12,5*	*9,6*
1966	*100*	*4,3*	*51,9*	*17,9*	*16,0*	*12,4*	*9,9*
1967	*100*	*4,1*	*50,7*	*17,8*	*17,0*	*11,9*	*10,4*
1968	*100*	*4,4*	*50,7*	*16,5*	*17,6*	*11,5*	*10,8*
1969	*100*	*4,1*	*51,1*	*15,9*	*17,9*	*11,0*	*11,0*
1970	*100*	*3,4*	*51,7*	*16,0*	*17,7*	*11,3*	*11,2*
1971	*100*	*3,2*	*50,3*	*16,2*	*18,3*	*11,5*	*12,0*
1972	*100*	*3,1*	*49,1*	*16,4*	*19,1*	*11,5*	*12,3*
1973	*100*	*3,0*	*48,8*	*16,0*	*19,4*	*10,8*	*12,8*
1974	*100*	*2,7*	*47,7*	*15,6*	*20,3*	*10,0*	*13,7*
1975	*100*	*2,9*	*45,7*	*15,8*	*21,4*	*9,7*	*14,2*
1976	*100*	*2,8*	*46,1*	*15,9*	*21,4*	*9,6*	*13,8*
1977	*100*	*2,7*	*45,7*	*16,0*	*21,8*	*9,9*	*13,8*
1978	*100*	*2,6*	*45,3*	*16,1*	*22,2*	*9,7*	*13,8*
1979	*100*	*2,3*	*45,5*	*16,2*	*22,3*	*9,8*	*13,7*
1980	*100*	*2,2*	*44,8*	*15,9*	*23,2*	*10,1*	*14,0*
1981	*100*	*2,2*	*43,3*	*16,0*	*24,2*	*9,7*	*14,2*
1982[8]	*100*	*2,5*	*42,5*	*15,8*	*25,2*	*9,2*	*14,1*
1983[8]	*100*	*2,1*	*42,4*	*15,7*	*25,8*	·	*14,0*
1984[8]	*100*	*2,1*	*42,6*	*15,6*	*26,0*	·	*13,7*

Verteilungsrechnung

Die zweite Berechnungsmethode ist die Verteilungsrechnung. Sie beruht auf dem Grundgedanken, die Aufgliederung des Volkseinkommens auf die verschiedenen Produktionsfaktoren – Arbeit, Boden, Kapital – festzustellen und damit das Verhältnis zwischen der Summe der Löhne und Gehälter, den Zinsen und Gewinnen zu erfassen. Da bisher eine scharfe Trennung zwischen den auf die einzelnen Produktionsfaktoren entfallenden Teilen des Volkseinkommens rechnerisch noch nicht exakt durchführbar ist, beschränkt sich die Statistik heute darauf, in der Verteilungsrechnung zu unterscheiden zwischen dem Einkommen aus unselbständiger Tätigkeit, Einkommen aus Unternehmertätigkeit und Vermögen, unverteilten Gewinnen der privaten Unternehmen sowie Einkommen des Staates aus Unternehmertätigkeit und Vermögen.

Darüber hinaus bietet die Verteilungsrechnung die Möglichkeit, die Aufgliederung des Volkseinkommens darzustellen, nachdem der Staat durch Erhebung der direkten Steuern und Sozialversicherungsbeiträge sowie durch soziale Unterstützungszahlungen Einkommensumschichtungen vorgenommen hat. Wie das im einzelnen geschieht, zeigt die nachstehende Übersicht:

Verteilungsrechnung

Einkommen aus unselbständiger Tätigkeit + Einkommen aus Unternehmertätigkeit und Vermögen	(einschließlich direkte Steuern sowie Arbeitgeber- und Arbeitnehmerbeiträge zur Sozialversicherung)

= Volkseinkommen
– Vermögens- und Unternehmereinkommen des Staates
+ Einkommensübertragungen des Staates an die private Wirtschaft (Transferzahlungen)

= privates Einkommen
– unverteilte Gewinne der privaten Kapitalgesellschaften
– direkte Steuern der privaten Kapitalgesellschaften

= persönliches Einkommen
– direkte Steuern sowie Arbeitnehmer- und Arbeitgeberbeiträge zur Sozialversicherung

= verfügbares Einkommen = Massenkaufkraft

Für den volkswirtschaftlichen Prozeß, insbesondere für die Beurteilung der Konjunkturlage, ist vor allem die sogenannte **Massenkaufkraft** von besonderer Wichtigkeit. Sie gibt Aufschluß über die mit Kaufkraft ausgestattete Nachfrage auf dem Markt. Größere Veränderungen dieses Wertes bleiben nicht ohne nachhaltigen Einfluß auf den zukünftigen Wirtschaftsverlauf.

Welche Entwicklungen die Einkommen aus unselbständiger Tätigkeit sowie Unternehmertätigkeit und Vermögen, ferner die Kaufkraft seit 1950 genommen haben, zeigt die Tabelle auf S. 118.

Die funktionale Aufspaltung des Einkommens in solches aus unselbständiger Tätigkeit – dazu zählen z. B. Löhne und Gehälter der abhängig Beschäftigten – und Einkommen aus Unternehmertätigkeit (Einkommen der Selbständigen) sowie aus Vermögen (das sind Miet-, Zins- und Dividendeneinkommen) ist nicht zu verwechseln mit der persönlichen Einkommensverteilung. So können auch Arbeitnehmer Vermögenseinkommen erzielen, indem sie Zinsgutschriften auf dem Sparbuch erhalten. Ebenso stellt der Nutzungswert der eigenen Wohnung oder des eigenen Hauses Einkommen aus Vermögen dar.

Wie die nachstehende Übersicht zeigt, hat sich in der funktionalen Einkommensverteilung im Lauf der Zeit eine Verschiebung ergeben. So ist das Einkommen aus unselbständiger Tätigkeit stärker gestiegen als das Einkommen aus Unternehmertätigkeit.

Jahr	Volkseinkommen insgesamt	Bruttoeinkommen aus unselbständiger Arbeit		Unternehmens- und Vermögenseinkommen (brutto; einschl. Miet- und Zinseinkommen)		Massenkaufkraft
	in Mrd. DM	in Mrd. DM	in vH des Volkseinkommens (Lohnquote)	in Mrd. DM	in vH des Volkseinkommens	in Mrd. DM
1950[1]	76,9	45,0	*58,4*	32,0	*41,6*	65,0
1960	240,1	144,4	*60,1*	95,7	*39,9*	276,2
1961	260,8	162,8	*62,4*	97,9	*37,5*	300,4
1962	282,1	180,1	*63,8*	102,0	*36,2*	324,7
1963	297,8	193,2	*64,9*	104,7	*35,2*	342,3
1964	327,3	211,2	*64,5*	116,1	*35,5*	375,4
1965	358,5	234,1	*65,3*	124,3	*34,7*	408,7
1966	379,8	252,1	*66,4*	127,7	*33,6*	433,4
1967	380,7	251,8	*66,1*	128,9	*33,9*	436,8
1968	418,1	270,4	*64,7*	147,7	*35,3*	472,6
1969	462,9	304,1	*65,7*	158,9	*34,3*	530,5
1970	530,4	360,6	*68,0*	169,8	*32,0*	597,3
1971	588,2	409,1	*69,6*	179,1	*30,4*	662,1
1972	645,3	450,3	*69,8*	195,1	*30,2*	725,0
1973	721,9	510,9	*70,8*	211,0	*29,2*	807,7
1974	773,0	563,1	*72,8*	209,8	*27,1*	861,8
1975	803,1	587,0	*73,1*	216,0	*26,9*	893,7
1976	879,2	631,2	*71,8*	248,0	*28,2*	580,0
1977	936,0	675,6	*72,2*	260,4	*27,8*	1044,3
1978	1009,3	720,9	*71,4*	288,4	*28,6*	1127,9
1979	1086,9	776,9	*71,5*	310,1	*28,5*	1216,5
1980	1149,4	842,1	*73,3*	307,3	*26,7*	1288,3
1981	1187,8	880,8	*74,2*	307,0	*25,8*	1329,1
1982[2]	1227,0	900,6	*73,4*	326,5	*26,6*	1370,4
1983[2]	1280,6	919,8	*71,8*	360,8	*28,2*	1435,9
1984[2]	1340,7	947,0	*70,6*	393,7	*29,4*	1497,4

[1] Ohne Saarland und Berlin. [2] Vorläufig.

Verwendungsrechnung

Die Verwendungsrechnung als dritte Methode zur Berechnung des Bruttosozialproduktes will deutlich machen, von wem und für welche Zwecke die in einem bestimmten Zeitraum aus dem Wirtschaftsprozeß hervorgegangenen Endprodukte verbraucht worden sind.

Im allgemeinen wird der größte Teil der Güter von den Haushalten erworben, fließt also in den privaten Verbrauch. Hinzu kommt der Betrag, den die Verwaltungseinrichtungen des Staates – die öffentlichen Unternehmen sind hier ausgenommen – für Güter und Dienstleistungen aufwenden. Der nicht verbrauchte Teil des Sozialprodukts wird entweder investiert oder exportiert. Als Investitionen gelten sowohl Kauf und Selbsterstellung neuer Anlagen, z. B. Gebäude, Maschinen etc., als auch die Vermehrung des Umlaufvermögens (Aufstockung der Vorräte an Rohstoffen, Halb- und Fertigfabrikaten). Die Exporte haben als Komponente des Sozialprodukts dieselbe Bedeutung wie die Investitionen. Je größer sie sind, desto höher liegt – vorausgesetzt die anderen Größen bleiben gleich – das Volkseinkommen. Sowohl in den Investitionen als auch im Verbrauch sind Produkte aus fremden Ländern enthalten. Um den Gesamtwert der im Inland aus eigener Kraft erzeugten Güter und Dienstleistungen ermitteln zu können, muß der Wert der Einfuhr von den Exporten abgezogen werden. Je nachdem, ob der Ex- oder der Import überwiegt, ist der sogenannte „Außenbeitrag" (Exportwert ./. Importwert) positiv oder negativ. Somit ergibt sich das auf Seite 120 stehende Schema der Verwendungsrechnung mit der Entwicklung der Werte seit 1950.

Die drei Verfahren der Sozialproduktberechnung erfassen nur die Güter und Dienstleistungen, die einen Marktpreis haben bzw. deren Kosten feststellbar sind. Nicht einbezogen bleiben dagegen Leistungen, die selbst erstellt werden und für die kein Preis zu zahlen ist. Anschauliches Beispiel hierfür ist die Leistung der Hausfrau. Die gleichen Arbeiten, von einer Haushälterin erstellt, die entlohnt wird, erhöhen das Sozialprodukt, die Tätigkeit der Hausfrau aber bleibt ohne rechnerischen Niederschlag. Auch die Selbstversorgung durch Gartenbau und Hobbyhandwerker wird in der Sozialproduktberechnung nicht erfaßt. Eine „Do-it-yourself-Bewegung" verfälscht somit die Ergiebigkeit einer Volkswirtschaft in einem Zeitraum, da das Sozialprodukt als Geldgröße alle selbsterbrachten Leistungen nicht einbezieht. Diese verdeckten Arbeitsergebnisse erschweren in gewissem Maß Aussagen mit Wertungen über die Produktivität und den Wohlstand eines Landes, und zwar dann, wenn nur das rechnerische Sozialprodukt zugrunde gelegt wird. Da ihr Volumen jedoch normalerweise im Vergleich zum Gesamtwert des volkswirtschaftlichen Sozialprodukts unbedeutend ist, kann man es bei Vergleichen über mehrere Jahre oder mit anderen Ländern unberücksichtigt lassen.

Trotz dieser Einschränkungen und der Tatsache, daß die Verfahren – wie an früherer Stelle gezeigt – noch nicht endgültig methodisch entwickelt sind, lassen die Ergebnisse der Sozialproduktberechnung dennoch eine Reihe von wichtigen wirtschaftlichen Aussagen zu, so z. B. über die Entwicklung einzelner Wirtschaftsbereiche, das Erkennen von Wachstumsbranchen und Strukturkrisen, Entwicklung der Nachfragekomponenten, die Subventionstätigkeit, ferner die Veränderung der Sparquote oder des Preisniveaus.

Grundsätzlich sind alle drei Methoden der Erfassung rückschauende Rechnungen. Sie ermitteln die Ergebnisse des Wirtschaftsprozesses in einem abgelaufenen, vergangenen Zeitraum und sind deshalb ein geeignetes Instrument zur Kontrolle des Erfolges wirtschaftspolitischer Maßnahmen.

Verwendung des Bruttosozialprodukts (in jeweiligen Preisen)

Jahr	insgesamt	Privater Verbrauch	Staatsverbrauch	Investitionen			Außenbeitrag[2]
				zusammen	Bruttoanlageinvestitionen	Vorratsveränderung	
in Milliarden DM							
1950[1]	98,1	62,9	14,2	22,3	18,7	+ 3,6	− 1,4
1960	303,0	171,8	40,5	82,8	73,6	+ 9,2	+ 7,9
1965	458,2	257,6	69,7	130,6	119,9	+10,7	+ 0,3
1966	487,4	275,1	75,5	129,5	124,2	+ 5,3	+ 7,4
1967	493,7	282,6	80,1	113,7	114,2	− 0,5	+17,3
1968	533,7	300,7	82,7	130,5	119,4	+11,1	+19,7
1969	557,8	330,9	93,1	156,2	138,9	+17,3	+17,6
1970	675,7	368,9	106,5	186,3	172,1	+14,2	+14,1
1971	751,8	409,4	126,8	200,6	196,1	+ 4,5	+14,9
1972	825,1	452,1	141,1	214,0	209,2	+ 4,8	+17,9
1973	918,9	495,4	163,2	231,8	219,3	+12,5	+28,6
1974	985,6	533,7	190,2	217,7	212,7	+ 5,0	+43,9
1975	1028,9	585,5	210,5	202,9	209,4	− 6,5	+29,9
1976	1123,0	633,5	222,3	238,2	226,0	+12,2	+29,0
1977	1196,3	680,9	234,7	251,9	243,0	+ 8,9	+28,8
1978	1290,0	725,3	252,5	274,7	266,8	+ 7,9	+37,4
1979	1395,3	779,3	273,5	331,4	304,8	+26,6	+11,1
1980	1485,7	834,0	297,9	356,9	338,0	+18,9	− 3,1
1981	1545,1	879,2	317,8	333,3	338,2	− 4,9	+14,7
1982[3]	1599,9	910,3	325,8	325,9	330,6	− 4,7	+37,9
1983[3]	1673,7	947,3	335,7	352,1	346,5	+ 5,6	+38,6
1984[3]	1750,0	978,1	349,8	373,6	357,5	+16,1	+48,5

[1] Ohne Saarland und Berlin.
[2] Saldo des Waren- und Dienstleistungsverkehrs mit der übrigen Welt einschließlich der Erwerbs- und Vermögenseinkokmmen.
[3] Vorläufig.

Verwendung des Bruttosozialprodukts Anteile vH (in jeweiligen Preisen)

Jahr	insgesamt	Privater Verbrauch	Staatsverbrauch	Investitionen zusammen	Investitionen Bruttoanlageinvestitionen	Investitionen Vorratsveränderung	Außenbeitrag[2]
Anteile in vH							
1950[1]	*100*	*64,1*	*14,5*	*22,8*	*19,1*	*+3,7*	*−1,4*
1960	*100*	*56,7*	*13,3*	*27,3*	*24,3*	*+3,0*	*+2,6*
1965	*100*	*56,2*	*15,2*	*28,5*	*26,2*	*+2,3*	*+0,1*
1966	*100*	*56,4*	*15,5*	*26,6*	*25,5*	*+1,1*	*+1,5*
1967	*100*	*57,2*	*16,2*	*23,0*	*23,1*	*−0,1*	*+3,5*
1968	*100*	*56,4*	*15,5*	*24,5*	*22,4*	*+2,1*	*+3,7*
1969	*100*	*55,4*	*15,6*	*26,1*	*23,2*	*+2,9*	*+2,9*
1970	*100*	*54,6*	*15,8*	*27,6*	*25,5*	*+2,1*	*+2,1*
1971	*100*	*54,5*	*16,9*	*26,7*	*26,1*	*+0,6*	*+2,0*
1972	*100*	*54,8*	*17,1*	*25,9*	*25,4*	*+0,6*	*+2,2*
1973	*100*	*53,9*	*17,8*	*25,2*	*23,9*	*+1,4*	*+3,1*
1974	*100*	*54,2*	*19,3*	*22,1*	*21,6*	*+0,5*	*+4,5*
1975	*100*	*56,9*	*20,5*	*19,7*	*20,4*	*−0,6*	*+2,9*
1976	*100*	*56,4*	*19,8*	*21,2*	*20,1*	*+1,1*	*+2,6*
1977	*100*	*56,9*	*19,6*	*21,1*	*20,3*	*+0,7*	*+2,4*
1978	*100*	*56,2*	*19,6*	*21,3*	*20,7*	*+0,6*	*+2,9*
1979	*100*	*55,8*	*19,6*	*23,8*	*21,8*	*+1,9*	*+0,8*
1980	*100*	*56,1*	*20,1*	*24,0*	*22,7*	*+1,3*	*−0,2*
1981	*100*	*56,9*	*20,6*	*21,6*	*21,9*	*−0,3*	*+1,0*
1982[3]	*100*	*56,9*	*20,4*	*20,4*	*20,7*	*−0,3*	*+2,4*
1983[3]	*100*	*56,6*	*20,1*	*21,0*	*20,7*	*+0,3*	*+2,3*
1984[3]	*100*	*55,9*	*20,0*	*21,3*	*20,4*	*+0,9*	*+2,8*

Auf der Suche nach Erklärungen für die in den letzten Jahren anhaltende Wachstumsschwäche in den Industrienationen ist in jüngster Zeit der Begriff der **Schattenwirtschaft** in den Blickpunkt wissenschaftlicher und politischer Diskussionen getreten. Dabei wird festgestellt, daß die offiziell gemessenen Zuwachsraten des Sozialproduktes deshalb geringer ausgefallen sind als die tatsächliche Wirtschaftsentwicklung, weil die Schattenwirtschaft sich weltweit stark ausgedehnt hat.

Unter Schattenwirtschaft wird generell die Ausübung einer Wirtschaftstätigkeit unter Umgehung der offiziellen Statistiken verstanden.

Für den Begriff gibt es keine umfassende einheitliche Erklärung, sondern zwei Definitionen, die eine eng und die andere weiter gefaßt. Die engere Definition meint mit Schattenwirtschaft nur diejenigen wirtschaftlichen Tätigkeiten, die in der Sozialproduktberechnung erfaßt werden sollen, aber gegenwärtig noch nicht werden. Dazu würde vor allem die Schwarzarbeit zählen, z.B. im Bereich des Hausbaues oder der Autoreparatur. Berücksichtigt wird in der Sozialproduktberechnung nur die Wertschöpfung, z.B. der Kauf von Installationen oder Ersatzteilen. Dagegen werden rein finanzielle Transaktionen, wie der unmittelbare Austausch von Bargeld für die Arbeitsleistung, um der Steuer zu entgehen, ausgeschlossen. Nach der weiteren Definition zählen zur Schattenwirtschaft auch alle diejenigen Tätigkeiten, die außerhalb der heutigen Sozialproduktberechnung liegen, wie z.B. Hausarbeit, Eigenfertigung, Selbstversorgung und Nachbarschaftshilfe.

Je nachdem, für welche Definition man sich entscheidet, bleibt dies nicht ohne Konsequenzen. So ist der engere Begriff mit Steuerhinterziehung verknüpft. Eine entsprechende Tätigkeit kann deswegen entweder illegal sein und wird deshalb steuerlich nicht deklariert (z.B. die Herstellung von Drogen), oder die Tätigkeit ist zwar legal, es werden jedoch keine oder zu wenig Steuern abgeführt. Die Akzeptanz der Schattenwirtschaft in der weiter gefaßten Definition hat Verzerrungen in der volkswirtschaftlichen Gesamtrechnung und damit u.U. falsche wirtschaftspolitische Aussagen zur Folge.

Als Gründe für die zunehmende Flucht in die Schattenwirtschaft gelten:
- die hohe Belastung der Bürger und Unternehmen mit Steuern und Abgaben
- immer detaillierter und zahlreicher werdende staatliche Reglements
- eine stark rückläufige offizielle Arbeitszeit
- eine sinkende Steuermoral.

Eine Wirtschafts- und Tarifpolitik, die durch diese Elemente besonders gekennzeichnet ist, hinterläßt spezielle Spuren. Sie schlagen sich nieder in einer statistisch deutlichen Differenz zwischen den Einkommens- und Ausgabenrechnungen der Volkswirtschaft, einer wachsenden Diskrepanz zwischen tatsächlicher und „normaler" Bargeldhaltung sowie einer zunehmenden Abweichung zwischen der realen und der statistischen Erwerbsquote.

Über den Umfang und das Volumen der Schattenwirtschaft gehen die Schätzungen in der Welt weit auseinander. Eine OECD-Studie kommt 1981 zu dem Ergebnis, daß der Anteil der Schattenwirtschaft in den siebziger Jahren nicht gewachsen ist und für die Bundesrepublik Deutschland bei rd. 4% des Bruttosozialproduktes liegen dürfte. Andere Wissenschaftler und Forscher haben jedoch festgestellt, daß die Schattenwirtschaft in der Bundesrepublik von 1960 bis Ende der siebziger Jahre beträchtlich gestiegen ist.

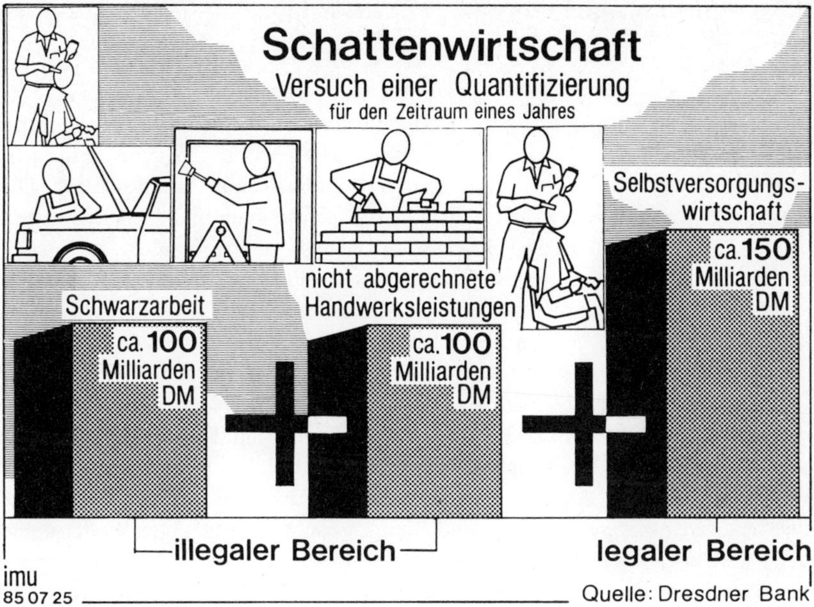

Eine aus einer Reihe von Arbeiten zusammengestellte Übersicht gibt etwa für das Jahr 1980 folgenden Anteil der Schattenwirtschaft am offiziellen Bruttosozialprodukt verschiedener Länder in Prozent an:

Japan	5	Schweden	13
Bundesrepublik Deutschland	8	Sowjetunion	20
USA	8	Spanien	20
Großbritannien	8	Italien	25
Österreich	10	Indien	50

Von der Existenz einer Schattenwirtschaft geht eine Reihe negativer Wirkungen aus. So führen verzerrte Statistiken über die gesamte wirtschaftliche Entwicklung zu falschen Empfehlungen für die Wirtschafts- und Finanzpolitik. Wächst die Schattenwirtschaft schneller als das offizielle Sozialprodukt, dann ist das tatsächliche gesamtwirtschaftliche Wachstum größer, die Produktivität nicht so stark gefallen, die Beschäftigung höher, die Unterbeschäftigung geringer als in der amtlichen Statistik ausgewiesen.

Abgesehen von diesen gesamtwirtschaftlichen Folgen wirkt sich die Schattenwirtschaft auf das Bankensystem insofern besonders aus, als mit einer derartigen Entwicklung sich zwangsläufig die Neigung verstärkt, zu einer Bargeldwirtschaft zurückzukehren. Das hat Konsequenzen im Zahlungsverkehr, im Einlagengeschäft und damit auch bei der Kreditschöpfung.

4.3.5 Preisindizes

Die Zusammenfassung einzelner wirtschaftlicher Größen stößt bereits bei gleichartigen Gütern auf Schwierigkeiten. Will man beispielsweise die Gesamtproduktion eines Jahres an Fernsehgeräten feststellen, so ist eine reine Addition der erstellten Produkte nicht aussagekräftig, da diese Schwarzweiß- und Farbfernsehgeräte unterschiedlicher Qualität und Größe in einer Zahl beinhaltet. Die Erfassung von Stück- bzw. Mengeneinheiten ist also dann nicht möglich, wenn es sich um verschiedenartige Güter oder Dienstleistungen handelt. In solchen Fällen hilft nur, die betreffenden Werte in Geldeinheiten auszudrücken, obwohl auch mit dieser Vorgehensweise gewisse Mängel verbunden sind. Um aber überhaupt zu vergleichbaren Werten zu kommen, erfaßt man Güter und Dienstleistungen zu laufenden Preisen, d. h. zu Marktpreisen. Diese Bewertung hat nur insofern einen Nachteil, als die Marktpreise sich im Zeitablauf aus den verschiedensten Gründen ändern. Diese Preisschwankungen sind das Ergebnis von Entscheidungen der am Markt auftretenden Wirtschaftssubjekte und damit ein Beweis wirtschaftlicher Aktivitäten schlechthin. Da der Wert eines Gutes sich aus den beiden Komponenten Preis und Menge zusmmensetzt, sagen Änderungen der Preise noch keineswegs etwas über Veränderungen der Mengen aus. Andererseits müssen Preisanhebungen auch nicht eine Verbesserung der Qualität der Güter bedeuten.

Vergleiche zwischen Wertgrößen verschiedener Zeitpunkte sind also insofern problematisch, als auftretende Unterschiede sowohl auf einer Preis- als auch auf einer Mengenänderung wie auch auf einer Kombination von beiden beruhen können. Interessiert z. B. als Aussage die mengenmäßige Veränderung, so gilt es, die im Lauf der Zeit eingetretenen Preisschwankungen auszuschalten. Das kann dadurch erreicht werden, daß man die zu vergleichenden Gütermengen mit einheitlichen Preisen bewertet, also Preise eines sogenannten Basiszeitpunktes zugrunde legt. Der so von Preisschwankungen bereinigte Wert wird auch als **Realgröße** bezeichnet. Bei der Ermittlung des **realen Sozialprodukts** – im Gegensatz zum **nominalen Sozialprodukt,** bei dem jeweils die Marktpreise des betreffenden Jahres in Ansatz kommen – legt das Statistische Bundesamt z. B. derzeit die Preise des Jahres 1976 zugrunde. Durch diese Methode – Bewertung der Güter zu gleichen Preisen – lassen sich die Sozialprodukte verschiedener Jahre vergleichen, ist doch nun eine Aussage über die rein mengenmäßige Entwicklung der Güter und Dienstleistungen möglich. Den Preisindex des Bruttosozialprodukts, mit dessen Hilfe das reale Bruttosozialprodukt ermittelt wird, bezeichnet man als **Deflator.**

In ähnlicher Weise wird verfahren, wenn man ermitteln will, wie sich die Lebenshaltungskosten über einen längeren Zeitraum entwickelt haben. Zu diesem Zweck stellt der Statistiker nach bestimmten Kriterien einen sogenannten Warenkorb zusammen, der – z. B. für eine Durchschnittsfamilie von vier Personen

Bruttosozialprodukt

Jahr	in jeweiligen Preisen			in Preisen von 1970			in Preisen von 1976		
	in Mrd. DM	1960 = 100	Veränderung gegen Vorjahr in vH	in Mrd. DM	1960 = 100	Veränderung gegen Vorjahr in vH	in Mrd. DM	1960 = 100	Veränderung gegen Vorjahr in vH
1950[1]	98,1	·	·	143,6	·	·	·	·	·
1960	303,0	*100*	·	429,5	*100*	·	613,4	*100*	*+8,8*
1965	458,2	*151*	*+ 9,2*	545,0	*127*	*+5,5*	778,7	*127*	*+5,4*
1966	487,4	*161*	*+ 6,4*	558,8	*130*	*+2,5*	799,3	*130*	*+2,6*
1967	493,7	*163*	*+ 1,3*	558,1	*130*	*−0,1*	798,9	*130*	*−0,1*
1968	533,7	*176*	*+ 8,1*	594,4	*138*	*+6,5*	847,9	*138*	*+6,1*
1969	597,8	*197*	*+12,0*	641,3	*149*	*+7,9*	911,6	*149*	*+7,5*
1970	675,7	*223*	*+13,0*	679,0	*158*	*+5,9*	957,5	*156*	*+5,0*
1971	751,8	*248*	*+11,3*	701,7	*163*	*+3,3*	988,1	*161*	*+3,2*
1972	825,1	*272*	*+ 9,7*	727,3	*169*	*+3,6*	1 029,0	*168*	*+4,1*
1973	918,9	*303*	*+11,4*	763,0	*178*	*+4,9*	1 075,9	*175*	*+4,6*
1974	985,6	*325*	*+ 7,3*	765,7	*178*	*+0,4*	1 080,8	*176*	*+0,5*
1975	1 028,9	*340*	*+ 4,4*	752,3	*175*	*−1,8*	1 063,9	*173*	*−1,6*
1976	1 123,0	*371*	*+ 9,1*	792,0	*184*	*+5,3*	1 123,0	*183*	*+5,6*
1977	1 196,3	*395*	*+ 6,5*	812,2	*189*	*+2,6*	1 154,1	*188*	*+2,8*
1978	1 290,0	*426*	*+ 7,8*	840,8	*196*	*+3,5*	1 194,0	*195*	*+3,5*
1979	1 395,3	*460*	*+ 8,2*	877,5	*204*	*+4,4*	1 241,6	*202*	*+4,0*
1980	1 485,7	*490*	*+ 6,5*	·	·	·	1 265,5	*206*	*+1,5*
1981	1 545,1	*510*	*+ 4,0*	·	·	·	1 263,0	*206*	*−0,2*
1982[2]	1 599,9	*528*	*+ 3,5*	·	·	·	1 250,0	*204*	*−1,0*
1983[2]	1 673,7	*552*	*+ 4,6*	·	·	·	1 266,6	*206*	*+1,3*
1984[2]	1 750,0	*578*	*+ 4,6*	·	·	·	1 299,7	*212*	*+2,6*

[1] Ohne Saarland und Berlin in Preisen von 1962. [2] Vorläufig.

mit mittlerem Einkommen – alles das beinhaltet, was dieser Haushalt innerhalb einer bestimmten Zeit an Gütern und Dienstleistungen in Anspruch nimmt. Bewertet man nun diesen Warenkorb mit den Preisen eines bestimmten Basisjahres – in der Praxis nimmt man gegenwärtig das Jahr 1980 – und den zu einem späteren Zeitpunkt dafür zu entrichtenden Kaufpreis, so stellt die Differenz den Preisanstieg oder umgekehrt den Kaufkraftschwund in diesem Zeitraum dar. Welche Entwicklung die Verbraucherpreise – gemessen am **Lebenshaltungskostenindex** (= prozentuale Veränderung der Kosten für die Lebenshaltung) – in der Bundesrepublik Deutschland im Verlauf der letzten sechs Jahre genommen haben, verglichen mit den Preisen in anderen Ländern, zeigt die nachstehende Übersicht.

Vom Statistischen Bundesamt wird laufend eine Reihe von **Preisindizes** berechnet und veröffentlicht. Neben den schon genannten Größen beim Sozialprodukt und dem Lebenshaltungskostenindex werden z. B. ermittelt die Preise für industrielle oder landwirtschaftliche Produkte, Ein- und Ausfuhrgüter, Wohnungs- oder Straßenbau, um nur einige zu nennen. Sie alle – jeder für sich oder auch insgesamt betrachtet – spiegeln die Entwicklung in der Gesamtwirtschaft oder in Teilbereichen wider und zählen zu den Meßinstrumenten zur Beurteilung der volkswirtschaftlichen Entwicklung.

Weil sich durch Veränderung von Verbrauchergewohnheiten, Modetrends, Leistungsangebot und Produktqualität Umstrukturierungen innerhalb des Warenkorbs vollziehen, ergibt sich regelmäßig das Problem der Vergleichbarkeit der Güter und Leistungen über Jahre hinweg. Um diesen Mangel abzustellen, werden in gewissen Abständen die Basisjahre neu festgelegt.

Preissteigerungen zeigen an, um wieviel sich eine bestimmte Leistung verteuert hat, und damit, um welchen Betrag eine Geldsumme im Wert gesunken ist. Jede Geldeinheit erhält letzten Endes ihren Wert nur durch die reale Austauschmöglichkeit gegen Güter und Dienstleistungen. In einer Volkswirtschaft, in der das **Nominalprinzip** herrscht (d. h. eine Mark als eine Mark gilt), spielt der Wert einer Geldeinheit im Zeitvergleich eine bedeutende Rolle. Steigende Preise bedeuten **Kaufkraftschwund,** wie umgekehrt steigender Geldwert fallende Preise dokumentiert. Bei Schuldverhältnissen, die in Geldeinheiten ausgedrückt sind, besteht seitens der Gläubiger ein berechtigtes Interesse, sich in Zeiten des Geldwertschwundes gegen diesen abzusichern. Durch sogenannte Wertsicherungsklauseln versucht man, den gegenwärtigen Geldwert einer Leistung an den künftigen zu binden. Anders ausgedrückt heißt das, die heute geschuldete Geldsumme soll sich entsprechend der Veränderung des Preisniveaus erhöhen, um den realen Wert zu erhalten. Wertsicherungsklauseln sind in der Bundesrepublik Deutschland nach dem Währungsgesetz – von wenigen Ausnahmen abgesehen – nur mit Genehmigung der Deutschen Bundesbank zulässig.

Internationaler Vergleich der Verbraucherpreisentwicklung
Zunahme gegenüber dem entsprechenden Vorjahreszeitraum in v. H.

Länder	∅ 1960/1970	∅ 1970/1980	1972	1974	1976	1978	1980	1981	1982	1983	1984
Bundesrepublik Deutschland	2,5	5,1	5,7	7,0	4,3	2,7	5,5	5,9	5,3	3,3	2,4
Belgien	3,0	7,4	5,8	12,7	9,2	4,5	6,6	7,6	8,7	7,7	6,3
Dänemark	5,6	9,8	6,6	15,0	9,0	10,0	12,3	11,7	10,1	6,9	6,3
Frankreich	4,1	9,6	6,7	13,7	9,6	9,1	13,6	13,4	11,6	9,6	7,3
Großbritannien	4,1	13,7	7,3	16,0	16,6	8,3	18,0	11,9	8,6	4,6	5,0
Irland	4,6	13,7	8,3	17,0	18,0	7,6	18,2	20,4	17,2	10,4	8,6
Italien	4,0	13,8	5,7	19,4	16,8	12,1	21,2	19,5	16,7	14,7	10,8
Luxemburg	2,6	6,6	4,8	9,6	9,8	3,1	6,3	8,1	9,4	8,7	5,6
Niederlande	4,3	7,4	7,4	9,6	8,9	4,3	7,0	6,9	6,0	2,7	3,2
Norwegen	4,5	8,4	7,2	9,4	9,1	8,1	10,9	13,6	11,3	8,4	6,2
Österreich	3,6	6,3	6,3	9,5	7,3	3,6	6,4	6,7	5,4	3,3	5,6
Portugal	4,5	18,6	10,7	25,1	21,2	17,1	16,6	19,9	22,7	25,5	28,9
Schweden	4,0	9,2	6,0	9,9	10,3	10,0	13,7	12,1	8,6	9,0	8,0
Schweiz	3,3	5,0	6,7	9,8	1,7	1,1	4,0	6,5	5,6	3,0	3,0
Japan	5,7	9,0	4,7	23,2	9,3	3,8	8,0	4,0	2,7	1,8	2,3
Kanada	2,7	8,0	4,8	10,9	7,5	9,0	10,1	12,5	10,8	5,8	4,4
USA	2,7	7,8	3,8	11,0	5,8	7,7	13,5	10,4	6,1	3,2	4,3

4.3.6 Geld- und Kreditvolumen

Die moderne Volkswirtschaft ist eine Geldwirtschaft, denn die ökonomischen Transaktionen zwischen den verschiedenen Wirtschaftssubjekten werden unter Einschaltung von Geld vorgenommen. Nur noch in seltenen Ausnahmefällen findet man heute den Realtausch, bei dem Ware gegen Ware wechselt. Im wirtschaftlichen Alltag werden im allgemeinen Waren gegen Geld verkauft und mit diesem eingenommenen Geld neue Güter angeschafft. Infolgedessen ist auch das in einer Volkswirtschaft vorhandene Geldvolumen ein Indikator, der über die wirtschaftlichen Aktivitäten Aussagen zuläßt.

Das Geldvolumen in einer Volkswirtschaft besteht nicht nur aus dem von der Notenbank in Umlauf gebrachten Bargeld (Banknoten und Münzen, jedoch ohne Kassenbestände der Kreditinstitute), es umfaßt auch die bei Sparkassen und Banken auf Konten vorhandenen Sicht- und Termineinlagen von Nichtbanken. Da die Kreditinstitute aus den bei ihnen vorhandenen Einlagen Kredite und Darlehen gewähren, wird die Höhe des Geldvolumens entscheidend mitbestimmt von dem Umfang der Kreditgewährung seitens der Sparkassen und Banken. Die Höhe der Ausleihungen ist ihrerseits abhängig von der Kreditnachfrage der Nichtbanken. Diese wiederum setzt eine Bereitschaft zur Verschuldung voraus. Sie nun wird entscheidend von den Erwartungen in die Zukunft und damit von der Einschätzung der wirtschaftlichen Entwicklung beeinflußt, da Kredite aus künftigen Erlösen zurückgeführt werden müssen. Zunehmende Investitionsneigung und Verschuldungsbereitschaft geben damit Aufschlüsse über die konjunkturelle Entwicklung von morgen.

Innerhalb der verschiedenen Kreditarten hat in den letzten Jahren neben den Investitionsdarlehen zunehmend der Konsumentenkredit als Konjunkturindikator von sich reden gemacht. Jede Sparkasse und jede Bank kann daran die Entscheidungen der Verbraucher erkennen und daraus auf die private Nachfrage schließen. Vermehrte Aufnahme von Kleinkrediten und Anschaffungsdarlehen signalisiert eine Änderung im Verbraucherverhalten, dies um so mehr, wenn sie mit einer abnehmenden Sparneigung einhergeht. Die Bereitschaft der Verbraucher, neue Verpflichtungen einzugehen, ist durchaus als Beweis für eine günstige Einschätzung der Zukunft zu werten; denn wachsende Verschuldungsbereitschaft wird man unter normalen Voraussetzungen nur dann finden, wenn die Angst um den Arbeitsplatz und die Sicherung des Einkommens nicht mehr ausschlaggebend für das Konsumverhalten sind.

Selbstverständlich muß man bei der Beurteilung von Veränderungen der Nachfrage nach Konsumentenkrediten saisonale Schwankungen, wie z. B. zum Weihnachtsgeschäft, ausschalten.

Da die Kreditnehmer in den meisten Fällen die Verwendung der Geldmittel angeben, können Sparkassen und Banken gleichzeitig abschätzen, welche Branchen bevorzugt werden und somit günstige Aussichten für Produktion und Absatz bieten. Ein augenfälliges Beispiel für den Konjunkturindikator „Konsumentenkredite“ bietet der Verlauf im Jahr 1975. Danach meldeten die Kreditinstitute von Monat zu Monat gestiegene Auszahlungen an Ratenkrediten. Hinsichtlich der Verwendungsseite wurde der Autokauf als vorherrschendes Ziel angegeben. Die Nachfrage nach Kraftfahrzeugen nahm dann auch im Jahr 1975 zu, was in der Automobil- und deren Zuliefererindustrie zu Sonderschichten führte.

Im Gegensatz zu den USA ist das Volumen des Konsumentenkredits in der Bundesrepublik Deutschland noch verhältnismäßig bescheiden, auch wenn es sich seit 1970 etwa versechsfacht hat. Es macht zur Zeit lediglich einen Anteil von gut 10% der insgesamt gewährten Kredite aus. Als Konjunkturindikatoren sind jedoch die Entwicklungstendenzen außerordentlich nützlich und die sich daraus ergebenden Aussagen für die Zukunft nicht zu unterschätzen.

Entwicklung der Konsumentenkredite in der Bundesrepublik Deutschland
(jeweils Jahresende in Mrd. DM)

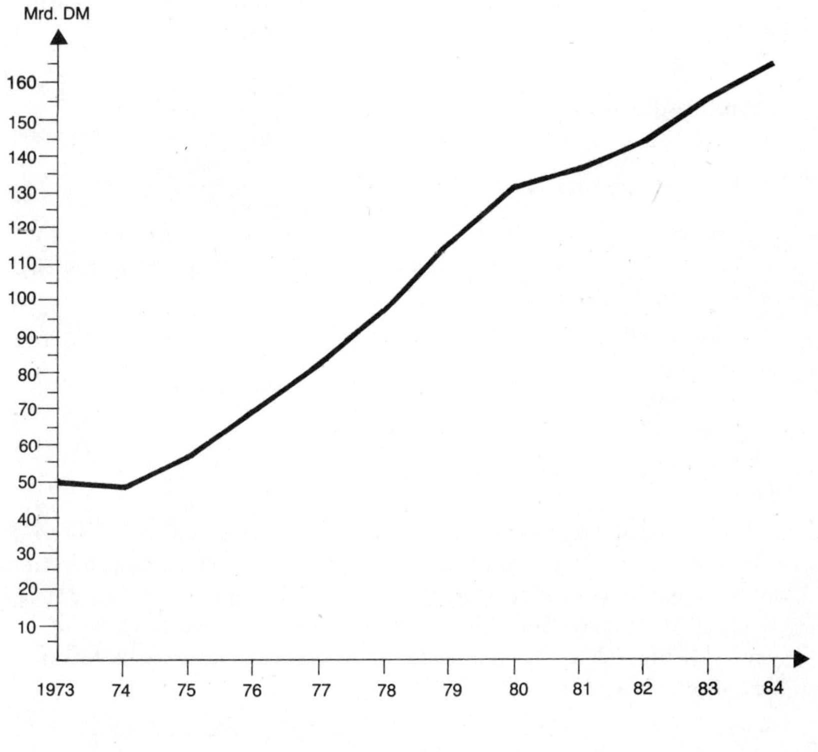

Welch große Bedeutung die Deutsche Bundesbank der Kreditnachfrage als konjunkturellem Frühindikator beimißt, läßt sich daraus ersehen, daß sie Ende Dezember 1976 eine monatliche Kreditzusagenstatistik eingeführt hat. Die Bundesbank will mit diesem Mittel rechtzeitig Daten über die Kreditnachfrage und damit die bevorstehenden Geldmengenveränderungen erhalten, um ihr kreditpolitisches Instrumentarium schneller und zugleich auch feiner dosiert als in früheren Jahren einsetzen zu können.

4.3.7 Die Kombination von Konjunkturindikatoren

In der Konjunkturforschung hat man versucht, neben der Beobachtung einzelner Indikatoren zur Bestimmung der zukünftigen Entwicklung mehrere dieser Größen zu kombinieren. Solche sogenannten **Gesamtindikatoren,** die sich durch systematische Zusammenfassung mehrerer Werte zu einer Gesamtgröße errechnen, sollen globale Trends widerspiegeln. Dabei legt man gewisse Bandbreiten fest, in deren Grenzen der Verlauf dieser Indikatoren angestrebt wird. Sobald der obere bzw. untere Gefährdungsbereich berührt wird, wären danach wirtschaftspolitische Maßnahmen zur Stabilisierung der Konjunktur einzuleiten.

Zusammenfassung

4.3 Die Konjunkturindikatoren

Zur Bestimmung der wirtschaftlichen Position einer Volkswirtschaft gibt es verschiedene ökonomische Größen, die man als Konjunkturindikatoren bezeichnet. Dazu zählen u. a.:

- Arbeitsmarkt
- Auftragslage
- Investitionstätigkeit
- Sozialprodukt und Volkseinkommen
- Preisniveau
- Geld- und Kreditvolumen.

Zu den wichtigen Konjunkturindikatoren zählt der Arbeitsmarkt. Das Arbeitskräftepotential einer Volkswirtschaft sind die Erwerbspersonen. Ihre Zahl bestimmt sich durch demographische Entwicklungen ebenso wie durch gesetzliche Maßnahmen zur Altersbegrenzung, Mindestschulbesuchszeit u. ä. Nichtbeschäftigte Personen werden als Arbeitslose, nicht besetzte Arbeitsplätze als offene Stellen gezählt.

Arbeitslosigkeit hat vielfältige Ursachen. So kann sie im Zuge des Konjunkturablaufes entstehen und entsprechend wieder verschwinden. Sie hat in bestimmten Berufssparten saisonalen Charakter. Sie kommt im Zuge der strukturellen Veränderungen im Wachstumsprozeß dadurch zustande, daß freigesetzte Arbeitskräfte eines schrumpfenden Bereiches umgeschult werden müssen für Tätigkeiten in wachstumsstarken Wirtschaftszweigen. Diese Art von Arbeitslosigkeit hält um so länger an, je weniger Mobilität und Flexibilität in einer Volkswirtschaft besteht. Strukturelle Arbeitslosigkeit entsteht schließlich auch infolge grundlegender Wandlungen in den internationalen Rahmenbedingungen, unter denen sich die wirtschaftliche Tätigkeit vollzieht. Mit Hilfe der Arbeitslosenquote, als Verhältnis von Arbeitslosen zur Zahl der unselbständigen Erwerbspersonen ermittelt, wird das Ausmaß der Unterbeschäftigung gemessen. Die tatsächliche Arbeitslosigkeit kann allerdings höher sein, wenn arbeitswillige und arbeitsfähige Personen nicht registriert werden. Hinweise auf steigende zukünftige Arbeitslosigkeit lassen sich oftmals aus der Veränderung der Zahl der Kurzarbeiter ablesen.

Auftragslage und Kapazitätsauslastung innerhalb der Volkswirtschaft signalisieren nicht nur die tatsächliche Beschäftigungslage, sondern können oft als Frühindikator für die zukünftige wirtschaftliche Entwicklung herangezogen werden.

Investitionsneigung und Investitionstätigkeit von Unternehmen bestimmen in hohem Maß die wirtschaftliche Dynamik einer Volkswirtschaft. In der gesamtwirtschaftlichen Rechnung werden die Bruttoinvestitionen unterteilt in Ersatz- und Neuinvestitionen. Ersatzinvestitionen dienen der Erhaltung des produktiven Kapitalstocks einer Volkswirtschaft. Sie sind häufig mit einem Rationalisierungseffekt verbunden. Man spricht dann von Rationalisierungsinvestitionen. Neuinvestitionen haben demgegenüber eine Vergrößerung der Produktionskapazitäten zur Folge. Investitionen nehmen nicht nur Unternehmen vor, sondern ebenso auch der Staat, und zwar in Form sogenannter Infrastrukturinvestitionen.

Die Leistung einer Volkswirtschaft innerhalb eines bestimmten Zeitraums wird als Sozialprodukt ermittelt. Dabei werden in unterschiedlicher Abgrenzung verschiedene Sozialproduktwerte errechnet. Ausgangspunkt ist als umfassender Begriff das Bruttosozialprodukt zu Marktpreisen, das den Gesamtwert aller in einem bestimmten Zeitraum in einer Volkswirtschaft erstellten Güter und Dienstleistungen – bewertet zu ihren Marktpreisen – repräsentiert. Zieht man davon die im Produktionsprozeß angefallenen abnutzungsbedingten Abschreibungen ab, ergibt sich das Nettosozialprodukt zu Marktpreisen. Will man das Nettosozialprodukt zu Faktorkosten, d. h. das Volkseinkommen als den Kostenwert der volkswirtschaftlichen Leistungserstellung ermitteln, müssen die Marktpreise um die sie verfälschenden indirekten Steuern und die Subventionen bereinigt werden.

Die statistische Ermittlung des Sozialprodukts erfolgt auf drei verschiedenen Wegen, und zwar als

- Entstehungsrechnung
- Verteilungsrechnung
- Verwendungsrechnung.

Die Entstehungsrechnung ermittelt das Sozialprodukt als die Wertschöpfungsbeiträge der verschiedenen in der Volkswirtschaft tätigen Wirtschaftsbereiche.

Die Verteilungsrechnung kann sich aufgrund statistischer Probleme bisher nur darauf beschränken, die Einkommen aus unselbständiger Tätigkeit und die Einkommen aus Unternehmertätigkeit und Vermögen sowie das Einkommen des Staates aus Unternehmertätigkeit und Vermögen zu erfassen. Diese Rechnung ergibt einen Anhaltspunkt für die Einkommensverteilung innerhalb einer Volkswirtschaft. Durch die Berücksichtigung von Einkommensübertragungen (Transfer) und unter Abzug aller nicht den privaten Haushalten zufließenden Einkommensteile sowie der direkten Steuern und Abgaben errechnet sich das verfügbare Einkommen, auch Massenkaufkraft genannt.

Die Verwendungsrechnung will verdeutlichen, von wem und für welche Zwecke die in der Volkswirtschaft erstellten Endprodukte und Dienstleistungen verbraucht worden sind. Dabei wird zwischen privatem Verbrauch, Staatsverbrauch, Investitionen und dem Außenbeitrag unterschieden.

Die mit Hilfe der drei Verfahren ermittelten Sozialproduktwerte basieren auf den erfaßbaren ökonomischen Leistungen. Je nach Umfang der nicht erfaßbaren oder nicht erfaßten wirtschaftlichen Leistungsbeiträge ist das Sozialprodukt als Indikator für die Gesamtleistung einer Volkswirtschaft oder als Wohlstandsindikator nur begrenzt verwendbar. Mittlerweile spielt in den industrialisierten Volkswirtschaften die Leistungserstellung außerhalb der Sozialproduktsermittlung, die Schattenwirtschaft, eine zunehmende Rolle. Hohe Steuerbelastungen, komplizierte staatliche Reglementierungen, sinkende Steuermoral sowie rückläufige Arbeitszeit sind die wesentlichen Ursachen für die Entwicklung der Schattenwirtschaft.

Zur Ermittlung der tatsächlichen volkswirtschaftlichen Leistung müssen Verfälschungen, die durch Preissteigerungen entstehen, eliminiert werden. Dazu werden von den Statistikern anhand in bestimmter Weise zusammengestellter Warenkörbe Preisindizes ermittelt. Mit Hilfe dieser Indizes läßt sich die Veränderung des Preisniveaus in einer Volkswirtschaft feststellen, wodurch es schließlich möglich wird, Realwerte, also die um Preisänderungen bereinigten Werte des Sozialprodukts, errechnen zu können.

Die private Verbrauchsnachfrage kann aus dem vorhandenen Einkommen und dem Abbau von Geldvermögen ebenso finanziert werden wie durch die Aufnahme zusätzlicher Konsumentenkredite. Dies geschieht in hohem Maß in den USA. Aber auch in der Bundesrepublik Deutschland hat der Konsumentenkredit an Bedeutung für den privaten Verbrauch zugenommen, allerdings bei weitem nicht die amerikanischen Verhältnisse erreicht. Die Entwicklung der Werte des Konsumentenkredits sowie die Zwecke der Verschuldung geben Aufschluß über Branchentrends bzw. Konsumbereiche.

Für Staat, Unternehmen, öffentliche Haushalte und Privatpersonen ist die rechtzeitige Erkenntnis bevorstehender konjunktureller Veränderungen für zu treffende wirtschaftliche Entscheidungen und Planungen von großer Bedeutung. Einzelne Konjunkturindikatoren erfüllen diese Aufgabe oftmals nur unzureichend. Daher sind Gesamtindikatoren entwickelt worden, mit deren Hilfe versucht wird, den künftigen Konjunkturverlauf zu prognostizieren.

4.4 Konjunkturtheorien

Die Darstellung des Konjunkturverlaufs an Hand von Veränderungen einzelner Indikatoren läßt zwar erkennen, welche Größen sich verändert haben, gibt jedoch noch keine Auskunft über die Ursachen der Schwankungen. Läßt man einmal die Erklärungen unberücksichtigt, die den Einfluß fremder Faktoren auf den Konjunkturverlauf analysieren, und behandelt nur diejenigen Impulse, die aus dem Wirtschaftsprozeß selbst heraus wirksam werden, so läßt sich folgendes feststellen: Theorien, weshalb es zu Konjunkturschwankungen kommen muß bzw. kommen kann, gibt es bereits seit dem 19. Jahrhundert. Allen älteren Überlegungen ist gemeinsam, daß sie für das Konjunkturphänomen nur eine, wenn auch jeweils unterschiedliche Ursache anführen, so z. B.:

- **Überinvestitionstheorie**
  Nach ihr verursacht die Überproduktion an Kapitalgütern im Verhältnis zu den Konsumgütern Konjunkturschwankungen dadurch, daß die Investitionsgüterhersteller auf Änderungen der wirtschaftlichen Aktivitäten sofort reagieren und diese verstärkt weitergeben.
- **Unterkonsumtionstheorie**
  Sie zielt auf ein zu geringes Geldeinkommen der Haushalte und damit zu niedrige Konsumausgaben ab. Gefordert wird mehr Kaufkraft bei den Arbeitnehmern, damit eine gleichmäßige Produktion abgesetzt und ein stabiles Wirtschaftswachstum hergestellt werden kann.

- **Monetäre Konjunkturtheorie**
  Nach dieser Theorie liegt die Hauptursache der Konjunkturschwankungen in Veränderungen des Geldvolumens, das seinerseits die Aktivitäten der Wirtschaftssubjekte beeinflußt.
- **Psychologische Konjunkturtheorie**
  Bei ihr spielt das Verhalten beim Treffen wirtschaftlicher Entscheidungen die Hauptrolle. Optimistische bzw. pessimistische Einschätzungen der wirtschaftlichen Situation und der Zukunft beeinflussen danach Konsumverhalten der Haushalte bzw. Investitionsentscheidungen der Unternehmer und bestimmen somit den Konjunkturverlauf.
- **Zyklustheorien**
  Einige Theoretiker vertreten die Meinung, daß Konjunkturschwankungen in bestimmten zeitlichen Abständen wiederkehren. Solche Gesetzmäßigkeiten glaubt man, aus den Aufzeichnungen der Konjunkturverläufe in der Vergangenheit erkennen zu können. Unterschieden werden – jeweils benannt nach dem sie entdeckenden Theoretiker – entsprechend ihrer Zeitdauer:
  1. Kitchin-Wellen; das sind relativ kurzfristige Zyklen mit einer Länge von durchschnittlich drei bis fünf Jahren.
  2. Juglar-Wellen; darunter versteht man Zyklen mit einer Länge von durchschnittlich neun Jahren.
  3. Kondratieff-Wellen; das sind Zyklen mit einer Länge von durchschnittlich 50 bis 60 Jahren.

Die modernen Konjunkturtheorien erklären die Schwankungen nicht als Einzelimpuls, sondern aus dem Zusammenwirken vielfältiger Einflüsse. Dabei kann es sich sowohl um psychologische, monetäre als auch entwicklungsbedingte Faktoren handeln. Jede Änderung wirtschaftlicher Daten vermag einen Impuls auszulösen, der die Konjunktur beeinflußt. Es ist aber ebenso möglich, daß verschiedene Größen sich gegenseitig neutralisieren oder noch verstärken. So läßt sich z. B. denken, daß eine zusätzliche staatliche Investition weitere Investitionen der privaten Wirtschaft nach sich zieht. Die damit verbundenen Einkommen können über verstärkte Konsumausgaben ihrerseits wiederum mehr Nachfrage nach Investitionsgütern erzeugen und so die beabsichtigte Wirkung überdurchschnittlich verstärken. Von den Konjunkturschwankungen zu unterscheiden sind die sogenannten **Strukturkrisen.** Auch sie führen zu einem Rückgang in der Produktionstätigkeit. Der Grund ist aber im Gegensatz zum konjunkturellen Abschwung hier nicht in einer nachlassenden wirtschaftlichen Aktivität zu suchen, sondern in fundamentalen, über längere Zeit wirkenden Einflüssen, sei es, daß eine Sättigungsgrenze erreicht ist, oder, daß durch das Aufkommen von Ersatzprodukten die Erzeugung unrentabel wird (z. B. Erdgas und Erdöl als lange Zeit billigere Energie gegenüber Kohle), oder aber daß sich aufgrund fundamentaler Verschiebungen von Preisrelationen, wie sie durch die explosionsartigen Preisschübe beim Erdöl auftraten, Anpassungsnotwendigkeiten ergeben, die strukturelle Veränderungen auslösen.

Zusammenfassung

4.4. Konjunkturtheorien

Um die Ursachen konjunktureller Schwankungen zu erklären, haben die Wirtschaftswissenschaften in der Vergangenheit zahlreiche Versuche unternommen und Theorien entwickelt.

Die Überinvestitions- und die Unterkonsumtionstheorie versuchen, aus bestimmten Verhaltensreaktionen der Wirtschaftssubjekte ursächliche Zusammenhänge abzuleiten, während die monetäre Konjunkturtheorie Veränderungen des Geldvolumens dafür verantwortlich macht. Die psychologische Konjunkturtheorie stellt auf bestimmte Verhaltensmuster bei wirtschaftlichen Entscheidungsprozessen ab. Die Zyklustheorien leiten aus unterschiedlich langen Konjunkturverläufen bestimmte regelmäßig wiederkehrende Wellenbewegungen von Laufzeiten zwischen 3 und 5 sowie 50 bis 60 Jahren ab.

Von völlig anderer Art sind Strukturkrisen, die losgelöst von Konjunkturschwankungen entstehen und gelöst werden müssen.

4.5 Konjunkturforschung

Aufgabe der **Konjunkturforschung** ist die laufende Beobachtung der wirtschaftlichen Aktivitäten innerhalb einer Volkswirtschaft. Durch Sammlung statistischer Einzelangaben, Aufbereitung und Auswertung der Daten wird der Wirtschaftsprozeß beschrieben (Konjunkturdiagnose) und überdies eine Voraussage für den weiteren Konjunkturablauf versucht (Konjunkturprognose). Das 1870 in den USA gegründete Harvard-Institut gilt als das erste Konjunkturforschungsinstitut der Welt. In Deutschland wurde 1925 das Deutsche Institut für Wirtschaftsforschung (DIW) in Berlin ins Leben gerufen. Weitere bedeutende wissenschaftliche Forschungsinstitute sind heute u. a. in der Bundesrepublik Deutschland das Institut für Wirtschaftsforschung (Ifo-Institut) in München, das Institut für Weltwirtschaft (IfW) in Kiel, das Institut der deutschen Wirtschaft (IW) in Köln und das Hamburger Weltwirtschaftsarchiv (HWWA). Das Jahresgutachten des Sachverständigenrates, der Jahreswirtschaftsbericht der Bundesregierung sowie die Konjunkturanalysen der Deutschen Bundesbank bilden ferner Quellen, die über die jeweilige wirtschaftliche Situation und die Konjunkturentwicklung Aussagen machen. Daneben gibt es eine Vielzahl von Wirtschaftsverbänden, Instituten, Unternehmen und Banken, die zur Beobachtung des Wirtschaftsablaufs entsprechende Einrichtungen und eigene Abteilungen unterhalten.

Die Vorgehensweise bei der Gewinnung ihrer Aussagen ist im Prinzip bei allen ähnlich. Das kann nicht verwundern, haben doch alle dasselbe Forschungsobjekt – die Wirtschaft – zum Gegenstand. Dabei wird mit Modellen gearbeitet, in denen man theoretisch zu erfassen sucht, was sich tatsächlich ereignet hat oder ergeben könnte. Daß man „im Sandkasten" nur einen Ausschnitt aus der Wirklichkeit darstellen kann, dürfte sich von selbst verstehen. Ebenso muß man aus der Fülle der Einflußfaktoren, die auf den Wirtschaftsablauf einwirken, durch Abstraktion zunächst nur einige wenige herausgreifen, die übrigen dagegen unberücksichtigt lassen, wenn faßbare Aussagen herauskommen sollen. Denn eine umfassende Analyse ist beinahe unmöglich, da – wie bei einem Mobile – die Änderung einer Größe Auswirkungen auf andere hat und diese ihrerseits Anstöße geben, die das ganze System in Bewegung halten. Letztlich beeinflussen sich alle Elemente gegenseitig. Deshalb also geht man schrittweise vor und nimmt zunächst nur einen Faktor als variabel an, alle anderen Größen dagegen werden als gegeben und unveränderlich betrachtet. In den folgenden Schritten wird dann dieses Modell erweitert, indem die anderen Einflußgrößen sukzessive mit einbezogen werden. Auf diese Weise vermindert man schrittweise den Abstraktionsgrad der Untersuchungen und nähert sich damit immer stärker den tatsächlichen wirtschaftlichen Verhältnissen. Wenn man auch stets eingedenk sein muß, daß die so, d.h. durch Modellbetrachtung, erzielten Resultate nicht in vollem Umfang die wirtschaftlichen Realitäten widerspiegeln, bietet dennoch die Konjunkturforschung heute eine Fülle von Ergebnissen, die als wirtschafts- und konjunkturpolitisches Instrumentarium brauchbar sind und nutzbringend angewendet werden können.

Zusammenfassung

4.5 Konjunkturforschung

Die konjunkturelle Entwicklung einer Volkswirtschaft zu erfassen, und zwar in ihrem Verlauf, aber insbesondere in den ursächlichen Wirkungen, ist wichtige Voraussetzung dafür, daß das Ausmaß der zyklischen Bewegungen bei wirtschaftlichen, aber auch wirtschaftspolitischen Entscheidungen berücksichtigt werden kann. Dabei ist es das Ziel, die eher destabilisierenden konjunkturellen Ausschläge zu vermindern.

Diese Konjunkturforschung wird von Wirtschaftsunternehmen mit entsprechenden Stäben, von Verbänden, Wirtschaftswissenschaftlern an Universitäten und durch Wirtschaftsforschungsinstitute wie dem DIW, dem IW, dem IfW, dem HWWA und dem Ifo-Institut betrieben. Das Jahresgutachten des Sachverständigenrats zur Begutachtung der gesamtwirtschaftlichen Entwicklung und die regelmäßigen Konjunkturanalysen der Deutschen Bundesbank sowie des Bundeswirtschaftsministeriums haben in der Reihe der Gutachten eine herausragende Bedeutung.

Das methodische Vorgehen aller Konjunkturanalytiker basiert auf der Sammlung statistischer Daten sowie der Berücksichtigung von konjunkturwirksamen Überlegungen und Planungen der Wirtschaftssubjekte. Durch die Anwendung statistischer und wirtschaftswissenschaftlicher Methoden werden Konjunkturanalysen erarbeitet, durch Einbeziehung von Annahmen über die Entwicklung bestimmter Rahmengrößen schließlich Konjunkturprognosen erstellt.

4.6 Konjunkturpolitische Ziele

Die Möglichkeiten der Gestaltung des Verhältnisses zwischen dem Staat und der sich in ihm vollziehenden Wirtschaft bewegen sich zwischen zwei Extremen: der freien Marktwirtschaft und der totalen Planwirtschaft. In der freien Marktwirtschaft verzichtet der Staat konsequent auf jeden hoheitlichen Eingriff zur Lenkung der wirtschaftlichen Aktivitäten. Die totale Planwirtschaft – auch als Zentralverwaltungswirtschaft bezeichnet – ist dadurch gekennzeichnet, daß der Staat sämtliche ökonomischen Entscheidungen selbst trifft und diese von Funktionären nach genauen Direktiven realisieren läßt. Zwischen den beiden Polen freie Markt- und totale Zentralverwaltungswirtschaft haben sich verschiedene Mischformen entwickelt, die sich durch das Ausmaß der Beeinflussung der Wirtschaft durch den Staat und den Umfang der Entscheidungsfreiheit von Produzenten und Verbrauchern unterscheiden.

Das marktwirtschaftliche System schafft im Zusammenwirken mit der Rechts- und Gesellschaftsordnung den Rahmen, innerhalb dessen die wirtschaftlichen Aktivitäten sich frei entfalten können. Autonome Entscheidungen des einzelnen am Wirtschaftsprozeß beteiligten Marktpartners beinhalten Gewinnchancen ebenso wie Risiken; das ist die Grundlage jeder marktwirtschaftlichen Ordnung. Die Rahmenbedingungen geben nur die Bandbreite vor, innerhalb derer der Marktmechanismus wirken kann, und tragen die Verantwortung dafür, daß der Wettbewerb funktioniert. Zeigt sich, daß wirtschaftliche Aktivitäten nicht in den Bahnen verlaufen, die als wünschenswert angestrebt werden, so wird ein Eingriff mit marktwirtschaftlichen Mitteln erforderlich. Im Gegensatz zu dirigistischen

Maßnahmen, wie sie für die Zentralverwaltungswirtschaft typisch sind, wirken diese nur indirekt. Mit ihnen wird nämlich versucht, die Entscheidungen der Wirtschaftssubjekte so zu beeinflussen, daß die sich dann daraus ergebenden Resultate das angestrebte Ziel erreichen. Der Einsatz marktwirtschaftlicher Mittel ist nicht zuletzt deshalb in vielen Fällen hinsichtlich des Erfolges mit Unsicherheiten behaftet, weil das Wirtschaftssubjekt weiterhin die Entscheidung, tätig zu werden oder nicht, selbst fällt. So ist auch das im Zusammemhang mit Konjunkturankurbelung viel verwendete Zitat zu verstehen, daß man ,,die Pferde zwar zur Tränke führen, nicht aber zum Saufen zwingen" könne.

Will man nun feststellen, ob der erzielte Ist-Wert der wirtschaftlichen Aktivitäten positiv oder negativ zu bewerten ist, braucht man eine Soll-Vorgabe als Bezugsgröße. Solche Soll-Vorgaben, die ein im Interesse aller Marktpartner wünschenswertes Ziel darstellen und sich somit absolut von den Planwerten der Zentralverwaltungswirtschaft unterscheiden, stellen die **wirtschaftspolitischen Ziele** dar. Ihre Vorgabe ist eine politische Entscheidung. Dabei gilt es, den Zielinhalt und das Ausmaß zu bestimmen. Das gesamtwirtschaftliche Zielbündel der westlichen Industrienationen ist heute – wenn auch mit unterschiedlicher Gewichtung – nahezu identisch. Die Weltwirtschaftskrise in den dreißiger Jahren mit ihren katastrophalen Folgen hat dazu geführt, daß in aller Welt das Vermeiden von Massenarbeitslosigkeit mit der dadurch auch bedingten politischen Instabilität als Hauptziel gilt. Dementsprechend findet sich in den Gesetzen und Verordnungen vieler Staaten die Erhaltung der Vollbeschäftigung als besonders anzustrebende Größe. Weitere allgemein verfolgte Ziele sind Preisniveaustabilität, gleichmäßiges wirtschaftliches Wachstum, Ausgeglichenheit bei Transaktionen mit dem Ausland sowie eine gerechte Einkommens- und Vermögensverteilung.

Auch die Bundesrepublik Deutschland hat sich in ihrer Wirtschaftspolitik an ganz konkreten gesamtwirtschaftlichen Zielen zu orientieren. So heißt es im ,,Gesetz zur Förderung der Stabilität und des Wachstums der Wirtschaft" (**Stabilitätsgesetz**) vom 8. Juni 1967 im § 1:

> ,,Bund und Länder haben bei ihren wirtschafts- und finanzpolitischen Maßnahmen die Erfordernisse des gesamtwirtschaftlichen Gleichgewichts zu beachten. Die Maßnahmen sind so zu treffen, daß sie im Rahmen der marktwirtschaftlichen Ordnung gleichzeitig zur Stabilität des Preisniveaus, zu einem hohen Beschäftigungsstand und außenwirtschaftlichem Gleichgewicht bei stetigem und angemessenem Wirtschaftswachstum beitragen."
>
> Die vier Ziele – Vollbeschäftigung
> – Preisniveaustabilität
> – Wirtschaftswachstum und
> – außenwirtschaftliches Gleichgewicht
>
> haben auch die Bezeichnung **„magisches Viereck"** erhalten.

Die Ziele der Wirtschaftspolitik:
Das magische Viereck

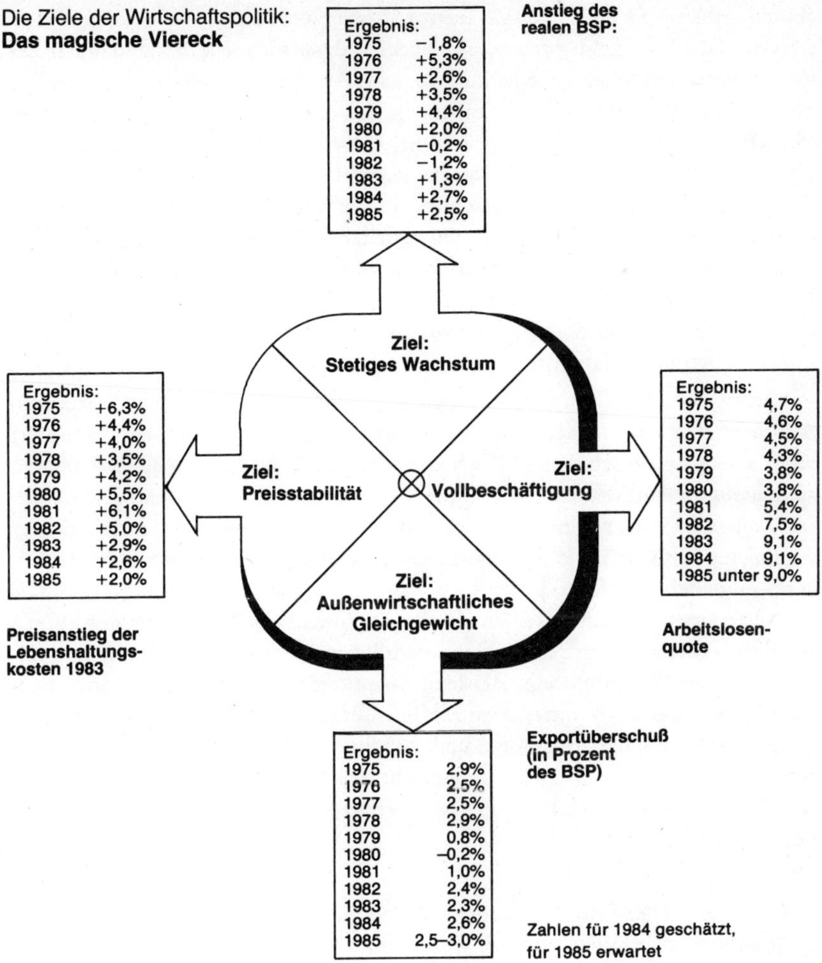

Man will damit zum Ausdruck bringen, daß die gleichzeitige Erreichung dieser vier Ziele – wenn überhaupt – außerordentlich schwierig ist und ihre annähernde Verwirklichung oft an Magie grenzt. Eine solche Vielzahl und Verschiedenartigkeit von Zielen gleichzeitig zu verfolgen, setzt voraus, daß die angewandten Maßnahmen sich auch auf alle Eckpunkte in gleicher Weise auswirken. Die wirtschaftliche Realität lehrt aber, daß in vielen Fällen die Ziele hinsichtlich der eingesetzten Mittel konkurrieren, d. h. positive Auswirkungen der Maßnahmen bei einem Ziel negative bei anderen zur Folge haben. Häufig wird deshalb nichts anderes übrigbleiben, als aus einer bestimmten Konjunkturlage heraus Prioritäten zu setzen. Dabei die für die Wirtschafts- und Konjunkturpolitik in der

Bundesrepublik Deutschland Verantwortlichen zu unterstützen, wurde mit dem „Gesetz über die Bildung eines **Sachverständigenrates zur Begutachtung der gesamtwirtschaftlichen Entwicklung** vom 14. August 1963" ein besonderes Gremium geschaffen. Deren fünf Mitglieder – vielfach auch als die sogenannten **fünf Weisen** bezeichnet – müssen über besondere wirtschaftswissenschaftliche Kenntnisse und volkswirtschaftliche Erfahrungen verfügen; denn ihnen ist die Aufgabe gestellt, alljährlich in einem Gutachten die jeweilige gesamtwirtschaftliche Lage und deren absehbare Entwicklung darzustellen. Dabei soll in die Untersuchung auch die Bildung und die Verteilung von Einkommen und Vermögen einbezogen werden. Den fünf Weisen obliegt es also als quasi neutrale Instanz, die Einhaltung der für die Bundesrepublik aufgestellten wirtschaftspolitischen Ziele zu kontrollieren und zu interpretieren.

Ein weiteres Gremium in dieser Richtung bildet die sogenannte **Konzertierte Aktion.** Entsprechend den Zielen des Stabilitätsgesetzes wurde aus Vertretern von Gebietskörperschaften, Gewerkschaften, Arbeitgeberverbänden eine Gesprächsrunde zum regelmäßigen Informationsaustausch geschaffen. Zweck dieser Treffen ist, die autonomen wirtschaftlichen Entscheidungen der beteiligten Gruppen unter Berücksichtigung der gesamtwirtschaftlichen Möglichkeiten und Notwendigkeiten aufgrund der von der Bundesregierung zur Verfügung gestellten Orientierungsdaten aufeinander abzustimmen. Die Konzertierte Aktion – die Teilnahme daran ist freiwillig – bemüht sich insbesondere auch um eine konjunkturelle Lohnfindung. Als Instrument der Stabilitätspolitik besitzt sie in ihrer Wirksamkeit nur mittelbaren Einfluß. Wegen auseinandergehender Auffassungen zwischen Arbeitnehmer- und Arbeitgebervertretungen ist die Konzertierte Aktion in der jüngsten Vergangenheit nicht mehr zustandegekommen. Bemühungen politischer Instanzen, alle Vertreter wieder an einen Tisch zu bekommen, waren bisher erfolglos.

Neben der Einsetzung beratender Gremien umfaßt das **Stabilitätsgesetz** eine Vielzahl in den Wirtschaftsprozeß direkt eingreifender Maßnahmen bzw. solcher, die die zukünftige Entwicklung überschaubarer und berechenbarer machen sollen. Im einzelnen sieht das Gesetz folgende wesentliche Instrumente vor:

- Jahreswirtschaftsbericht
  Die Bundesregierung wird verpflichtet, jeweils im Januar eines jeden Jahres dem Bundestag und dem Bundesrat einen Jahreswirtschaftsbericht vorzulegen. Dieser soll sowohl eine Stellungnahme zu dem Jahresgutachten des Sachverständigenrates als auch Darlegungen der für das laufende Jahr von der Bundesregierung angestrebten wirtschafts- und finanzpolitischen Ziele (Jahresprojektion) sowie der für das laufende Jahr geplanten Wirtschafts- und Finanzpolitik enthalten.

- Subventionsbericht
  Alle zwei Jahre hat die Bundesregierung dem Bundestag und dem Bundesrat zusammen mit dem Entwurf des Bundeshaushaltsplans einen Subventionsbericht vorzulegen, in dem die verschiedenen Finanzhilfen und Steuervergünstigungen sowie die daraus sich ergebenden voraussichtlichen Steuermindereinnahmen enthalten sind.
- Konjunkturausgleichsrücklage
  In Zeiten hoch- oder überschäumender Konjunktur ist eine Konjunkturausgleichsrücklage bei der Deutschen Bundesbank anzusammeln, über deren Verwendung zur Konjunkturankurbelung die Bundesregierung zu entscheiden hat.
- Mittelfristige Finanzplanung
  Der Haushaltswirtschaft des Bundes, der Länder und Gemeinden ist eine fünfjährige Finanzplanung zugrunde zu legen, in der Umfang und Zusammensetzung der voraussichtlichen Ausgaben sowie deren Deckungsmöglichkeiten entsprechend der gesamtwirtschaftlichen Entwicklung gegenüberzustellen sind. Der Finanzplan des Bundes, der von der Bundesregierung beschlossen und dem Bundestag sowie dem Bundesrat vorgelegt wird, ist jährlich der Entwicklung anzupassen und fortzuführen. Entsprechendes gilt für die Länder und Gemeinden.
- Kreditermächtigungen für den Bundesfinanzminister
  Bei einer die Ziele des Gesetzes gefährdenden Abschwächung der allgemeinen Wirtschaftstätigkeit wird der Bundesminister der Finanzen ermächtigt, über die im Haushaltsgesetz erteilten Kreditermächtigungen hinaus zusätzliche Kredite bis zur Höhe von 5 Mrd. DM – gegebenenfalls mit Hilfe von Geldmarktpapieren – aufzunehmen.
- Beschränkung der Kreditaufnahme der öffentlichen Hände
  Zur Abwehr einer Störung des gesamtwirtschaftlichen Gleichgewichts kann die Bundesregierung mit Zustimmung des Bundesrates anordnen, daß die Beschaffung von Krediten durch Bund, Länder, Gemeinden, Gemeindeverbände sowie öffentliche Sondervermögen und Zweckverbände beschränkt wird.
- Gewährung von Investitionsprämien
  Zur Ankurbelung der Investitionstätigkeit und damit als gesamtwirtschaftliche Anregung kann eine Investitionsprämie bis zur Höhe von 7,5% der Anschaffungs- oder Herstellungskosten für einen bestimmten Zeitraum gewährt werden.
- Variierung der Sätze der Einkommen- und Körperschaftsteuer
  Bei einer Störung des gesamtwirtschaftlichen Gleichgewichts wird die Bundesregierung ermächtigt, Einkommen- und Körperschaftsteuer für ei-

nen Zeitraum von höchstens einem Jahr um bis zu 10% zu senken oder zu erhöhen.

- Konjunkturrat
  Den nach dem Stabilitätsgesetz bei der Bundesregierung gebildeten Konjunkturrat für die öffentliche Hand – ihm gehören die Bundesminister für Wirtschaft und Finanzen sowie Vertreter der Bundesländer und der Kommunen an – obliegt die Beratung über die erforderlichen konjunkturpolitischen Maßnahmen und die Möglichkeiten der Deckung des öffentlichen Kreditbedarfs.

Alle Gremien und Maßnahmen dienen dem Zweck, die im magischen Viereck zusammengefaßten Ziele in möglichst optimaler gegenseitiger Abstimmung zu realisieren.

Für die in der Bundesrepublik Deutschland angestrebten Ziele gibt es mittelfristige Richtwerte sowie im jeweiligen Jahreswirtschaftsbericht spezielle Vorgaben für ein Jahr. Eine Quantifizierung der Werte findet sich erstmals in einer Prognose der allgemeinen Wirtschaftsentwicklung, die die Bundesregierung im Jahreswirtschaftsbericht 1967 für den Zeitraum bis 1971 aufgestellt hat. Danach gelten folgende Richtwerte für die westdeutsche Volkswirtschaft:

Unter **Vollbeschäftigung** – oder hohem Beschäftigungsstand – wird in der Zielprojektion eine Arbeitslosenquote von 0,8%, gemessen als Anteil der Arbeitslosen an den in abhängiger Stellung Tätigen, verstanden. Dies sind 2- bis 3%-Punkte weniger als die Rate, die nach der Weltwirtschaftskrise durchschnittlich anzutreffen war und die von vielen Vertretern der Wirtschaftspraxis wie -theorie heute noch als maximal vertretbar angesehen wird. Die letzten Jahre haben jedoch deutlich werden lassen, daß weltweit die Vollbeschäftigung gegenwärtig ein nicht zu erreichendes Ziel ist und in der Bundesrepublik trotz gezielter wirtschaftspolitischer Maßnahmen eine Arbeitslosenquote von unter 5% in naher Zukunft kaum erreichbar sein dürfte.

Die Zielprojektion des Bundeswirtschaftsministeriums spricht von **Preisniveaustabilität,** wenn der Preisindex für das Bruttosozialprodukt um nicht mehr als 1% steigt. Dieses Ziel sollte bis zum Endjahr der Projektion (1971) erreicht sein, wobei eine stetige Abnahme des im Jahre 1967 auf etwa 4% angestiegenen Preisverfalls um etwa 1% pro Jahr als Richtwert gelten sollte. Die Erfahrung hat gezeigt, daß diese Vorstellung irreal war und ist. Hinsichtlich des weit mehr bekannten Preisindexes für die Lebenshaltung privater Haushalte bedeutet das Ziel nahezu absolute Konstanz in der Preisentwicklung. Auch das konnte nicht erreicht werden, jedoch ist in den vergangenen Jahren dieser Index meist langsamer gewachsen als derjenige für das Sozialprodukt. Dieses Auseinanderklaffen ist vor allem darauf zurückzuführen, daß der Verbraucherpreisindex nicht die

Preise von Importgütern enthält – die Einfuhrpreise sind in jener Zeit stärker gestiegen als die Binnenpreise. Der Preisindex für das Bruttosozialprodukt beinhaltet auch die Kosten für staatliche Leistungen wie z. B. Bezüge der Staatsbediensteten, die beträchtliche Zuwachsraten aufweisen. Eine solche absolute Preisstabilität, wie sie angepeilt war, hat es in der Bundesrepublik Deutschland – mit Ausnahme des Rezessionsjahres 1967/68 – nicht gegeben. Das Ziel völlig stabiler Preise läßt sich offenbar bei Verwirklichung der anderen Zielsetzungen nicht realisieren. Diese Erfahrung, die die Bundesrepublik ebenso machen mußte wie die meisten anderen Industrieländer der Welt, hat immer wieder die Forderung laut werden lassen, man solle das Ziel der Preisniveaustabilität so definieren, daß es leichter erreichbar erscheint. Eine Abkehr von der absoluten hin zur relativen Preisniveaustabilität findet sich deshalb in der Zielprojektion bis 1975, niedergelegt im Jahreswirtschaftsbericht von 1971. Dort wird Stabilität definiert als Zuwachsrate des Preisniveaus der Inlandsnachfrage von 2,5 bis 2% bei etwas geringerem Anstieg des Preisniveaus für den privaten Verbrauch (2,3 bis 1,8%). Auch diese Werte konnten in der Vergangenheit nicht immer erreicht werden. Wenn auch die Bundesrepublik Deutschland im internationalen Inflations-Geleitzug seit langem hinten liegt, darf dennoch dieser Tatbestand nicht darüber hinwegtäuschen, daß die effektive Preisentwicklung gegenüber den Planwerten abgewichen war.

Als **angemessenes Wachstum** wird in der mittelfristigen Zielprojektion für den Durchschnitt der Jahre 1968 bis 1971 eine Wachstumsrate des realen Bruttosozialbprodukts von 4,0% im Jahr angesehen. Bei diesen Werten entsprach die Wirklichkeit noch am ehesten der Prognose, wenngleich die letzten Jahre deutlich niedrigere Zuwächse brachten.

Das **außenwirtschaftliche Gleichgewicht** wird in der Zielprognose des Bundeswirtschaftsministers von 1967 quantifiziert als Überschuß im Waren- und Dienstleistungsverkehr mit dem Ausland (Außenbeitrag) im Umfang von 1% des Bruttosozialprodukts. Das entspreche den „voraussichtlichen finanziellen Verpflichtungen" der Bundesrepublik Deutschland. Um wieviel stärker die außenwirtschaftliche Position der Bundesrepublik Deutschland sich meist entwikkelt hat, ist allgemein bekannt. Der Jahreswirtschaftsbericht der Bundesregierung von 1971 bemißt den vorgesehenen Außenbeitrag als Maßstab für ein außenwirtschaftliches Gleichgewicht mit 1,5 bis 2% des Bruttosozialprodukts. Auch diese Größe wurde in den Jahren 1973 bis 1978 ständig überschritten, z. T. sogar beträchtlich, wie z. B. 1974 mit 4,4%. Erst 1979 befand sich das außenwirtschaftliche Gleichgewicht wieder „im Plan".

Insgesamt gesehen hat sich also gezeigt, daß das magische Viereck seinen Namen zu Recht trägt und eine gleichzeitige Verwirklichung aller Ziele nicht möglich ist. Wenn auch Prognose und Realität sehr oft auseinanderklaffen, darf man dennoch den Vorteil nicht übersehen, der sich aus diesen Berechnungen ergibt. Die Tatsa-

Zahlen der Konjunkturentwicklung · Daten aus den Jahreswirtschaftsberichten der Bundesregierung

	1974[1]	1975[1]	1976[1]	1977[1]	1978[1]	1979[1]	1980[1]	1981[1]	1982[2]	1983[2]	1984[2]	1985[3]
Entstehung des Sozialprodukts	– Veränderung gegenüber dem Vorjahr in v. H. –											
Erwerbstätige	– 1,9	– 3,4	– 0,9	– 0,2	+ 0,8	+ 1,3	+ 1,0	– 0,8	– 1,8	– 1,7	– 0,3	+ rd 0,5
Arbeitslosenquote in v. H.[4]	(2,6)	(4,7)	(4,6)	(4,5)	(4,4)	(3,8)	(3,8)	(5,4)	(7,5)	(9,1)	(9,1)	(unter 9,0)
Arbeitszeit je Erwerbstätigem	– 1,3	– 1,4	+ 0,8	– 0,8	– 1,0	– 0,5	– 0,7	– 0,9	– 0,3	– 0,2	– 0,2	– 1,0
Bruttoinlandsprodukt												
in Preisen von 1976 (BIP)[5]	+ 0,5	– 2,1	+ 5,2	+ 3,0	+ 3,2	+ 4,2	+ 1,8	– 0,2	– 1,1	+ 1,3	+ 2,6	+ rd. 2,5
BIP je Erwerbstätigem	+ 2,4	+ 1,4	+ 6,1	+ 3,2	+ 2,5	+ 2,8	+ 0,8	+ 0,8	+ 0,9	+ 2,8	+ 3,0	+ rd. 2,0
BIP je Erwerbstätigenstunde	+ 3,7	+ 2,8	+ 5,3	+ 4,0	+ 3,5	+ 3,3	+ 1,5	+ 1,7	+ 1,2	+ 2,9	+ 3,2	+ rd. 3,0
Verwendung des Sozialprodukts												
in jeweiligen Preisen												
Privater Verbrauch	+ 7,3	+ 9,3	+ 8,0	+ 7,4	+ 6,6	+ 7,4	+ 7,0	+ 5,4	+ 3,5	+ 4,1	+ 3,5	+ 3,5 bis 4,5
Staatsverbrauch	+16,4	+11,0	+ 5,5	+ 5,4	+ 7,4	+ 8,3	+ 8,9	+ 6,7	+ 2,4	+ 2,7	+ 4,1	+ 4,0 bis 5,0
Anlageinvestitionen	– 4,0	– 0,9	+ 8,1	+ 7,4	+ 9,7	+14,3	+10,9	+ 0,1	– 2,2	+ 4,8	+ 3,2	+ 5,0 bis 6,0
dar.: Öffentliche Investitionen	+15,7	– 0,6	– 0,5	– 1,4	+11,1	+14,3	+11,8	– 5,5	– 9,1	– 7,3	– 0,4	+ 4,0 bis 5,0
Vorratsveränderung Mrd. DM	(+ 5,5)	(– 3,3)	(+13,7)	(+13,2)	(+ 9,4)	(+27,0)	(+18,9)	(– 4,9)	(– 5,3)	(+ 4,9)	(+16,5)	(+16,0 bis 20,0)
Inlandsnachfrage	+ 5,9	+ 6,3	+ 9,0	+ 6,8	+ 7,0	+10,5	+ 7,6	+ 2,8	+ 2,0	+ 4,6	+ 4,2	+ 4,0 bis 5,0
Außenbeitrag												
Mrd. DM	(+43,4)	(+29,8)	(+28,6)	(+29,5)	(+37,3)	(+11,0)	(– 3,1)	(+14,7)	(+38,1)	(+38,8)	(+45,9)	(+50,0 bis +55,0)
Anteil am Bruttosozialprodukt in v. H.	(4,4)	(2,9)	(2,5)	(2,5)	(2,9)	(0,8)	(– 0,2)	(1,0)	(2,4)	(2,3)	(2,6)	(2,5 bis 3,0)
Bruttosozialprodukt	+ 7,3	+ 4,7	+ 8,7	+ 6,7	+ 7,5	+ 8,2	+ 6,5	+ 4,0	+ 3,5	+ 4,5	+ 4,6	+ rd. 5,0
Preisentwicklung												
Privater Verbrauch	+ 7,0	+ 6,2	+ 4,5	+ 3,8	+ 2,6	+ 4,2	+ 5,5	+ 6,1	+ 5,0	+ 2,9	+ 2,6	+ rd. 2,0
Inlandsnachfrage	+ 7,9	+ 5,8	+ 3,8	+ 3,8	+ 3,1	+ 4,9	+ 6,0	+ 5,4	+ 4,1	+ 2,6	+ 2,3	+ rd. 2,5
Bruttosozialprodukt	+ 6,9	+ 6,8	+ 3,3	+ 3,8	+ 3,8	+ 4,0	+ 4,5	+ 4,2	+ 4,7	+ 3,2	+ 1,9	+ rd. 2,0
Verteilung des Sozialprodukts												
Volkseinkommen	+ 7,1	+ 4,2	+ 8,9	+ 6,7	+ 7,4	+ 7,7	+ 5,7	+ 3,3	+ 3,2	+ 4,2	+ 4,7	+ 4,5 bis + 5,5
Bruttoeinkommen aus Unternehmertätigkeit und Vermögen	+ 0,1	+ 4,4	+12,8	+ 6,0	+ 9,1	+ 7,6	– 0,9	– 0,1	+ 6,1	+11,2	+ rd. 9,5	+ 6,0 bis 7,0
Bruttoeinkommen aus unselbständiger Tätigkeit	+10,0	+ 4,1	+ 7,4	+ 6,9	+ 6,7	+ 7,7	+ 8,4	+ 4,6	+ 2,2	+ 1,7	+ rd. 3,0	+ 4,0 bis + 4,5
Bruttolohn- und -gehaltssumme je beschäftigtem Arbeitnehmer	+11,4	+ 7,2	+ 7,0	+ 6,9	+ 5,2	+ 5,6	+ 6,6	+ 4,9	+ 4,2	+ 3,4	+ rd. 3,0	+ rd. 3,5
Sparquote	(15,1)	(15,4)	(13,6)	(12,6)	(12,5)	(12,6)	(12,8)	(13,5)	(12,9)	(11,4)	(11,4)	(11,0 bis 11,5)

[1] Endgültige Ergebnisse. [2] Vorläufige Ergebnisse. [3] Jahresprojektion. [4] Bezogen auf die unselbständigen Erwerbspersonen. [5] Bis 1979 in Preisen von 1970.

Gegenüberstellung der tatsächlichen Entwicklung in 1984 mit der Jahresprojektion der Bundesregierung

	Jahresprojektion	Tatsächliche Entwicklung[4]
Entstehung des Sozialprodukts	– Veränderung gegenüber dem Vorjahr in % –	
Erwerbstätige	+ 0	– 0,3
Arbeitslosenquote in v. H. A[1]	(knapp 9)	(9,1)
B[2]	(knapp 8)	(8,1)
Arbeitszeit je Erwerbstätigem	0 bis –0,5	– 0,2
Bruttoinlandsprodukt		
in Preisen von 1976 (BIP)	+ rd. 2,5	+ 2,6
BIP je Erwerbstätigem	+ 2 bis 2,5	+ 3,0
BIP je Erwerbstätigenstunde	+ rd. 2,5	+ 3,2
Verwendung des Sozialprodukts		
in jeweiligen Preisen		
Privater Verbrauch	+ 4 bis +5	+ 3,5
Staatsverbrauch	+ 2 bis +2,5	+ 4,1
Anlageinvestitionen	+ 8 bis +9	+ 3,2
darunter: Öffentliche Investitionen	+ 3 bis +5	– 0,4
Vorratsveränderung Mrd. DM	(+ 7 bis +11)[3]	(+16,5)
Inlandsnachfrage	+ 4,5 bis 5,5	+ 4,2
Außenbeitrag		
Mrd. DM	(+41 bis +45)[3]	(+45,9)
Anteil am Bruttosozialprodukt in v. H.	(rd. 2,5)	(2,6)
Bruttosozialprodukt zu Marktpreisen	+ rd. 5,5	+ 4,6
Preisentwicklung		
Privater Verbrauch	+ rd. 3	+ 2,6
Inlandsnachfrage	+ rd. 3	+ 2,3
Bruttosozialprodukt	+ rd. 3	+ 1,9
Verteilung des Sozialprodukts		
Volkseinkommen	+ 4,5 bis +5,5	+ 4,7
Bruttoeinkommen aus Unternehmertätigkeit und Vermögen	+ 7 bis +9	+ rd. 9,5
Bruttoeinkommen aus unselbständiger Tätigkeit	+ 3,5 bis +4	+ rd. 3
Bruttolohn- und -gehaltssumme je beschäftigtem Arbeitnehmer	+ rd. 3,5	+ rd. 3
Sparquote	(rd. 10,5)[3]	(11,4)

[1] Bezogen auf die unselbständigen Erwerbspersonen.
[2] Bezogen auf alle Erwerbspersonen.
[3] Angepaßt an die inzwischen revidierten Ergebnisse des Statistischen Bundesamtes für 1983.
[4] Erstes vorläufiges Ergebnis des Statistischen Bundesamtes; Stand: Januar 1985.

che, daß vorab der der Volkswirtschaft zuträgliche Rahmen abgesteckt wird und durch den permanenten Soll/Ist-Vergleich immer wieder die richtige Vorgehens- und Verhaltensweise aller am Wirtschaftsprozeß Beteiligten überdacht und diskutiert wird, bedeutet einen erheblichen Fortschritt im Sinn der Stabilisierung des Wirtschaftsverlaufs gegenüber einer unkontrollierten und allen Einflüssen ungeschützt ausgesetzten Entwicklung.

Wie sich die wichtigsten Konjunkturindikatoren in den letzten Jahren entwickelt haben, inwieweit 1984 Projektion und Realität voneinander abweichen und welche Konjunkturprognosen für 1985 die verschiedenen öffentlichen Institutionen und Wirtschaftsforschungsinstitute geben, zeigen die vorstehenden Tabellen.

Konjunkturprognose 1985
(Veränderungen gegenüber dem Vorjahr in Prozent)

	Jahres-wirt-schafts-bericht[1]	Sach-verstän-digen-rat[2]	Gemein-schafts-gutachten Forschungs-institute[3]	Ifo[4]	HWWA[4]	IfW[4]	WSI[2]	OECD[5]
Zahl der Erwerbstätigen	0,5	1	0	0,2	0,5	–	–0,1	–
Produktivität	2	3	3	2,5	3	3	3,2	–
Brutto-Inlandsprodukt	2,5	3	2,5	2–2,5	2,5	2	2,1	–
Privater Verbrauch, real	3,5–4,5*	2,5	1	1,5	1,5	1	2,5	1,25
Staatsverbrauch real	4–5*	1	1,5	1,5	1,5	1	1	1,25
Ausrüstungen, real	6–7	10	7	5	6	4	7,5	–
Bauten, real	–	0	–3	–2	–1	–2,5	0	–
Ausfuhr, real	9–10*	6,5	8,5	6	6	6	4,5	7,5
Einfuhr, real	8–9*	6,5	5	4	4	4	4,5	4,5
Bruttosozialprodukt, real	2,5	3	2,5	2–2,5	2,5	2	2	2,5
Preisniveau								
Privater Verbrauch	2	2	2,5	2	2	2	2	2,25
Bruttosozialprodukt	2	2	2	2,5	2,5	2	2	2,25
Bruttoeinkommen aus unselbständiger Tätigkeit	4–4,5	4,5	4	4	4	2,5	4	3,5
Bruttoeinkommen aus Unternehmertätigkeit und Vermögen	6–7	6,5	6	5,5	7,5	6	5	6,75
Verfügbares Einkommen der privaten Haushalte	3,5–4,5	4,5	4	4	4	–	4	3, 75
Sparquote	11–11,5	–	11,5	11	–	–	11,5	11,5

– Keine Angaben. * Nominal. [1] Januar 1985. [2] November 1984. [3] April 1985. [4] Dezember 1984. [5] Juni 1985.

Zusammenfassung

4.6 Konjunkturpolitische Ziele

Auch in einer marktwirtschaftlich organisierten Volkswirtschaft bestimmt der Staat nicht nur die strukturellen Rahmenbedingungen, in denen sich wirtschaftliche Aktivitäten vollziehen können, sondern greift in die Wirtschaftsabläufe ein, wenn das Ergebnis marktwirtschaftlicher Prozesse nicht den wirtschaftspolitischen Zielvorstellungen entspricht. Diese Ziele werden zwar politisch festgelegt, entsprechen aber den Vorstellungen einer gleichgewichtigen und damit störungsfreien wirtschaftlichen Entwicklung. Bei den Zielen der Wirtschaftspolitik, die auch als magisches Viereck bezeichnet werden, handelt es sich um

- Vollbeschäftigung,
- Preisniveaustabilität,
- Wirtschaftswachstum und
- außenwirtschaftliches Gleichgewicht.

Die Bundesregierung ist verpflichtet, diese Ziele für jedes Jahr im Rahmen des Jahreswirtschaftsberichts mit Zahlen darzulegen. Das Stabilitätsgesetz, in dem diese Ziele festgelegt sind, stellt eine Vielzahl von Instrumenten zur Zielerreichung zur Verfügung. Dazu zählen die Konjunkturausgleichsrücklage, Kreditermächtigungen für den Bundesfinanzminister, Beschränkungen der Kreditaufnahme der öffentlichen Hände, Gewährung von Investitionsprämien und die Variierung der Sätze der Einkommen- und Körperschaftsteuer.

4.7 Wirtschaftspolitik

Aufgabe der Wirtschaftspolitiker ist die Steuerung der wirtschaftlichen Aktivitäten anhand von vorgegebenen Richtlinien. Die **Wirtschaftspolitik** richtet sich dabei sowohl auf die Schaffung eines Rahmens als auch auf die direkte, hauptsächlich aber indirekte Beeinflussung der Entscheidungsfindung bei ökonomischen Prozessen und Maßnahmen.

Die Wirtschaftspolitik umfaßt insbesondere

- Konjunktur-
- Ordnungs-
- Struktur-
- Wachstums- und
- Arbeitsmarkt-/Sozialpolitik.

Dabei gliedert sich die Konjunkturpolitik wiederum auf in die Finanzpolitik und die Währungs-(oder Geld- und Kredit-)Politik, wie das nachstehende Schaubild zeigt.

Da zwischen den einzelnen Politiken Abhängigkeiten in unterschiedlichem Ausmaß bestehen, ist die Abgrenzung zwischen ihnen nicht immer klar und eindeutig.

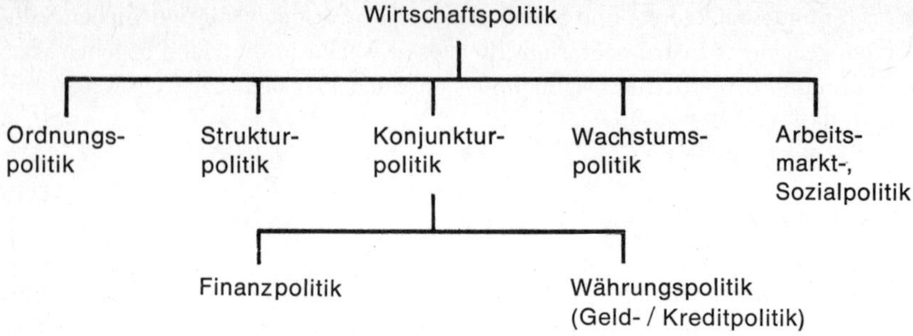

Die **Konjunkturpolitik** als ein Bereich der Wirtschaftspolitik zielt auf die Beeinflussung des gesamtwirtschaftlichen Ablaufs unter Berücksichtigung der vier schon genannten Globalziele ab. Ordnungs-, Struktur-, Wachstums- und Sozialpolitik sind weitere Bereiche der Wirtschaftspolitik. Sie befassen sich neben der Verfolgung der allgemeinen konjunkturellen Ziele insbesondere mit den Rahmenbedingungen bzw. den langfristigen Änderungen im Wirtschaftsgefüge und -prozeß. Dabei zielt die Ordnungspolitik im wesentlichen ab auf die Gestaltung des gesamtwirtschaftlichen Rahmens und der Wettbewerbsordnung, innerhalb deren sich die Entscheidungen der am Wirtschaftsprozeß Beteiligten zu halten haben.

Aufgabe der Strukturpolitik ist die Verhinderung von Disproportionalitäten und Friktionen in einzelnen Wirtschaftsbereichen und -regionen. Gleichzeitig soll die Strukturpolitik unterstützend eingreifen und Maßnahmen einleiten, damit Härten für einzelne Wirtschaftssektoren bei notwendigen Anpassungen vermieden oder in vertretbaren Grenzen gehalten werden.

Während die Wachstumspolitik die Bedingungen für eine gleichmäßige positive Entwicklung einer Volkswirtschaft schaffen soll, geht es der Sozialpolitik insbesondere um die Planung und Durchführung von Maßnahmen zur Verbesserung der Lebensqualität gesellschaftlich schwacher und schutzbedürftiger Personengruppen sowie die Sicherung der wirtschaftlichen und sozialen Existenz aller Bevölkerungsschichten.

4.7.1 Konjunkturpolitik

Konjunkturpolitische Maßnahmen entspringen aus nicht erwünschten Schwankungen im Konjunkturverlauf. Sie zielen – im Gegensatz zur Ordnungs-, Struktur-, Wachstums- und Sozialpolitik mit im allgemeinen längerfristigeren Auswirkungen – auf eine kurz- und mittelfristige Beseitigung dieser Fehlentwicklungen ab bzw. sollen bewirken, daß solche gar nicht erst zum Entstehen kommen.

Durch Bundesbankgesetz und Stabilitätsgesetz wurde den verantwortlichen Stellen ein geeignetes Instrumentarium für diese Zwecke an die Hand gegeben. Bei den konjunkturpolitischen Maßnahmen unterscheidet man dabei zwischen Finanzpolitik und Währungspolitik.

4.7.1.1 Finanzpolitik

Zur staatlichen Konjunkturpolitik zählen sowohl die Einnahmen- und Ausgabenpolitik (**Fiskalpolitik**) als auch finanzpolitische Maßnahmen, die sich im Stabilitäts- und Wachstums-Gesetz finden oder von der Regierung zusätzlich beschlossen werden.

Einnahmenpolitik ist vor allem **Steuerpolitik.** Steuern und Abgaben vermindern bei Privaten das verfügbare Einkommen und bei Unternehmen den verbleibenden Gewinn. Durch Variation der Steuergesetze hat es der Staat in der Hand, die Kaufkraft der privaten Haushalte ebenso wie die Selbstfinanzierung der Unternehmen aus Gewinn zu beeinflussen. Gilt es z. B. zum Zweck der Konjunkturdämpfung, die gesamte Nachfrage zu senken, so kann durch eine Erhöhung der Steuerzahlungen das verfügbare Einkommen beschnitten werden. Dieser Schritt wurde bereits in Form der sogenannten Stabilitätsabgabe zur Einkommensteuer praktiziert, die vom 1. 7. 1973 bis zum 30. 6. 1974 erhoben wurde. Mit Wirkung vom 1. 1. 1983 führte die Bundesregierung für Einkommen- und Körperschaftsteuerpflichtige oberhalb bestimmter Einkommensgrenzen eine Investitionshilfeabgabe in Höhe von 5% der Bemessungsgrundlage für die Dauer von zwei Jahren ein. Unternehmen konnten diese Abgabe durch bestimmte Investitionen kompensieren. Mit der Erhebung dieser Abgabe wurde vor allem der Zweck verfolgt, die staatliche Konjunkturpolitik zu unterstützen, ohne die Investitionen allzu stark zu beeinträchtigen, sowie Mittel zur Förderung des Wohnungsbaus bereitstellen zu können. Diese Investitionshilfeabgabe wurde allerdings vom Bundesverfassungsgericht für verfassungswidrig erklärt, was die Rückzahlung der einbehaltenen Beträge zur Folge hatte.

Umgekehrt führt eine Verminderung der Steuersätze zu einer Erhöhung des verfügbaren Einkommens und damit der Massenkaufkraft, die – soweit nicht gespart wird – eine stärkere Nachfrage zur Folge hat. Die Aussetzung der degressiven Abschreibung (Abschreibung mit fallenden Jahresbeträgen) sowie die Aussetzung der Inanspruchnahme von Sonderabschreibungen sind ebenfalls finanzpolitische Mittel, die zu einer Erhöhung des zu versteuernden Einkommens führen und damit konjunkturpolitisch dämpfend wirken. Auch die 1973/74 erfolgte vorübergehende Streichung des § 7b Einkommensteuergesetz ist als eine Maßnahme anzusehen, die die private Baunachfrage einschränken und damit Überhitzungen auf dem Baumarkt verhindern sollte. Dagegen zielen die Wiedereinführung der degressiven Gebäudeabschreibung für alle Bauherren ab 31. 8.

1977 und die rückwirkend ab 1. 1. 1977 erfolgte Erweiterung der 7b-Abschreibung auf den Erwerb von Altbauten in die entgegengesetzte Richtung. Damit sollen dem Baumarkt neue Impulse gegeben werden.

Die von der Bundesregierung für 1986 und 1988 verabschiedete Entlastung bei der Einkommensteuer, insbesondere durch eine Verminderung der Grenzsteuersätze für mittlere und höhere Einkommen, ist eine Maßnahme, die weniger konjunkurpolitischen als vielmehr strukturpolitischen Charakter trägt.

So, wie die Maßnahmen der Einnahmenseite entweder restriktiv oder expansiv wirken, kann der Staat auch auf der Ausgabenseite konjunkturdämpfend oder stimulierend tätig werden. Da im marktwirtschaftlichen System dirigistische Maßnahmen nicht anwendbar sind, läßt sich die Wirkung solcher nur indirekter Einflußnahmen auf die Entscheidungen nicht immer genau abschätzen. Der Staat kann also in erster Linie nur anregen. Das einzelne Wirtschaftssubjekt entscheidet dann jedoch weitgehend frei darüber, inwieweit es die sich daraus ergebenden Konsequenzen auf seine persönlichen Entscheidungen einwirken lassen will. Unter diesem Gesichtspunkt kommt der staatlichen Ausgabenpolitik bei der Herausführung der Wirtschaft aus einer konjunkturellen Talsohle besondere Bedeutung zu, denn mit staatlichen Aufträgen und Investitionen tritt die öffentliche Hand hier selbst als Marktpartner auf und kann somit für die Wiederbelebung entscheidende Impulse geben. Diese Initialzündung seitens des Staates, dessen Ausgaben häufig durch Kreditaufnahmen bei der Notenbank (sogenanntes **Deficit-spending**) finanziert werden, löst bei den anderen Wirtschaftssubjekten in der Regel Aktivitäten aus, die zu einem sich mehr und mehr verstärkenden Prozeß (Mulitplikatorwirkung) führen können. Beispiele für eine expansive Ausgabenpolitik des Staates zur Wiederbelebung der Konjunktur geben die Jahre 1967/68 und 1974/75. Im Abschwung 1967/68 setzte die Bundesregierung mehr als 5 Mrd. DM sogenannter **Eventualhaushalte** zur Konjunkturankurbelung ein. Das führte zu einer Steigerung des Sozialprodukts um ein Vielfaches dieses Betrages. Die Erklärung für dieses Phänomen ergibt sich wie folgt: Die staatlichen Mehrausgaben führten zu Aufträgen bei den Wirtschaftsunternehmen. Im Zuge der Abwicklung dieser Orders erhielten die Arbeitnehmer aufgrund der erhöhten Beschäftigungslage zusätzliche Einkommen. Diese Einkommen fanden ihrerseits Verwendung zum Kauf von Konsumgütern, wodurch sich in einem ersten Schritt bereits das Sozialprodukt erhöhte. Aber auch Herstellung und Bezahlung der Konsumgüter bewirkten ihrerseits neue Einkommen bei den Arbeitnehmern in der Konsumgüterindustrie. Da letztere in dem Umfang, in dem sie keine Ersparnisse bildeten, wiederum mit dem Geld Verbrauchsgüter erwarben, setzte sich dieser Prozeß im Verlauf eines Jahres mehrfach fort. Das bedeutet aber nichts anderes, als daß die ursprünglichen rund 5,5 Mrd. DM durch den **Multiplikatoreffekt** zu einem Mehrfachen bei der Herstellung von Konsumgütern und damit zu einer entscheidenden Erhöhung des Sozialprodukts geführt haben. Es leuchtet ein, daß die Wirkung um so stärker ist, je weniger von dem zusätzlichen Einkommen gespart wird; denn Sparen führt nicht unmittelbar, sondern nur auf dem Umweg über Investitionen zur Herstellung von Gütern. Es bewirkt demzufolge auch nicht direkt eine Erhöhung des Sozialprodukts.

Alle bisher genannten Maßnahmen der Einnahmen- und Ausgabenseite haben eines gemeinsam: Sie werden entsprechend der konjunkturellen Situation jeweils neu erlassen und besitzen im allgemeinen eine befristete Geltungsdauer. Diese „Grundsteuerung" der Konjunktur weist bestimmte Nachteile auf. Zum einen setzt die Einführung eine exakte Konjunkturanalyse und Konjunkturprognose voraus, so daß der Einsatz der konjunkturellen Maßnahmen immer erst mit einer zeitlichen Verzögerung erfolgen kann. Zum anderen bedarf ihre Anwendung jedesmal einer neuen Entscheidung. Auch dadurch können sich zeitliche Verschiebungen ergeben, oft werden sogar notwendige Maßnahmen zu spät oder überhaupt nicht getroffen. Derartige Nachteile weisen sogenannte automatische Konjunkturstabilisatoren nicht auf.

Die **automatischen Konjunkturstabilisatoren** sind im Wirtschaftssystem fest eingebaut und wirken regelmäßig antizyklisch. Auch können diese kurzfristig nicht beeinflußt werden. Drei solcher Stabilisatoren seien hier genannt, nämlich

- die Sozialversicherung
- die progressiv gestaltete Einkommensteuer und, soweit praktiziert, auch
- die Konjunkturausgleichsrücklage.

Der Stabilisierungseffekt der Sozialversicherung wirkt wie folgt: Von der quasi als „Hilfs-Fiskus" tätigen Sozialversicherung werden von den Beschäftigten regelmäßig Beiträge erhoben und an die Erwerbslosen Zahlungen geleistet. In einem Konjunkturabschwung, wenn also die Arbeitslosenziffern steigen, sind im allgemeinen die Auszahlungen der Arbeitslosenversicherung größer als deren Einnahmen. Das verfügbare Einkommen der Wirtschaftssubjekte insgesamt nimmt dadurch zu bzw. sinkt nicht so stark ab, wie es nach der Beschäftigungslage und dem dadurch bedingten Lohn- und Gehaltsvolumen der Fall sein müßte. Infolgedessen gehen die privaten Konsumausgaben nicht im gleichen Umfang zurück, wie es entsprechend der Arbeitslosigkeit bzw. der Kurzarbeit sonst zwangsläufig wäre. Die Sozialversicherung ebenso wie andere öffentliche Unterstützungszahlungen – dazu zählen Fürsorgezahlungen des Staates einschließlich der des Wohngeldes – haben also stabilisierende Wirkung. Die gleiche Entwicklung, nur mit umgekehrten Vorzeichen, tritt bei einem Aufschwung ein. In diesem Fall werden Teile der Einkommensteigerung durch die Zahlung der Sozialversicherungsbeiträge dem Wirtschaftskreislauf entzogen.

Der bedeutsamste automatische Stabilisierungseffekt ergibt sich durch die progressiv gestaltete Einkommensteuer. Nach unserem Steuersystem erhöht sich mit steigendem Einkommen auch der Grenzsteuersatz – das ist die Steuerbelastung in v. H. des Einkommenszuwachses – mit steigenden Raten. So beginnt z. B. die Einkommensteuerbelastung mit einem Satz von 22% für Ledige mit einem zu versteuernden Jahreseinkommen von etwa 4200,– DM und erhöht sich ständig zunehmend auf einen Höchstsatz von 56%, wenn das Einkommen etwa 130000,– DM p. a. erreicht. Die Folge ist also, daß das verfügbare Einkommen unterproportional steigt und damit auch die kaufkräftige Nachfrage. Bei sinkenden Einkommen entlastet umgekehrt dieser Stabilisator den Betreffenden dadurch, daß das verfügbare Einkommen und seine Konsummöglichkeiten relativ weniger stark abnehmen.

Das Gesetz zur Förderung der Stabilität und des Wachstums der Wirtschaft sieht eine automatische Stabilisierung in Form der sogenannten **Konjunkturausgleichsrücklage** vor. Danach sind bei einer die volkswirtschaftliche Leistungsfähigkeit übersteigenden Ausweitung, d. h. in Zeiten einer Hochkonjunktur oder eines Booms, Mittel zur zusätzlichen Tilgung von Schulden bei der Deutschen Bundesbank oder zur Zuführung in eine Konjunkturausgleichsrücklage zu verwenden. Die auf diese Weise angesammelten Gelder sollen als zusätzliche Stimulanz dann wieder in den Wirtschaftskreislauf eingeschleust werden, wenn die Konkunktursignale auf Abschwung stehen.

Der Katalog der staatlichen Finanzpolitik umfaßt noch eine Reihe weiterer konjunkturpolitischer Maßnahmen, die auf eine schnelle Beseitigung wirtschaftlicher Fehlentwicklungen abzielen. Als Beispiel seien hier noch genannt die sogenannte **Mobilitätszulage** – dabei handelt es sich um eine staatliche Subvention für diejenigen Arbeitnehmer, die sich zu einem aus gesamtwirtschaftlichen Gründen notwendigen Arbeitsplatzwechsel entscheiden – und die Übernahme eines Teils der Lohnkosten durch den Staat bei Neueinstellungen. Beide Maßnahmen – Anfang 1975 praktiziert – dienen der kurzfristigen Verbesserung der Lage auf dem Arbeitsmarkt. Durch die Gewährung von **Investitionsprämien** nach dem Stabilitätsgesetz soll die Investitionsneigung der Unternehmen in der Wirtschaft kurzfristig angeregt werden.

Die anhaltend hohe Arbeitslosigkeit, die mit konjunkturpolitischen Maßnahmen nicht nachhaltig bekämpft werden kann, hat in jüngster Zeit zu einer Reihe von Gesetzen geführt, mit deren Hilfe Entlastungen am Arbeitsmarkt geschaffen werden sollen. So wird zum einen die Mobilität der Arbeitnehmer durch entsprechende finanzielle Zuwendungen angeregt. Im Rahmen von Arbeitsplatzbeschaffungs-Maßnahmen finanziert die Staatskasse für die Einstellung von Arbeitnehmern für einen befristeten Zeitraum Teile der Entlohnung. Darüber hinaus wurden Regelungen beschlossen, die den Unternehmen eine größere Flexibilität beim Einsatz zusätzlicher Arbeitskräfte eröffnen.

4.7.1.2 Währungspolitik (Geld- und Kreditpolitik)

Träger der Geld- und Kreditpolitik in der Bundesrepublik Deutschland ist die Deutsche Bundesbank. Als juristische Person des öffentlichen Rechts mit Sitz in Frankfurt/Main steht ihr Grundkapital zwar dem Bund zu, sie unterliegt aber in ihrer Währungspolitik weder Weisungen der Bundesregierung noch einer Anstaltsaufsicht. Trotz dieser Unabhängigkeit ist die Bundesbank gehalten, unter Wahrung der ihr gesetzlich übertragenen Aufgaben – u. a. Sicherung der Stabilität und der Kaufkraft der Deutschen Mark – die allgemeine Wirtschaftspolitik der Regierung zu unterstützen. Der § 3 des Gesetzes über die Deutsche Bundesbank vom 26. 7. 19857 fixiert die Aufgaben der Notenbank wie folgt:

Die Deutsche Bundesbank hat die Währung zu sichern, indem sie mit Hilfe der ihr zustehenden währungspolitischen Befugnisse den Geldumlauf und die Kreditversorgung der Wirtschaft regelt, außerdem hat sie für die bankmäßige Abwicklung des Zahlungsverkehrs im In- und Ausland zu sorgen.

Als Bank der Banken soll die Bundesbank zwar grundsätzlich nicht mit den anderen Kreditinstituten in bankgeschäftlichem Wettbewerb stehen. Die Verfolgung der währungs- und kreditpolitischen Entscheidungen verlangt aber durchaus die Abwicklung bestimmter privatrechtlicher Bankgeschäfte. Welche der Notenbank in dieser Hinsicht an die Hand gegeben sind, weist das Bundesbankgesetz aus. Mit dem dort festgelegten Maßnahmenkatalog versucht die Zentralbank, auf die Entscheidungen der Wirtschaftssubjekte in der gewünschten Weise direkt oder indirekt einzuwirken. Über die Liquidität, die je nach Wirtschaftslage verknappt oder vergrößert wird, schafft sie durch Beeinflussung des Kreditschöpfungspotentials der Sparkassen und Geschäftsbanken den monetären Rahmen, innerhalb dessen die Wirtschaft handeln soll. Konkrete Zielgröße ist die sogenannte Zentralbankgeldmenge. Neben der Festlegung und Beeinflussung des Liquiditätsspielraums ist das Instrument Zinspolitik auf andere Ziele ausgerichtet. Hierbei versucht die Bundesbank, durch Gestaltung der Zinssätze im Geschäftsverkehr mit den Kreditinstituten und damit letztlich auch mit der privaten Wirtschaft Einfluß auf die Entscheidungsfindung über wirtschaftliche Aktivitäten zu nehmen. Zum Beispiel stehen ihr in dieser Hinsicht Veränderungen des Diskont- und Lombardsatzes zur Verfügung. Zur Ankurbelung der Konjunktur wird die Bundesbank generell das Geldmengenangebot erhöhen und auf ein Sinken des Zinsniveaus drängen, während sie in Zeiten einer „übertourig" laufenden Wirtschaft eine Geldmengenreduktion sowie eine Zinsverteuerung zu erreichen bestrebt ist. Der Deutschen Bundesbank kommt also innerhalb der Wirtschaftsordnung in der Bundesrepublik Deutschland eine außerordentlich wichtige Bedeutung zu.

4.7.2 Deutsche Bundesbank

Wie schon ausgeführt, ist die moderne Volkswirtschaft ihrem Wesen nach eine Tauschwirtschaft, deren Medium das Geld darstellt. Ein reibungsloser Wirtschaftsablauf setzt somit ein Funktionieren des Geld- und Kreditsystems voraus. Zur Aufrechterhaltung und Kontrolle des Geldkreislaufs ist die Existenz einer Zentralbank, die in erster Linie hoheitliche Aufgaben wahrzunehmen hat, erforderlich.

Die erste Zentralbank in Deutschland war die Reichsbank, die 1876 ihre Tätigkeit aufnahm. Sie übte ihre Funktion bis zum Ende des Zweiten Weltkrieges im Jahr 1945 aus. In den Jahren danach unterstand das deutsche Geldwesen zunächst der Alliierten Militärregierung. In den einzelnen westdeutschen Ländern einschließlich der Vier-Mächte-Stadt Berlin wurden selbständige Zentralbanken, sogenannte **Landeszentralbanken,** in Form öffentlich-rechtlicher Körperschaften gegründet.

Am 1. März 1948 riefen die Alliierten ferner die **Bank deutscher Länder** ins Leben. Sie erhielt die Funktion einer Zentralbank für die Landeszentralbanken der drei westlichen Besatzungszonen und der Westsektoren Berlins. Damit besaß Deutschland ein sogenanntes zweistufiges Zentralbanksystem.

Als erste Stufe fungierten die Landeszentralbanken, denen die sonstigen Kreditinstitute in den einzelnen Ländern zugeordnet waren. Auf der zweiten Stufe arbeitete die Bank deutscher Länder als Zentralbank der Landeszentralbanken. Die Politik des Zentralbankrats der Bank deutscher Länder war aber von den Anordnungen der Alliierten Bankkommission abhängig, der die Bank Berichte und Auskünfte zu geben hatte.

Nach der Gründung der Bundesrepublik Deutschland 1949 erhielt jedes einzelne Bundesland eine eigene Landeszentralbank. Das Grundkapital von 100 Mio. DM der Bank deutscher Länder wurde von diesen gezeichnet. Ausschließlich die Präsidenten der Landeszentralbanken bildeten damals den **Zentralbankrat,** die eigentliche Regierung des Zentralbanksystems. Dagegen gehörten die Mitglieder des Direktoriums der Bank deutscher Länder diesem Gremium nicht an. Das Schwergewicht in jenem System lag also eindeutig bei den Ländern. Dieser streng förderalistische Aufbau bestand in der Bundesrepublik Deutschland bis zum Jahr 1957.

Im Grundgesetz der Bundesrepublik Deutschland vom 23. 5. 1949 war in Artikel 88 festgelegt, daß der Bund eine Währungs- und Notenbank als **Bundesbank** zu errichten habe. Dieser Verpflichtung kam der Gesetzgeber acht Jahre später, nämlich am 26. Juli 1957, durch den Erlaß des Gesetzes über die Deutsche Bundesbank (Bundesbankgesetz) nach. Es sah vor, daß die Landeszentralbanken und die Berliner Zentralbank mit der Bank deutscher Länder verschmolzen wurden. Aus dieser Fusion entstand mit Wirkung vom 1. August 1957 die Deutsche

Bundesbank. Sie ist eine bundesunmittelbare juristische Person des öffentlichen Rechts mit 290 Mio. DM Grundkapital, das dem Bund zusteht. Aus dem zweistufigen Zentralbanksystem der Nachkriegszeit wurde somit formal ein einstufiges Modell.

Organisation

Die Organisation der Deutschen Bundesbank umfaßt neben der Zentrale in Frankfurt elf Landeszentralbanken als Hauptverwaltungen der Deutschen Bundesbank in den einzelnen Bundesländern. Diesen unterstehen wiederum, über die jeweilige Region verteilt, sogenannte Hauptstellen. Neben den Hauptstellen gibt es Zweigstellen, die den Hauptstellen untergeordnet sind. Diese Zweiganstalten der Bundesbank nehmen die Aufgaben der Zentralbank in ihrem Bezirk wahr. Orte, in denen die Bundesbank mit einer Landeszentralbank, Haupt- oder Zweigstelle vertreten ist, werden als **Bankplätze** bezeichnet.

Organe der Deutschen Bundesbank sind
- der Zentralbankrat,
- das Direktorium,
- die Vorstände der Landeszentralbanken.

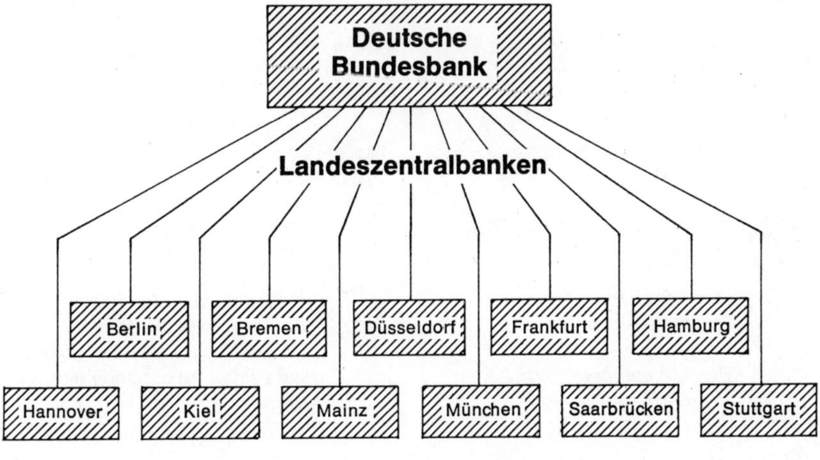

Der **Zentralbankrat** ist oberstes Organ der Deutschen Bundesbank. Er bestimmt die Währungs- und Kreditpolitik. Dem Gremium gehören das **Direktorium der Bundesbank** und die elf Landeszentralbankpräsidenten als stimmberechtigte Mitglieder an. Dieses oberste kreditpolitische Beschlußorgan tritt regelmäßig –

meist 14tägig donnerstags – zusammen. Die Beratungen finden unter dem Vorsitz des Präsidenten oder des Vizepräsidenten der Deutschen Bundesbank statt. Beschlüsse werden mit einfacher Mehrheit der abgegebenen Stimmen gefaßt. Zur Teilnahme an den Sitzungen berechtigt sind der Bundesfinanz- und der Bundeswirtschaftsminister sowie der Präsident des Bundesaufsichtsamtes für das Kreditwesen – allerdings nur mit beratender Stimme. Exekutivorgane des Zentralbankrats sind das Direktorium und die Vorstände der Landeszentralbanken.

Die Deutsche Bundesbank in Frankfurt wird geleitet vom Präsidenten, dem Vizepräsidenten und bis zu acht weiteren Mitgliedern. Dieses als Direktorium bezeichnete Organ bestimmt die Geschäftspolitik der Bundesbank – soweit nicht die Vorstände der Landeszentralbanken zuständig sind – und ist gleichzeitig Ausführungsorgan der kreditpolitischen Beschlüsse des Zentralbankrats.

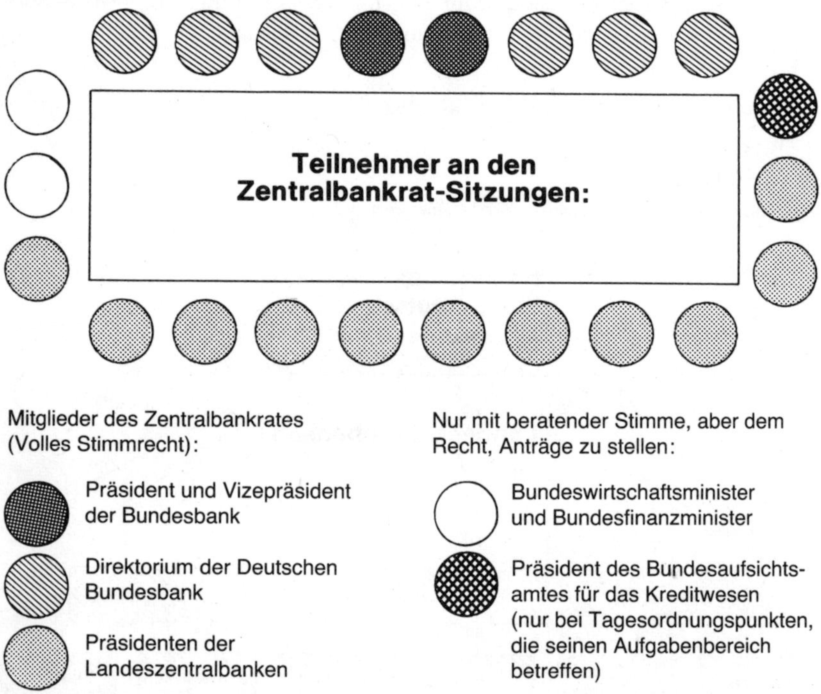

Die Vorstände der elf Landeszentralbanken setzen sich jeweils zusammen aus dem Präsidenten, dem Vizepräsidenten und bis zu zwei weiteren Mitgliedern.

Die Mitglieder des Bundesbankdirektoriums bzw. die Vorstände der Landeszentralbanken werden von der Bundesregierung bzw. dem Bundesrat vorgeschlagen und vom Bundespräsidenten bestellt.

Aufgaben der Bundesbank

Die Deutsche Bundesbank ist mit ihren Landeszentralbanken sowohl Zentralbank des westdeutschen Kreditwesens als auch Hausbank des Bundes und in gewissem Umfang auch der Bundesländer. Aus dieser Stellung heraus sind ihre Aufgaben zu sehen.

Neben der praktischen Durchführung der geld- und kreditpolitischen Maßnahmen der Bundesbank obliegt es den Landeszentralbanken,

- Geschäfte mit dem Land sowie mit öffentlichen Verwaltungen im Land sowie
- Geschäfte mit Kreditinstituten ihres Bereichs, soweit sie nicht nach § 7 Abs. 1 Nr. 2 BBkG dem Direktorium vorbehalten sind,

zu tätigen. Unterstützt wird der Landeszentralbankvorstand in Fragen der Währungs- und Kreditpolitik und bei der Durchführung der ihm obliegenden Aufgaben von einem Sachverständigen-Beirat.

Zu den Aufgaben des Direktoriums der Bank zählen insbesondere

- Geschäfte mit dem Bund und seinem Sondervermögen
- Geschäfte mit Kreditinstituten, die zentrale Aufgaben im gesamten Bundesgebiet haben
- Devisengeschäfte und Geschäfte im Verkehr mit dem Ausland
- Geschäfte am offenen Markt.

Dem Zentralbankrat obliegt es, die Währungs- und Kreditpolitik der Bank zu bestimmen, allgemeine Richtlinien für die Geschäftsführung aufzustellen und die Zuständigkeit des Direktoriums sowie der Vorstände der Landeszentralbanken im Rahmen der Bestimmungen des Bundesbankgesetzes abzugrenzen.

In ihrer Funktion als Notenbank hat die Bundesbank in der Bundesrepublik Deutschland das alleinige Recht, Banknoten auszugeben. Die auf Deutsche Mark lautenden Scheine sind unbeschränkt **gesetzliches Zahlungsmittel.** Sie müssen von jedermann als solches im Zahlungsfall angenommen werden. Anders als bei der Notenausgabe wurde das **Münzmonopol** 1950 der damaligen Bank deutscher Länder entzogen und mit dem Gesetz über die Ausprägung von Scheidemünzen vom 8. Juli 1950 dem Bund übertragen. Die Ausprägung der Münzen erfolgt also heute im Auftrag des Bundesfinanzministeriums, die Ausgabe der Münzen durch die Bundesbank, die dem Bund den Nennwert gutschreibt. Da die Material- und Produktionskosten für die Münzen in der Regel niedriger sind als ihr Nennwert, entsteht bei der Übergabe an die Bundesbank beim Bund ein Münzgewinn.

Als ,,Bank der Banken" ist die Deutsche Bundesbank Refinanzierungsquelle, Clearing- und Inkassostelle. Die Kreditinstitute leiten inländische Zahlungsaufträge und Inkassopapiere soweit möglich im eigenen Gironetz weiter. Die Bundesbank stellt darüber hinaus für eine rationelle und schnelle Abwicklung des

Zahlungsverkehrs zwischen den einzelnen Gironetzen ihr eigenes Netz und verschiedene andere Einrichtungen zur Verfügung. Durch diese Leistungen der Bundesbank – sie sind gebührenfrei – wird der bargeldlose Zahlungsverkehr in der Bundesrepublik Deutschland schnell und für die Kreditinstitute kostengünstiger abgewickelt.

Als „Hausbank des Staates" verwaltet die Bundesbank nicht nur die laufenden Konten des Bundes und der Bundesländer, sie gewährt ihnen in begrenztem Umfang auch kurzfristige Kassenkredite und führt das Bundesanleihekonsortium, das die Unterbringung der Anleihen von Bund, Bahn und Post besorgt.

Die Bundesbank kann aber auch Partner für Private und Unternehmen sein.

Laut Gesetz darf die Bundesbank mit jedermann, d. h. mit natürlichen und juristischen Personen im In- und Ausland, die nachstehenden Geschäfte betreiben:

- Annahme unverzinslicher Giroeinlagen
- Verwahrung und Verwaltung von Wertpapieren
- Inkasso von Schecks und Wechseln
- An- und Verkauf von Devisen
- Auslandsgeschäfte.

Im Rahmen der Auslandsbeziehungen der deutschen Wirtschaft spielt die Bundesbank eine bedeutende Rolle. Die weltweite Verflechtung der westdeutschen Wirtschaft bringt einen beträchtlichen internationalen Zahlungs- und Kreditverkehr mit sich. Angebot und Nachfrage nach fremden, konvertiblen Währungen treffen sich am Devisenmarkt. Der Devisenhandel kann selbstverständlich ohne Mitwirkung der Bundesbank abgewickelt werden. Eine Interventionspflicht besteht für die Bundesbank nur unter gewissen Voraussetzungen bei einigen europäischen Währungen. Andererseits ist es der Bundesbank gestattet, kursregulierend am Devisenmarkt einzugreifen. Die Bestände der Bundesbank an fremden Währungen (Devisen) sowie an Gold und gewissen Forderungen gegenüber dem internationalen Währungsfonds (sogenannte Ziehungsrechte) bezeichnet man als die internationale **Währungsreserve** der Bundesrepublik Deutschland. Im Zuge des in der Vergangenheit stark zugenommenen Außenhandelsüberschusses haben sich die Währungsreserven der Bundesrepublik Deutschland bis 1978 nahezu ständig erhöht, zum Teil noch zusätzlich durch spekulative Devisenzuflüsse gefördert. 1979 trat – vornehmlich bedingt durch die Entwicklung auf den Weltenergiemärkten – erstmals eine erhebliche Passivierung der Leistungsbilanz unserer Volkswirtschaft auf.

Diese Passivierung der Leistungsbilanz der Bundesrepublik Deutschland in den Jahren 1979 bis einschließlich 1981 hat dazu geführt, daß die Währungsreserven der Bundesbank nach Jahren nahezu ständigen Zuwachses in zwei aufeinanderfolgenden Jahren abgenommen haben, wobei der Rückgang im Jahr 1980 mit 25,7 Mrd. DM außerordentlich hoch ausfiel. Nachdem die Leistungsbilanz seit 1982 wieder positive Werte aufweist, nahmen die Währungsreserven zunächst leicht zu, gingen aber in den Jahren 1983 und 1984 erneut zurück. Diese Entwicklung ist im wesentlichen darauf zurückzuführen, daß es als Folge hoher Zinsen in den USA bei gleichzeitiger Aufwertung des US-Dollars zu teilweise beachtlichen Kapitalexporten kam.

Von 1976 bis 1979 gelang es, in der Bundesrepublik eine vergleichsweise niedrige Inflationsrate zu erhalten, die allerdings in den Jahren 1980 bis 1982 deutlich über die 5 Prozent-Marke hinausging, nicht zuletzt auf Grund des Inflationsimports aus dem permanent steigenden Dollarkurs. 1983 und noch besser im Jahr 1984 gelang es allerdings, bei weiterhin hohen Inflationsimporten die Geldentwertung in der Bundesrepublik auf Werte von 3,3 bzw. 2,4 Prozent zurückzudrängen.

Die Bundesbank als Träger der Geld- und Kreditpolitik

Aufgabe des Zentralbankrates ist es also, die Währungs- und Kreditpolitik der Bundesbank zu bestimmen. Die Bundesbank hat sich dabei an der ihr vom Gesetz übertragenen Aufgabe zu orientieren. Nach § 3 des Bundesbankgesetzes besteht die Hauptfunktion der Deutschen Bundesbank in der Sicherung der deutschen Währung.

Was hierunter zu verstehen ist, wird im Gesetz nicht ausgeführt. Dic Bundesbank hat diese Aufgabe bislang in der Weise interpretiert, vor allem dafür zu sorgen, daß der Geldwert und das Preisniveau stabil bleiben. Sie war und ist also bestrebt, potentielle Nachfrage durch Steuerung des Geldvolumens nur in der Höhe wirksam werden zu lassen, der ein entsprechendes Güterangebot gegenübersteht. Eine das Angebot übersteigende Nachfrage, die Preissteigerungen zur Folge hätte, gilt es also zu vermeiden. Diese vom Gesetz auferlegte Verpflichtung hat der Zentralbankrat bisher sehr ernst genommen. Er versuchte, mit Hilfe des Einsatzes der ihm zur Verfügung stehenden kreditpolitischen Instrumente diesem Postulat Rechnung zu tragen. Man muß der Bundesbank bescheinigen, daß es ihr bislang weitgehend gelungen ist – oftmals sogar ohne entsprechende Unterstützung durch die staatliche Konjunkturpolitik –, mit dem Einsatz ihres kreditpolitischen Instrumentariums die wirtschaftliche Entwicklung in der Bundesrepublik Deutschland im Gleichgewicht zu halten, insbesondere die Preisniveaustabilität relativ gut zu sichern.

Zur Durchsetzung ihrer Zielvorstellungen steht der Bundesbank ein umfangreiches geld- und kreditpolitisches Instrumentarium zur Verfügung, das im vierten

Abschnitt des Bundesbankgesetzes unter der Überschrift „Währungspolitische Befugnisse" aufgezählt wird. Die Bundesbank bemühte sich in der Vergangenheit stets, die Ausgestaltung und Auslegung dieses Instrumentariums den neuesten wirtschaftspolitischen Erkenntnissen und Erfahrungen anzupassen. Das Ergebnis waren und sind auch heute noch Verfeinerungen bei vorhandenen und Ergänzungen durch neue Instrumente.

Grundsätzlich stehen der Deutschen Bundesbank für ihre Kreditpolitik drei Möglichkeiten zur Erreichung ihrer Zielsetzung zur Verfügung, zwischen denen aber Interdependenzen bestehen. Sie kann einmal über die Beeinflussung der Zinsentwicklung auf die Nachfrage Einfluß nehmen und so versuchen, die Preisentwicklung, aber auch die Liquidität zu korrigieren. Der zweite Weg läuft über eine Steuerung der Liquidität bei den Kreditinstituten und damit verbunden die Beeinflussung der Kreditgewährungsmöglichkeiten. Die dritte Maßnahme geht über die Lenkung der **Zentralbankgeldmenge.** Sowohl unter Wissenschaftlern wie auch innerhalb der Notenbanken sind die Diskussionen darüber noch nicht abgeschlossen, welche Instrumente und welche zu beeinflussende Größe den höchstmöglichen Erfolg im Hinblick auf die Erreichung bzw. Erhaltung der konjunkturpolitischen Zielsetzung garantieren.

Ende 1974 legte die Deutsche Bundesbank erstmals ein quantitatives monetäres Ziel für das kommende Jahr fest. Die damit eingeleitete **Geldmengenpolitik** hat die Bundesbank in der Folgezeit durch entsprechende Fixierung des **Geldmengenziels** fortgesetzt. Der dieser Politik zugrunde liegende Begriff der Zentralbankgeldmenge weicht von den sonst verwendeten Geldvolumensbegriffen M 1, M 2 und M 3 ab. Er umfaßt nämlich nur den Bargeldumlauf in der Hand von Nichtbanken sowie das auf der Basis der Reservesätze von 1974 errechnete Mindestreservesoll auf Inlandsverbindlichkeiten. Änderungen des Mindestreservesolls sowie der Höhe des Bargeldumlaufs signalisieren Veränderungen in den wirtschaftlichen Aktivitäten von privaten Haushalten, Unternehmen und Staat. Mit dieser Zielgröße soll ermöglicht werden, sowohl die Entstehung und den Verlauf einer monetären Expansion als auch deren Wirkung auf den inländischen Wirtschaftskreislauf in nur einer Größe auszudrücken und dadurch gleichzeitig einen Indikator zu haben, der die Wirkung des geldpolitischen Instrumentariums widerspiegelt. Festzustellen ist noch, daß die monetäre Zielgröße der Bundesbank nur aus solchen Teilen besteht, die diese selbst beinflussen kann. Dies ist ein wesentlicher Grund dafür, daß als Zielgröße nicht einer der bereits vorhandenen Geldvolumenbegriffe verwendet wurde (siehe Schaubild S. 161).

Da die Deutsche Bundesbank eine am Leistungsvermögen der Volkswirtschaft orientierte Geldmengenausdehnung anstrebt, geht sie bei der Zielfestlegung von der Entwicklung des Produktionspotentials aus. Darüber hinaus fließen konjunkturelle Aspekte bei der Geldmengenfixierung in die Überlegungen ein. Sie finden im Auslastungsgrad des Anlagevermögens und der unvermeidlichen

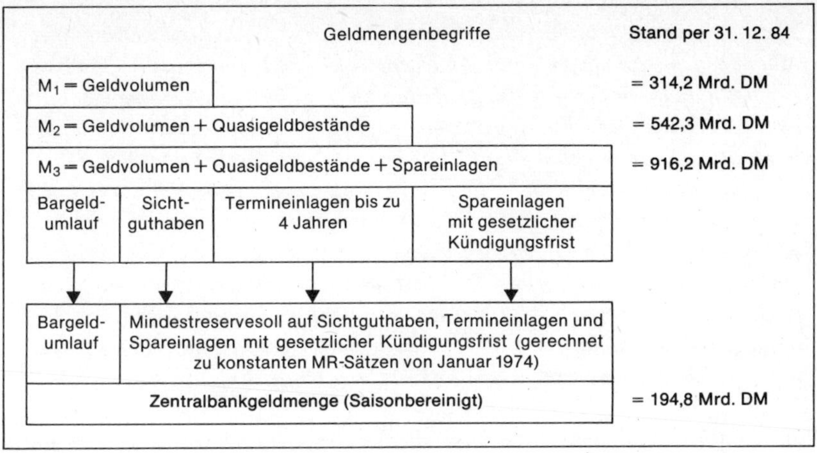

Preissteigerungsrate Berücksichtigung. Damit bezieht die Bundesbank die jeweilige konjunkturelle Ausgangslage und die vorhandenen Fehlentwicklungen ebenso wie die mittelfristige Wachstumsperspektive in ihre Planung ein. Schließlich gilt es noch, die Verhaltensweisen von Nichtbanken und Banken bei der monetären Projektion zu berücksichtigen, die den Zusammenhang zwischen der Geldmenge und der Nachfrage beeinflussen. Hier greift die Bundesbank in der Regel auf die Einkommenskreislaufgeschwindigkeit des Geldes zurück. Alle diese Größen müssen bei der Zielfestsetzung im Sinne einer Projektion geschätzt werden. Dabei bereitet insbesondere die Festlegung der zu berücksichtigenden Veränderung der Einkommenskreislaufgeschwindigkeit besondere Probleme, da sie in starkem Maße von menschlichen Verhaltensweisen abhängt.

Die Einstellung der Bundesbank zur Geldmengenpolitik kommt im folgenden Zitat aus ihrem Jahresbericht 1975 zum Ausdruck:

„Für die Bundesrepublik ist es jedenfalls nötig, zwischen den kurzfristigen und den längerfristigen Zusammenhängen zu unterscheiden. Ganz kurzfristig, etwa für den Zeitraum eines Monats, der für die Banken Erfüllungszeitraum für die Mindestreservepflicht darstellt, ist der Zentralbankgeldbedarf eine gegebene Größe, und die Bundesbank kann hier nur bestimmen, auf welchem Wege und zu welchen Kosten sie diesen Bedarf befriedigt, wenn sie den Banken nicht die volle Erfüllung der Mindestreserven unmöglich machen will. Die Bundesbank muß, so kurzfristig gesehen, auch dann das benötigte Zentralbankgeld bereitstellen, wenn damit stärkere Abweichungen von ihrem geldpolitischen Mengenziel verbunden sind. Anders verhält es sich auf etwas längere Frist. Da die Bundesbank die Bedingungen für die Bereitstellung von

Zentralbankgeld bestimmt – die Notenbankzinsen, die Refinanzierungsspielräume usw. –, zwingt sie durch Änderung dieser Bedingungen auch die Banken dazu, in ihrem Kreditgeschäft ähnlich zu reagieren, also großzügiger oder aber restriktiver beim Einräumen von neuen Krediten zu werden. Damit aber wird auch die Entwicklung der Geldmenge und – in Gestalt von Bargeldumlauf und Mindestreservesoll – die Zentralbankgeldmenge beeinflußt. Es versteht sich vielleicht von selbst – muß aber wegen der gelegentlichen Fehleinschätzungen doch hervorgehoben werden –, daß dieser Prozeß Zeit braucht. Daher kann auch der Erfolg der Zentralbankgeldsteuerung nur über eine längere Zeit hinweg beurteilt werden. Kurzfristige Abweichungen von dem vorgegebenen Leitpfad sind demgegenüber nicht gravierend, vorausgesetzt, daß sie nicht auf eine irreversible Entwicklung hindeuten.“

Für die Jahre 1984 und 1985 legte die Deutsche Bundesbank jeweils einen Wachstumskorridor für die Zentralbankgeldmenge von 4–6% bzw. 3–5% fest. Wie die tatsächliche Expansion im Verlauf der einzelnen Jahre – verglichen mit dem Zielwert – verlief, zeigt die Grafik „Wachstum der Zentralbankgeldmenge“ (siehe Schaubild S. 163).

Zur Sicherung des gesetzten Geldmengenziels, hinter dem schließlich die Erreichung der Preisniveaustabilität steht, hat die Bundesbank beim Einsatz ihrer Instrumente nicht nur die binnenwirtschaftlichen Entwicklungen zu beachten, sondern muß in der stark außenwirtschaftlich orientierten deutschen Volkswirtschaft auch Einflüsse des Auslandes berücksichtigen..

Dadurch vermindert sich in bestimmten Situationen ihr Handlungsspielraum bei der Gestaltung ihrer Geldpolitik. Kommt es bei steigenden Zinssätzen im Ausland zu einem Überschreiten des binnenländischen Zinsniveaus, dann kann Kapitalexport die Folge sein, weil die Anleger im Ausland höhere Erträge erzielen können. Dies hängt nicht nur von den Zinsdifferenzen ab, sondern auch von den Kurssicherungskosten und den Erwartungen über die Wechselkursentwicklung. Für die Geldmengenpolitik allein relevant ist aber, daß bei höheren Zinssätzen im Ausland die inländische Währung zur Abwertung tendieren kann. Eine Abwertung bedingt einen verstärkten binnenländischen Preisanstieg, der das Ziel der Preisniveaustabilität gefährdet. Daher sieht sich die Zentralbank in einer solchen Situation häufig veranlaßt, durch eine entsprechende zins- und liquiditätspolitische Steuerung der Zentralbenkgeldmenge für eine Verminderung des Zinsabstandes zum Ausland zu sorgen. Diese Politik hat die Deutsche Bundesbank insbesondere 1981/1982 bis heute verfolgt, um den stabilitätsgefährdenden Abstand zwischen den hohen Zinssätzen in den Vereinigten Staaten von Amerika und dem niedrigeren Niveau in der Bundesrepublik Deutschland zu vermindern, mit der Folge einer ständigen Abwertung der DM gegenüber dem US-Dollar.

Wachstum der Zentralbankgeldmenge*)

Ziel und laufende Entwicklung

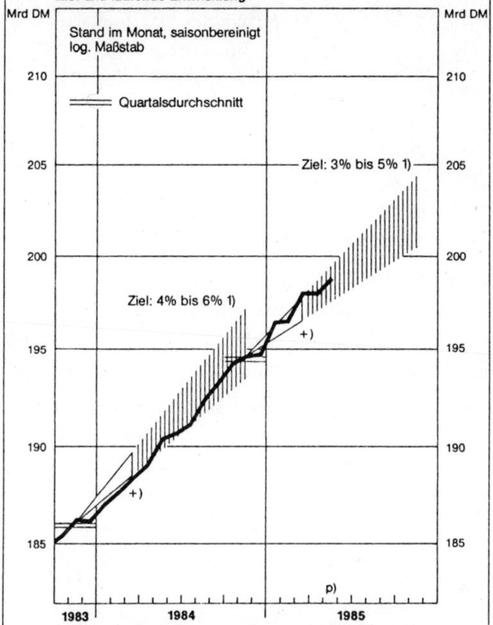

*) Bargeldumlauf (ohne Kassenbestände der Kreditinstitute an inländischen Noten und Münzen) plus Reserve-Soll auf Inlandsverbindlichkeiten (mit konstanten Reservesätzen - Basis Jan. 1974 - berechnet). - 1) Jeweils vom vierten Quartal des vorangegangenen Jahres bis zum vierten Quartal des laufenden Jahres. - +) Der Zielkorridor wurde jeweils bis März nicht schraffiert, weil das Wachstum der Zentralbankgeldmenge um die Jahreswende i.d.R. stärkeren Zufallsschwankungen unterliegt. Nach Berechnungen der Bundesbank überschreitet die durchschnittliche Marge dieser Zufallsabweichungen vom Trend die Breite des Korridors vom Frühjahr an nicht mehr. - p) Vorläufig. BBk

Zur Steuerung der Geldmengen- sowie der Zinsentwicklung bedient sich die Bundesbank normalerweise der eher mittelfristig angelegten traditionellen kreditpolitischen Instrumente, die nachfolgend dargestellt werden. Darüber hinaus hat sie aber in den vergangenen Jahren verstärkt sogenannte Feinsteuerungsmaßnahmen im Sinn kurzfristig reversibler Ausgleichsoperationen angewandt, um flexibel auf kurzfristige Schwankungen in der Liquiditätsausstattung der Banken zu reagieren. Hierbei wurden vornehmlich Wertpapierpensionsgeschäfte, Mengen- und Zinstender* im Offenmarktgeschäft mit Rückkaufvereinbarung sowie Devisenswapmaßnahmen und die Verlagerung von Mitteln des Bundes in den Geldmarkt gemäß § 17 Bundesbankgesetz eingesetzt.

* Unter **Tenderverfahren** versteht man eine Zuteilung bei Emmissionen – in der Regel die Ausgabe von Kassenobligationen durch den Bund – wonach derjenige den Zuschlag erhält, der das für den Emittenten günstigste Angebot abgegeben hat (Zinstender). Beim Mengentender wird nach der Höhe des gezeichneten Volumens zugeteilt.

Die Grundstruktur der Faktoren, die auf die Geldmengenentwicklung einwirken, wird aus der Darstellung ,,Geldvolumen im Bilanzzusammenhang" (siehe Tabelle S. 165) deutlich. Sie zeigt zum Beispiel, daß sich durch eine Kreditexpansion die Geldmenge ebenso erhöht wie durch steigende Nettoforderungen gegenüber dem Ausland, etwa in Form einer substituierenden Kreditaufnahme deutscher Nichtbanken an ausländischen Märkten. Gegen die expansiven Einflüsse der Kreditgewährung und der Auslandsverschuldung auf die Geldmenge bildet eine zunehmende Geldkapitalbildung ein Gegengewicht. Auch zunehmende Zentralbankeinlagen inländischer öffentlicher Haushalte bedeuten eine Verminderung des Geldmengenwachstums.

Die neuerliche Präferenz der geldmengenorientierten Zielsetzung durch die Bundesbank bedeutet aber nicht eine Beschränkung ausschließlich auf eine Mengenpolitik. Da die tatsächlichen ökonomischen Gegebenheiten zeigen, daß ein fester Zusammenhang zwischen Geldmenge und volkswirtschaftlicher Gesamtnachfrage in derart strikter Form nicht generell besteht, folgt daraus, daß eine ausschließliche Steuerung der Volkswirtschaft über die Geldmenge nicht möglich ist. Die Bundesbank nimmt daher auf die wirtschaftliche Entwicklung sowie zur Steuerung der Gesamtnachfrage nicht nur mit liquiditäts- und geldmengenorientierten Maßnahmen Einfluß, sondern auch über die Zinspolitik. Zur Erfüllung ihrer stabilitätspolitischen Funktionen bedient sich die Bundesbank dabei verschiedener Instrumente.

Wirkungsmechanismus der Geld- und Kreditpolitik

Statistische Indikatoren, wie z. B. Preise, Beschäftigungsquoten, Sozialproduktberechnungen, Auftragseingänge usw., spiegeln die Wirtschaftslage einer Volkswirtschaft wider. Alle diese Daten sind Ergebnisse wirtschaftlicher Aktivitäten, die von den einzelnen Wirtschaftssubjekten bestimmt werden. Der Bundesbank ist es nicht möglich, einen direkten Einfluß auf die Handlungen und Entscheidungen der im Wirtschaftsprozeß tätigen Gruppen zu nehmen. Vielmehr versucht die Bundesbank, die die Entscheidungen beeinflussenden Faktoren so vorzugeben, daß die Wirtschaftssubjekte letztlich im Sinne der Zentralbanküberlegungen handeln. Einflußmöglichkeiten sind der Bundesbank bei den monetären Komponenten der Entscheidungsfindung gegeben. Dabei treffen die geld- und kreditpolitischen Maßnahmen der Bundesbank insbesondere zunächst direkt Sparkassen und Banken. Sie lösen dort Zins- und Liquiditätseffekte aus. Diese wiederum beeinflussen Kreditangebot sowie Kreditnachfrage und damit letztlich die Geldmenge, die zum Wirksamwerden der potentiellen Nachfrage erforderlich ist. Durch entsprechende Dosierung beim Einsatz ihres Instrumentariums sieht sich somit die Bundesbank in der Lage, über diesen Wirkungsmechanismus die Wirtschaftsaktivitäten der Kreditinstitute und Nichtbanken in die von ihr gewünschten Bahnen zu lenken.

Geldvolumen im Bilanzzusammenhang

	1976	1977	1978	1979	1980	1981	1982	1983	1984
					– Mrd. DM –				
Geldmenge M3 (= 1+2–3–4–5)	+41,0	+58,9	+ 64,8	+ 39,2	+ 42,8	+ 36,1	+ 54,8	+ 45,3	+ 41,3
Bilanzgegenposten:									
1. Kreditvolumen[1]	+91,2	+94,2	+125,4	+139,0	+126,3	+132,0	+104,4	+113,2	+107,6
darunter:									
Kredite der Kreditinstitute an inländische Nichtbanken	+96,3	+95,8	+122,6	+140,9	+122,4	+129,9	+106,1	+111,3	+109,5
– an Unternehmen und Private[2]	+46,5	+42,3	+ 49,0	+ 67,5	+ 56,3	+ 41,7	+ 30,0	+ 44,0	+ 47,5
– für den Wohnungsbau[3]	+19,3	+26,8	+ 38,9	+ 44,8	+ 44,5	+ 40,7	+ 36,4	+ 48,1	+ 43,0
– an öffentliche Haushalte	+30,5	+26,7	+ 34,7	+ 28,5	+ 21,6	+ 47,5	+ 40,0	+ 19,3	+ 19,0
2. Netto-Forderungen gegenüber dem Ausland[4]	+ 8,3	+10,1	+ 7,1	– 21,8	– 10,6	+ 11,9	+ 4,5	+ 1,2	+ 2,8
3. Geldkapital	+59,1	+42,9	+ 54,8	+ 75,8	+ 61,7	+ 86,0	+ 46,5	+ 67,1	+ 69,4
darunter:									
Spareinlagen mit vereinbarter Kündigungsfrist	+12,2	+ 0,8	+ 7,7	+ 3,3	– 1,9	– 2,1	+ 4,3	– 2,0	+ 6,0
Sparbriefe	+10,4	+13,4	+ 10,3	+ 14,8	+ 17,8	+ 14,0	+ 11,9	+ 13,0	+ 16,3
Termingelder von 4 Jahren und darüber	+11,4	+13,6	+ 17,0	+ 18,7	+ 14,6	+ 13,8	+ 7,2	+ 27,2	+ 26,0
Umlauf an Bankschuldverschreibungen[5]	+19,3	+ 9,7	+ 14,2	+ 33,6	+ 26,7	+ 53,6	+ 14,1	+ 22,6	+ 13,2
4. Zentralbankeinlagen inländischer öffentlicher Haushalte	–10,2	– 0,8	+ 2,5	– 1,7	– 1,9	– 0,2	+ 0,5	+ 0,9	– 1,2
5. Sonstige Einflüsse	+ 9,6	+ 3,3	+ 10,4	+ 3,8	+ 13,2	+ 22,0	+ 7,2	+ 1,0	+ 0,9

[1] Kreditinstitute und Bundesbank; einschließlich Wertpapierkredite. [2] Ohne Wohnungsbau. [3] Ohne Wertpapierkredite. [4] Kreditinstitute und Bundesbank. [5] Ohne Bankbestände.

Das geld- und kreditpolitische Instrumentarium der Bundesbank kann entsprechend der konjunkturellen Wirtschaftslage sowohl zur Dämpfung als auch zur Ankurbelung wirtschaftlicher Aktivitäten eingesetzt werden.

Das Instrumentarium der Deutschen Bundesbank

Das zur Sicherung ihrer geld- und kreditpolitischen Aufgaben der Deutschen Bundesbank vom Gesetzgeber übertragene Instrumentarium umfaßt folgende Maßnahmen:

- Mindestreservepolitik
- Offenmarktpolitik
- Rediskontpolitik
- Diskontpolitik
- Lombardpolitik
- Einlagenpolitik
- Devisenterminmarktpolitik.

Mindestreservepolitik

Die Mindestreservepolitik als geld- und kreditwirtschaftliches Instrument einer Zentralbank in Deutschland ist erst seit dem Zweiten Weltkrieg existent. Zwar gab es im Kreditwesengesetz von 1934 eine Rahmenvorschrift, die die Bildung von Reserven ermöglicht hätte, obligatorische Mindestreserven wurden aber erst mit der Gründung der Bank deutscher Länder 1948 eingeführt. Sie gingen dann auch in das Gesetz über die Deutsche Bundesbank ein. Dort heißt es in § 16 Abs. 1 u. a.: „Zur Beeinflussung des Geldumlaufs und der Kreditgewährung kann die Deutsche Bundesbank verlangen, daß die Kreditinstitute in Höhe eines Vomhundertsatzes ihrer Verbindlichkeiten aus Sichteinlagen, befristeten Einlagen und Spareinlagen sowie aus aufgenommenen kurz- oder mittelfristigen Geldern, mit Ausnahme der Verbindlichkeiten gegenüber anderen mindestreservepflichtigen Kreditinstituten, Guthaben auf Girokonto bei ihr unterhalten (Mindestreserve)." Die Bundesbank kann die Prozentsätze nach allgemeinen Gesichtspunkten festlegen, ist jedoch an bestimmte Maximalwerte, die im Gesetz verankert sind, gebunden. Diese Höchstgrenzen betragen 30 v. H. der Sicht-, 20 v. H. der befristeten und 10 v. H. der Spareinlagen. Die Mindestreservesätze gelten einheitlich für alle Kreditinstitute (ab 1. 4. 1983 auch für Bausparkassen) und für alle Verbindlichkeiten (ausgenommen Bauspareinlagen). Differenzierungen in der Höhe ergeben sich bei Sparkassen, Banken und Bausparkassen nach deren Größe (Höhe der reservepflichtigen Verbindlichkeiten, abgestuft nach drei Progressionsstufen). Des weiteren spielt für die reservepflichtigen Verbindlichkeiten die Fristigkeit eine Rolle und ob die Einlagen Inländern oder Gebietsfremden gehören. Das von den Kreditinstituten zu unterhaltende Mindestreservesoll berechnet sich aus den Reservesätzen, bezogen auf den Monatsdurchschnitt der reservepflichtigen Verbindlichkeiten. Als Ist-Reserve gilt der kalendertägliche Durchschnitt der bei der Bundesbank unterhaltenen Guthaben unter Einbeziehung der anrechenbaren Kassenbestände.

Daneben besitzt die Bundesbank das Recht, besondere Mindestreservesätze für den Zuwachs an reservepflichtigen Verbindlichkeiten festzusetzen. Die Bundesbank hat in der Vergangenheit von diesem Recht wiederholt Gebrauch gemacht, insbesondere wurden Zuwachsreserven bei den reservepflichtigen Verbindlichkeiten gegenüber Ausländern erhoben.

Die Mindestreserveguthaben der Kreditinstitute bei der Bundesbank werden nicht verzinst, was rentabilitätsmäßig eine Belastung für die Sparkassen und Banken bedeutet. Insofern hat die Mindestreservepolitik nicht nur einen Liquiditätseffekt, sondern beeinflußt auch das Zinsniveau. Primäre Zielrichtung ist aber die Liquiditätswirkung. Für die Kreditinstitute sind die Mindestreserven gebundene Liquidität, über die sie nicht anderweitig – z. B. durch Anlage auf dem Geldmarkt oder in Form einer Kreditgewährung – verfügen können. Eine Veränderung des Mindestreserve-Solls beeinflußt somit den Kredit- und Geldanlagespielraum der Institute. Wird z. b. das Mindestreserve-Soll durch eine Erhöhung der Reservesätze angehoben, so sind Sparkassen und Banken gezwungen, das erforderliche Zentralbankgeld zu beschaffen. Dies erfolgt in der Regel durch Umwandlung von verzinslichen freien Liquiditätsreserven (z. B. Anlagen auf dem Geldmarkt).

Wie die Finanzierung der erhöhten Mindestreserven auch erfolgt, sie geht stets zu Lasten der freien Liquiditätsreserven der Kreditinstitute. Dies führt bei entsprechender Dosierung und zeitlicher Dauer früher oder später zu einer Minderung des Kreditschöpfungspotentials und somit größeren Zurückhaltung bei der Kreditgewährung der Institute, was letztlich entsprechend der konjunkturellen Situation von der Bundesbank gewollt ist.

Gibt die Bundesbank dagegen einen Teil der Mindestreserve durch Senkung der Sätze frei, dann erhöht sich die verfügbare Liquidität bei Sparkassen und Banken. Es erweitern sich also ihre Kreditgewährungsmöglichkeiten.

Der Einfluß der Mindestreserveänderungen geht indirekt aber noch weiter. Die Veränderung des Liquiditätsvolumens bei Sparkassen und Banken strahlt auch auf das Zinsniveau aus. Das macht sich insbesondere auf dem Geldmarkt und im kurzfristigen Kreditgeschäft bemerkbar.

Mit der Mindestreserve hat die Bundesbank ein Instrument zur Verfügung, mit dessen Hilfe sie die Kreditinstitute zwingen kann, auf ihre geld- und kreditpolitischen Vorstellungen relativ schnell einzugehen. Das ist bei den meisten anderen währungspolitischen Mitteln nicht der Fall.

Offenmarktpolitik

Bei der **Offenmarktpolitik** tritt die Bundesbank als Verkäufer bzw. Nachfrager am Geld- bzw. Kapitalmarkt auf. Offenmarktgeschäfte wurden von der Zentralbank erstmals im Jahr 1955 getätigt, und zwar in kurzfristigen Wertpapieren. Der Handel in diesen Geldmarktpapieren findet vor allem zwischen der Bundesbank auf der einen Seite und den Kreditinstituten auf der anderen Seite statt. Aber auch mit öffentlichen Stellen – insbesondere Bundespost, ERP-Sondervermögen und den Sozialversicherungsträgern – tätigt die Bundesbank Offenmarktgeschäfte. Nach § 21 des Bundesbankgesetzes darf die Bundesbank Offenmarktgeschäfte auch direkt am Kapitalmarkt tätigen. Sie machte davon erstmals 1967 Gebrauch, wobei sie sich auf festverzinsliche Wertpapiere öffentlicher Emittenten beschränkte.

Zu den vorwiegend gehandelten Geldmarktpapieren rechnen Schatzwechsel und sogenannte U-Schätze (unverzinsliche Schatzanweisungen, die wie Schatzwechsel diskontiert werden) von Bund, Post, Bahn und den Ländern, ferner Privatdiskonten.

Bei den Offenmarktgeschäften am Geldmarkt setzt die Bundesbank entsprechend der dortigen Entwicklung und ihren eigenen kreditpolitischen Zielen die An- und Verkaufssätze für die Papiere fest. Die Bundesbank kann aber die Kreditinstitute nicht zwingen, zu diesen Konditionen Geschäfte abzuschließen. Offenmarktgeschäfte können also insofern nur wirksam werden, wenn die Sparkassen und Banken auch dazu willens sind.

Die Bundesbank hat sich bereit erklärt, inländische Geldmarktpapiere, die in ihre **Geldmarktregulierung** einbezogen sind, jederzeit vor Fälligkeit zurückzunehmen. Diese Rücknahmegarantie ist für die Bankenliquidität von großer Bedeutung. Offeriert die Bundesbank den Kreditinstituten Geldmarktpapiere und nehmen die Banken sie auf, müssen diese mit Zentralbankgeld bezahlt werden. Ein Liquiditätsentzug hat aber nicht direkt stattgefunden, da diese Transaktionen lediglich zu einer Umschichtung der Liquiditätsreserven von Sparkassen und Banken geführt haben, die Zentralbankguthaben verminderten sich und die Bestände an Geldmarktpapieren nahmen in gleichem Umfang zu. Sind diese Papiere in die Geldmarktregulierung einbezogen, können die Kreditinstitute sie jederzeit in Zentralbankgeld zurücktauschen. Insofern haben diese Offenmarktgeschäfte der Bundesbank keine unmittelbare Liquiditätswirkung, sondern vorrangig einen Zinseffekt. Um neben diesem Zinseffekt aber auch eine echte Liquiditätswirkung zu haben, bietet die Bundesbank neuerdings auch Offenmarktgeschäfte mit Nichtbanken an. Sie verkauft an jedermann unverzinsliche Schatzanweisungen, deren vorzeitige Rücknahme sie ausgeschlossen hat. Zusammen mit den Offenmarktgeschäften am Kapitalmarkt gelingt es der Bundesbank, den Banken Liquidität (Zentralbankguthaben) zu entziehen, da die Nichtbanken den

Gegenwert für die Offenmarkttitel von den Kreditinstituten auf Konten der Bundesbank verlagern.

Damit die Offenmarktpolitik wirksam wird, muß das Volumen der getätigten Geschäfte ausreichend sein. Insbesondere, wenn mit Hilfe des Verkaufs von Offenmarktpapieren eine restriktive Wirkung erzielt werden soll, sind erhebliche Beträge an Schatzwechseln und unverzinslichen Schatzanweisungen erforderlich. Der Bedarf an diesen Papieren kann dann das Ausmaß übersteigen, in dem der Staat solche Emissionen zur Finanzierung seiner Tätigkeit ausgibt. Für den Fall, daß die Menge der umlaufenden staatlichen Geldmarktpapiere eine wirksame Offenmarktpolitik nicht zuläßt, hat der Gesetzgeber der Bundesbank Wege eröffnet, um zusätzlich solche Papiere für ihre kreditpolitischen Zwecke zu schaffen. Nach § 42 des Bundesbankgesetzes besitzt die Bundesbank die Möglichkeit, ihre aus der Währungsreform von 1948 stammende Ausgleichsforderung gegen den Bund in Höhe von 8,7 Mrd. DM ganz oder teilweise in Schatzwechsel oder U-Schätze umzutauschen. Diese so geschaffenen Geldmarkttitel werden **Mobilisierungspapiere** genannt. Benötigt die Bundesbank darüber hinaus weitere Geldmarktpapiere, ist die Bundesregierung nach dem Stabilitätsgesetz verpflichtet, ihr zusätzlich Schatzwechsel und U-Schätze bis zum Höchstbetrag von 8 Mrd. DM auszuhändigen. Diese Titel heißen dann **Liquiditätspapiere.**

Rediskontpolitik

Wechsel, die ein Kreditinstitut von seinen Kunden angekauft hat, werden häufig, soweit sie bestimmte, von der Bundesbank festgelegte Erfordernisse erfüllen, an die Deutsche Bundesbank weiterveräußert. Durch diese Rediskontierung ist es der Bundesbank möglich, Einfluß auf die Kreditschöpfungsmöglichkeiten der Banken zu nehmen. Die Rediskontkontingente erweisen sich dabei insofern als qualitative Kreditbeschränkung, als es hier um die Höchstgrenze des jeder Bank insgesamt zur Verfügung stehenden Wechseldiskontkredits bei der Bundesbank geht. Die Banken machen dann von der Möglichkeit Gebrauch, Handelswechsel zu rediskontieren, wenn sie Zentralbankgeld benötigen. Eine Kürzung der Rediskontkontingente bedeutet daher für die Kreditinstitute eine Einschränkung der Beschafffungsmöglichkeit von liquiden Mitteln. Tendenziell werden damit auch die Kreditgewährungsmöglichkeiten, vor allem bei Wechselkrediten, begrenzt. In entgegengesetzter Richtung wirken – sofern Nutzungsbedarf besteht – unausgeschöpfte Rediskontkontingente, z. B. durch Erweiterung der Rediskontplafonds.

Diskontpolitik

Das klassische Instrument einer Notenbank stellt die **Diskontpolitik** dar. Die Bundesbank setzt die Höhe des Zinssatzes (**Diskontsatz**) fest, zu dem sie noch nicht fällige Wechsel von Sparkassen und Banken ankauft und diesen dafür Zentralbankguthaben zur Verfügung stellt. Kreditinstitute besitzen in ihrem Bestand im allgemeinen eine große Zahl solcher Wechsel, da sie eine besonders attraktive Reservehaltung darstellen. Dank des strengen deutschen Wechselrechts sind diese Papiere nur mit vergleichbar geringem Risiko behaftet. Eine Erhöhung des Diskontsatzes führt unmittelbar zu einer Verteuerung der Refinanzierungskosten der Kreditinstitute bei der Bundesbank. Banken erhöhen deshalb in diesem Fall entsprechend auch ihren Satz für den Ankauf von Wechseln aus ihrer Kundschaft. Das bedeutet, daß sich der Wechselkredit verteuert. Da der Diskontsatz auch heute noch eine gewisse Leitzinsfunktion für alle anderen Kredit- und Einlagengeschäfte der Banken besitzt, schlägt seine Erhöhung oder Senkung mehr oder weniger schnell auf das allgemeine Zinsniveau durch. Bis Ende März 1967 bestand sogar eine feste Koppelung zwischen Diskont und den anderen Zinssätzen – insbesondere im Kreditgeschäft. Vom 1. 4. 1967 an – dem Termin der Zinsfreigabe in der Bundesrepublik Deutschland – hat sich insofern eine Änderung vollzogen, als seitdem keine direkte Bindung der Kreditkonditionen an den Diskontsatz mehr besteht. Die Zinssätze können sich also nach den Marktgegebenheiten völlig frei bilden. Tatsächlich legen aber die Kreditinstitute auch heute noch zum größten Teil ihre Kreditkonditionen in Anlehnung an den Diskontsatz fest.

Die Tabelle auf Seite 172 zeigt die Entwicklung des Diskont- und Lombardsatzes in der Bundesrepublik Deutschland nach dem Zweiten Weltkrieg.

In Gegenüberstellung zum Bruttosozialprodukt (s. S. 173) kommt zum Ausdruck, in welcher Weise die Zentralbank versucht hat, die konjunkturelle Entwicklung mit dem Instrument Diskontsatzpolitik zu beeinflussen.

Lombardpolitik

Unter Lombardkrediten versteht man verzinsliche Darlehen, die die Bundesbank nach § 19 des Bundesbankgesetzes gegen Verpfändung von bestimmten Wertpapieren und Schuldbuchforderungen an Kreditinstitute gewähren kann. Die Bundesbank ist aber dazu nicht verpflichtet. Ob nachsuchende Kreditinstitute einen Lombardkredit erhalten, richtet sich nach der allgemeinen kreditpolitischen Lage sowie nach den individuellen Verhältnissen des Kreditnachfragenden. Wird ein Lombardkredit eingräumt, soll es sich in jedem Fall nur um eine kurzfristige Überbrückung eines vorübergehenden Liquiditätsbedarfs handeln. Der Lombardkredit – er wird nicht in beliebiger Höhe gewährt – soll nach einer bestimmten Frist abgebaut werden, die die Bundesbank nach den jeweiligen geld- und währungspolitischen Gegebenheiten fixiert. Der Zentralbankrat hat in der Vergangenheit sowohl mengenmäßige als auch zeitliche Beschränkungen erlassen. Zur Verschärfung seiner Geld- und Kreditpolitik hatte der Zentralbankrat am 30. Mai 1973 beschlossen, Lombardkredite vom 1. 6. 1973 bis auf weiteres grundsätzlich nicht zur Verfügung zu stellen. Diese Maßnahme galt bis 3. 7. 1974. Die Bundesbank erklärte sich aber in dieser Phase zeitweise bereit, den Kreditinstituten zur Abdeckung eines unvorhergesehenen Debetsaldos einen Sonderlombard zum erhöhten Satz von 10% bzw. 13% einzuräumen. Auch vom 20. 2. 1981 bis 6. 5. 1982 setzte die Bundesbank die Lombardkreditgewährung zum Lombardsatz aus. Der Sonderlombardsatz bewegte sich in dieser Zeit zwischen anfangs 12% und 9½% am Ende der Periode. Danach galt wieder der ‚normale' Lombardsatz in der von der Bundesbank festgelegten Höhe.

Zusammen mit der Diskontpolitik stellt die Festsetzung des Lombardsatzes den Kern der Zinspolitik der Deutschen Bundesbank dar. Insbesondere für die Zinsgestaltung am Geldmarkt hat der von der Bundesbank festgesetzte Lombardsatz besondere Bedeutung. Kreditinstitute, die sich kurzfristig refinanzieren müssen, werden dies am Geldmarkt tun, solange dort der Zinssatz niedriger ist als der Lombardsatz. Der Lombardsatz ist somit in dieser Situation quasi Obergrenze für den Satz für Tagesgeld. Bei angespannter Liquidität und steigenden Geldmarktzinsen gehen die Kreditinstitute mehr „in den Lombard": In einer solchen Lage kann der Tagesgeldsatz durchaus über den Lombardsatz steigen, da einige Institute ihren Lombardkredit als eiserne Reserve betrachten und sich zunächst am Geldmarkt refinanzieren. Oder er steigt deshalb, weil Kreditinstituten mangels lombardfähiger Titel ein Ausweichen in den Lombardkredit nicht möglich ist. Ist die Bundesbank aus kreditpolitischen Überlegungen heraus nicht mehr gewillt, Lombardkredite einzuräumen, sind Banken und Sparkassen allein auf den Geldmarkt angewiesen. Angebot und Nachfrage unter den Kreditinstituten regelt dann den Geldmarktzins, exotische Sätze wie 1974 (bis zu 30% und mehr) sind in einem solchen Fall bei sehr knappem Geld durchaus möglich.

Einlagenpolitik

Nach § 17 Bundesbankgesetz haben der Bund, das Sondervermögen Ausgleichsfonds, das ERP-Sondervermögen und die Länder ihre flüssigen Mittel, auch soweit Kassenmittel nach dem Haushaltsplan zweckgebunden sind, bei der Deutschen Bundesbank auf Girokonto einzulegen. Eine anderweitige Geldanlage bedarf der Zustimmung der Bundesbank. Der Gesetzgeber hat damit der Bundesbank ein Mittel an die Hand gegeben, die Kassenbestände der großen öffentlichen Verwaltungen, deren Höhe und Bewegung bei dem Umfang der Haushaltsansätze für die Notenbankpolitik von entscheidender Bedeutung sind, zur Steuerung des Geldvolumens mit heranzuziehen. Durch Abfluß von Zentralbankgeld von den Sparkassen und Geschäftsbanken, z. B. durch Steuerzahlung auf Girokonto der Bundesbank, verringert sich die Liquidität in der Kreditwirtschaft. Gestattet die Bundesbank dagegen eine Kassenhaltung der öffentlichen Verwaltungen bei Sparkassen und Banken, so erhöht sich die Liquidität dieser Kreditinstitute und damit deren Kreditschöpfungsspielraum.

Entwicklung von Diskont- und Lombardsatz der Bank deutscher Länder bzw. der Deutschen Bundesbank

Gültig ab		Diskontsatz % p.a.	Lombardsatz % p.a.
1948	1. Juli	5	6
1949	27. Mai	4½	5½
	14. Juli	4	5
1950	27. Oktober	6	7
1952	29. Mai	5	6
	21. August	4½	5½
1953	8. Januar	4	5
	11. Juni	3½	4½
1954	20. Mai	3	4
1955	4. August	3½	4½
1956	8. März	4½	5½
	19. Mai	5½	6½
	6. September	5	6
1957	11. Januar	4½	5½
	19. September	4	5
1958	17. Januar	3½	4½
	27. Juni	3	4
1959	10. Januar	2¾	3¾
	4. September	3	4
	23. Oktober	4	5
1960	3. Juni	5	6
	11. November	4	5
1961	20. Januar	3½	4½
	5. Mai	3	4
1965	22. Januar	3½	4½
	13. August	4	5
1966	27. Mai	5	6¼
1967	6. Januar	4½	5½
	17. Februar	4	5
	14. April	3½	4½
	12. Mai	3	4
	11. August	3	3½
1969	21. März	3	4
	18. April	4	5
	20. Juni	5	6
	11. September	6	7½
	5. Dezember	6	9
1970	9. März	7½	9½
	16. Juli	7	9
	18. November	6½	8
	3. Dezember	6	7½
1971	1. April	5	6½
	14. Oktober	4½	5½
	23. Dezember	4	5
1972	25. Februar	3	4
	9. Oktober	3½	5
	3. November	4	6
	1. Dezember	4½	6½
1973	12. Januar	5	7
	4. Mai	6	8
	1. Juni	7	9
1974	25. Oktober	6½	8½
	20. Dezember	6	8
1975	7. Februar	5½	7½
	7. März	5	6½
	25. April	5	6
	23. Mai	4½	5½
	15. August	4	5
	12. September	3½	4½
1977	15. Juli	3½	4
	16. Dezember	3	3½
1979	19. Januar	3	4
	30. März	4	5
	1. Juni	4	5½
	13. Juli	5	6
	1. November	6	7
1980	29. Februar	7	8½
	2. Mai	7½	9½
	19. September	7½	9
1982	27. August	7	8
	22. Oktober	6	7
	3. Dezember	5	6
1983	18. März	4	5
	9. September	4	5½
1984	29. Juni	4½	5½
1985	1. Februar	4½	6
	16. August	4	5½

Entwicklung von Brutto-Sozialprodukt (Veränderung gegenüber Vorjahr), Diskontsatz und Lombardsatz

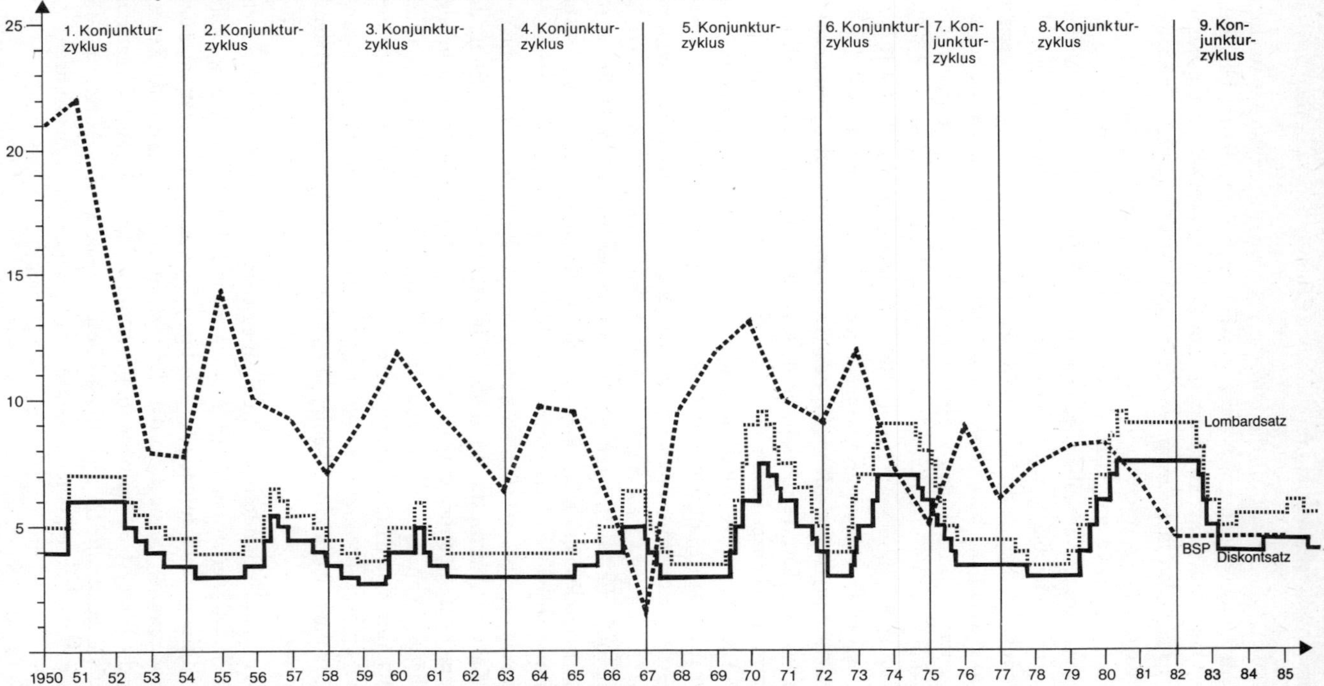

Lombardsatz: Vom 1. 6. 1973–3. 7. 1984 und vom 20. 2. 1981–6. 5. 1982 war der Lombardkredit für Kreditinstitute grundsätzlich ausgesetzt.

Devisenterminmarktpolitik

Ende Dezember 1958 wurde für die DM die volle **Konvertibilität** (= uneingeschränkte Austauschbarkeit gegen fremde Währungen) eingeführt. Die Folge war, daß der kurz- und langfristige internationale Kapitalverkehr völlig frei war und sich zwischen den internationalen Geld- und Kapitalmärkten eine zunehmende Verflechtung entwickelte. Für die Bundesbank ergab sich damit eine neue Situation. Eine expansive oder kontraktive Politik der Zentralbank konnte nämlich durch kurzfristige Kapitalbewegungen aus dem Ausland in ihrer Wirkung stark geschwächt oder bei festen Wechselkursen gar unterlaufen werden. Die Zentralbankpolitik brauchte deshalb ein Mittel, um auch diese Kapitalbewegungen mit dem Ausland zu beeinflussen. Als marktmäßiges Instrument bot sich dabei eine Intervention auf dem Devisenmarkt bzw. Devisenterminmarkt an. Zur Vermeidung von Verlusten durch Änderungen des Devisenkurses schließen die Banken Kurssicherungsgeschäfte ab. Bei einer Anlage im Ausland z. B. werden die benötigten Devisen am Kassamarkt gekauft und zu einem zum gleichen Zeitpunkt schon festgesetzten Kurs auf dem Terminmarkt wieder verkauft. Die Differenz zwischen dem Terminkurs und dem Kassakurs einer ausländischen Währung (prozentual ausgedrückt als Swapsatz) ist quasi die Kurssicherungsgebühr für die Kreditinstitute. Durch autonome Festsetzung ihres Swapsatzes ist es der Bundesbank möglich, den auf dem Markt sich bildenden Swapsatz zu unterbieten, um so den Kreditinstituten Anreize zu geben, Geld zu exportieren bzw. zu importieren. Anfang Oktober 1958 bot die Bundesbank inländischen Kreditinstituten erstmals die Möglichkeit, mit ihr **Swapgeschäfte** in US-Dollar abzuschließen. Die Bundesbank war dabei bestrebt, Geldexporte anzuregen. So verkaufte die Bundesbank den Kreditinstituten Dollars per Kasse und kaufte sie zu einem festgesetzten Kurs per Termin zurück. In der Regel lag der Terminkurs unter dem Kassakurs, d. h., die Bundesbank berechnete für die Übernahme der Kurssicherung eine Gebühr, einen sogenannten Deport. Bei entsprechenden Zinskonstellationen im In- und Ausland verzichtete die Bundesbank gelegentlich auf die Berechnung von Kurssicherungskosten und führte die Swaptransaktionen mit den Banken als Anreiz unentgeltlich zu pari (Jahreswende 1959/60) durch oder gewährte ihnen sogar eine Prämie, einen sogenannten Report (Jahreswende 1960/61).

Seit April 1971 hat die Bundesbank ihre Swapgeschäfte mit Wirtschaftsunternehmen eingestellt. Mit der Aufgabe der Interventionspflicht gegenüber dem Dollar ist ein Liquiditionszufluß von außen, der durch Devisenmarktoperationen umgelenkt werden mußte, versiegt, so daß das Instrument im Rahmen der Kurssicherung für die Bundesbank an Bedeutung verloren hat. In jüngster Vergangenheit benutzt sie jedoch die Swappolitik als liquiditätspolitisches Mittel, um den Kreditinstituten für kurze Fristen Liquidität zu entziehen oder zuzuführen.

Weitere kreditpolitische Instrumente

Seit einiger Zeit hat die Bundesbank ihr Instrumentarium um Maßnahmen erweitert, die nicht namentlich im Bundesbankgesetz enthalten sind, von denen die Bundesbank aber glaubt, daß sie durch die gesetzlichen Bestimmungen abgedeckt sind. Dazu zählen z. B. seit einigen Jahren Pensionsgeschäfte mit Wechseln und Wertpapieren sowie seit Anfang 1980 auch solche mit Devisenforderungen. In solchen Fällen nimmt die Bundesbank von Banken und Sparkassen für kurze Laufzeiten Wechsel, Wertpapiere oder Devisenforderungen als Sicherheiten für die Bereitstellung von Liquidität herein.

Diese Instrumente werden von der Bundesbank als Feinsteuerung der Bankenliquidität apostrophiert. Sie haben in den Jahren 1984 und 1985 ein beachtliches Ausmaß erreicht. Zeitweise lag ihr Gesamtvolumen bei über 40 Mrd. DM. Die Laufzeiten dieser Geschäfte bewegen sich überwiegend bei 4 Wochen, verlängern sich aber gelegentlich bis zu 3 Monaten. Diese Instrumente ermöglichen es der Bundesbank, sehr feinfühlig auf Liquiditätsveränderungen, die durch die Marktfaktoren ausgelöst werden, zu reagieren und damit sowohl die Zins- als auch die Geldmengenentwicklung sensibel zu beeinflussen. Die Wertpapier-Pensionsgeschäfte werden von der Bundesbank in drei Formen angeboten, wobei sie die Auswahl entsprechend ihrer jeweiligen geldpolitischen Intentionen gestaltet. Die traditionelle Form ist das Angebot eines Zinssatzes und eines festen Volumens. Sie werden aber auch im Tenderverfahren offeriert. Dabei unterscheidet sie den Mengentender und den Zinstender.

Ein weiteres Instrument der vorübergehenden Ausweitung der Geldmenge ist die befristete Verlagerung von Guthaben des Bundes von Konten bei der Bundesbank auf solche bei anderen Kreditinstituten.

Bilanzierung und Publizität

Die Bundesbank ist eine juristische Person des öffentlichen Rechts. Nach § 26 Bundesbankgesetz hat das Rechnungswesen der Deutschen Bundesbank den Grundsätzen ordnungsmäßiger Buchführung zu entsprechen. Für die Wertansätze in der Jahresbilanz gelten die Vorschriften des Aktiengesetzes sinngemäß.

Die Gewinnverteilung ist in § 27 Bundesbankgesetz geregelt. Der Reingewinn steht nach Zuführung zu bestimmten Rücklagen und dem Fonds zum Ankauf von Ausgleichsforderungen dem Bund zu.

Der Jahresabschluß der Bundesbank ist im Bundesanzeiger zu veröffentlichen. Nach § 28 Bundesbankgesetz hat die Bundesbank darüber hinaus jeweils nach dem Stand vom 7., 15., 23. und Letzten jeden Monats einen Ausweis (**Wochenausweis der Deutschen Bundesbank**) zu publizieren, wobei die Gliederung sich eng der Bilanz anpaßt. Der Wochenausweis dient der kurzfristigen Beurteilung der Geld- und Währungssituation. Darüber hinaus veröffentlicht die Deutsche Bundesbank jährlich einen Geschäftsbericht sowie monatlich erscheinende Monatsberichte mit einem ausführlichen statistischen Teil. Ferner gibt die Bundesbank Auszüge aus Presseartikeln heraus, die in- und ausländische Pressekommentare zur Währungs-, Finanz- und Außenwirtschaftspolitik sowie über Probleme der Kreditwirtschaft enthalten.

Sämtliche Publikationen der Bundesbank gelangen kostenlos zu Verteilung.

Zusammenfassung

4.7 Wirtschaftspolitik

Wirtschaftspolitik hat die Aufgabe, die ökonomischen Aktivitäten in der gewünschten Richtung zu beeinflussen. Sie setzt die Rahmenbedingungen, in denen sich Wirtschaftsstrukturen und -prozesse entwickeln sollen. Neben anderen Bereichen, in denen die Wirtschaftspolitik wirkt, zielt die Konjunkturpolitik insbesondere darauf, unerwünschte Schwankungen im Konjunkturverlauf zu verhindern. Träger der Konjunkturpolitik sind die öffentlichen Haushalte mit der Finanzpolitik und die Deutsche Bundesbank mit ihrer Währungspolitik.

Die Fiskalpolitik kann dabei auf den Konjunkturablauf über steuerpolitische Maßnahmen, die die staatlichen Einnahmen betreffen, in vielfältiger Form Einfluß nehmen. Auch von der Ausgabenseite her vermögen die öffentlichen Haushalte auf die konjunkturelle Entwicklung einzuwirken. So können konjunkturelle Überhitzungserscheinungen durch Ausgabensenkungen abgeschwächt und Abschwungphasen durch zusätzliche kreditfinanzierte Ausgaben abgefangen werden. Das Steuer- und Abgabensystem in der Bundesrepublik Deutschland enthält darüber hinaus sogenannte automatische Stabilisatoren, die den Ausschlägen des Konjunkturzyklus entgegenlaufen. Neben den individuell von den öffentlichen Haushalten zu beschließenden konjunkturbeeinflussenden Maßnahmen bietet das Stabilitätsgesetz einen vorgegebenen Rahmen für konjunkturpolitische Aktionen.

Als Bank der Banken ist die Deutsche Bundesbank durch Gesetz verpflichtet, die Währung zu sichern. Um dieser Aufgabe gerecht zu werden, stellt das Gesetz der Bundesbank zahlreiche Maßnahmen zur Verfügung. Über den Einsatz dieses Instrumentariums entscheidet unabhängig der Zentralbankrat der Deutschen Bundesbank. Ansatzpunkt der Bundesbankpolitik ist die Geldmengenentwicklung, für die die Notenbank jährlich einen Zielkorridor festlegt. Die von ihr zur Steuerung der Geldmenge eingesetzten Instrumente orientieren sich im wesentlichen an der Beeinflussung der Liquidität im Bankensystem sowie der Zinsentwicklung. Bei der Festlegung der jeweiligen kreditpolitischen Aktivitäten muß die Bundesbank sich sowohl an den binnenwirtschaftlichen Gegebenheiten als auch an den außenwirtschaftlichen Einflüssen orientieren. Von den der Bundesbank zur Verfügung stehenden geld- und kreditpolitischen Instrumenten sind insbesondere die Mindestreservepolitik, die Zinspolitik, die Rediskontpolitik und die Offenmarktpolitik von Bedeutung.

Mit Hilfe der Mindestreservepolitik beeinflußt die Bundesbank das Volumen der für die Kreditgewährungen zur Verfügung stehenden Überschußguthaben des Bankensystems, wobei sie die zur Anwendung kommenden Mindestreservesätze nach Art und Umfang der Verbindlichkeiten sowie nach Einlagen von Inländern und Gebietsfremden unterscheidet.

Die Zinspolitik umfaßt die Diskontsatz- und Lombardsatzvariation. Zinswirkungen haben aber auch alle anderen von der Bundesbank eingesetzten Instrumente.

Über die Rediskontkontingentpolitik beeinflußt die Bundesbank die Liquiditätsentwicklung bei den Kreditinstituten, was auch für die Offenmarktpolitik gilt. Hierbei werden je nach konjunktureller Lage Geldmarkttitel von der Bundesbank den Kreditinstituten angeboten bzw. nachgefragt, wobei sie den Kreditinstituten jeweils attraktive Verkaufs- oder Rücknahmesätze anbietet.

Zur Beeinflussung der Liquidität im Bankensystem verwendet die Bundesbank gelegentlich die ihr eingeräumten Möglichkeiten der Einlagenpolitik und die Swapsatz-Politik, um den Kreditinstituten zugeflossene Liquidität ins Ausland zu transferieren.

In jüngster Vergangenheit bedient sich die Bundesbank verstärkt des Instrumentariums der Liquiditätsfeinsteuerung, wozu Wertpapier- und Wechselpensionsgeschäfte zählen. Diese werden häufig in Form von Mengen- oder Zinstendern angeboten.

4.8 Konjunktur und Wachstum

Von dem Konjunkturablauf innerhalb einer Volkswirtschaft ist das gesamtwirtschaftliche Wachstum zu unterscheiden. Während die konjunkturelle Entwicklung eine relativ kurz- bzw. mittelfristige Zeitphase umfaßt, dabei selbst ausgelöst wird durch Veränderungen im Verhältnis von Angebot und Nachfrage, stellt das Wachstum einen mehr langfristigen Prozeß dar. Das **Wirtschaftswachstum** wird dabei vorrangig bestimmt von den in einer Volkswirtschaft gegebenen

Möglichkeiten, das Angebot an Gütern zu erweitern. Wachstum als gesamtwirtschaftliches Ziel beinhaltet also die Forderung nach einem kontinuierlichen Ansteigen des realen Bruttosozialprodukts. Ein stetiges Wachstum in einer bestimmten angestrebten Höhe setzt voraus, daß keine konjunkturellen Schwankungen im Wirtschaftsprozeß sich vollziehen. Solange es aber derartige Bewegungen zwischen Talsohle und Boom gibt, läßt sich ein Wirtschaftswachstum nur im mittel- und langfristigen Trend erreichen. In den westlichen Industrienationen stellt sich der Wachstumspfad in der Nachkriegsgeschichte – errechnet aus den Zuwachsraten des realen Sozialprodukts der einzelnen Jahre – als ein nach oben gerichteter Verlauf oder Trend dar, der allerdings in den letzten Jahren in eine Stagnationsphase übergegangen ist.

Wirtschaftliches Wachstum bedeutet somit nichts anderes als die Zunahme der Produktionsmöglichkeiten (Fertigungskapazität oder -potential) und damit die Voraussetzung zur vermehrten Gütererzeugung. Wenn also eine Volkswirtschaft es erreicht, in einem Jahr mehr an Gütern und Leistungen zu erstellen als im vorhergehenden, spricht man von Wachstum. Eine wichtige Voraussetzung für eine solche Entwicklung ist neben der Zunahme der Produktionsanlagen in den Unternehmen eine ständige Verbesserung der **Infrastruktur** (Energie, Verkehrswege, Schulen, Krankenhäuser usw.). Die Ausnutzung des Wachstumspotentials, d. h. eine steigende Produktion, die zu einem höheren realen Sozialprodukt führt, bedingt aber, daß die gesamtwirtschaftliche Nachfrage diese Kapazitäten auch auslastet, die Produktion also abgesetzt wird.

Eine notwendige Vorbedingung für das wirtschaftliche Wachstum ist – wie schon an anderer Stelle ausgeführt – die Tatsache, daß in ausreichendem Umfang in einer Volkswirtschaft gespart wird. Nur wenn in der Gegenwart teilweise auf Konsum verzichtet wird, stehen die notwendigen finanziellen Mittel zu Verfügung, um die Investitionen bezahlen zu können. Die Investitionen sichern ihrerseits aber für die Zukunft die Chance, daß mehr konsumiert werden kann.

In einer vollbeschäftigten oder auch überbeschäftigten Volkswirtschaft ist ein ökonomisches Wachstum durch zusätzlichen Einsatz von Arbeitskräften nicht mehr gegeben. Es kann deshalb nur durch Änderung der technischen Produktionsanlagen erreicht werden. Eine Ausweitung bei den Unternehmen führt jedoch nur dann zu zusätzlichem Güterausstoß, wenn die Neuinvestitionen auch einen technischen Fortschritt beinhalten, d. h. wenn mit gleichem Arbeitseinsatz eine höhere Leistung erzielt wird. Der **technische Fortschritt** ist also in unserer hochentwickelten Industriewelt eine wesentliche Komponente des Wirtschaftswachstums.

Konjunktur und Wirtschaftswachstum sind zwei eng miteinander verwobene Erscheinungen unseres Wirtschaftslebens. Beide sagen etwas über die ökonomische Entwicklung eines Landes aus. Das Wirtschaftswachstum bestimmt dabei den Trend der längerfristigen Entwicklung. Die Konjunktur zeigt demgegenüber den kurz- bzw. mittelfristigen Verlauf an, der sich entlang dem Wachstumstrend bewegt. Nicht nur konjunkturelle Schwankungen wirken sich störend auf den Wachstumsprozeß der Wirtschaft aus, auch Strukturwandlungen beeinflussen ihn. Der technische Fortschritt führt zu Änderungen in den Kostenrelationen und steigert die Produktivität. Bei eintretender Marktsättigung gerät dann die betroffene Branche in einen Strukturwandel (siehe z. B. die Landwirtschaft).

Zum Teil bilden sich sogenannte **Substitutionsgüter** heraus, die aufgrund günstigerer Herstellungskosten die bisherigen Anbieter aus dem Markt drängen (siehe z. B. der Energiesektor – hier treten Erdöl, Erdgas und Atomenergie mehr und mehr an die Stelle der Kohle). Auch die Nachfragestruktur unterliegt im Laufe der Zeit – insbesondere durch Anstieg, aber auch bei Stagnation der Realeinkommen – Verschiebungen. All diese von der Angebots- und Nachfrageseite hervorgerufenen Strukturveränderungen bewirken oftmals schmerzhafte und langwierige Anpassungsprozesse, die dem wirtschaftlichen Wachstum nicht immer oder zunächst nicht förderlich sind. Es ist deshalb Aufgabe einer Wachstumspolitik, diejenigen Faktoren zu fördern, die die gesamtwirtschaftliche Entwicklung positiv beeinflussen, dagegen Hemmnisse abbauen. In diesem Sinn ist **Strukturpolitik** ein Teil der Wachstumspolitik.

Zusammenfassung

4.8 Konjunktur und Wachstum

Konjunktur und Wachstum sind voneinander zu unterscheiden. Die konjunkturelle Entwicklung umfaßt eine relativ kurze bzw. mittelfristige Zeitphase, wobei der Verlauf durch Veränderungen im Verhältnis von Angebot und Nachfrage bestimmt wird. Das Wirtschaftswachstum ist ein langfristiger trendartiger Prozeß, der vorrangig bestimmt wird von den gegebenen Möglichkeiten einer Volkswirtschaft, das Angebot an Gütern zu erweitern. Wirtschaftliches Wachstum bedeutet die Zunahme der Produktionsmöglichkeiten als Voraussetzung für eine bessere Versorgung mit Gütern und Dienstleistungen. Wichtige Voraussetzung für wirtschaftliches Wachstum ist eine bestimmte Menge und Qualität der Produktionsfaktoren, wozu auch eine entsprechende Ausgestaltung der Infrastruktur zählt. Voraussetzung jeden Wachstumsprozesses ist eine ausreichende Ersparnisbildung, d. h. Konsumverzicht, in einer Volkswirtschaft. Zusätzliches Wirtschaftswachstum ist dauerhaft nur über zusätzliche Investitionen realisierbar. Das heißt, daß die vorgenommenen Investitionen letztlich einen arbeitssparenden technischen Fortschritt beinhalten müssen.

Wirtschaftswachstum in einer industrialisierten Volkswirtschaft ist zwangsläufig verbunden mit strukturellen Wandlungen sowohl in der Entwicklung der jeweiligen Wirtschaftszweige als auch der regionalen Entwicklung und der Berufsbilder. Aufgabe der Wachstumspolitik ist es, diejenigen Faktoren zu fördern, die die gesamtwirtschaftliche Entwicklung positiv beeinflussen, dagegen Hemmnisse z. B. in Form von Erhaltungssubventionen abzubauen.

4.9 Staatsverschuldung – pro und kontra

Eine zunehmende **Staatsverschuldung** – insbesondere im letzten Jahrzehnt – ist das markante Zeichen der wirtschaftlichen Entwicklung in der Nachkriegszeit. Alle Industrienationen haben ihre öffentliche Verschuldung erheblich gesteigert und sehen sich zu einem großen Teil in der jüngsten Vergangenheit vor erhebliche Probleme gestellt, die aus der Schuldenhöhe erwachsen.

Wenn auch über die Höhe und die Geschwindigkeit in der Zunahme der Staatsverschuldung unterschiedliche Meinungen bestehen, so gibt es über die generelle Notwendigkeit einer staatlichen Verschuldung heute kaum mehr eine Kontroverse. Sehr wohl gehen aber die Auffassungen darüber auseinander, welche Wirkungen staatliche Verschuldungen auf die wirtschaftlichen Aktivitäten haben und wo die Grenzen der Staatsverschuldung liegen.

Für die Bundesrepublik Deutschland regelt der Artikel 115 des Grundgesetzes für die Kreditbeschaffung der öffentlichen Haushalte folgendes: ,,Die Einnahmen aus Krediten dürfen die Summe der im Haushaltsplan veranschlagten Ausgaben für Investitionen nicht überschreiten; Ausnahmen sind nur zulässig zur Abwehr einer Störung des gesamtwirtschaftlichen Gleichgewichtes.“

Im übrigen bestimmt das Bundesbankgesetz feste Höchstgrenzen für Kassenkredite der öffentlichen Haushalte, die diese bei der Deutschen Bundesbank aufnehmen können. Das Stabilitätsgesetz sieht darüber hinaus aus konjunkturpolitischen Gründen eine Beschränkung und Koordinierung der öffentlichen Verschuldung von Bund, Ländern und Gemeinden vor (sog. **Schuldendeckel-Verordnung**).

Im Rahmen dieser Bestimmungen wird die zulässige Höhe der Verschuldung durch die Legislative über Kreditermächtigungen festgelegt. Für Bund und Länder geschieht das in den Haushaltsgesetzen, bei den Gemeinden nach Genehmigung durch die kommunale Aufsichtsbehörde in der Haushaltssatzung.

Die Anlässe für kreditfinanzierte öffentliche Ausgaben, aus denen schließlich auch eine Rechtfertigung für die Aufnahme von Krediten abgeleitet wird, sind vielfältig:

- Produktive Investitionen des Staates sollten durch Kredite finanziert werden, wenn die Amortisation der Investition gewährleistet ist. Beispiele hierfür finden sich vornehmlich bei den Investitionen im kommunalen Bereich und denen öffentlicher Unternehmen.
- Aber auch für die im betriebswirtschaftlichen Sinn nicht rentablen Infrastruktur-Investitionen, beispielsweise im Bildungs- und Verkehrsbereich, kann unter dem Aspekt einer gerechten Lastenverteilung eine Kreditfinanzierung angebracht sein. Danach sollen die Ausgaben für langfristig nutzbare Einrichtungen den Bürgern entsprechend der Nutzung angelastet werden. Werden diese Ausgaben mit Krediten finanziert, geht man davon aus, daß die Nutznießer entsprechend ihrem Nutzen eine Steuerlast zu tragen haben, aus der schließlich die Kredite getilgt und verzinst werden können.
  Dieses Kriterium der Lastenverteilung auf mehrere Generationen gilt auch für Ausgaben, die aufgrund einmaliger Ereignisse wie Naturkatastrophen entstehen. In beiden Fällen wird zweifellos nur die Finanzlast auf mehrere Generationen verteilt, während die reale Last, d. h. die Inanspruchnahme des Sozialprodukts durch die öffentliche Hand, nicht auf andere Perioden verschoben werden kann.
- Darüber hinaus stellt, wie bereits dargestellt, der Staatskredit auch ein konjunkturpolitisches Instrument dar. Im Fall einer Rezession kommt es wegen der rückläufigen Entwicklung der privaten Nachfrage und einer entsprechenden Abschwächung der Produktion zwangsläufig auch zu Steuermindereinnahmen bzw. weniger stark steigenden Steuereinnahmen. Um eine Verstärkung des privaten Nachfragerückgangs durch gleichzeitig sinkende Staatsnachfrage zu vermeiden, müssen die fehlenden staatlichen Mittel durch entsprechende Kreditaufnahme ausgeglichen werden. Allerdings wird bei diesem konjunkturpolitischen Aspekt oft übersehen und in der Praxis regelmäßig vernachlässigt, daß eine solche konjunkturbedingte Mehrverschuldung des Staates bei konjunktureller Besserung und steigenden Steuereinnahmen wieder zurückgeführt werden sollte.

Die staatliche Kreditaufnahme tritt in jedem Fall in Konkurrenz zur privaten Kreditnachfrage, insbesondere der Unternehmen für Investitionszwecke. So wie Unternehmen über die Kreditaufnahme Produktionsfaktoren in Anspruch nehmen, so erwirbt auch der Staat bei der Schuldenaufnahme einen Anspruch auf Produktionsfaktorleistungen. In dem Ausmaß, in dem staatliche Infrastrukturinvestitionen bzw. rentable staatliche Investitionen zur Ergänzung oder als notwendige Voraussetzung für privatwirtschaftliche Investitionen getätigt werden, dürfte die Staatsverschuldung volkswirtschaftlich unproblematisch sein.

Öffentliche Verschuldung der Gebietskörperschaften in der Bundesrepublik Deutschland

Mio DM

Stand am Monatsende	Insgesamt	Buchkredite der Bundesbank	Unverzinsliche Schatzanweisungen	Kassenobligationen	Bundesobligationen 1)	Bundesschatzbriefe	Anleihen 1)	Direktausleihungen der Kreditinstitute 2)	Darlehen von Nichtbanken: Sozialversicherungen 3)	Darlehen von Nichtbanken: sonstige 2)	Altschulden: Ausgleichs- und Deckungsforderungen	Altschulden: sonstige 4)	Verbindlichkeiten aus der Investitionshilfeabgabe
	Öffentliche Haushalte insgesamt												
1970 Dez.	125 890	6) 2 720	7) 1 750	3 210	—	575	16 916	59 556	5 725	11 104	22 150	2 183	—
1975 Dez.	256 389	361	7) 12 276	6 401	—	9 802	30 878	150 139	18 426	7 638	19 264	1 204	—
1980 Dez.	468 612	2 437	5 963	18 499	8 641	24 080	54 707	305 724	10 570	20 801	16 959	230	—
1981 Dez.	545 617	4 745	9 106	12 231	20 050	13 841	55 513	378 817	10 691	23 835	16 625	164	—
1982 Dez.	614 820	1 395	16 049	12 204	34 298	13 508	66 322	417 144	10 690	26 798	16 306	104	—
1983 Dez.	671 708	901	15 496	19 743	47 255	15 906	77 303	437 908	10 527	30 085	15 993	53	540
1984 Juni	689 966	440	13 647	20 739	53 823	17 958	84 189	443 994	10 247	27 499	15 858	4	1 568
Sept.	700 092	697	11 335	20 363	58 168	19 169	87 784	448 871	10 265	25 801	15 795	4	1 840
Dez. p)	717 522	2 440	10 180	21 946	61 244	21 101	90 661	456 268	9 809	27 581	15 672	4	615
1985 März	736 424	6 424	13 346	25 002	62 165	22 687	96 744	456 887	9 508	27 832	15 632	3	194
	Bund												
1970 Dez. 5)	56 512	6) 2 409	1 700	3 000	—	575	10 420	15 536	4 124	2 247	14 424	2 078	—
1975 Dez.	113 680	—	11 553	5 868	—	9 802	19 638	39 638	9 735	3 912	12 371	1 163	—
1980 Dez.	232 320	1 336	5 963	18 199	8 641	24 080	43 234	100 979	2 517	16 099	11 044	227	—
1981 Dez.	273 114	3 200	9 106	11 402	20 050	13 841	46 005	137 382	2 821	18 226	10 920	161	—
1982 Dez.	309 064	—	15 249	8 958	34 298	13 508	57 386	146 049	2 805	19 889	10 820	102	—
1983 Dez.	341 444	—	13 918	13 053	47 255	15 906	67 161	148 653	2 864	21 313	10 732	51	540
1984 Juni	353 112	—	12 724	13 237	53 823	17 958	71 983	150 143	2 659	18 327	10 688	4	1 568
Sept.	359 190	—	10 512	11 837	58 168	19 169	75 211	151 327	2 612	17 862	10 649	2	1 840
Dez.	367 297	1 773	9 314	12 924	61 244	21 101	78 055	151 355	2 567	17 703	10 643	2	615
1985 März	384 230	5 442	12 619	15 805	62 165	22 687	84 175	150 278	2 492	17 768	10 603	2	194
	ERP-Sondervermögen												
1970 Dez.	1 296	—	—	—	—	—	—	879	—	417	—	—	—
1975 Dez.	1 297	—	—	—	—	—	—	1 047	—	250	—	—	—
1980 Dez.	3 280	—	—	—	—	—	—	3 030	—	250	—	—	—
1981 Dez.	4 714	—	—	—	—	—	—	4 464	—	250	—	—	—
1982 Dez.	5 276	—	—	—	—	—	—	5 026	—	250	—	—	—
1983 Dez.	5 787	—	—	—	—	—	—	5 537	—	250	—	—	—
1984 Juni	6 258	—	—	—	—	—	—	6 008	—	250	—	—	—
Sept.	6 396	—	—	—	—	—	—	6 146	—	250	—	—	—
Dez.	6 558	—	—	—	—	—	—	6 308	—	250	—	—	—
1985 März	6 598	—	—	—	—	—	—	6 348	—	250	—	—	—
	Länder												
1970 Dez.	27 786	311	7) 50	210	—	—	5 794	10 817	617	2 181	7 726	80	—
1975 Dez.	67 001	361	7) 723	533	—	—	10 764	42 271	4 397	1 019	6 893	40	—
1980 Dez.	8) 137 804	1 101	—	300	—	—	11 241	112 989	3 608	2 648	5 915	2	—
1981 Dez.	165 150	1 545	—	9) 829	—	—	9 331	140 757	3 338	3 643	5 705	2	—
1982 Dez.	190 622	1 395	800	3 247	—	—	8 814	162 730	3 235	4 914	5 486	2	—
1983 Dez.	212 026	901	1 578	6 689	—	—	9 912	177 878	2 992	6 811	5 261	2	—
1984 Juni	217 596	440	923	7 502	—	—	11 996	181 393	2 893	7 277	5 170	2	—
Sept.	221 506	697	823	8 526	—	—	12 363	184 848	2 958	6 144	5 146	2	—
Dez. p)	230 551	667	866	9 022	—	—	12 401	191 932	2 644	7 989	5 029	2	—
1985 März	232 297	983	728	9 197	—	—	12 364	193 401	2 426	8 168	5 029	2	—
	Gemeinden 10)												
1970 Dez.	40 295	—	—	—	—	—	702	32 324	984	6 260	—	26	—
1975 Dez.	74 411	—	—	—	—	—	475	67 183	4 294	2 458	—	1	—
1980 Dez.	95 208	—	—	—	—	—	232	88 726	4 445	1 805	—	0	—
1981 Dez.	102 639	—	—	—	—	—	177	96 214	4 532	1 716	—	0	—
1982 Dez.	109 858	—	—	—	—	—	122	103 339	4 651	1 746	—	0	—
1983 Dez.	112 452	—	—	—	—	—	229	105 840	4 671	1 711	—	0	—
1984 Juni	113 000	—	—	—	—	—	210	106 450	4 695	1 645	—	0	—
Sept.	113 000	—	—	—	—	—	210	106 550	4 695	1 545	—	0	—
Dez. p)	113 116	—	—	—	—	—	206	106 674	4 599	1 638	—	0	—
1985 März	113 300	—	—	—	—	—	205	106 860	4 590	1 645	—	0	—

* Ohne Verschuldung der Haushalte untereinander. — **1** Ohne die im Bestand der Emittenten befindlichen Stücke. — **2** Im wesentlichen Schuldscheindarlehen. Einschl. der bei ausländischen Stellen aufgenommenen Darlehen. — **3** Einschl. Schuldbuchforderungen und Schatzbriefe. — **4** Ablösungs- und Entschädigungsschuld sowie hauptsächlich auf fremde Währung lautende Altschulden gemäß Londoner Schuldenabkommen; ohne im eigenen Bestand befindliche Stücke. — **5** Im Gegensatz zu Tab. VII, 9 wurden hier die Auftragsfinanzierung Öffa und der Lastenausgleichsfonds bereits 1970 und nicht erst ab 1972 bzw. 1980 in die Verschuldung des Bundes einbezogen. — **6** Darunter 387 Mio DM Sonderkredite der Bundesbank an den Bund. — **7** 1970 und 1975 einschl. geringer Beträge an Steuergutscheinen. — **8** Ab 1978 einschl. Nettokreditaufnahme für die Wohnungsbauförderungsanstalt des Landes Nordrhein-Westfalen. — **9** Ab Ende 1981 einschl. Kassenobligationen mit einer Laufzeit von über 4 Jahren, die vorher unter Anleihen ausgewiesen wurden (329 Mio DM). — **10** Angaben für andere Termine als Jahresende geschätzt. Einschl. Verschuldung der kommunalen Zweckverbände (ab 1975) und der kommunalen Krankenhäuser. — **p** Vorläufig.

Allerdings besteht hier das Problem der Ermittlung eines „richtigen" Anteils staatlicher an den gesamten volkswirtschaftlichen Investitionen. Die zunehmende öffentliche Verschuldung darf nicht zu einer Verdrängung privater Investitionen (**crowding-out**) führen, weil der Staat wenig zinsreagibel ist. Mit ihrer Kreditnachfrage beeinflussen aber die öffentlichen Haushalte die Zinsentwicklung, insbesondere am Kapitalmarkt.

Staatliche Kredite können nun sowohl im Inland als auch im Ausland aufgenommen werden. Die Formen der öffentlichen Schuldenaufnahme sind dabei außerordentlich vielfältig. So kann der Kredit eine in Wertpapieren (Wechseln, Obligationen usw.) oder Schuldscheinen verbriefte Forderung darstellen oder als Anspruch des Gläubigers im öffentlichen Schuldbuch (Buchschuld) gesichert sein. Kreditgeber für die öffentliche Hand sind Privatpersonen ebenso wie Kapitalsammelstellen, Versicherungen und Banken. Unter den Kreditinstituten haben den größten Anteil die Landesbanken und Sparkassen. Dabei stellen die Sparkassen vor allem die Mittel für die Finanzierung kommunaler Vorhaben (Kommunalkredit) bereit.

Neben der Gesamthöhe der staatlichen Verschuldung hat die Schuldenstrukturpolitik zunehmend an Bedeutung gewonnen. Bei der Gestaltung der Schuldenhöhe geht es im wesentlichen darum zu entscheiden, welche Ausgaben des Staates über Steuern und welche über Kredite finanziert werden sollen. Demgegenüber ist die Schuldenstrukturpolitik (**debt-management**) darauf gerichtet, einen gegebenen Schuldenbestand nach Laufzeit, Schuldform und Gläubigerkreis aufzugliedern, um dadurch einerseits die volkswirtschaftlichen Wirkungen zu optimieren sowie andererseits die fiskalischen Belastungen gering zu halten.

Für die staatliche Verschuldung ergeben sich Grenzen im Zusammenhang mit der Wirkung der Staatsverschuldung auf den Wirtschaftskreislauf sowie auf Preisniveaustabilität und die politischen Handlungsspielräume.

Die Erfahrungen der Vergangenheit mit großen Inflationen, die zu einem nicht unwesentlichen Teil auf die staatliche Aufnahme von Notenbankkrediten zurückgeführt werden können, haben in der Bundesrepublik Deutschland zu institutionellen Grenzen für den öffentlichen Kredit geführt. Dies gilt zum einen für die Kreditplafonds bei der Deutschen Bundesbank und zum anderen aber auch für die Vorschriften des Artikels 115 Grundgesetz. Allerdings ist der dort verwendete Begriff der öffentlichen Investitionen sowie die Ausnahmeregelung zur Abwehr einer Störung des gesamtwirtschaftlichen Gleichgewichts keineswegs präzise genug, um hier nachhaltige Begrenzungen zu erreichen. Auch bestimmte Verhältniszahlen von Staatsverschuldung besipielsweise zum Staatsvermögen oder zum Sozialprodukt geben keine verläßlichen Anhaltspunkte für die Grenzen der Staatsverschuldung. Allerdings erwachsen dem Staat aus einer hohen Verschuldung, die oftmals auch nicht mehr regulär getilgt werden kann, sondern zum Fälligkeitszeitpunkt prolongiert wird, dauerhafte Belastungen, die den politischen Handlungsspielraum u. U. so stark einschränken können, daß wirtschaftspolitisch notwendige Maßnahmen nicht mehr finanziert werden können. Zudem sind die Konsequenzen einer hohen Staatsverschuldung – wenn auch oftmals nur vorübergehend – erhebliche Unsicherheiten, beispielsweise für die Unternehmen, über die Zinsentwicklung und die wirtschaftspolitische Leistungsfähigkeit des Staates, so daß eine hohe Staatsquote die Tendenz in sich trägt, die Dynamik der privaten Wirtschaft zu dämpfen und die unternehmerische Initiative nachhaltig zu lähmen.

Zusammenfassung

4.9 Staatsverschuldung – pro und kontra

Eine zunehmende Staatsverschuldung ist das markante Zeichen der wirtschaftlichen Entwicklung der Nachkriegszeit. Wenn es auch kaum kontroverse Meinungen über den generell positiven Effekt einer staatlichen Verschuldung gibt, gehen die Auffassungen über die Grenzen der Staatsverschuldung weit auseinander. Für die Bundesrepublik Deutschland regelt Artikel 115 des Grundgesetzes die Möglichkeiten der Kreditbeschaffung der öffentlichen Haushalte. Kreditfinanzierte öffentliche Ausgaben sind unproblematisch für produktive Investitionen des Staates. Auch für nicht rentable Infrastrukturinvestitionen in bestimmten Bereichen ist eine Kreditfinanzierung unter dem Aspekt einer gerechten Lastenverteilung angebracht. Darüber hinaus stellt der Staatskredit auch ein konjunkturpolitisches Instrument dar, das zur Beseitigung von rezessiven Entwicklungen eingesetzt werden kann. Falls es bei staatlicher Kreditaufnahme zu einer Konkurrenz zur privaten Nachfrage kommt, stellt sich die letztlich nicht zu lösende Frage des richtigen Anteils. Staatliche Kredite werden vornehmlich im Inland aufgenommen, aber auch eine Verschuldung im Ausland ist weit verbreitet. Dabei sind die Instrumente der Kreditaufnahme der öffentlichen Haushalte sowohl in den Fristigkeiten als auch in den Arten sehr differenziert. Mit Hilfe des Debt-Managements versuchen öffentliche Haushalte, bewußt die fiskalischen Belastungen einerseits niedrig zu halten, andererseits die volkswirtschaftlichen Wirkungen zu optimieren.

Für die Bundesrepublik Deutschland ist die Möglichkeit, sich bei der Deutschen Bundesbank zu verschulden, gesetzlich begrenzt. Die Beschränkung der Kreditaufnahmemöglichkeiten durch das Grundgesetz regelt lediglich die Neuverschuldung, aber nicht das Gesamtvolumen der Staatsschuld. Eine hohe Staatsschuld kann nicht nur die privatwirtschaftliche Initiative negativ beeinflussen, die Zinsbelastung aus umfänglicher Verschuldung kann auch dazu führen, daß die wirtschaftspolitischen Handlungsspielräume beträchtlich eingeschränkt werden.

4.10 Wirtschaftspolitische Strategien

Der anhaltende weltwirtschaftliche Abschwung, permanent hohe Arbeitslosenzahlen, ein über lange Zeit andauerndes, ungewöhnlich stark angestiegenes Zinsniveau und die international wachsende Staatsverschuldung haben in jüngster Vergangenheit in zahlreichen Ländern zu Überlegungen und zur Diskussion über die „richtige" wirtschaftspolitische Strategie geführt. Je nach Regierungsform und politischer Zielsetzung gehen dabei die Lösungsvorschläge zur Beseitigung der internationalen Wirtschaftskrise in verschiedene Richtungen.

Die drei Hauptströmungen wirtschaftspolitischer Überlegungen vertreten derzeit

- die sogenannten Fiskalisten
- die sogenannten Monetaristen
- die angebotsorientierte Wirtschaftspolitik, die sogenannten Angebotsökonomen.

4.10.1 Das wirtschaftspolitische Konzept der Fiskalisten

Der ideologische Vater der **Fiskalisten** ist John Maynard Keynes. Eine nach keynesianischem Muster handelnde Wirtschaftspolitik versucht, ungleichgewichtige Wirtschaftslagen, insbesondere in rezessiven Konjunkturphasen, vornehmlich durch den Einsatz fiskalpolitischer Instrumente zu beseitigen. Man geht dabei davon aus, daß es infolge unzureichender gesamtwirtschaftlicher Nachfrage zu Unterbeschäftigung gekommen ist. Sie soll durch eine entsprechende Erhöhung der staatlichen Nachfrage angehoben werden mit dem Ziel, einen gesamtwirtschaftlichen Impuls zu geben. Über das bereits an anderer Stelle beschriebene Deficit spending werden die benötigten Finanzmittel beschafft und dann über zusätzliche staatliche Ausgaben und Programme in den Kreislauf eingebracht. Der Geldpolitik der zentralen Notenbank wird in diesem wirtschaftspolitischen Rahmen vor allem die Aufgabe zugemessen, für niedrige Zinsen zu sorgen sowie zu verhindern, daß die Zinssätze kurzfristig zu stark schwanken. Diese auch als nachfrageorientierte Konjunkturpolitik bezeichnete Methode hat in der Vergangenheit in rezessiven Phasen einen entscheidenden Impuls zur Überwindung der konjunkturellen Schwäche leisten können. Allerdings wird ihre Wirksamkeit eingeschränkt, wenn es sich bei dem Nachfragerückgang um strukturelle Ursachen handelt, wie sie nach den Erdölkrisen der 70er Jahre zu beobachten waren.

Die Ursache der Konjunkturschwankungen liegt für die Fiskalisten in der Instabilität des privaten Sektors. Tritt – von einem Gleichgewichtszustand ausgehend – eine Störung im Wirtschaftsablauf ein, ist es nicht zwangsläufig, daß die Wirtschaft zur Vollbeschäftigung und in einen Gleichgewichtszustand zurückkehrt. Fehldispositionen und Irrtümer der privaten Wirtschaftssubjekte bilden dafür die Ursache. Grundlage dieser Überlegungen ist die Einkommen-Ausgaben-Theorie von Keynes. Danach hat eine Erhöhung der Einkommen nicht automatisch Investitionen zur Folge. Streng unterschieden wird zwischen der Nachfrage nach Konsum- und der nach Investitionsgütern. Die Konsumnachfrage schwankt mit dem Einkommen. Die Investitionsnachfrage ist abhängig von der gesamtwirtschaftlichen Lage. Jedoch steigt die Nachfrage nach Konsumgütern nicht unbegrenzt in gleichem Maße wie die Einkommen, weil das Einkommen sowohl für den Konsum als auch für das Sparen Verwendung findet. Dabei erhöht sich der Sparanteil mit steigendem Einkommen immer stärker. Der Konsumanteil nimmt absolut gesehen auch zu, hat relativ betrachtet jedoch rückläufige Tendenz. Von einer bestimmten Einkommenshöhe an steigt also der Konsum nur noch unterproportional. Wachsendes Einkommen der privaten Wirtschaftssubjekte wird somit nicht in vollem Umfang nachfragewirksam, sondern nur in Höhe der sogenannten Konsumquote (das ist der Konsumanteil am Gesamteinkommen; Einkommen – Ersparnis = Konsum).

Keynes Theorie geht von einer gesamtwirtschaftlichen Identität zwischen Sparen und Investitionen aus. Sparen die Wirtschaftssubjekte mehr, als die Investoren geplant haben, kommt es zu unfreiwilligen Investitionen. Da in Höhe der ungeplanten Investitionen ein Nachfrageausfall besteht, ist Rückgang der Beschäftigung die Folge, bis die tatsächlichen Investitionen den geplanten entsprechen und das System im Gleichgewicht ist. Es stellt sich so ein Gleichgewicht bei Unterbeschäftigung ein. Nach Keynes ist das System aus eigenen Kräften nicht in der Lage, wieder zum Zustand der Vollbeschäftigung zu gelangen. Für fiskalistische Konjunkturpolitiker kann also der Wirtschaftsablauf nur durch Staatseingriffe stabilisiert werden. Antizyklische Fiskalpolitik ist deshalb an dieser Stelle das Gebot. Der Staat soll in einer Rezession öffentliche Aufträge vergeben, damit in nachfrageschwachen Zeiten der Nachfrageausfall kompensiert wird. Im Boom hat sich der Staat dagegen mit Aufträgen zurückzuhalten, damit die Preisspirale nicht noch mehr Auftrieb erhält. Der Staat ist also verpflichtet, mit seinem Verhalten dem Konkunkturzyklus entgegenzuwirken.

Auf die Nachfrage wirkt Fiskalpolitik unmittelbar, effizient und vorhersehbar. Grund dafür sind die sogenannten Multiplikatoren. Der **Staatsausgabenmultiplikator** – er gibt an, um wieviel das Einkommen variiert, wenn sich die staatlichen Ausgaben für Güter und Dienstleistungen verändern – beeinflußt direkt die Nachfrage und die Höhe der Einkommen. Folglich kann in einer Situation rückläufiger Nachfrage, die mit einer sinkenden Beschäftigung verbunden ist, durch Staatsausgaben die stark rezessive Wirkung aufgehoben werden. Die antizyklische Fiskalpolitik soll einerseits den Nachfrageausfall ersetzen, zum anderen dafür sorgen, daß der Beschäftigungsrückgang erträglich bleibt. Fiskalpolitik hat hier die Aufgabe, mit Budgetdefiziten darauf hinzuwirken, die Vollbeschäftigung zu erhalten. Kommt dann der Aufschwung in Gang, kann der Staat seine Ausgaben entsprechend zurückführen und über die dann wieder stärker steigenden Steuereinnahmen Budgetüberschüsse akkumulieren, die zum Ausgleich der zuvor entstandenen Defizite dienen.

Eine geringe Bedeutung messen dagegen die Fiskalisten der Geldpolitik bei. Über ihre Wirkung auf den Zinssatz beeinflußt sie zwar die Investitionen, die von der Zinshöhe abhängig sind. Es kann jedoch Situationen geben, in denen diese Wirkung entfällt. Dabei handelt es sich um die Extremfälle einer zinsunelastischen Investitionsfunktion und/oder einer vollkommen zinselastischen Geldnachfrage, der sogenannten Liquiditätsfalle. Eine absolute Liquiditätspräferenz oder **Liquiditätsfalle** ist dann gegeben, wenn der allgemeine Zinssatz ein Niveau erreicht hat, daß er nach Vermutung der Vermögenden gar nicht weiter sinken kann. In dieser Situation genießt Bargeld Vorrang vor jeder anderen Geldanlage. Adäquat eingesetzt werden kann die Geldpolitik dagegen langfristig für die Wachstumspolitik, denn monetäre Maßnahmen können das Zinsniveau konstant halten oder gar senken, wodurch die Investitionsquote beeinflußt wird.

Die Fiskalisten vertreten also eine Wirtschaftspolitik, bei der von Fall zu Fall schnell entschieden werden soll, welche Maßnahmen ergriffen werden müssen. Kurzfristige Wirkungen werden nur der Fiskalpolitik zugeschrieben, während langfristig die Wirksamkeit der Geldpolitik keineswegs geleugnet wird.

4.10.2 Die wirtschaftspolitischen Überlegungen der Monetaristen

Die unter der Bezeichnung Monetarismus geprägten wirtschaftspolitischen Vorstellungen gehen im wesentlichen von zwei Erkenntnissen aus. Zum einen wird der wirtschaftliche Verlauf bestimmt von der Entwicklung der in der Volkswirtschaft vorhandenen Geldmenge. Zum anderen zeigen nach Meinung der **Monetaristen** die punktuellen Eingriffe der keynesianischen Wirtschaftspolitik in den Wirtschaftsablauf erhebliche Mängel, die ihre Wirksamkeit beeinträchtigen. Daher orientiert sich ihre strategische Vorstellung daran, eine bestimmte, den wirtschaftlichen Erfordernissen angemessene Geldmengenausweitung festzulegen und durch entsprechende Maßnahmen der Notenbank das Wachstum der Geldmenge in Rezessionen zu beschleunigen und in Zeiten der Hochkonjunktur zu verlangsamen. In der Sicherstellung der angemessenen Geldmengenausdehnung sieht man wegen des ursächlichen Zusammenhangs die entscheidende Möglichkeit, Inflation zu bekämpfen bzw. zu vermeiden. Gleichzeitig sehen die Monetaristen in der Geldpolitik in weitaus stärkerem Maß Einflußmöglichkeiten zur Bewältigung von Rezessionen als in der Fiskalpolitik. In ihrem Konzept gibt es keine unmittelbare Einflußnahme auf die Zinsentwicklung, ebenso wie man von flexiblen Wechselkursen ausgeht.

Dieser wirtschaftspolitische Kurs fußt auf den Ansichten der klassischen Nationalökonomie. Das Gedankengut der Monetaristen ist zurückzuführen auf Milton Friedman und seine **Quantitätstheorie des Geldes.** Friedmans Gedanken hatten die schleichende Inflation in der Nachkriegszeit zum Ausgangspunkt.

Für die Monetaristen erklärt sich der Konjunkturverlauf allein durch monetäre Faktoren. Die Änderungsrate im Wachstum der Geldmenge ist die Ursache der Inflation. Volkseinkommen und Beschäftigungshöhe werden dadurch ebenfalls von der Geldmenge beeinflußt. Sie stellt die zentrale Steuerungsgröße der Konjunkturpolitik dar. Um eine unkontrollierte Ausweitung bzw. Größenveränderung der Wachstumsrate der Geldmenge zu verhindern, soll diese sich an einer festen Regel ausrichten. Diese besagt, daß die Ausweitung der Geldmenge dem jährlich zu erwartenden realen Wirtschaftswachstum entsprechen muß; d. h. das Geldvolumen soll synchron zur volkswirtschaftlichen Leistung wachsen.

Die monetaristische Theorie basiert also darauf, die Geldmenge in dem Ausmaß wachsen zu lassen, wie es zur Finanzierung des Sozialproduktes notwendig ist. Dabei steht nicht so sehr die exakte Höhe der Geldmenge im Vordergrund als vielmehr eine mittelfristig konstante Wachstumsrate. Um eine Orientierung zu ermöglichen, soll die Wachstumsrate im voraus bekannt gegeben werden. Dadurch wird sichergestellt, daß auf falschen oder unzureichenden Informationen basierende Unsicherheiten und Fehlentscheidungen vermieden werden.

Eine Geldmengensteuerung aufgrund dieser Regelung führt zur Stabilisierung des Preisniveaus. Geldpolitik ist somit der einzige Weg zur Inflationsbekämpfung, da nach der Theorie der Monetaristen ein zu schnelles Wachsen der Geldmenge die Ursache einer Inflation bildet.

Die Monetaristen sehen die Inflation als das Hauptübel innerhalb der Wirtschaft an. Deswegen bestreiten sie, daß in einer Stagflation eine größere Beschäftigung auf Kosten einer höheren Inflationsrate erkauft werden könne. Für die Vertreter der monetaristischen Lehre existiert eine sogenannte „natürliche Rate der Unterbeschäftigung", die auch nicht durch höhere Inflationsraten beseitigt werden kann. Wird in einer Inflation stärker inflationiert als erwartet, kommt es zu überraschend hohen Preissteigerungen und gleichzeitigem überdurchschnittlichem Sinken des Realeinkommens. Zwar ist auch Beschäftigungsausweitung die Folge, jedoch nur für kurze Zeit. Langfristig antizipieren die Wirtschaftssubjekte die hohe Inflationsrate, woraus ein erneutes Sinken der Beschäftigung resultiert. Nach Ansicht der Monetaristen ist Beschäftigung also nicht abhängig von der Preispolitik, sondern ausschließlich von der Lohnpolitik. Hohe Löhne steigern die Nachfrage nach Arbeit, führen aber gleichzeitig zu einem sinkenden Angebot an Arbeitsplätzen.

Strikt abgelehnt wird der Einsatz der Fiskalpolitik für konjunkturpolitische Maßnahmen. Wegen ihres crowding-out-Effekts hat die Fiskalpolitik negativen Einfluß auf dem privaten Sektor. Höhere Staatsausgaben – egal, ob über höhere

Steuern oder größere Verschuldung finanziert – wirken zwar kurzfristig expansiv auf die gesamte Nachfrage, führen jedoch dabei zu einer Verdrängung des privaten Anteils. Steueranhebungen verkürzen bei den privaten Wirtschaftssubjekten das Nettoeinkommen, stärkere Staatsverschuldung steigert die Nachfrage nach Krediten und führt zum Zinsanstieg. Höhere Kreditzinsen haben die Zurückhaltung privater Investoren bei der Realisierung von Investitionsvorhaben zur Folge. Nur wenn die zusätzlichen Staatsausgaben über eine meist inflationäre Ausweitung der Geldmenge finanziert werden, kommt es nicht zu einer Verdrängung der privaten Nachfrage.

Im Bereich der langfristigen Politik, also der Wachstumspolitik, geben die Monetaristen der Fiskalpolitik dagegen durchaus eine Chance. Wirtschaftswachstum ist verbunden mit ständigem strukturellem Wandel. Hier können Maßnahmen des Staates den gewünschten Ausgleich der Ressourcen zwischen den einzelnen Sektoren herbeiführen.

Die Monetaristen fordern also, daß die Wirtschaftspolitik konstant betrieben und an Regelmechanismen ausgerichtet werden muß. Nur so kann eine Verstetigung und Sicherheit in den Erwartungen der privaten Wirtschaftssubjekte erreicht werden, wodurch deren Entscheidungsspielraum erweitert und die Macht des Staates abgebaut wird. Ihr Postulat lautet: mehr Aktivitäten und mehr Initiative der Privaten, weniger Einfluß des Staates in der Wirtschaft.

4.10.3 Die Konzeption der angebotsorientierten Wirtschaftspolitik

Anders als Fiskalisten und Monetaristen versuchen die Repräsentanten der **angebotsorientierten Wirtschaftspolitik** die ökonomische Entwicklung zu beeinflussen. Ihr wirtschaftspolitischer Kurs basiert wie bei den Monetaristen auf den Vorstellungen der klassischen Nationalökonomie. Danach soll der Staat Abgaben, Auflagen und Subsidien nicht soweit treiben, daß die Bürger keinen Sinn mehr darin sehen zu investieren. Dies ist aber nach Auffassung der Angebotsökonomen in vielen Volkswirtschaften der Fall. Dementsprechend können staatliche Regulierungen nur zurückgeführt werden, wenn die Steuern sinken, die Produktivität wieder steigt und neue Arbeitsplätze entstehen. Die Kritik richtet sich jedoch nicht nur auf die Steuerbelastung produktiver Aktivitäten, sondern auch auf die Ausgabenseite des Staates, insbesondere auf die sogenannten Transferzahlungen. Da diese durch Steuereinnahmen aufgebracht werden müssen, wird durch sie ein realer Ressourcentransfer vom Produzenten zum Nichtproduzenten durchgeführt, was zu einer hohen Belastung der produktiven Aktivitäten führt. Nach den Vorstellungen der Angebotsökonomen führt eine antizyklische Nachfragepolitik à la Keynes letztlich nur zu einer Verdrängung privater Investitionen und verstärkt damit die Rezession oder Krise. Daher kann die Wirtschaftspolitik im wesentlichen nur an der Angebotsseite ansetzen. Dabei beruft man sich auf das sogenannte Say'sche Theorem, demzufolge die Produktion sich ihre Nachfrage schafft. Das gilt aber nur bei einer geldlosen Wirtschaft. Der Hauptpunkt dieses Wirtschaftsprogramms gipfelt häufig in der Forderung nach Steuersenkung. Steuerentlastungen für die Wirtschaftssubjekte erhöhen nicht nur über eine steigende Gesamtfrage Produktion, Beschäftigung und Einkommen, sondern führen über einen erhöhten Anreiz zu produktiven Aktivitäten. Demzufolge bewirken Steuersenkungen vor allem die notwendigen belebenden Effekte bei Investitionen und Produktion auf der Produktionsseite. Angesichts einer bereits hohen Steuerlastquote bei den privaten Haushalten wird auch für die Einkommensbezieher eine steuerliche Entlastung gefordert, um Leistungsbereitschaft und Kaufkraft zu erhöhen. Gleichzeitig befürworten die Angebotsökonomen im Sinn der monetaristischen Vorstellungen eine konsequente Geldpolitik.

Zusammenfassung

4.10 Wirtschaftspolitische Strategien

Zur Steuerung der wirtschaftlichen Entwicklung werden verschiedene wirtschaftspolitische Strategien vorgeschlagen. Sie lassen sich dabei in drei Hauptströmungen unterteilen, nämlich in die der Fiskalisten, Monetaristen und Angebotsökonomen.

Die wirtschaftspolitische Konzeption der Fiskalisten ist darauf gerichtet, ungleichgewichtige Wirtschaftslagen vornehmlich durch den Einsatz fiskalpolitischer Instrumente zu beseitigen. Ausgangspunkt ist dabei, daß von einer unzureichenden gesamtwirtschaftlichen Nachfrage ausgegangen wird, die zu Unterbeschäftigung geführt hat. Diese Situation soll durch eine Erhöhung der staatlichen Nachfrage dazu führen, daß die Volkswirtschaft schließlich über Multiplikator- und Akzeleratorprozesse, d. h. steigenden privaten Konsum und zusätzliche private Investitionstätigkeit, aus der Rezession herausgeführt wird. Der Geldpolitik wird in diesem wirtschaftspolitischen Rahmen vor allem die Aufgabe zugemessen, für niedrige Zinsen zu sorgen und zu verhindern, daß Zinssätze kurzfristig stark schwanken. Ob diese antizyklische Fiskalpolitik allerdings auch ein probater Weg ist, Unterbeschäftigung zu beseitigen, die infolge struktureller Veränderungen der Wirtschaft entsteht, ist umstritten.

Die Monetaristen gehen in ihren wirtschaftspolitischen Vorstellungen von zwei Erkenntnissen aus. Zum einen wird der wirtschaftliche Verlauf bestimmt von der Entwicklung der in der Volkswirtschaft vorhandenen Geldmenge, zum anderen beeinträchtigen punktuelle Eingriffe in den Wirtschaftsablauf die Wirksamkeit der Wirtschaftspolitik. Mit der Sicherstellung der angemessenen Geldmengenausdehnung wird nicht nur die Inflation gesteuert, sondern gleichzeitig auch die entscheidende Strategie zur Bewältigung von rezessiven Entwicklungen eingesetzt. Dieser wirtschaftspolitische Kurs fußt auf den Ansichten der klassischen Nationalökonomie. Es kommt den Monetaristen darauf an, die Geldmenge in dem Ausmaß wachsen zu lassen, wie es zur Finanzierung des Sozialprodukts notwendig ist. Dabei steht nicht die exakte Höhe der Geldmenge für jedes Jahr im Vordergrund, sondern vielmehr eine mittelfristig konstante Wachstumsrate. Strikt abgelehnt wird der Einsatz der Fiskalpolitik für konjunkturpolitische Maßnahmen, und zwar wird ihr wegen des damit verbundenen Crowding-out-Effekts ein negativer Einfluß auf den privaten Sektor zugeschrieben.

Die angebotsorientierte Wirtschaftspolitik basiert ebenfalls auf den Vorstellungen der klassischen Nationalökonomie. Danach soll der Staat Abgaben, Auflagen und Subsidien nicht so weit treiben, daß die Bürger keinen Sinn mehr darin sehen zu investieren. Nach diesem Konzept sollen insbesondere die oftmals überhöhten Transferzahlungen zurückgeführt werden. Insbesondere soll über Steuersenkungen und Abgabenentlastungen dazu beigetragen werden, die private Investitionstätigkeit und Produktion zu begünstigen. Auch für die privaten Haushalte wird eine Senkung der Steuern gefordert, um Leistungsbereitschaft und Kaufkraft zu erhöhen. Hinsichtlich der Geldpolitik folgt die angebotsorientierte Wirtschaftspolitik den monetaristischen Vorstellungen.

Übungsaufgaben:

1. Welche wirtschaftlichen Entwicklungen, gemessen an Preisniveau, Beschäftigung, Produktion und Sozialprodukt, kennzeichnen die einzelnen Phasen eines Konjunkturzyklus? Wie wirken sich diese auf die Geschäftstätigkeit der Sparkassen und Banken aus?
2. In den 20er bzw. 30er Jahren dieses Jahrhunderts war die wirtschaftliche Lage weltweit gekennzeichnet durch Depressionen. Heutzutage spricht man bei einer Wirtschaftsflaute von Rezession. Sind dies nur Wortspielereien, oder lassen sich wichtige ökonomische Gründe anführen, die eine solche begriffliche Unterscheidung als gerechtfertigt erscheinen lassen?
3. Die moderne hochtechnisierte Industriewirtschaft brachte ein Phänomen hervor, welches der Vorstellung, daß Angebot und Nachfrage den Preis bestimmen, entgegenläuft. Um welche Erscheinung handelt es sich, und wie läßt sich diese neue Entwicklung erklären?
4. Wodurch unterscheiden sich Wachstum und Konjunktur in einer Volkswirtschaft?
5. Gibt es einen idealen Konjunkturindikator? Welches müßten die Voraussetzungen dafür sein? Diskutieren Sie einige gesamtwirtschaftliche Indikatoren.
6. Welche Aufgabe hat die Konzertierte Aktion im Rahmen der Konjunkturpolitik?

7. Erläutern Sie die verschiedenen Möglichkeiten zur Ermittlung des Sozialprodukts (Entstehung, Verwendung, Verteilung). Wo schlägt sich dabei die Leistung einer Sparkasse nieder?
8. Welche Bedeutung haben die gesamtwirtschaftlichen Abschreibungen für das Produktionspotential einer Volkswirtschaft? Inwiefern beeinflussen sie das Kreditgeschäft der Sparkassen und Banken?
9. Welche Größen der Zahlungsbilanz finden Eingang in den Außenbeitrag als Bestandteil des Sozialprodukts?
10. Kann man den Wert des Bruttosozialprodukts zu Marktpreisen auch als hinreichenden Indikator für den Wohlstand einer Volkswirtschaft ansehen?
11. Inwiefern stellt die Arbeitslosenversicherung einen automatischen Konjunkturstabilisator dar?
12. Was versteht man unter dem magischen Viereck, und woraus erklärt sich dieser Begriff?
13. Nennen Sie die konjunkturpolitischen Ziele des Stabilitäts- und Wachstumsgesetzes. Angenommen, bis auf die Preisniveaustabilität seien alle übrigen Ziele erreicht, gehen dann von der Bekämpfung des Preisauftriebs Auswirkungen auf die anderen Ziele aus?
14. Welche Institutionen betreiben in der Bundesrepublik Deutschland gezielt Konjunkturpolitik?
15. Wo bestehen grundsätzlich Ansatzpunkte für den Staat zu einer konjunkturpolitischen Steuerung? Welche Probleme ergeben sich bei der Vielzahl öffentlicher Haushalte in der Bundesrepublik Deutschland hinsichtlich der Wirksamkeit der Konjunkturpolitik?
16. Die Bundesrepublik Deutschland hat zeitweise zur Bekämpfung der Preissteigerungsraten einen Zuschlag zur Einkommen- und Körperschaftsteuer erhoben. Von dieser Maßnahme ging jedoch nicht die erwünschte bremsende Wirkung auf die Konsumgüternachfrage aus. Welche Ursachen können dafür verantwortlich sein?
17. Warum ist es erforderlich, daß zusätzliche Staatseinnahmen, die der Kaufkraftabschöpfung dienen, nicht vom Staat wieder ausgegeben werden?
18. a) In einer Rezession tätigt der Staat zusätzliche Ausgaben zur Beseitigung der Arbeitslosigkeit. Unter welchen Voraussetzungen kann diese Maßnahme erfolgreich sein?
    b) Zur Finanzierung dieser zusätzlichen Ausgaben verschulden sich die öffentlichen Haushalte. Läßt sich eine solche konjunkturpolitisch bedingte zusätzliche Staatsverschuldung gesamtwirtschaftlich vertreten?
    c) Welche Folgen hat das für die Geschäftstätigkeit der Sparkassen und Girozentralen?
19. Welche Ansatzpunkte hat die Geld- und Kreditpolitik zur Steuerung der konjunkturellen Entwicklung?
20. Von welchen Größen hängt die Geldmenge in der Bundesrepublik Deutschland ab?
21. Welches der der Bundesbank zur Verfügung stehenden währungspolitischen Instrumente wirkt am unmittelbarsten auf die Kreditinstitute? Ist es von der Bereitschaft der Sparkassen und Banken zur Kooperation mit der Zentralbank abhängig?
22. Wie ist zu erklären, daß vielfach die Diskontsatzvariationen der Bundesbank nicht unmittelbar und sofort auf das gesamtwirtschaftliche Zinsniveau wirken?
23. Welche Stellung und welche Funktion besitzt die Deutsche Bundesbank? In welchem Verhältnis steht sie zu den anderen Kreditinstituten?
24. Was versteht man unter Einlagenpolitik der Bundesbank, und inwieweit sind davon speziell Sparkassen und Girozentralen betroffen?

25. Welche Anteile innerhalb des gesamten Kreditwesens der Bundesrepublik Deutschland haben die Sparkassen und Girozentralen lt. Bundesbankstatistik am
  a) kurzfristigen Kreditgeschäft
  b) mittel- und langfristigen Kreditgeschäft
  c) Spargeschäft
  d) Emissionsgeschäft?
  Wie ist das zu begründen?
26. Wie müßten sich die Sparer im Konjunkturzyklus verhalten, um ihrerseits einen Beitrag zur Stabilisierung zu leisten? Können dabei die Sparkassen als bedeutendste Institutsgruppe für die Spareinlagenbildung eine Steuerungsfunktion übernehmen?
27. Nennen Sie Gründe, die eine Staatsverschuldung rechtfertigen.
28. Was versteht man unter Schuldendeckel-Verordnung?
29. Worin liegen die gesamtwirtschaftlichen Gefahren einer wachsenden Kreditaufnahme durch die öffentliche Hand?
30. Welches sind die Grundthesen der Fiskalisten, Monetaristen und der Angebotsökonomen?
31. Was versteht man unter Staatsausgabenmultiplikator?
32. Wann liegt eine sog. Liquiditätsfalle vor?
33. Worauf ist die Ausbreitung der Schattenwirtschaft zurückzuführen und welche Risiken beinhaltet diese?

5 Einkommen, Vermögen und ihre Verteilung

Einführung in die Thematik

Verbreitet ist die Sorge, der verschärfte Verteilungskampf der Gruppen, die Haushalts- und Steuerpolitik des Staates sowie die gesellschaftspolitische Diskussion der vergangenen Jahre hätten die Investitionsneigung der Wirtschaft so nachhaltig getroffen, daß nicht alsbald mit einer Gesundung gerechnet werden dürfe.

(Sondergutachten des Sachverständigenrates zur konjunkturpolitischen Lage vom 17. 8. 1975)

Wenn soziale Hilfen zu großzügig und zu wenig kontrolliert vergeben werden, kann es attraktiver – und vom Standpunkt der Betroffenen durchaus auch rationaler – sein, den Lebensunterhalt auf diese Art statt durch Arbeit zu erwerben. Das Interesse an Umschulung wird dadurch ebenfalls gebremst. Die Folge kann sein, daß schließlich hohe Arbeitslosigkeit und Mangel an qualifizierten Arbeitskräften gleichzeitig die Wirtschaft lähmen.

(Die Zeit vom 7. 7. 1978)

Genausowenig wie die Beteiligung am Produktivvermögen die einzig sinnvolle Form der Vermögensbildung ist, so kann staatliche Vermögensbildungspolitik sich nicht auf die Bausparförderung beschränken. Auch das Sparkonto und der Erwerb von Wertpapieren stellen gleichwertige Anlagealternativen für die Vermögensbildung breiter Schichten der Bevölkerung dar. Deshalb sind sowohl das Sparprämiengesetz wie das Wohnungsbauprämiengesetz nebeneinander notwendig. Dabei ist es für die Zukunft auch sicher richtig, stärker als in der Vergangenheit die Beteiligung der Arbeitnehmer am in der Wirtschaft arbeitenden Kapital zu fordern.

(Helmut Geiger – Vortrag am 16. 9. 1978 in Freiburg)

Werden es die Bürger überhaupt schon gewahr, daß sie immer mehr in die Abhängigkeit vom Staat geraten, wenn sie selbst immer mehr von ihm verlangen? Gibt die demokratische Verfassung, wie sie heute in den westlichen Staaten üblich ist, dem Bürger überhaupt noch die Möglichkeit, sich gegen die Macht von Mehrheiten, die nichts anderes sind als eine Koalition von interessengebundenen Minderheiten, zu wehren?

(Frankfurter Allgemeine Zeitung vom 17. 9. 1980)

Der Sozialstaat mag ein positiver Produktionsfaktor sein, aber er hat einen hohen Preis. Als Umverteilungsstaat beeinträchtigt er das Niveau der natürlichen Motivationen in der Bevölkerung, als Versorgungsstaat das Streben nach eigenständiger Sicherheit durch Vermögen und damit die Kapitalbildung; als Bürokratiestaat belastet er die Effizienz der Gesellschaft allgemein.

(Herbert Giersch, Frankfurter Allgemeine Zeitung vom 19. 2. 1983)

Ordnungspolitisch und wachstumspolitisch ist es gleichermaßen dringlich, daß die Leistungsbereitschaft durch einen wirklich spürbaren Abbau des Anstiegs der Grenzsteuersätze wiederbelebt wird. Die Entlastung der Einkommen durch eine solche Steuersenkung käme auch den Vorstellungen derjenigen entgegen, die stärker auf Nachfragepolitik setzen.

(Sondergutachten des Sachverständigenrates, Sommer 1985)

Lerninhalte

1. Produktionsfaktoren schaffen Einkommen
2. Vom funktionalen zum persönlichen Einkommen
3. Das Ungleichgewicht in der Einkommensverteilung
4. Vermögen schafft Zusatzeinkommen
5. Vom Produktionsvermögen zum Geldvermögen
6. Die Vermögensverteilung in der Bundesrepublik
7. Das Steuersystem als Instrument zur Einkommensumverteilung
8. Gerechte Einkommensverteilung – eine Utopie?
9. Einkommens- und Vermögensverteilung als Zentralproblem der Sozialpolitik

Nach dem Durcharbeiten dieses Kapitels sollte der Leser die vorgenannten Lerninhalte erfaßt haben, den Wissensstoff beherrschen und die behandelten wirtschaftlichen Fachbegriffe bzw. Zusammenhänge erklären können. Eine Kontrolle bieten dazu die Übungsfragen am Schluß dieses Kapitels.

5.1 Einkommen und Einkommensverteilung

Aus der Darstellung des Wirtschaftskreislaufs wird klar, daß den Haushalten von den Unternehmen Einkommen zufließt. Jeder, der an dem Wirtschaftsprozeß und der Leistungserstellung innerhalb einer Volkswirtschaft beteiligt ist, hat gleichermaßen einen Anspruch auf seinen Anteil an dem Ergebnis. In der arbeitsteiligen Verkehrswirtschaft unserer Tage wird dieser Anspruch beglichen durch die Zahlung von Geld. Da das Einkommen aller privaten Haushalte gleichzeitig dem Volkseinkommen in der Sozialproduktberechnung entspricht, kann man sagen, daß das individuelle Einkommen einen Anspruch an das Sozialprodukt darstellt. Nach der Verteilungsrechnung beim Sozialprodukt unterscheidet man bei den Einkommen der Wirtschaftssubjekte zwischen funktionalem Einkommen – es entsteht aus der Überlassung von Produktionsfaktoren – und persönlichem Einkommen.

5.1.1 Funktionale Einkommensverteilung

Die privaten Haushalte erhalten Einkommen dafür, daß sie den Unternehmen bzw. anderen Wirtschaftssubjekten Produktionsfaktoren zur Verfügung stellen, d. h. Arbeitskraft, Boden und Kapital. Wenn man in diesem Zusammenhang von **funktionaler Einkommensverteilung** spricht, stellt man die Funktionen der einzelnen Produktionsfaktoren im Wirtschaftsprozeß in den Mittelpunkt.

Einkommen aus dem Bereitstellen des Produktionsfaktors Arbeit heißt Lohn oder Gehalt, es wird zusammenfassend auch als **Arbeitseinkommen** bezeichnet. Der Preis für das Zur-Verfügung-Stellen von Grund und Boden nennt sich **Grundrente.** Schließlich wird das Entgelt für die zeitweise Überlassung von Kapital Zinsen genannt. Diese Zinsen, die der Kapitaleigentümer erhält, werden auch als **Kapitaleinkommen** bezeichnet. Statistische Angaben über die funktionale Einkommensverteilung, getrennt nach den einzelnen Produktionsfaktoren, werden offiziell für die Bundesrepublik Deutschland nicht veröffentlicht. Die Sozialproduktsberechnung faßt lediglich in größeren Gruppen zusammen, wie an früherer Stelle dargelegt wurde. So gliedert sich das Nettosozialprodukt zu Faktorkosten in Einkommen aus unselbständiger Tätigkeit – hierunter ist das Einkommen der in abhängiger Stellung tätigen Wirtschaftssubjekte aus der Überlassung von Arbeit, Boden und Kapital erfaßt – und Einkommen aus Unternehmertätigkeit und Vermögen. Letzteres, auch als **Residual-** oder **Resteinkommen** bezeichnet, trägt deshalb diese Beinamen, weil es bei der Einkommensermittlung als Rest übrigbleibt, nachdem vom gesamten Volkseinkommen das Einkommen der Lohn- und Gehaltsempfänger abgezogen ist. Das Einkommen aus Unternehmertätigkeit und Vermögen gliedert sich seinerseits nochmals auf in die unverteilten Gewinne der privaten Unternehmen und in das Einkommen des Staates aus Unternehmertätigkeit und Vermögen.

Die Übersicht bei der Verteilungsrechnung des Sozialprodukts über die Entwicklung der einzelnen Größen seit 1950 läßt deutlich eine Verschiebung innerhalb der funktionalen Einkommensverteilung erkennen. So nahm in den Nachkriegsjahren das Einkommen aus unselbständiger Tätigkeit in der Bundesrepublik Deutschland stärker zu als das der Unternehmer. Das bedeutet, daß sich auch die Anteile am Volkseinkommen zugunsten der Lohn- und Gehaltseinkommen verschoben haben. Eine Erhöhung der **Lohnquote** (= Lohneinkommen: Gesamteinkommen) läßt sich unter dem Gesichtspunkt der Verteilungsgerechtigkeit bis zu einem bestimmten Grad rechtfertigen. Es darf aber nicht übersehen werden, daß überzogene Forderungen negative Folgen auf die von der Gewinnhöhe abhängigen Faktoren haben, wie z. B. Investitionen, Beschäftigung, damit auch Produktion und Konsum. Von dieser Warte aus sind also der funktionalen Einkommensverteilung gewisse Grenzen bei Strukturverschiebungen gesetzt.

5.1.2 Personale Einkommensverteilung

Die funktionale Einkommensverteilung vermittelt lediglich Werte über die Einkommensaufgliederung entsprechend den Funktionen der Produktionsfaktoren im Wirtschaftskreislauf. Sie gewährt damit aber noch keinen Einblick in die Verteilung der Einkommen bei den einzelnen privaten Haushalten. Die Betrachtung der personalen Verteilung ergibt, daß sich das Einkommen des einzelnen Haushaltes aus unterschiedlichen funktionalen Quellen zusammensetzen kann. Beispielsweise bezieht ein Unternehmerhaushalt Einkommen aus Arbeit, Kapital und Boden. Das macht deutlich, daß eine Verbindung zwischen der funktionalen und **personalen Einkommensverteilung** besteht. Entscheidend für den Grad des Wohlstands jedes einzelnen Wirtschaftssubjektes ist aber allein die personale Verteilung. Bei dessen Ermittlung darf man nicht vom Bruttoeinkommen ausgehen; denn in jedem Fall sind die direkten Steuern und bei unselbständig Beschäftigten auch die Sozialversicherungsbeiträge zu kürzen. Auf der anderen Seite müssen dem Einkommen **Unterstützungszahlungen** in Form der Arbeitslosenunterstützung bzw. Rentenzahlung hinzugerechnet werden. Diese Arten von Einkommen entstehen zwar nicht aufgrund unmittelbarer funktionaler Zusammenhänge, ergeben sich aber aus den funktionalen Leistungen des Betreffenden in der Vergangenheit bzw. der anderen im Erwerbsleben stehenden Wirtschaftssubjekte. Beim persönlichen Einkommen handelt es sich also um das Einkommen, das die Haushalte aufgrund ihrer funktionalen Einbindung in den Wirtschaftskreislauf sowie nach Umverteilung über den Staatshaushalt bzw. durch die Sozialversicherung erhalten.

Die statistische Erfassung der personalen Einkommensverteilung wäre vollständig, wenn für jeden einzelnen Haushalt die genaue Einkommenssituation dargestellt würde. Dieses Verfahren wäre jedoch viel zu umfangreich und unübersichtlich, um klare, konkrete Aussagen zu ermöglichen. Deshalb werden in den statistischen Rechnungen Einkommensklassen gebildet und die einzelnen Haushalte entsprechend ihren persönlichen Einkommensverhältnissen zugeordnet. Aus der Häufigkeit, mit der die einzelnen Haushalte sich in diesen Einkommensschichten befinden, lassen sich im Zeitvergleich Schlüsse über die Entwicklung der Einkommen ziehen sowie wirtschafts- und sozialpolitische Maßnahmen herleiten. Am gebräuchlichsten für die Darstellung der Verteilung von Einkommen innerhalb einer Volkswirtschaft ist die sogenannte **Lorenz-Kurve,** benannt nach dem Nationalökonomen M. C. Lorenz. Sie gibt Aufschluß über Gleichheit bzw. Ungleichheit der Verteilung innerhalb einer Volkswirtschaft und ist wie folgt aufgebaut: Auf der waagerechten Achse (Abszisse) wird die Zahl der Einkommensbezieher innerhalb einer Volkswirtschaft in % und auf der senkrechten (Ordinate) das von den Haushalten innerhalb einer Volkswirtschaft bezogene Gesamteinkommen in % abgetragen. Ein Punkt innerhalb des Feldes gibt Auskunft darüber, wieviel Prozent der Haushalte wieviel Prozent des Einkommens auf sich vereinigen. Wäre das Einkommen gleichmäßig verteilt, müßten sich die beiden Prozentsätze jeweils immer entsprechen, d. h. 20% der Haushalte verdienen 20% des Einkommens bzw. 80% der Haushalte verdienen 80% des Einkommens. Die gerade Linie, die im Ursprung dieses Koordinatensystems beginnt und mit einer Steigung von 45° verläuft, also praktisch die Mittellinie in der Grafik darstellt, wäre die Kurve der Gleichverteilung. Die sogenannte Lorenz-Kurve zeigt die tatsächliche Einkommensverteilung an. Je weiter sie von der 45°-Linie entfernt ist, um so ungleichmäßiger ist die Verteilung und um so höher der Konzentrationsgrad. Festhalten läßt sich in diesem Zusammenhang, daß die Lorenz-Kurve sich in der Bundesrepublik Deutschland im Laufe der letzten Jahrzehnte nur geringfügig auf die Kurve der Gleichverteilung hin entwickelt hat.

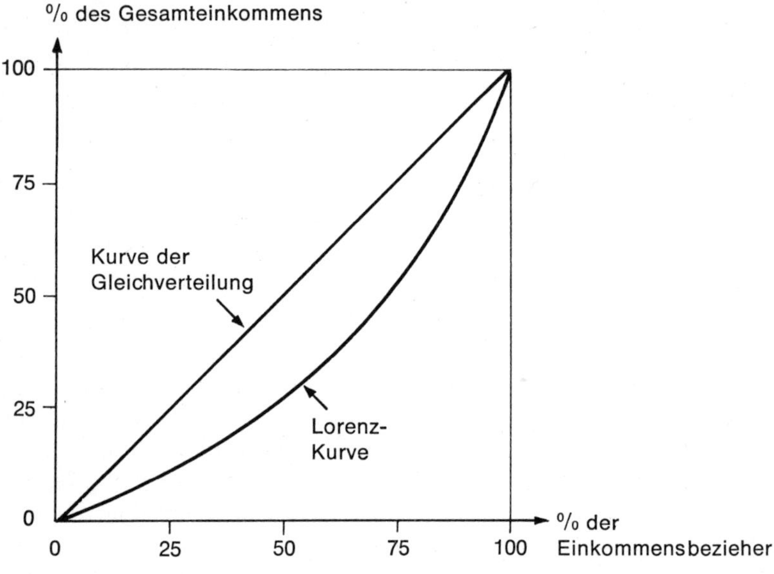

Zusammenfassung

5.1 Einkommen und Einkommensverteilung

Produktionsfaktoren erhalten für ihre Leistung ein Entgelt, das ihnen als Einkommen zufließt. Entsprechend der Funktion der einzelnen Produktionsfaktoren im Wirtschaftsprozeß ergibt sich eine funktionale Einkommensverteilung. Das Einkommen eines Haushalts kann aus unterschiedlichen funktionalen Quellen fließen.

Die Verteilung des Gesamteinkommens einer Volkswirtschaft auf die Haushalte zeigt die personale Einkommensverteilung. Eine gebräuchliche Darstellung der Verteilung von Einkommen innerhalb einer Volkswirtschaft ist die Lorenz-Kurve.

5.2 Vermögen und dessen Verteilung

Das Vermögen einer Volkswirtschaft besteht zum einen aus Besitz an Boden und Produktionsanlagen, zum anderen in erspartem Geld. Das bedeutet: Wenn Vermögen durch Ersparnisbildung entsteht, ist letztlich das Einkommen für die **Vermögensbildung** bedeutsam. Darüber hinaus kann sich noch individuelles Vermögen bei den Wirtschaftssubjekten durch Schenkung und Vererbung bilden. Dementsprechend muß man beim Vermögen unterscheiden zwischen Produktiv- und Geldvermögen. Während zum **Produktivvermögen** all das zählt, was bezüglich der Produktionsfaktoren unter dem Begriff Kapital und auch Boden zusammengefaßt wird, rechnen zum Geldvermögen alle Forderungswerte. Produktivvermögen sind also Beteiligungen an Unternehmen sowie Eigentum an Mietwohnhäusern bzw. Mietwohnungen. Im Gegensatz zum unternehmerischen Vermögen ist die Abgrenzung dessen, was zum privaten Vermögen zu rechnen ist, erheblich schwieriger. Zweifellos gehören dazu Beteiligungen am Produktivvermögen. Problematischer wird es dagegen beim **Geldvermögen.** Im allgemeinen zählt man zu den Forderungswerten festverzinsliche Wertpapiere, Spareinlagen, Termingelder, Bargeld, Darlehen, Forderungen gegenüber Versicherungen aus Lebens- und Rentenversicherungen, Ansprüche an die Sozialversicherung. Prinzipiell muß man auch diejenigen Gegenstände zum Vermögen rechnen, die die privaten Haushalte besitzen, so privat genutzte Einfamilienhäuser und Eigentumswohnungen, ferner Mobiliar, Kraftfahrzeuge u. ä. Da häufig in den Vermögensbegriff unterschiedliche Bestandteile aufgenommen wurden, sind Vermögensverteilungsanalysen stets kritisch zu betrachten, um nicht voreilig falsche Schlüsse daraus zu ziehen.

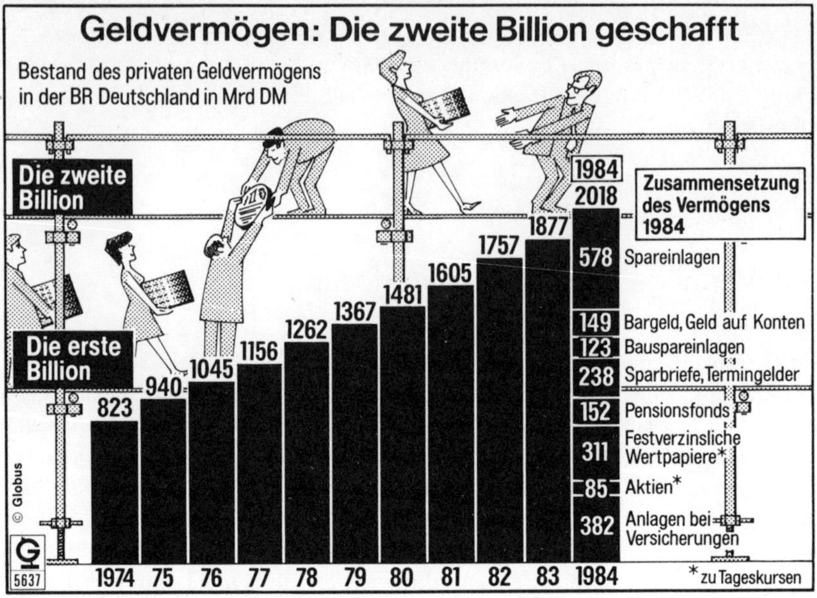
Geldvermögen: Die zweite Billion geschafft
Bestand des privaten Geldvermögens in der BR Deutschland in Mrd DM
Die zweite Billion
Die erste Billion
823
940
1045
1156
1262
1367
1481
1605
1757
1877
1984
2018
Zusammensetzung des Vermögens 1984
578 Spareinlagen
149 Bargeld, Geld auf Konten
123 Bauspareinlagen
238 Sparbriefe, Termingelder
152 Pensionsfonds
311 Festverzinsliche Wertpapiere*
85 Aktien*
382 Anlagen bei Versicherungen
1974 75 76 77 78 79 80 81 82 83 1984
* zu Tageskursen
© Globus
5637

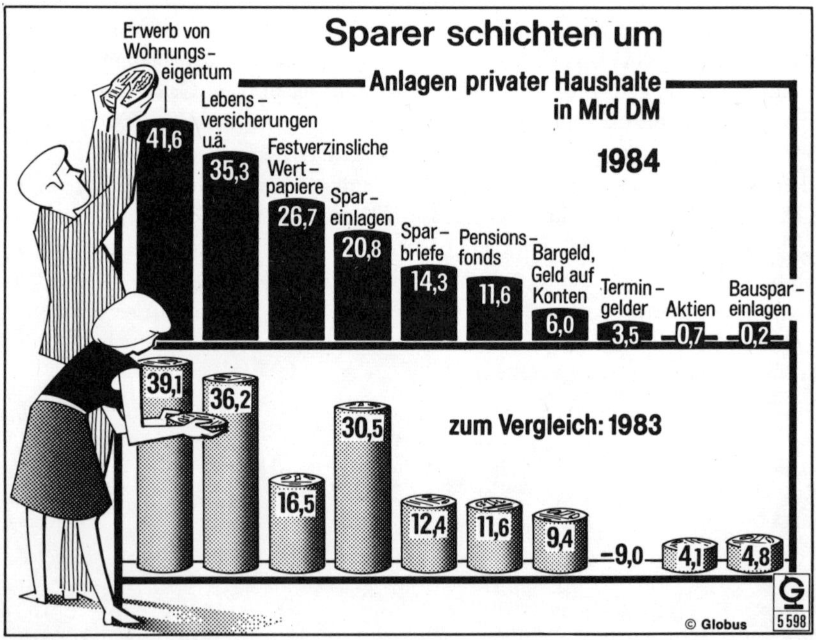
Sparer schichten um
Anlagen privater Haushalte in Mrd DM
1984
Erwerb von Wohnungseigentum 41,6
Lebensversicherungen u.ä. 35,3
Festverzinsliche Wertpapiere 26,7
Spareinlagen 20,8
Sparbriefe 14,3
Pensionsfonds 11,6
Bargeld, Geld auf Konten 6,0
Termingelder 3,5
Aktien 0,7
Bauspareinlagen 0,2
zum Vergleich: 1983
39,1
36,2
16,5
30,5
12,4
11,6
9,4
-9,0
4,1
4,8
© Globus
5598

Zusammenfassung

5.2 Vermögen und dessen Verteilung

Das Vermögen einer Volkswirtschaft setzt sich aus Produktiv- und Geldvermögen zusammen.

Zum Produktivvermögen zählt alles das, was bei den Produktionsfaktoren zu den Begriffen Kapital und Boden gerechnet wird.

Unter Geldvermögen versteht man alle Forderungswerte, wie zum Beispiel festverzinsliche Wertpapiere im Besitz privater Haushalte, ferner privat genutzte Einfamilienhäuser und Eigentumswohnungen, Mobiliar, Kraftfahrzeuge.

5.3 Verteilungspolitik

Das Einkommen der Wirtschaftssubjekte ergibt sich also sowohl aus ihren Funktionen im Wirtschaftskreislauf, als auch aus staatlichen Zuwendungen im weitesten Sinn. Daraus wird deutlich, daß es sich hier nicht nur um ein ökonomisches Problem handelt, sondern ebenso auch um eine politische, insbesondere sozialpolitische Aufgabenstellung. Infolge der Ungleichverteilung der Einkommen in der Volkswirtschaft gibt es seit langem heftige Diskussionen darüber, ob die gegebene Einkommensverteilung als gerecht anzusehen ist oder ob hier eine andere Zielsetzung in Richtung auf eine gleichmäßigere – bzw. wie immer wieder gefordert: gerechtere – Verteilung der Einkommen verfolgt werden solle. In der Bundesrepublik Deutschland sind die politischen Instanzen einheitlich der Auffassung, daß ein größeres Maß an Gleichverteilung erreicht werden müsse. Es ist klar, daß je nach der Zielsetzung eines Wirtschaftssystems bezüglich dieser Verteilungsproblematik anders entschieden wird. In der reinen Marktwirtschaft bestimmt allein der Markt über die Einkommensbildung, während in der Zentralverwaltungswirtschaft in idealtypischer Form die Zuteilung der Einkommen ausschließlich politisch geregelt wird. In der sozialen Marktwirtschaft schließlich erfolgt die Einkommensverteilung zunächst über den Markt, dann aber greift der Staat unter Umständen durch Ausgleichsmaßnahmen ein, um soziale Ungerechtigkeiten zu vermeiden. Derartige Korrekturen durch Umverteilung seitens des Staates – auch als **zweite Einkommensverteilung** bezeichnet – bedeuten aber, daß das **Steuersystem** in einer sozialen Marktwirtschaft eine bedeutende Funktion hat. Es soll nämlich durch stärkere Steuerbelastung – in der Regel progressiv steigend – bei den höher Verdienenden Einkommen abgeschöpft werden. Aus den so erzielten Staatseinnahmen kann dann eine Umverteilung zugunsten der weniger verdienenden Bevölkerungsschichten vorgenommen werden. Darüber hinaus dienen Sozialversicherungen, Arbeitslosenunterstützungen und ähnliches gleichfalls einer staatlicherseits verfolgten Einkommenspolitik. Die gegebene Vermögensverteilung in einer Volkswirtschaft wie der der Bundesrepublik Deutschland wirft auch politische Probleme auf, wenn man sie nicht als gegeben und prinzipiell unveränderbar hinnimmt oder hinnehmen will. Da Vermögen auf der einen Seite Sicherheit und Unabhängigkeit verschafft, andererseits ökonomische Macht mit sich bringt, kann es nicht verwundern, daß in einer sozialen Marktwirtschaft Vermögensverteilung Gegenstand politischer Zielsetzungen ist. Dabei gilt vorrangig und unbestritten, ein größeres Gleichmaß an Verteilung zu erzielen.

Da es nahezu undemokratisch und irreal wäre, die bestehende Vermögensverteilung zu verändern, kann sich eine realistische Lösung dieses Problems nur darauf erstrecken, den Zuwachs des Vermögens gleichmäßiger zu verteilen. Dazu dient auf jeden Fall das Steuersystem, das die bestehenden Vermögen besteuert und die so gewonnenen Beträge an die weniger vermögenden Schichten umverteilt. Sieht man einmal von der Möglichkeit der Schenkung und Vererbung ab, dann kann die Vermögensbildung nur über eine entsprechende Ersparnis erfolgen. Dort liegt auch der weitere Ansatzpunkt für eine **Vermögenspolitik.** Sie beruht darauf, die Ersparnisbildung zu fördern, und zwar insbesondere der wenig verdienenden bzw. minderbemittelten Schichten. Das geschieht in der Bundesrepublik Deutschland z. B. über die Förderung des Bausparens nach dem Wohnungsbau-Prämiengesetz und für Sparbeträge entsprechend dem Spar-Prämiengesetz. In letzterem erklärte sich der Fiskus bereit, bestimmte Sparleistungen von Arbeitnehmern bis zu 624 DM im Jahr zu prämieren, sofern ihr Einkommen eine bestimmte Grenze nicht übersteigt. Die Vermögenspolitik basiert also auf freiwilligen Leistungen der in abhängiger Stellung Tätigen, wobei vom Staat aber ein Anreiz zur Ersparnisbildung gegeben wird.

Eine wesentliche Veränderung ist hier mit Inkrafttreten des Subventions-Abbaugesetzes von 1981 eingetreten. Die staatliche Sparprämie wird seitdem nicht mehr gezahlt, nur noch die Arbeitnehmersparzulage. Sparkassen und Banken haben daraufhin mit aus eigenen Mitteln gezahlten Prämien und Boni versucht, die Lücke wieder zu schließen.

Der Staat zielt seitdem vorrangig darauf, die Vermögensbildung in Arbeitnehmerhand auszubauen. Das 4. Vermögensbildungsgesetz, das mit Beginn des Jahres 1984 in Kraft getreten ist, stellt die erste Stufe einer Fortentwicklung der Vermögenspolitik durch verstärkte Förderung von Beteiligungen am Produktivkapital der Wirtschaft dar. Ein zweiter Schritt soll folgen. In der ersten Stufe wurde der bisherige Anlagekatalog ausgedehnt. Genußscheine, Genossenschaftsanteile, typische stille Beteiligungen und Arbeitnehmerdarlehen kamen hinzu. Gleichzeitig wurde der Förderungsbetrag um 312,— DM auf 936,— DM erhöht. Für Beträge bis 624,— DM kann die gesamte Palette der bisherigen Anlagen

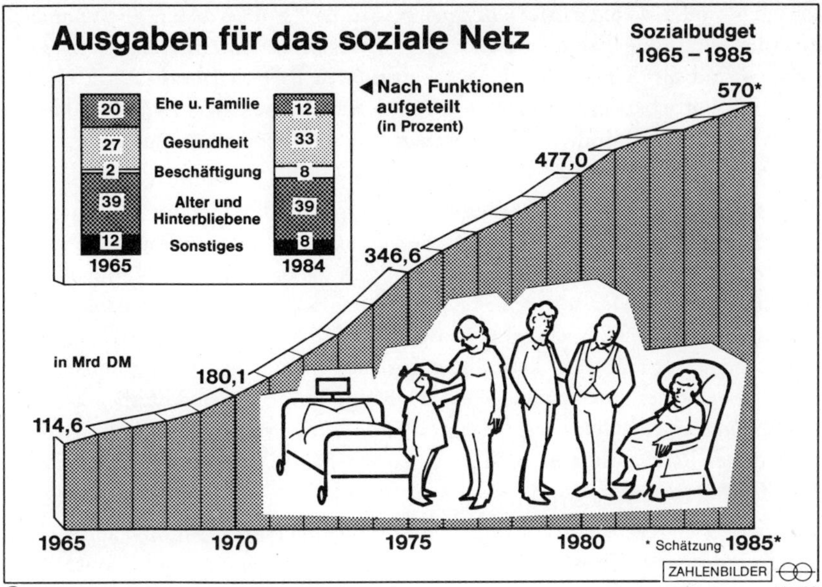

 141 129

gewählt werden. Die Arbeitnehmersparzulage auf die 624,— DM übersteigenden Beträge (max. 312,— DM) erhält aber nur, wer diese Spargelder in Produktivkapital anlegt. Nach wie vor sind für die einzelnen Anlagearten unterschiedliche Festlegungsfristen gesetzlich vorgesehen. Verfügungen vor Ablauf der Fristen sind – mit einigen Ausnahmen – prämienschädlich. Der Gesetzgeber will damit eine zumindest mittelfristige Vermögensbildung erreichen. Die Arbeitnehmersparzulage erhält nach wie vor nur derjenige, der eine bestimmte Einkommensgrenze nicht überschreitet. Gerade die bisher nicht vermögenden Gruppen sollen damit unterstützt werden. Die Grenze beträgt bei Ledigen 24 000 DM und bei Verheirateten 48 000 DM zu versteuerndes Einkommen pro Jahr. Werden diese Einkommensgrenzen überschritten, entfallen die staatlichen Zulagen.

Es dürfte keinen Zweifel darüber geben, daß eine so betriebene **Verteilungspolitik** sicher einen Anreiz zur Verbesserung der Vermögensverhältnisse darstellt. Aber ebenso dürfte auch klar sein, daß damit das Problem der Ungleichheit der Vermögensverteilung nicht beseitigt werden kann; denn die bereits Besitzenden beziehen aus ihrem Vermögen ein zusätzliches Einkommen und verwenden dieses in der Regel wieder zu einer Ausweitung ihrer Vermögensposition. Das bedeutet aber, daß die Verteilung der Vermögen sich immer mehr von dem Lorenz-Gleichgewicht entfernt.

In der Bundesrepublik Deutschland werden deshalb schon seit Jahren Modelle diskutiert, die dazu beitragen sollen, die Beteiligung am Produktivvermögen für die nichts oder wenig Besitzenden zu verbessern. Einige dieser Vorstellungen eröffnen die Möglichkeit, in Fonds Beteiligungswerte an Unternehmen einzubringen und die Arbeitnehmer nach bestimmten Kriterien bezüglich Einkommen und Betriebszugehörigkeit an diesen Fonds zu beteiligen. Darüber hinaus gibt es aber auch Modelle, die eine verbesserte Vermögensbildung ohne eine Fondslösung vorschlagen.

Mit dem vierten Gesetz zur Förderung der Vermögensbildung der Arbeitnehmer wurde jetzt ein neuer Impuls für die Beteiligung am Produktivkapital gegeben. Ein vermögenspolitischer Durchbruch hat sich dabei auch im Einkommensteuerrecht vollzogen. Der dort neu eingefügte Paragraph 19a bestimmt nämlich, daß ein Arbeitnehmer für unentgeltliche oder verbilligte Beteiligungswerte, die ihm sein Arbeitgeber überträgt, keine Steuern zahlen muß. Damit kann grundsätzlich jeder Arbeitgeber, unabhängig von der Rechtsform, seinen Mitarbeitern eine Beteiligung am Produktivkapital einräumen. Die vermögenspolitische Bedeutung dieses Paragraphen ist auch darin zu sehen, daß hier – anders als im 936-DM-Gesetz – keine Einkommensgrenzen gelten.

Ein zweites Gesetz zur Beteiligung der Arbeitnehmer am Produktivkapital steht bei den politischen Entscheidungsträgern zur Realisierung an und könnte noch 1986 verabschiedet werden. Ziel ist dabei, den Arbeitnehmern mehr Möglichkeiten zur Beteiligung am Produktivkapital zu eröffnen. Die Bildung von neuen Investmentfonds, über die sich Arbeitnehmer auch mittelbar an kleinen und

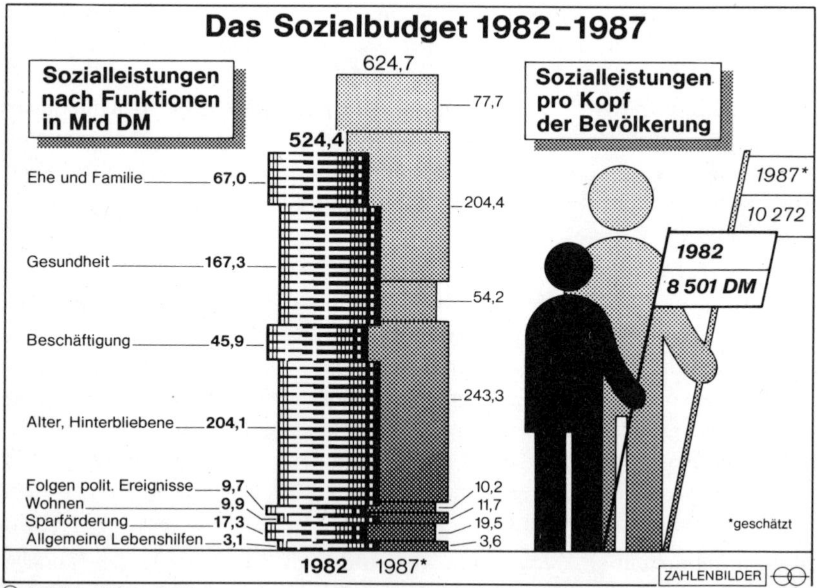

© Erich Schmidt Verlag GmbH

mittleren Unternehmen beteiligen können, soll ermöglicht werden. Auch in der Zukunft wird in der Bundesrepublik Deutschland die Frage einer gerechteren Einkommens- und Vermögensverteilung – insbesondere am Produktivvermögen – die politischen Instanzen und die Tarifparteien beschäftigen und ein Zentralproblem der Sozialpolitik bleiben.

Zusammenfassung

5.3 Verteilungspolitik

Die gegebene Einkommensverteilung nehmen die verschiedenen politischen Instanzen und Institutionen zum Anlaß, über eine „gerechtere" Lösung nachzudenken. Eine zweite Einkommensverteilung – nach der durch den Markt sich ergebenden – bewirkt z. B. das Steuersystem.

Die Vermögenspolitik ist ein weiterer Ansatzpunkt, zu einer Verbesserung der Einkommens- und Vermögensverhältnisse zu gelangen. Durch verschiedene Zulagen und Vergünstigungen versucht der Staat, Anreize zur Kapitalansammlung zu geben.

Übungsaufgaben

1. Worin liegt der Unterschied zwischen funktionaler und persönlicher Einkommensverteilung, und welche der beiden ist bedeutsam für das wirtschaftspolitische Ziel der gerechten Einkommensverteilung?
2. Welcher Zusammenhang besteht zwischen Einkommens- und Vermögensbildung, und welche Möglichkeiten gibt es, um eine ungleiche Vermögensverteilung weitgehend zu verhindern?
3. Ist ein Sparkassenbuch dazu geeignet, Vermögen zu bilden und zugleich als Quelle für zusätzliches Einkommen zu dienen?
4. Aus welchen Leistungen, die sie dem Wirtschaftskreislauf zur Verfügung stellen, erhalten die privaten Haushalte Einkommen?
5. Beim Vermögen unterscheidet man zwischen Produktiv- und Geldvermögen. Worin besteht der Unterschied für die Besitzer dieser Vermögensarten? Welche Bedeutung haben beide für den gesamtwirtschaftlichen Kreislauf?
6. Warum zählen eigengenutzte Einfamilienhäuser und Eigentumswohnungen nicht zum Produktivvermögen?
7. Will man das Ziel einer gerechteren Einkommensverteilung erreichen, besteht die Möglichkeit, dieses mit Hilfe des Steuersystems durchzusetzen. Wie müßte ein solches Steuersystem gestaltet sein?
8. Eine realistische Vermögenspolitik, die darauf gerichtet ist, eine gleichmäßigere Vermögensverteilung zumindest des Vermögenszuwachses zu erreichen, arbeitet oftmals mit bestimmten Anreizen für die Ersparnisbildung. Welche Anreizsysteme bestehen in der

Bundesrepublik Deutschland, und wie wirken sich diese auf die Gesamtwirtschaft und auf eine einzelne Sparkasse aus?

9. Ist es realistisch zu erwarten, daß solche Anreize zur Vermögensbildung die ungleiche Vermögensverteilung in Richtung auf eine größere Gleichmäßigkeit verändern?

6 Außenhandel und Zahlungsbilanz

Einführung in die Thematik

Die Unternehmer machen weder Inflations-Gewinne noch Deflations-Verluste. Einer auf dieses Ziel der Preisniveaustabilisierung gerichteten Geldpolitik stehen allerdings feste Wechselkurse entgegen. Deshalb schlägt Keynes eine internationale Zentralbank vor, die sich bei ihrer Politik an dem Preisniveau eines Bündels von Rohstoffen orientiert. Für freie Wechselkurse konnte er sich im Interesse des internationalen Kapitalverkehrs nicht entschließen: Er befürwortet die Verbreiterung der Spanne zwischen den Goldpunkten auf zwei Prozent.

(Wilhelm Seuß über John Maynard Keynes,
Frankfurter Allgemeine Zeitung vom 15. 5. 1976)

Leider haben die seit nunmehr fünf Jahren freien Wechselkurse zwei Hoffnungen enttäuscht: Sie haben die Devisenmärkte nicht beruhigt und kein Gleichgewicht im internationalen Güteraustausch erreicht. (Süddeutsche Zeitung vom 7. 9. 1978)

Die festen Wechselkurse des Bretton-Wood-Systems haben wesentlich zur Entfaltung des freien Welthandels beigetragen, sie sind aber zugleich in dem Maße anfällig geworden, wie die zunehmende Integration der Weltwirtschaft unvermeidlich auch einen von Beschränkungen freien Geld- und Kapitalverkehr bedingte. Gerade er verlangt aber ein Mindestmaß an Flexibilität des Wechselkurses, solange die Länder ihre Geld- und Finanzpolitik nicht dem Gesetz fester Wechselkurse zu unterwerfen bereit sind. (Leonhard Gleske, Börsenzeitung vom 12. 3. 1983)

Stabilere Wechselkurse kann es letzten Endes nur geben, wenn die Wirtschafts-, Finanz- und vor allem die Geldpolitik in den wichtigsten Industrieländern nach den gleichen Prinzipien betrieben wird und zu ähnlichen Ergebnissen führt. Das ist heute eher der Fall als in den siebziger Jahren.

(Karl Otto Pöhl, Frankfurter Allgemeine Zeitung vom 1. 3. 1983)

Soweit auf absehbare Zeit zwischen den Ländern der Gemeinschaft noch erhebliche Preis- und Kostendivergenzen fortbestehen, wird es daher unausbleiblich sein, daß die Wechselkursrelationen von Zeit zu Zeit angepaßt werden müssen. Durch zu langes Festhalten an unrealistischen Wechselkursen würden zusätzliche Inflationstendenzen und falsche wirtschaftliche Strukturen geschaffen. Deshalb müssen Regeln für zeitige, undramatische Änderungen der Wechselkurse vorgesehen werden. Ein europäisches Währungssystem mit festeren Wechselkursrelationen darf nicht zu einer Inflationsgemeinschaft führen, in der lediglich das Ziel besteht, die Inflation auf einer mittleren Linie zu zementieren, damit den Mitgliedern eine mehr oder weniger nachgiebige interne monetäre Politik erlaubt werden kann.

(Vereinigte Wirtschaftsdienste vom 25. 8. 1978)

Wenn eine nationale Währung Leitwährungsfunktionen übernimmt, wird sie früher oder später von Vertrauenskrisen bedroht.

(Claus Köhler, Wirtschaftswoche vom 24. 10. 1980)

Eine gesunde wirtschaftliche Entwicklung in den Industrieländern gehört zu den wichtigsten Determinanten der Wachstumsaussichten der Entwicklungsländer. Die Industrieländer sind die bedeutendsten Absatzmärkte für die Ausfuhren der Entwicklungsländer und zugleich deren wichtigste Lieferanten für Auslandskapital und Technologie.

(Weltentwicklungsbericht 1979 der Weltbank)

Angesichts der Abhängigkeit unserer Volkswirtschaft vom Export ist es verwunderlich, daß sich unsere Wirtschaftspolitik nicht stärker um das Wohlergehen unserer Abnehmerländer kümmert und ihnen alle Hilfe zur Wiedergesundung zuteil werden läßt.

(Helmut Anders, Frankfurter Allgemeine Zeitung vom 26. 3. 1983)

Neue wirtschaftliche Dynamik setzt einen möglichst freien internationalen Handel zwingend voraus. Das erfordert Härte im Kampf gegen die Neigung zum Protektionismus, nicht nur auf dem Felde der internationalen Diskussion, sondern auch nach innen, wo die Begehrlichkeit in Richtung protektionistischer Praktiken ebenfalls wächst. Die Industrialisierung der Dritten Welt ist ein unverzichtbarer Teil der weltwirtschaftlichen Aufgaben und Chancen. Es ist der Erstickungstod für entsprechende Strategien unausweichlich, wenn die Industrieländer den Spielraum für die Aufnahme zusätzlicher Waren aus den Entwicklungsländern nicht ausreichend erweitern.

(Olaf Sievert – Vortrag am 17. 1. 1983 in Hannover)

Eine der wirksamsten Hilfen zur Selbsthilfe liegt in dem Abbau protektionistischer Handelsschranken. Ohne freien Welthandel sind stabile internationale Finanzbeziehungen und ein nachhaltiger weltwirtschaftlicher Aufschwung nicht denkbar.

(Gerhard Stoltenberg, Handelsblatt vom 15. 3. 1983)

Die Verschuldungsprobleme sind so weit verbreitet, daß viele Entwicklungsländer gezwungen sind, eine kontraktive Politik zu verfolgen. Während jedes beliebige Land (mit Ausnahme der Vereinigten Staaten) seine wirtschaftliche Tätigkeit einschränken kann, ohne die übrige Welt nennenswert zu beeinflussen, besteht die Gefahr, daß die weltweite Nachfrage stark schrumpfen kann, wenn die meisten wichtigen Entwicklungsländer gleichzeitig zu Restriktionen greifen.

(Weltbank, Jahresbericht 1984)

Die Verstärkung der monetären Zusammenarbeit ist ein wesentlicher Teil des europäischen Integrationsprozesses. Sie kann aber nicht losgelöst von dem Prozeß der allgemeinen wirtschaftlichen Integration sowie der politisch-institutionellen Weiterentwicklung gesehen werden.

Die relativ günstige Entwicklung im EWS in der letzten Zeit darf jedoch nicht darüber hinwegtäuschen, daß die wirtschaftspolitische Integration Europas gegenüber der währungspolitischen Integration zurückgeblieben ist. Das zeigt nicht zuletzt die Tatsache, daß zwischen den Mitgliedsländern immer noch erhebliche Unterschiede bei der Geldwertstabilität bestehen. Verglichen mit der währungspolitischen Integration ist die Integration der europäischen Finanzmärkte beträchtlich im Verzug.

(Gerhard Stoltenberg, Handelsblatt vom 31. 5. 1985)

Lerninhalte

1. Außenhandel als Ergebnis internationaler Arbeitsteilung
2. Das Problem der Handelshemmnisse
3. Die Zahlungsbilanz: gläserne Devisentasche einer Volkswirtschaft
4. Von der Ausgeglichenheit zum Gleichgewicht der Zahlungsbilanz
5. Sichtbare und unsichtbare Ein- und Ausfuhr
6. Freier Außenhandel setzt freie Konvertibilität voraus
7. Devisengeschäfte und ihr Risiko
8. Warum Auf- und Abwertung?
9. Der mühevolle Weg vom Goldstandard zum Blockfloating
10. Euro-Märkte ergänzen inländische Kapitalmärkte
11. Rohölreserven allein lösen nicht die Probleme der Entwicklungsländer

Nach dem Durcharbeiten dieses Kapitels sollte der Leser die vorgenannten Lerninhalte erfaßt haben, den Wissensstoff beherrschen und die behandelten wirtschaftlichen Fachbegriffe bzw. Zusammenhänge erklären können. Eine Kontrolle bieten dazu die Übungsfragen am Schluß dieses Kapitels.

6.1 Gründe für den Außenhandel

Seitdem die autarke Form der Familienwirtschaft verlassen wurde und Tausch sowie Handel in zunehmendem Maß das ökonomische Leben kennzeichnen, vollziehen sich auch Wirtschaftsbeziehungen über die jeweiligen Staatsgrenzen hinweg. Dieser – aus **Außenhandel** bekannte – ökonomische Vorgang ist heute mehr denn je für die meisten Volkswirtschaften charakteristisch und bestimmt entscheidend deren Wohlstand mit.

Unter Außenhandel versteht man den Fluß von Gütern, Dienstleistungen und Geld, der sich zwischen Inländern und jenseits der Staatsgrenzen befindlichen Ausländern vollzieht.

Zum Außenhandel rechnet auch der **Transitverkehr** durch das Inland, d. h. der Transport von einem auswärtigen Staat in einen anderen, der lediglich durch das Inland führt. Der Außenhandel wirft infolge der bestehenden Grenzen einerseits und wegen der unterschiedlichen wirtschaftlichen Bedingungen, der differenzierten Rechtslage und Handelsbräuche sowie der verschiedenen Währungen in den einzelnen Staaten andererseits vielfache Probleme auf, die bei entsprechenden binnenwirtschaftlichen Vorgängen nicht bestehen. Daß trotz dieser Schwierigkeiten und Hemmnisse der internationale Waren-, Dienstleistungs- und Kapitalverkehr ständig zunimmt, beweist dessen Notwendigkeit und Nutzen nachdrücklich.

Zum wirtschaftlichen Handeln zwischen verschiedenen Staaten kommt es unter ökonomischen Aspekten vor allem wegen
- des Fehlens von Rohstoffen und Waren in einzelnen Volkswirtschaften
- der Vorliebe für bestimmte Produkte fremder Länder
- der Preisvorteile ausländischer Güter und Leistungen
- des Qualitätsvorsprungs einzelner Produkte eines Landes.

Verfügt ein Land nicht oder nicht in ausreichendem Maße über die Rohstoffe, die zur Aufrechterhaltung seiner Leistungsfähigkeit erforderlich sind, so ist es gezwungen, diese in jenen Ländern einzukaufen, die sie in dem Umfang besitzen, der ihren eigenen Verbrauch überschreitet. Ebenso müssen die Nachfrager in einer Volkswirtschaft, die bestimmte (z. B. aus klimatischen Gründen) nicht vorkommende Erzeugnisse erwerben wollen, ihren Bedarf im Ausland decken.

Weiter kommt es häufig vor, daß der Verbraucher gewisse im Ausland erstellte Produkte den gleichen inländischen Erzeugnissen vorzieht. So besteht beispielsweise eine Vorliebe für Uhren aus der Schweiz, obwohl auch im Inland solche gefertigt werden bzw. werden können. Derartige Präferenzen bestehen insbesondere im Konsum- und Gebrauchsgüterbereich.

Ist das Ausland ferner in der Lage, bestimmte Produkte aufgrund günstigerer Kostenstruktur billiger herzustellen und damit zu einem niedrigeren Preis zu liefern als inländische Unternehmen, kommt es in der Regel ebenfalls zur Aufnahme von außenwirtschaftlichen Beziehungen. Preisunterschiede führen also auch zu internationalem Handel.

Für den Außenhandel gelten im Grunde die gleichen wirtschaftlichen Zusammenhänge wie für den Güter- und Dienstleistungsverkehr zwischen den Regionen eines Landes, z. B. Niedersachsen und Baden-Württemberg. Ein solcher Austausch ist offenbar für alle Beteiligten von Vorteil, insbesondere dann, wenn es sich um Güter und Dienstleistungen handelt, die in einzelnen Gebieten besser und preisgünstiger produziert werden können als in anderen.

Der internationale Handel ist jedoch auch dann noch für alle Beteiligten von Nutzen, wenn einzelne Länder in allen Produktionsbereichen mit höheren realen Kosten arbeiten als ihre Wettbewerber. Eine Erklärung für diese These hat als erster der Engländer David Ricardo (1772–1823) anläßlich des Abschlusses eines Handelsvertrages zwischen England und Portugal gegeben. In der volkswirtschaftlichen Lehre wird diese These als die **Theorie der komparativen Kosten** bezeichnet.

Hier das Beispiel von Ricardo: Gegenstand des Handels zwischen beiden Ländern sind Tuch und Wein. Während eine bestimmte Menge Tuch in England von 100 Arbeitern in einem Jahr hergestellt wird, benötigt Portugal dazu nur 90 Arbeiter. Zur Produktion bestimmter Mengen Wein werden in England 120 Arbeitskräfte gebraucht, in Portugal dagegen nur 80. Bei diesem Vergleich der Realkosten besitzt also Portugal in beiden Fällen einen absoluten Vorteil. Dennoch lohnt es sich für Portugal, vornehmlich Wein zu produzieren, dagegen Tuch aus England zu importieren, während es umgekehrt für England von Vorteil ist, trotz höherer Realkosten in der Tuchherstellung dieses zu produzieren und Wein zu importieren. Das ergibt sich aus dem realen Austauschverhältnis zwischen Wein und Tuch, das in England 1 : 1,2 und in Portugal 1 : 0,88 beträgt. Im internationalen Handel erhält somit England für eine Einheit Tuch mehr Wein, Portugal für eine Einheit Wein mehr Tuch, als beide jeweils im eigenen Land bekämen.

Die Theorie der komparativen Kosten besagt also, daß sich Außenhandel so lange lohnt, wie ein Land die Güter ausführt, bei denen es vergleichsweise Kostenvorteile aufweist, und die Güter mit relativen Kostennachteilen importiert. Die Begründung für den internationalen Güter- und Dienstleistungsaustausch liegt also in der Vorteilhaftigkeit weltweiter Arbeitsteilung. Ebenso wie sich im Inland Personen auf die Erzeugung der Güter spezialisieren, für deren Produkte sie kraft ihrer Eignungen und Fähigkeiten besondere Vorzüge aufweisen, verfügt auch jedes Land über spezielle natürliche Bedingungen (z. B. Klima, Rohstoffvorkommen) – auch **Ressourcen** genannt –, die es erlauben, bestimmte Güter kostengünstiger herzustellen, als es das Ausland vermag. Diese internationale Arbeitsteilung gilt insbesondere für die Wirtschaftsbeziehungen zwischen Agrar- und Industriestaaten sowie den rohstoffreichen und reservearmen Ländern. Außenhandel führt also zu größerer gesamtwirtschaftlicher Bedürfnisbefriedigung, als es bei Autarkie der Fall ist, und damit zu weltweit steigendem Wohlstand.

Zusammenfassung

6.1 Gründe für den Außenhandel

Der internationale Austausch von Gütern und Dienstleistungen hat in den letzten 40 Jahren gewaltig zugenommen. Die Intensivierung der internationalen Arbeitsteilung trug wesentlich mit zur Steigerung des Wohlstandes in den am Außenhandel beteiligten Volkswirtschaften bei. Für den grenzüberschreitenden Austausch von Gütern und Dienstleistungen gibt es viele Gründe, die von fehlenden Rohstoffen und Waren in den einzelnen Volkswirtschaften über Preis- und Qualitätsvorteile bis hin zu Präferenzen für bestimmte Produkte fremder Länder reichen. Es kommt aber auch zum internationalen Handel, wenn einzelne Länder in allen Produktionsbereichen mit höheren realen Kosten arbeiten als ihre Wettbewerber. Die Erklärung dafür liefert die Theorie der komparativen Kosten. Danach lohnt sich der Außenhandel so lange, wie ein Land die Güter ausführt, bei denen es relative Kostenvorteile aufweist, und die Güter mit relativen Kostennachteilen importiert.

6.2 Handelshemmnisse

So sehr internationale Arbeitsteilung weltweit eine größere Bedarfsdeckung begünstigt, kommt es immer wieder vor, daß diese Vorteile aus den verschiedensten Motiven von Außenhandel treibenden Ländern eingeschränkt werden. So bauen Staaten **Handelsschranken** auf, die in mehr oder weniger großem Ausmaß den Import bestimmter Güter und Dienstleistungen erschweren bzw. ganz verhindern sollen. Die Gründe für die Errichtung derartiger Handelshemmnisse liegen z. B. darin, die heimische Erzeugung vor der ausländischen Konkurrenz zu schützen, um beispielsweise Arbeitsplätze zu erhalten, oder aber darin, den Grad der wirtschaftlichen Abhängigkeit vom Ausland möglichst gering zu halten und so die nationale Sicherheit zu stärken. Oftmals werden auch Schranken aufgebaut in dem Bemühen, dadurch dem Staat eine zusätzliche Einnahmequelle zu schaffen. Unabhängig aber davon, unter welcher Zielsetzung sie eingeführt werden, behindern Handelshemmnisse stets den freien Austausch von Gütern und Dienstleistungen. Sie treten in den vielfältigsten Formen auf, z. B. als Zölle, Kontingente, Devisenbewirtschaftung u. a.

Zölle

Die verbreitetste Form der Handelshemmnisse stellen die Zölle dar. Dabei handelt es sich um nichts anderes als um Steuern auf grenzüberschreitende Waren und Leistungen. Zölle sind also staatliche Abgaben, die an einer Landes- bzw. Zollgebietsgrenze erhoben werden. Sie können für Einfuhr, Ausfuhr ebenso wie den Transitverkehr in Ansatz gebracht werden. Allerdings besitzen Einfuhrzölle die größte Bedeutung.

Nach der Art der Erhebung unterscheidet man im wesentlichen zwischen Wert- und Gewichtszöllen. Beim **Wertzoll** bildet der Gesamtwert des zu verzollenden Produkts die Basis für die Berechnung, während beim **Gewichtszoll** sich der Zollsatz auf die Mengeneinheit – unabhängig vom Wert des Gutes – bezieht. Darüber hinaus gibt es bei der Zollerhebung zahlreiche Varianten, wie beispielsweise den **Gleitzoll** – hier sinkt bei steigenden Preisen die Belastung – oder den

Mischzoll – bei diesem ist ein Zolltarif festgelegt, jedoch darf ein Mindestwert nicht unterschritten werden.

Eine besondere Form der Zölle bilden die **Abschöpfungen.** Sie kommen vornehmlich im Rahmen der Europäischen Gemeinschaft zur Anwendung. Abschöpfungen dienen dazu, Preisdifferenzen zwischen In- und Ausland auszugleichen. Sind an einem solchen Abschöpfungssystem mehr als zwei Länder beteiligt, muß zur Vermeidung von Umgehungen (z. B. durch Lieferung über dritte Staaten) ein einheitlicher Ausgangspreis festgelegt werden, auf den die Abschöpfungsbeträge jeweils zu beziehen sind.

Die Erhebung von Zöllen führt zu einer Verzerrung der Konkurrenzverhältnisse und verhindert in gewissem Maß auch das Wirksamwerden der sich aus der Theorie der komparativen Kosten ergebenden Vorteile. So bringen Einfuhrzölle Teilbereichen der Volkswirtschaft Vorteile, da sie nicht in vollem Umfang dem Wettbewerb des Auslandes ausgesetzt sind. Der fehlende Konkurrenzdruck kann jedoch zu einer Verschlechterung der Qualitäten führen oder dazu, daß Unternehmen in dem Bemühen nachlassen, kostengünstigere Produktionsverfahren zu entwickeln und zu realisieren. Darüber hinaus besteht die Gefahr, daß sich die einheimischen Unternehmen unter dem Schutz von Zöllen eine Marktmacht aufbauen, die sie dann nicht immer zum Vorteil der Verbraucher einsetzen.

Kontingente

Ein im Vergleich zu den Zöllen schärferes Mittel stellen die sogenannten Kontingente dar. Immer wieder wurde und wird dieses Mittel von am Welthandel teilnehmenden Ländern eingesetzt. So führten die Regierungen verschiedener Staaten in dem Bestreben, die heimische Wirtschaft vor der ausländischen Konkurrenz zu schützen, **Importkontingente** ein, die dem Ausland nur noch ein bestimmtes Volumen der kontingentierten Produkte innerhalb eines Zeitraums einzuführen gestatten. Die extremste Form solcher Handelshemmnisse stellen die **Einfuhrverbote** dar. Hierbei wird der Import einzelner, genau bezeichneter Waren absolut untersagt.

Devisenbewirtschaftung

Voraussetzung für das Funktionieren des internationalen Güter- und Dienstleistungsaustausches ist das Verfügen über ausländische Zahlungsmittel. Wird dieses durch staatliche Eingriffe begrenzt, indem z. B. Devisen nicht in beliebigem Umfang von der Notenbank oder den Kreditinstituten in Inlandswährung gewechselt werden, spricht man von Devisenbewirtschaftung. Solche Maßnahmen behindern in ähnlichem Ausmaß den internationalen Handelsverkehr wie die Kontingente.

Sonstige Handelshemmnisse

Abgesehen von den genannten Einschränkungen des internationalen Handels durch Zölle, Kontingente oder Devisenbewirtschaftung haben sich in der Vergangenheit die Wirtschaftspolitiker in der ganzen Welt immer wieder neue Maßnahmen einfallen lassen, aus nationalistischen Überlegungen Handelsschranken aufzubauen. So wurden z. B. für landwirtschaftliche Produkte chemische Kontrollen eingeführt, Industrieprodukte speziellen Normenvorschriften oder sonstigen technischen Erfordernissen unterworfen. Durch die häufige Veränderung solcher Bestimmungen läßt sich ebenfalls der beabsichtigte Zweck erreichen, die Einfuhr ausländischer Güter zu beschränken.

Die Einführung von Handelsschranken durch ein Land – so lehrt die Vergangenheit – führte in der Regel dazu, daß andere Staaten zum Schutz ihrer eigenen Wirtschaft wenig später mit ähnlichen Gegenmaßnahmen reagierten. Durch gegenseitiges Aufschaukeln beschleunigte sich häufig ein solcher Prozeß. Aufgrund dieser Erkenntnis sowie der Einsicht in die Notwendigkeit und Vorteilhaftigkeit des internationalen Waren- und Dienstleistungsverkehrs gehen die Bemühungen der Wirtschaftspolitiker in aller Welt in der jüngeren Vergangenheit vor allem dahin, solche Schranken weitgehend abzubauen. Eines der bedeutendsten Instrumente auf diesem Weg ist die Einführung der sogenannten Meistbegünstigung. Diese besagt: Räumt ein Land einem anderen die **Meistbegünstigung** ein, dann erhält jenes auf die importierten Produkte die günstigsten Zollsätze, die das Meistbegünstigungsland ansetzt. D. h., das begünstigte Land kann zu den niedrigstmöglichen Zollsätzen seine Waren ins Inland einführen. Durch Gegenseitigkeit dieser Meistbegünstigungen wird den inländischen Exporteuren damit Chancengleichheit mit dem Ausland verschafft.

Die auf sehr vielen Bereichen inzwischen erfolgte Beseitigung der Zollschranken zwischen den Staaten der Europäischen Gemeinschaft im Verlauf der letzten Jahre hat deutlich gezeigt, welche Vorteile dem Wohlstand und der wirtschaftlichen Leistungskraft der einzelnen Staaten daraus erwachsen, wenn weitgehend freier Austausch von Gütern und Dienstleistungen gewährleistet ist.

Zusammenfassung

6.2 Handelshemmnisse

Trotz der Erkenntnis, daß internationale Arbeitsteilung weltweit eine Wohlstandsvermehrung bedeutet, gibt es aus verschiedenen Motiven heraus in einzelnen Ländern Einschränkungen für den freien Güter- und Leistungsaustausch. Bekannte und sichtbare Handelshemmnisse sind Zölle, Importkontingente oder -verbote und Maßnahmen zur Devisenbewirtschaftung. Darüber hinaus findet man eine Reihe weniger klar erkennbarer Handelsbeschränkungen in Form von Normen, technischen Erfordernissen und veterinär-polizeilichen Vorschriften. Um zu verhindern, daß es zu differenzierter Anwendung von Handelsbegünstigungen bzw. -beschränkungen gegenüber einzelnen Ländern kommt, gibt es im Rahmen internationaler Vereinbarungen eine Meistbegünstigung, nach der jedes Land die günstigsten Außenhandelsregelungen erhält, die gegenüber irgendeinem anderen Land eingeräumt worden sind. Hierbei existieren allerdings eine Reihe von Ausnahmen.

6.3 Zahlungsbilanz

6.3.1 Die Zahlungsbilanz als Spiegelbild der außenwirtschaftlichen Beziehungen

So wie jedes Wirtschaftsunternehmen alle Geschäfte rechnerisch erfaßt und die Bilanz nebst der Gewinn- und Verlustrechnung den Niederschlag der wirtschaftlichen Aktivitäten bildet, werden auch die außenwirtschaftlichen Beziehungen einer Volkswirtschaft regelmäßig festgehalten. Alle Transaktionen, die die Grenzen eines Staatsgebietes überschreiten, und zwar in Richtung Ausland wie Inland, spiegeln sich in der **Zahlungsbilanz** wider. Dabei muß bemerkt werden, daß der Begriff Bilanz abweichend von der betriebswirtschaftlichen Definition – hier stellt die Bilanz einen Stichtagswert dar – bei der Zahlungsbilanz eine Bewegungsgröße ist, d. h. die Zahlungsbilanz enthält den rechnerischen Niederschlag der Außenwirtschaftstransaktionen innerhalb eines bestimmten Zeitraums, z. B. Monats, Quartals oder Jahres.

Der Aufbau einer Zahlungsbilanz ist relativ einfach. Er entspricht in seinem Schema etwa den gleichen Grundsätzen, nach denen eine Familie ihr monatliches Budget ermittelt. Den Leistungen der Haushaltsmitglieder an die Umwelt, deren Gegenwert sich in Einkommen aus Arbeit und Vermögen niederschlägt, stehen die von den Haushalten bei anderen Wirtschaftspartnern in Anspruch genommenen Leistungen gegenüber, für die Konsumausgaben zu entrichten sind. Sind die Einkommen des Haushalts höher als seine Ausgaben, verbleibt am Monatsende ein Überschuß. Das bedeutet Erhöhung des Geldbestandes oder Anwachsen des Vermögens bzw. Abnahme früher gemachter Schulden. Hat der Haushalt umgekehrt in dem genannten Zeitraum mehr ausgegeben als eingenommen, mußten entweder vorhandene Geld- oder Vermögenswerte angegriffen oder Schulden gemacht werden. Schließlich kann es auch vorkommen, daß Leistungen und Gegenleistungen, also Einkommen und Ausgaben, gleich groß sind, dann ergeben sich bei den Geld- und Vermögensbeständen oder Schulden keine Veränderungen, was jedoch nicht ausschließt, daß zwischen Geldbeständen und Vermögenswerten Umschichtungen erfolgt sind.

So wie also die Einzelwirtschaften innerhalb eines Landes in mannigfacher Weise miteinander im Wirtschaftsverkehr stehen, werden auch zwischen den Wirtschaftssubjekten verschiedener Volkswirtschaften innerhalb der Weltwirtschaft ökonomische Transaktionen durchgeführt. So kommt es neben dem Warenaustausch, d. h. also der Ein- und Ausfuhr von Gütern, zur Abwicklung von Dienstleistungs- oder Kreditgeschäften, bzw. es wechseln zwischen den Ländern Arbeitskräfte und es werden die für die vorgenannten Geschäfte notwendigen Zahlungen vollzogen.

Die zwischenstaatlichen Wirtschaftsbeziehungen lassen sich demnach in vier große Gruppen einteilen:

1. den Waren- und Dienstleistungsverkehr
2. die Übertragungen oder unentgeltlichen Leistungen
3. den Kapitalverkehr
4. den Zahlungsverkehr.

Diese Transaktionen finden auch in der Zahlungsbilanz ihren Niederschlag. Sie setzt sich im einzelnen aus folgenden Unterbilanzen zusammen:

1. **Leistungsbilanz**

   Die Leistungsbilanz umfaßt den gesamten Güter- und Dienstleistungsverkehr mit fremden Ländern. Sofern diese abgegeben wurden, heißen sie **Exporte.** Wurden sie von der Volkswirtschaft in Anspruch genommen, nennt man sie **Importe.** Die Leistungsbilanz ist aktiv, wenn die Exporte in dem bestimmten Zeitraum größer waren als die Importe. Sie ist passiv, wenn die Importe die Exporte übersteigen.

   Den Waren- und Güterverkehr bezeichnet man häufig auch als sichtbare Ein- und Ausfuhr. Im Gegensatz dazu steht die sogenannte **unsichtbare Ein- und Ausfuhr,** die insbesondere bei der Erbringung oder Inanspruchnahme von Dienstleistungen in fremden Ländern anfällt. So werden z. B. im Auslandsreiseverkehr Transport-, Bank- und Versicherungsleistungen, ferner beim Kauf von Reiseandenken oder Hotelübernachtungen u. a. Leistungen im Inland erbracht oder umgekehrt im Ausland in Anspruch genommen, ohne daß diese direkt als Ex- oder Import zu erkennen sind.

   Bei den Übertragungen handelt es sich um grenzüberschreitende unentgeltliche Leistungen. Hierzu rechnen die Überweisungen ausländischer Arbeitskräfte ebenso wie Unterstützungszahlungen, Renten und Pensionen im privaten Bereich. Im öffentlichen Bereich schlagen hier vor allem die Überweisungen an internationale Organisationen wesentlich zu Buche.

2. **Kapitalbilanz**
   Sie umfaßt alle kurz-, mittel- und langfristigen Geld- und Kredittransaktionen mit dem Ausland. Sie gilt als aktiv, wenn mehr Kredite im Ausland aufgenommen worden sind und damit Geld oder Kapital in die Binnenwirtschaft hineingeflossen ist. Im umgekehrten Fall, wenn also mehr Kredite an das Ausland gewährt und Geld oder Kapital exportiert wurden, ist sie passiv.
3. **Devisenbilanz**
   In ihr schlagen sich alle Veränderungen in den Zahlungsmittelbeständen nieder. Je nachdem, ob die Gold- und Devisenbestände sich erhöht oder verringert haben, ist also auch das Vermögen der Volkswirtschaft gewachsen oder geschrumpft.

Wie jede Bilanz eines Wirtschaftsunternehmens ist auch die Zahlungsbilanz einer Volkswirtschaft rechnerisch immer ausgeglichen; denn auch bei ihr wird jeder Vorgang zweimal gebucht. So werden beispielsweise Exporte durch Importe oder durch Zahlung von Devisen bzw. Kreditgewährung beglichen. Oder Kreditgewährungen führen zu einer Veränderung der Zahlungsmittelbestände bzw. Abbau des volkswirtschaftlichen Vermögens u. a. m. Die rechnerische Ausgeglichenheit der Zahlungsbilanz bedeutet aber noch nicht, daß diese sich auch wirtschaftlich im Gleichgewicht befindet. Gerade aus dieser Tatsache heraus ergeben sich die Probleme der internationalen Währungsordnung.

6.3.2 Das Zahlungsbilanzschema der Bundesrepublik Deutschland

In der Bundesrepublik Deutschland veröffentlicht regelmäßig die Deutsche Bundesbank die amtliche Zahlungsbilanz unserer Volkswirtschaft. Sie baut dabei auf der erwähnten Gruppengliederung in Leistungsbilanz, Kapitalbilanz und Devisenbilanz auf. Darunter erfolgt jedoch noch eine Reihe von Unterteilungen und Aufgliederungen. Diese Spezifizierung ermöglicht erst einen näheren Einblick in die Zusammenhänge und liefert wichtige Daten und Erkenntnisse, wenn es um Fragen und Entscheidungen zum Ausgleich der Zahlungsbilanz geht.

Im einzelnen ist die amtliche Zahlungsbilanz der Bundesrepublik Deutschland wie folgt aufgebaut (siehe Tabelle Seite 218).

1. Leistungsbilanz

Die Leistungsbilanz gliedert sich auf in die **Handelsbilanz** und die Dienstleistungsbilanz. Sie gibt damit Aufschluß über den Waren- und Dienstleistungsaustausch mit anderen Volkswirtschaften.

Die Handelsbilanz beinhaltet die Güterex- und -importe. Bei der Ermittlung dieser Werte bedient man sich zweier verschiedener Methoden. So wird die

Zahlungsbilanz der Bundesrepublik Deutschland (Mio. DM)

Zeit	Leistungsbilanz und Bilanz des Kapitalverkehrs											Ausgleichsposten zur Auslandsposition der Bundesbank	Veränderung der Netto-Auslandsaktiva der Bundesbank (Zunahme: +)
	Leistungsbilanz					Kapitalbilanz (Kapitalexport: –)				Saldo der statistisch nicht aufgliederbaren Transaktionen	Saldo aller Transaktionen		
	Insgesamt	Außenhandel	Ergänzungen zum Warenverkehr	Dienstleistungsbilanz	Übertragungsbilanz	Saldo des gesamten Kapitalverkehrs	Langfristiger Kapitalverkehr	Kurzfristiger Kapitalverkehr	Saldo der statistisch erfaßten Transaktionen				
1950	−427	−3012	−50	+570	+2065	+637	+488	+149	+210	−774	−564	–	−564
1951	+2301	−149	−66	+987	+1529	−543	−79	−464	+1758	+280	+2038	–	+2038
1952	+2478	+706	−77	+1689	+160	+6	−357	+363	+2484	+416	+2900	–	+2900
1953	+3873	+2516	−121	+1929	−451	−698	−378	−320	+3175	+471	+3646	–	+3646
1954	+3669	+2698	−169	+1614	−474	−106	−438	+332	+3563	−592	+2971	–	+2971
1955	+2235	+1245	−249	+2073	−834	−640	−271	−369	+1595	+256	+1851	–	+1851
1956	+4459	+2897	−306	+3080	−1221	−162	−365	+203	+4297	+713	+5010	–	+5010
1957	+5901	+4083	−281	+3981	−1882	−2655	−390	−2265	+3246	+1876	+5122	–	+5122
1958	+5998	+4954	−417	+3461	−2000	−2329	−1437	−892	+3669	−225	+3444	–	+3444
1959	+4152	+5361	−580	+2650	−3279	−6398	−3629	−2769	−2246	+554	−1692	–	−1692
1960	+4783	+5223	−187	+3235	−3488	+1272	−81	+1353	+6055	+1964	+8019	–	+8019
1961	+3193	+6615	−451	+1459	−4430	−5009	−4053	−956	−1816	+994	−822	−1475	−2297
1962	−1580	+3477	−576	+729	−5210	−597	−183	−414	−2177	+1300	−877	–	−877
1963	+991	+6032	−565	+619	−5095	+620	+1806	−1186	+1611	+1129	+2740	–	+2740
1964	+524	+6081	−900	+654	−5311	−1325	−894	−431	−801	+1236	+435	–	+435
1965	−6223	+1203	−442	−607	−6377	+2142	+1137	+1005	−4081	+2798	−1283	–	−1283
1966	+488	+7958	−701	−474	−6295	−599	−342	−257	−111	+2063	+1952	–	+1952
1967	+10006	+16862	−452	+18	−6422	−11848	−2930	−8918	−1842	+1702	−140	–	−140
1968	+11856	+18372	−702	+1498	−7312	−6125	−11201	+5076	+5731	+1278	+7009	–	+7009
1969	+7498	+15584	−422	+1086	−8750	−18679	−23040	+4361	−11181	+919	−10262	−4099	−14361
1970	+3183	+15670	−1601	−1127	−9759	+15113	−934	+16047	+18296	+3616	+21912	+738	+22650
1971	+2770	+15892	+256	−1763	−11615	+10884	+6293	+4592	+13654	+2701	+16355	−5370	+10986
1972	+2731	+20278	−598	−3110	−13840	+11932	+15551	−3620	+14663	+1028	+15690	−495	+15195
1973	+12354	+32979	−82	−5016	−15527	+13143	+12950	+194	+25497	+931	+26428	−10279	+16149
1974	+26581	+50846	−1263	−6951	−16050	−25298	−6282	−19015	+1283	−3189	−1906	−7231	−9136
1975	+9932	+37276	−1187	−8278	−17879	−13282	−18231	+4949	−3350	+1131	−2219	+5480	+3260
1976	+9915	+34469	−106	−6564	−17884	−1033	−1476	+443	+8882	−92	+8790	−7489	+1301
1977	+9498	+38436	+33	−10750	−18221	−287	−12931	+12644	+9211	+1239	+10451	−7880	+2570
1978	+18111	+41200	+2050	−7358	−17781	+5436	−2946	+8382	+23547	−3776	+19772	−7586	+12185
1979	−11091	+22429	+211	−12491	−21240	+10661	+12200	−1539	−430	−4523	−4953	−2334	−7288
1980	−28617	+8947	−46	−13020	−24499	+4089	+5671	−1582	−24528	−3366	−27894	+2164	−25730
1981	−12441	+27720	+1031	−14587	−26605	+9022	+8337	+684	−3419	+1136	−2283	+3561	+1278
1982	+8201	+51277	+2183	−17137	−28122	−3875	−14211	+10336	+4326	−1249	+3077	−411	+2667
1983	+10507	+42089	+5624	−10195	−27011	−16122	−7413	−8708	−5615	+1541	−4074	+2430	−1644
1984	+17724	+53966	−749	−3948	−31546	−29496	−13530	−15965	−11772	+8672	−3100	+2118	−981

Ausfuhr „fob" erfaßt und die Einfuhr „cif". Fob (= free on board) bei der Ausfuhr bedeutet, daß der Exporteur die Ware auf eigene Kosten und Gefahr zu dem vom Käufer zu bezeichnenden Transportmittel bzw. Abgangshafen zu liefern hat. Cif (= cost, insurance, freight) heißt, daß der Warenwert der Einfuhren statistisch mit einschließt die Kosten für Verladung, Versicherung und Fracht, somit alle Güter für den Importeur frei Bestimmungshafen berechnet sind.

Die **Dienstleistungsbilanz** enthält im wesentlichen folgende Einzelpositionen:

1. Reiseverkehr
2. Transport, z. B. Frachten im Seeschiffsverkehr, Personenbeförderung, Hafendienste und Reparaturen an Transportmitteln, Waggonmieten und Chartergebühren u. a. m.
3. Versicherungen
4. Kapitalerträge
5. Transaktionen in- und ausländischer Regierungsstellen, darunter Leistungen für ausländische militärische Dienststellen
6. Sonstige Dienstleistungen wie Provisionen, Werbe- und Messekosten, Lizenzen und Patente, Filmgebühren, Arbeitsentgelte, Bauleistungen, Montagen, Ausbesserungen, Postdienste, Regiekosten u. a. m.

Die Leistungsbilanz umfaßt ferner die sogenannten „Ergänzungen zum Warenverkehr" – darunter sind vornehmlich der Transithandel und Lagerverkehr auf inländische Rechnung zu verstehen – sowie die **Übertragungsbilanz.** Diese – auch **Bilanz der unentgeltlichen Leistungen** genannt – beinhaltet neben staatlichen Wiedergutmachungsleistungen an das Ausland Überweisungen ausländischer Arbeitskräfte, Beiträge des Staates an internationale Organisationen, ferner private, unentgeltliche Leistungen wie Unterstützungszahlungen, Renten sowie Pensionen kirchlicher und karitativer Einrichtungen.

All die genannten Positionen gehören also zur Leistungsbilanz, die in der amtlichen Statistik auch mit einem anderen Namen **Bilanz der laufenden Posten** heißt.

2. Kapitalbilanz

Der zweite wichtige Teil der Zahlungsbilanz ist die Kapitalbilanz. Sie gliedert sich auf in den langfristigen und in den kurzfristigen Kapitalverkehr. Hier werden alle Geld- und Kapitalbewegungen zwischen den Volkswirtschaften erfaßt. Diese haben im Lauf der Nachkriegszeit ständig zugenommen, wie z. B. Kreditgewährungen, Schuldenaufnahmen, An- und Verkäufe von Wertpapieren, internationale Emissionsgeschäfte, private und öffentliche Geldüberweisungen u. a. m.

3. Restposten der Zahlungsbilanz

Im amtlichen Zahlungsbilanzschema folgt nun der ,,Saldo der statistisch nicht aufgliederbaren Transaktionen". Diese Position, in anderer Terminologie auch als ,,Restposten der Zahlungsbilanz" bezeichnet, enthält im wesentlichen zwei Komponenten. Zum einen die grenzüberschreitenden Transaktionen, die statistisch nicht erfaßt werden oder werden können. Dazu führen vor allem Veränderungen der **terms of payment** (= internationale Zahlungsbedingungen). Solche Veränderungen ergeben sich z. B. dann, wenn der Rhythmus von Lieferung und Bezahlung wechselt, d. h. abweichend von der ursprünglichen Vertragsgestaltung Vorauszahlungen geleistet oder Zahlungsaufschübe zugestanden werden. Zum anderen können statistische Ermittlungsfehler auch bei der Zahlungsbilanz nicht ausgeschlossen werden. Sie finden ebenso Eingang in diese sog. Restposten.

4. Die Devisenbilanz

Die Salden von Leistungsbilanz einschließlich Übertragungsbilanz, Kapitalbilanz sowie der statistisch nicht aufgliederbaren Transaktionen finden schließlich ihren Ausgleich in der Devisenbilanz. Sie zeigt die Veränderungen der Währungsreserven der Deutschen Bundesbank auf.

Für die Zahlungsbilanz der Bundesrepublik Deutschland von 1950 bis 1984 ergibt sich die in der Tabelle auf Seite 218 dargestellte Entwicklung.

6.3.3 Aussagen der Zahlungsbilanz

Nach der am Beispiel der Haushaltsrechnung einer Familie aufgezeigten Logik ist auch die Zahlungsbilanz insgesamt stets rechnerisch ausgeglichen, und zwar mit Hilfe der Gold- und Devisenbilanz. Das bedeutet aber nicht, daß dieses auch auf die Teilbilanzen zutreffen muß. Sie weisen in der Regel Überschüsse bzw. Fehlbeträge auf. Erbringen also Leistungs- und Kapitaltransaktionen im Verlauf einer bestimmten Periode Überschüsse oder Fehlbeträge, verändern sich dementsprechend die Gold- und Devisenbestände der Volkswirtschaft. Die Zahlungsbilanz gibt somit Auskunft über den Umfang der wirtschaftlichen Beziehungen eines Landes zu allen anderen Staaten, sie zeigt zugleich aber auch, ob dieses Land gegenüber den anderen eine Gläubiger- oder Schuldnerposition einnimmt. Diese Erkenntnis der wettbewerbswirtschaftlichen Situation einer Volkswirtschaft auf den Weltmärkten bietet zugleich Ansatzpunkte für die Wirtschafts- und Währungspolitik. Zeichnet sich z. B. die Zahlungsbilanz eines Landes durch permanente Exportüberschüsse aus, ist es notwendig, das Gleichgewicht der Zahlungsbilanz im wirtschaftlichen Sinn durch entsprechenden Kapitalexport sicherzustellen. Reichen dazu freiwillige Kreditgewährungen der inländischen Wirtschaft an das Ausland nicht aus, obliegt es dem Staat bzw. der für die Währung verantwortlichen Instanz, in der Bundesrepublik Deutschland also der Deutschen Bundesbank, entsprechende Maßnahmen zur Förderung des Kapitalexports einzuleiten. Tut sie das nicht, kann es in der Außenwirtschaft zu den gleichen Problemen führen wie bei der Finanzierung von Investitionen im Inland: Die Ausweitung der Investitionstätigkeit bereitet so lange keine Schwierigkeiten, wie zu deren Finanzierung freiwillige Ersparnisse zur Verfügung stehen, denen im Güterbereich freie Produktionskapazitäten entsprechen. Trifft jedoch die vermehrte Investitionsnachfrage auf eine bereits vollbeschäftigte Volkswirtschaft, so kann sie sich die nötigen Produktionskapazitäten nur durch Preiszugeständnisse beschaffen. Das bedeutet, daß am Ende den zusätzlichen Investitionen gesamtwirtschaftlich zwar eine entsprechende „Ersparnis" gegenübersteht. Diese ist jedoch nicht freiwillig erfolgt, sondern im Wege des Zwangssparens über inflatorische Preisanpassungen zustande gekommen. Entsprechend sind auch die Auswirkungen bei einer unfreiwilligen Kreditierung von Leistungsbilanzüberschüssen: So drängt die Übernachfrage des Auslands die Inlandsnachfrage in dem Ausmaß zurück, wie die Inlandspreise angehoben werden. Dabei wird in einem System fester Wechselkurse die Wirkung noch dadurch verstärkt, daß die Notenbank verpflichtet ist, den Kurs der eigenen Währung innerhalb bestimmter Grenzen zu halten und damit praktisch zur Geldschöpfung zugunsten des Auslands gezwungen wird. Überdies vergrößern die an die Exportwirtschaft gezahlten Gegenwerte für die Devisen noch den binnenländischen Geldumlauf, wodurch die Liquidität der Banken erhöht und deren Geldschöpfungsspielraum erweitert wird.

Außenwirtschaftlich kommt es also nicht darauf an, daß die Zahlungsbilanz rechnerisch ausgeglichen ist, sondern daß sie sich wirtschaftlich im Gleichgewicht befindet. Trotz vielfacher Bemühungen ist es in der Vergangenheit dennoch nicht gelungen, die Konjunktur- und Wirtschaftspolitik der größeren Volkswirtschaften so aufeinander abzustimmen, daß Ungleichgewichte in den Zahlungsbilanzen – Überschüsse bei den einen, Defizite bei den anderen – vermieden werden konnten. Daraus resultieren zwangsläufig Einflüsse auf die Binnenwirtschaft und das Preisniveau, wenn es nicht zu einer entsprechenden Anpassung der Wechselkurse kommt.

Die erste Ölpreisexplosion 1973 bescherte vielen bis dahin in ihren Leistungsbilanzen Überschüsse produzierenden Volkswirtschaften massive Defizite. Nach dem zweiten extremen Ölpreisanstieg im Jahr 1979 schloß auch die Leistungsbilanz der Bundesrepublik Deutschland erstmals seit 1965 mit einem Defizit ab. Durch die Preiserhöhungen für Erdölprodukte und andere Rohstoffe verschlechterten sie die Austauschverhältnisse im Handel mit dem Ausland – die terms of trade. Hinzu traten Unterschiede in der konjunkturellen Entwicklung der wichtigsten Handelspartner der Bundesrepublik sowie ein stetig größer werdendes Defizit in der Dienstleistungsbilanz.

Ein Defizit der Leistungsbilanz kann alternativ aus den Währungsreserven oder durch Kapitalimport finanziert werden. Langfristig sind reine Finanztransaktionen zum Ausgleich der Leistungsbilanz jedoch ausgeschlossen, da sich entweder die Devisenreserven erschöpfen oder die Verschuldungsmöglichkeiten im Ausland wegen des wachsenden Bonitätsrisikos immer geringer werden. Deshalb kann auf lange Sicht nur eine reale Anpassung das Ungleichgewicht in der Leistungsbilanz beseitigen. Ohne Anpassung des Wechselkurses müßten entweder die Exporte bei konstantem inländischem Verbrauch aus heimischer Produktion erhöht werden oder die Importe bei gleichem Exportvolumen gedrosselt werden. Den Weg über die administrative Drosselung der Importe kann ein Land wie die Bundesrepublik nicht beschreiten, da die damit verbundenen Maßnahmen die Prinzipien des freien Welthandels verletzen würden, denen sich die Bundesrepublik Deutschland besonders stark verpflichtet fühlt. Ein anderer Weg zur realen Anpassung der Leistungsbilanz könnte wechselkurspolitisch mit einer **Abwertung** vorgenommen werden. Durch eine Abwertung würden sich heimische Exportgüter auf den ausländischen Märkten verbilligen und die Nachfrage nach diesen Gütern stiege an. Auf der Importseite käme es zu einer Verteuerung der aus dem Ausland bezogenen Güter und damit zu einem Rückgang der Nachfrage nach Importwaren. Wie die Erfahrungen vieler Defizitländer nach der ersten Ölpreisexplosion 1973 jedoch zeigen, führte eine Abwertung der Währung aufgrund der geringen Nachfrageelastizität bei Importgütern vor allem zu einem sofortigen Anstieg des inländischen Preisniveaus, während sich die verbesserte Wettbewerbsposition auf den Exportmärkten zeitlich erst sehr viel später in der Handelsbilanz positiv bemerkbar machte. Dieser mit der Abwertung verbundene Inflationsschub beeinträchtigte häufig die Bemühungen im außenwirtschaftlichen Bereich, so daß viele Volkswirtschaften am Ende häufig schlechter dastanden als vorher, da zu den außenwirtschaftlichen Problemen die Gefährdung der Preisniveaustabilität kam, die den wirtschaftspolitischen Handlungsspielraum noch stärker einengte.

Zusammenfassung

6.3 Zahlungsbilanz

Alle Transaktionen, die die Grenzen eines Staatsgebietes überschreiten, und zwar in Richtung Ausland wie Inland, spiegeln sich in der Zahlungsbilanz wider. Anders als bei dem betriebswirtschaftlichen Bilanzbegriff handelt es sich bei den hier erfaßten Werten um Bewegungsgrößen. Die Zahlungsbilanz enthält also alle grenzüberschreitenden Transaktionen innerhalb eines Zeitraums, bewertet in einer Währungseinheit. Sie teilt sich in folgende Unterbilanzen auf:

- Leistungsbilanz
  - Dienstleistungsbilanz

  - Güterexporte und -importe
  - Übertragungsbilanz
- Kapitalbilanz
  - Langfristiger Kapitalverkehr
  - Kurzfristiger Kapitalverkehr
- Devisenbilanz.

In der Leistungsbilanz werden die Güter- und Dienstleistungsex- und importe erfaßt. Hinzu kommen die grenzüberschreitenden unentgeltlichen Leistungen.

Die Kapitalbilanz enthält alle kurz-, mittel- und langfristigen Veränderungen der Forderungs- und Verbindlichkeitspositionen gegenüber dem Ausland.

In der Devisenbilanz schlagen sich alle Veränderungen in den Zahlungsmittelbeständen nieder. Der Saldo der Devisenbilanz entspricht der Veränderung des Vermögens der Volkswirtschaft.

Insgesamt ist die Zahlungsbilanz immer ausgeglichen. Die Unterbilanzen weisen in der Regel positive oder negative Salden aus, die für die Entwicklung von Konjunktur, Zinsen und Devisenkursen von Bedeutung sind.

In der Bundesrepublik Deutschland veröffentlicht die Deutsche Bundesbank die amtliche Zahlungsbilanz. Sie erfaßt im Rahmen von Meldevorschriften und unter Verwendung entsprechender Formulare den grenzüberschreitenden Wirtschaftsverkehr. Ein Restposten der Zahlungsbilanz beinhaltet die Transaktionen, die statistisch nicht ermittelt bzw. die den anderen Positionen in der Zahlungsbilanz nicht eindeutig zugeordnet werden können. Die Zahlungsbilanz gibt nicht nur Auskunft über den Umfang der wirtschaftlichen Beziehungen eines Landes zu anderen Staaten, sie zeigt auch, ob ein Land gegenüber anderen eine Gläubiger- oder Schuldnerposition einnimmt. Die Salden der einzelnen Unterbilanzen der Zahlungsbilanz spiegeln die Lage der Volkswirtschaft auf den Weltmärkten wider. Sie bieten zugleich Ansatzpunkte für die Wirtschafts- und Währungspolitik. Salden in der Leistungsbilanz beispielsweise führen zu Konsequenzen für die Wechselkursentwicklung. So kann das Defizit einer Leistungsbilanz alternativ aus Währungsreserven oder Kapitalimporten finanziert werden. Dabei können sich Devisenreserven erschöpfen oder die Verschuldungsmöglichkeiten im Ausland wegen des wachsenden Bonitätsrisikos immer geringer werden. Es verbleibt dann schließlich nur die Möglichkeit einer Anpassung der Leistungsbilanz über eine Abwertung der eigenen Währung. Langfristig gilt es jedoch, in einer solchen Situation die Ursachen für Leistungsbilanzdefizite im Inland durch eine entsprechende Wirtschaftspolitik zu beseitigen. Dazu bedarf es aber auch einer internationalen Abstimmung der Wirtschafts- und Währungspolitik der Volkswirtschaften.

6.4 Wechselkurse

Zur Finanzierung der internationalen wirtschaftlichen Aktivitäten ist es erforderlich, daß man die bei Ausfuhr und Kapitalimport anfallenden ausländischen Zahlungsmittel in die heimische Währung umtauschen kann und zum anderen bei Einfuhr und Kapitalexporten stets die benötigten ausländischen Zahlungsmittel zur Verfügung stehen. Für die inländischen Wirtschaftssubjekte bedeutet das: Sie müssen die Möglichkeit haben, jederzeit Devisen in inländische Währung und umgekehrt Deutsche Mark in die Währung fremder Länder umtauschen zu können. Wegen der wirtschaftlichen Unterschiede zwischen den einzelnen Volkswirtschaften entspricht selten die Währungseinheit eines Landes derjenigen eines anderen.

Das Austauschverhältnis zweier Währungen bezeichnet man als **Wechselkurs.** Dieser läßt sich auch definieren als der Preis einer ausländischen Währungseinheit gemessen an der Inlandswährung.

Dabei spricht man von freier Konvertibilität einer Währung, wenn jedermann die Möglichkeit besitzt, in unbegrenztem Umfang ausländische Währungen gegen die Binnenwährung – bzw. auch umgekehrt – zu tauschen. Die Konvertibilität der Währungen, sie wurde in der Bundesrepublik Deutschland mit Wirkung vom 1. Januar 1959 eingeführt, stellt eine der wesentlichen Voraussetzungen für die Entfaltung des internationalen Handels- und Geldverkehrs dar.

Der Wechselkurs bildet sich auf den sogenannten **Devisenmärkten,** und zwar in ähnlicher Weise wie die Preise für andere Güter oder Dienstleistungen auf vollkommenen Märkten. Das bedeutet, daß Angebot und Nachfrage nach einer ausländischen Währungseinheit ihren Preis, d. h. den Wechselkurs, bestimmen.

Nachfrager nach ausländischen Währungseinheiten sind z. B. Importeure oder Banken bzw. Wirtschaftssubjekte, die Geld im Ausland anlegen wollen. Demgegenüber treten als Anbieter ausländischen Geldes Exporteure und Privatpersonen auf, die Zahlungen aus dem Ausland erhalten. Da die jeweilige Konstellation von Angebot und Nachfrage sich laufend ändert, sind auch die Wechselkurse nicht konstant. Das Schwanken der Wechselkurse ist dann für die Wirtschaft relativ unbedeutend, wenn sich Lieferungs- und Rechnungstermin decken. Es bringt immer dann Unsicherheit in die internationalen Wirtschaftsbeziehungen, wenn Leistungs- und Zahlungstermine auseinanderfallen. Liefert z. B. ein deutscher Exporteur heute an einen Geschäftspartner im Ausland Ware und gesteht ihm eine Zahlungsfrist von 90 Tagen zu, geht er das Risiko ein, daß sich der Wechselkurs gegenüber dem gegenwärtigen Stand im Verlauf der drei Monate zu seinen Ungunsten verändert und der DM-Erlös aus dem vereinbarten Kaufpreis niedriger liegt als beim Umtausch des Erlöses am heutigen Tag. Ähnliche Risiken nimmt auch ein Kreditinstitut auf sich, wenn es an einem bestimmten Stichtag Wertpapiere zu einem bestimmten Anzahlungskurs erwirbt und nach Ablauf der Frist der ausländische Schuldner in fremder Währung bezahlen kann. Zwischen dem Wechselkurs, den die Bank heute zu zahlen hat, und jenem in 90 Tagen können erhebliche Differenzen bestehen, die dem Kreditinstitut aus dieser Anlageform unter Umständen einen Verlust bringen. Um eine Absicherung gegen derartige Wechselkursrisiken zu schaffen, wurde ein spezieller Markt gebildet, der **Devisenterminmarkt.** Im Gegensatz zu dem **Devisenkassamarkt,** auf dem ausländische Zahlungsmittel zum täglich herrschenden Wechselkurs sofort abgewickelt werden, weisen Verpflichtung und Erfüllung beim Devisentermingeschäft eine zeitliche Differenz auf. Im Fall der Wertpapieranlage würde das Kreditinstitut ein Devisenkassageschäft tätigen, um mit den ausländischen Währungseinheiten jenes Wertpapier erwerben zu können. Zugleich sucht es sich einen Geschäftspartner, der zum Abschluß des folgenden Devisentermingeschäfts sich bereit fände: Es werden heute der Wechselkurs und die Menge der zu tauschenden Devisen vereinbart, die in drei Monaten zu liefern sind. Unterstellt man in diesem Beispiel ein Gleichgewicht auf dem Devisenkassa- und auf dem Devisenterminmarkt, dann hätte das Geschäft der Bank auf dem Kassamarkt eine Vergrößerung der Nachfrage und damit bei sonst gleichbleibenden Verhältnissen einen steigenden Wechselkurs zur Folge. Andererseits würde auf dem Terminmarkt ein verstärktes Angebot wirksam werden, das zu einem tendenziellen Sinken des Kurses führen würde. Es entstände also eine Differenz zwischen Devisenkassa- und Devisenterminmarkt. Sie wird auch als **Swapsatz** bezeichnet. Liegt der Terminkurs unter dem Kassakurs, spricht man von einem Abschlag (**Deport**), liegt er darüber, von einem Aufschlag (**Report**). Tendenziell entspricht die Differenz zwischen Kassa- und Terminkurs der Differenz zwischen dem inländischen und jeweiligen ausländischen Zinsniveau. Die Banken werden nämlich Geld im Ausland immer dann anlegen, wenn dort der Zinsgewinn höher ist als bei einer Anlage im eigenen Land. Liegt nun der Devisenterminkurs um eben diese Zinsdifferenz unter dem Kassakurs, wird der Zinsgewinn kompensiert. Banken werden also so lange Gelder im Ausland anlegen, wie zwischen Zins- und Kursdifferenz ein positiver Saldo besteht. Solange den Teilnehmern am internationalen Waren- und Geldverkehr sowohl der Kassa- als auch der Terminkurs bekannt sind, können sie das Risiko ihrer Auslandstransaktionen hinsichtlich der Wechselkurse weitgehend ausschalten. Da aber nun der Unterschied zwischen den nationalen Zinsniveaus vorrangig durch die verschiedenartige Konjunktur- und Geldpolitik, weniger dagegen durch den sich aus dem internationalen Güter- und Dienstleistungsverkehr ergebenden Marktmechanismus bestimmt wird, bewirken derart „künstliche" Zinsdifferenzen nicht unerhebliche Probleme. Sie sind deshalb auch kaum geeignet, das Kapital in die Länder mit höchstmöglichem Produktivitätsfortschritt zu lenken. Die Freizügigkeit des Kapitals hat deshalb bei unterschiedlichen Geld- und Konjunkturpolitiken einen Gutteil ihres Sinns verloren. Daraus ergibt sich für die einzelnen Volkswirtschaften immer wieder die Notwendigkeit, zum Ausgleich von Zahlungsbilanzungleichgewichten sich zu Änderungen der Wechselkurse zu entschließen.

Erhöht sich der Wert der eigenen Währung gegenüber allen anderen Währungen, spricht man von einer **Aufwertung.** Eine **Abwertung** liegt demgegenüber vor, wenn die eigene Währung fremden Währungen gegenüber an Wert verliert.

Ein Aufwertungseffekt stellt sich immer dann ein, wenn die Exporte größer sind als die Importe, wenn also das Inland mehr Güter ins Ausland verkauft als von dort eingeführt werden. Die verstärkte Nachfrage nach der Binnenwährung und die Devisenerlöse aus dem Export erhöhen also, solange sie über den Importlösen liegen, die Wechselkurse. Kauft dagegen eine Volkswirtschaft mehr Produkte im Ausland ein als sie nach dorthin exportiert, wird die heimische Währung abgewertet. Neben diesen ausschließlich auf Güterbewegungen beruhenden Auf- bzw. Abwertungen kommt es auch dann zu den gleichen Folgen, wenn reine Geld- und Kapitalbewegungen auf die Devisenmärkte einwirken. Werden beispielsweise in größerem Umfang ausländische Währungseinheiten ins Inland transferiert, um hier Einlagen zu bilden bzw. Wertpapiere zu kaufen, hat das ebenfalls einen Aufwertungseffekt der DM zur Folge.

Eine Änderung der Wechselkurse wirkt sich unmittelbar auf die Leistungsbilanz aus, indem sie unterschiedliche Preis- und Kostenniveaus im In- und Ausland und damit Wettbewerbsverzerrungen beseitigt. Mittelbar werden jedoch die Kapitalbilanzen betroffen. So beeinflußt die Abwertung einer Währung den Güteraustausch dergestalt, daß die eigene Ausfuhr angeregt wird. Denn für die im Ausland durch den Verkauf seiner Produktion bisher erlösten Währungseinheiten erhält der Exporteur nun mehr inländisches Geld. Die Abwertung verschafft ihm zusätzlich Erlöse, die über die Deckung seiner Kosten und einen einkalkulierten Gewinn hinausgehen. Verzichtet der Exporteur auf diesen Zusatzgewinn und verbilligt entsprechend den Preis auf dem Auslandsmarkt, führt das so zu erhöhter Nachfrage und damit zu einer Steigerung des Gesamtexports. Demgegenüber verschlechtern sich die Marktchancen für die Importeure.

Dagegen bringt eine Aufwertung der Einfuhrwirtschaft Vorteile; denn sie ist ohne Gewinneinbußen in der Lage, den Preis der Importgüter zu senken und so ihre Wettbewerbsposition zu verstärken, mit dem Erfolg, daß die Einfuhren zunehmen. Umgekehrt wird die gesamte Exportwirtschaft eines Landes durch eine Aufwertung tendenziell belastet, da ihre Preise sich im Ausland verschlechtern.

Ob die dargestellten Wirkungen tatsächlich eintreten, hängt u. a. davon ab, inwieweit Import und Export den erreichten Erlösvorteil auch in Preissenkungen weitergeben und die Nachfrage auf die Preisreduzierungen entsprechend reagiert.

Zusammenfassung

6.4 Wechselkurse

Das Austauschverhältnis zweier Währungen bezeichnet man als Wechselkurs. Er bildet sich auf den Devisenmärkten. Nachfrage und Angebot der Währungen werden dabei sowohl durch die Ex- und Importeure von Gütern und Leistungen als auch durch rein monetäre Bewegungen bestimmt.

Am Devisenkassamarkt bildet sich der jeweils aktuelle Kurs, während man am Devisenterminmarkt per heute Devisentransaktionen kontrahiert, die erst zu einem vereinbarten späteren Zeitpunkt zu erfüllen sind. Der Abstand zwischen Devisenkassa- und Devisenterminkurs entspricht normalerweise der Zinsdifferenz. Liegt der Terminkurs unter dem Kassakurs, bezeichnet man das als Deport, liegt er darüber als Report.

Erhöht sich der Wert der eigenen Währung gegenüber anderen Währungen, spricht man von Aufwertung, im umgekehrten Fall von Abwertung. Auf- und Abwertungen werden durch Ungleichgewichte zwischen Angebot und Nachfrage nach einer Währung ausgelöst. Sie haben Rückwirkungen auf die außenwirtschaftliche Entwicklung eines Landes.

6.5 Vom Goldstandard zum Europäischen Währungssystem

Der internationale Güter- und Geldverkehr kann sich nur dann ungestört vollziehen, wenn die **Währungen*** untereinander frei getauscht werden können und die Staaten bereit sind, die Währungen anderer Länder anzuerkennen bzw. eine Währung oder ein Medium von allen gleichermaßen als internationales Zahlungsmittel akzeptiert wird. In den vergangenen gut 100 Jahren gab es eine Vielzahl unterschiedlicher **Währungssysteme,** die alle in Anpassung an die jewei-

* Währung ist nach der Herkunft des Wortes (althochdeutsch „werunge“) eine Gewährleistung für Gewicht und Feinheit der Münzen. Heute umfaßt der Begriff
  a) die gesetzliche Ordnung des Geldwesens eines Staates (DM-, Pfund-, Dollar-Währung)
  b) die stoffliche Beschaffenheit des Geldes (Gold-, Silber-, Papier-Währung).

ligen wirtschaftlichen Gegebenheiten und das politische Umfeld mehr oder weniger schnell durch neue abgelöst wurden. Zum Verständnis der gegenwärtigen Weltwährungsordnung, ihrer Schwierigkeiten und Probleme, aber auch ihrer Vorteile sollen vorab noch einmal die verschiedenen Stufen durchschritten werden, die von der Goldwährung des 19./Anfang des 20. Jahrhunderts bis zum Europäischen Währungssystems von heute geführt haben.

6.5.1 Goldwährungssystem

Wenn die Zeit seit der Gründung des Deutschen Reiches 1871 bis zum Ausbruch des Ersten Weltkrieges 1914 im Volksmund als die „goldenen Jahre" bezeichnet werden, ist das aus währungspolitischer Sicht durchaus richtig. So waren im 19. Jahrhundert die wichtigen Industrienationen sukzessive dazu übergegangen, die Silberwährungen abzulösen und Gold zum alleinigen Zahlungsmittel zu machen. Nachdem England als damals stärkste Wirtschaftsmacht bereits 1814 damit begonnen hatte, folgten zwischen 1872 und 1878 Deutschland, Schweden, Norwegen, Dänemark sowie die Länder der lateinischen Münzunion, das waren Belgien, Frankreich, Griechenland und die Schweiz. Ende der neunziger Jahre taten auch Österreich, Ungarn und Rußland diesen Schritt, im Jahre 1900 schließlich die Vereinigten Staaten von Amerika. Die Einführung des **Goldstandards** bildete die wesentliche Voraussetzung dafür, daß sich damals ein internationaler Handel entwickeln konnte. Ursache dafür war der sogenannte **Goldautomatismus.** Grundlage des **Goldwährungssystems** stellte nämlich die Deckung der im Inland umlaufenden Geldmenge durch Gold dar, d. h. die neben den vollwertig ausgeprägten Goldmünzen im Umlauf befindlichen Banknoten mußten die Notenbanken jederzeit auf Wunsch des Inhabers in Gold eintauschen. Alle Goldwährungsländer hatten überdies die Rechnungseinheit ihrer Währung in ihrem Verhältnis zum Gold staatlich festgelegt. In Deutschland entsprach 1 Reichsmark z. B. $1/2790$ Kilogramm Feingold oder umgekehrt 1 Kilogramm Feingold kostete 2790 Reichsmark. Es gab also auf dieser Basis feste Relationen der einzelnen Währungen zueinander, die man als **Parität** bezeichnete. Abweichungen waren bei den einzelnen Münzparitäten nur innerhalb enger Grenzen möglich, die die sogenannten **Goldpunkte** markierten. Man sprach in diesem Zusammenhang vom oberen und unteren Goldpunkt. Der obere Goldpunkt (auch **Goldexportwert** genannt) war dann erreicht, wenn der Preis für die ausländische Währung (= Wechselkurs) höher lag als der Goldpreis einschließlich der Kosten für Transport und Versicherung. In einem solchen Fall hat es der inländische Importeur vorgezogen, in Gold statt in Devisen zu zahlen, also Gold zu exportieren, weil das für ihn kostenmäßig günstiger war. Der untere Goldpunkt (= **Goldimportwert**) lag da, wo es umgekehrt für das Ausland vorteilhaft wurde, mit Gold anstatt mit Devisen zu zahlen.

Dieser Goldautomatismus sorgte rund ein Vierteljahrhundert für die Stabilität der Wechselkurse. Seine Wirksamkeit setzt jedoch voraus, daß
- die Goldvorräte auf der Welt angemessen verteilt sind
- Güter- und Kapitalbewegungen ungehindert vor sich gehen können
- das Preisniveau auf allen Märkten das richtige Verhältnis von Angebot und Nachfrage widerspiegelt
- die umlaufenden Zahlungsmittel und das Kreditvolumen durch die jeweilige Goldmenge begrenzt werden
- sich der Staat jeden Eingriffs in die Wirtschaft enthält.

Unter diesen Voraussetzungen bietet der Goldautomatismus weltweit den Vorteil eines stabilen Geldwertes und damit geringer Inflationsgefahr, einer sicheren Kalkulationsgrundlage für die Wirtschaft, stabiler Wechselkurse im internationalen Zahlungsverkehr und nicht zuletzt eines automatischen Zahlungsbilanzausgleichs. Andererseits sind mit ihm auch eine Reihe schwerwiegender Nachteile verbunden, wie die starke Abhängigkeit der Wirtschaft eines Landes von derjenigen anderer Goldwährungsländer, die Gefahr weltweiter Deflation, da der begrenzte Goldvorrat eine Ausweitung des Geldvolumens mit zunehmendem Wirtschaftswachstum verhindert, wie schließlich die Problematik, daß für eine eigenständige, nationale Geldpolitik kaum Ansatzpunkte gegeben sind.

6.5.2 Gold-Devisen-Standard

Mit dem ersten Weltkrieg gingen nicht nur die engen weltwirtschaftlichen Bande zwischen den großen Handels- und Industrienationen entzwei, sondern es brach auch der Goldstandard als Weltwährungsordnung zusammen. So wurde die Verpflichtung zur Goldeinlösung in den einzelnen am Krieg beteiligten Staaten aufgehoben. Das bedeutet, daß das Gold seinen regulierenden Einfluß auf den Geld- und Einkommenskreislauf im Inland verlor und durch die Unterbindung des Gold- und Devisenverkehrs über die Grenzen auch die regulierende Wirkung auf die Zahlungsbilanz entfiel. Hinzu kam, daß die kriegführenden Staaten sich zur Finanzierung der Auseinandersetzungen in mehr oder weniger starkem Maß der Notenpressen bedienten. Auch nach Ende des Ersten Weltkrieges konnte deshalb die alte Währungsordnung nicht eine Wiederauferstehung feiern, zumal alle am Krieg beteiligten Staaten einen erheblichen Teil ihrer Goldbestände an die USA verloren hatten. Da die alten Deckungsvorschriften für den Banknotenumlauf somit nicht mehr einzuhalten waren, kam es auf der Währungskonferenz in Genua im Jahr 1922 zu einer Neuregelung, dem sogenannten **Gold-Devisen-Standard.** Er besagte, daß zukünftig auch fremde Währungen formell zu den Notenbankreserven gehören sollten.

In Deutschland wurde damals die **Goldumlaufwährung** durch eine **Goldkernwährung** abgelöst. Es kamen keine Goldmünzen mehr in Umlauf, sondern nur noch Banknoten und Scheidemünzen, die zu 30% durch Gold, zu 10% durch Devisen und zu 60% durch Handelswechsel gedeckt sein mußten. Das Gold, das bei der Notenbank gelagert wurde, übernahm nur noch im Auslandsverkehr die Aufgabe des Zahlungsausgleichs.

Obwohl sich zahlreiche Länder um eine Wiederherstellung der alten Währungsordnung bemühten, gelang dieses Vorhaben nicht. Vielmehr führten die Umverteilungen der Goldreserven infolge des Krieges, das Reparationsproblem und schließlich die Weltwirtschaftskrise zur endgültigen Zerstörung der Währungsordnung, was nicht zuletzt darin zum Ausdruck kam, daß im Jahre 1933 die USA versuchten, den Dollar vom Gold dadurch zu lösen, daß der Goldgehalt des Dollars auf 50% seiner bisherigen Parität herabgedrückt wurde.

In Deutschland bestand von 1931 bis zum Beginn des Zweiten Weltkrieges eine sogenannte **verwaltungsmäßig geordnete Goldwährung.** Diese besagte, daß nunmehr für die Notenbank weder im In- noch im Auslandsverkehr eine Pflicht zur Einlösung der Banknoten gegen Gold bestand. Zugleich mußte der Zahlungsverkehr mit dem Ausland ausschließlich über die Reichsbank abgewickelt werden.

6.5.3 Das System fester Wechselkurse

Gegen Ende des Zweiten Weltkrieges verkündeten im Sommer 1944 die Vertreter von über 40 Ländern auf einer Währungs- und Finanzkonferenz in **Bretton Woods,** New Hampshire (USA), ein neues internationales Währungssystem, das auf dem Prinzip **fester Wechselkurse** beruhte. Die Überlegungen und Beschlüsse basierten auf den Plänen des Engländers John Maynard Keynes und des Amerikaners Harry D. White. Nachdem es im Juli 1944 durch Unterzeichnung von 44 Staaten mit Wirkung vom 27. Dezember 1945 zur Gründung des **Internationalen Währungsfonds** (IWF) gekommen war, haben sich in der Zwischenzeit diesem Währungssystem 148 Länder – unter ihnen auch die Bundesrepublik Deutschland – angeschlossen. Von den Industrieländern ist nur die Schweiz dem IWF bisher nicht beigetreten. Sie hat aber durch ihre Assoziierung zu den „Allgemeinen Kreditvereinbarungen“ und durch mehrfache Kreditgewährung ihre konstruktive Mitarbeit jederzeit unter Beweis gestellt. Von den Staaten des „Rates für gegenseitige Wirtschaftshilfe“ (RGW) ist Rumänien seit 1972 IWF-Mitglied, 1982 trat Ungarn dem Fonds bei und seit längerem läuft ein Antrag Polens.

Die Ziele des Währungsabkommens lagen vor allem darin, die internationale Arbeitsteilung voranzutreiben sowie den Austausch von Gütern und Dienstleistungen zu fördern. Dazu mußten bestehende Handelshemmnisse beseitigt, internationale Zahlungsbeschränkungen verhindert und stabile Währungsverhält-

625 110 A

nisse durchgesetzt werden. Auf diese Weise sollte in den Mitgliedsstaaten ein hoher Beschäftigungsstand und ein ständig steigendes Realeinkommen sichergestellt werden. Zentrale Bestimmungen enthielt dieses internationale Währungsabkommen hinsichtlich der Wechselkurse der beteiligten Staaten. So hieß es in Artikel 4 des Abkommens: „Die Parität der Währungen jedes Mitglieds ist auszudrücken in Goldeinheiten als gemeinsamem Wertmesser oder in US-Dollar nach Gewicht und Feingehalt, wie sie am 1. Juli 1944 in Kraft traten.“ Mit der Festlegung der einzelnen Währungswerte gegenüber dem Gold- bzw. dem US-Dollar lagen auch die Wechselkurse der Währungen untereinander fest, die als Parität bezeichnet wurden. Das Abkommen bestimmte weiter, daß die Wechselkurse der Mitgliedswährungen nur innerhalb einer bestimmten Bandbreite um die Parität schwanken durften. Die Grenzpunkte wurden als **oberer** bzw. **unterer Interventionspunkt** bezeichnet. Für die Regierungen bzw. die von ihnen beauftragten zentralen Notenbanken bestand die Verpflichtung, spätestens bei Erreichen der Interventionspunkte einzuschreiten und durch An- oder Verkauf von Devisen zu verhindern, daß die Kurse über- bzw. unterschritten wurden. Nachdem die Paritätsabweichungen zunächst auf 1% jeweils nach oben und unten fixiert waren, wurde die **Bandbreite** im Verlauf der Zeit auf plus/minus 2,25% erweitert.

Die Statuten des Internationalen Währungsfonds sahen auch die Möglichkeit der Auf- oder Abwertung einzelner Währungen untereinander vor. Sie waren nach Abstimmung mit dem IWF jedoch nur dann möglich, wenn grundsätzliche

Gleichgewichtsstörungen in der Zahlungsbilanz vorlagen. Änderungen von bis zu 10% der ursprünglichen Parität wurden vom Fonds stets zugelassen, bei darüber hinausgehenden Auf- oder Abwertungssätzen mußte der IWF seine Genehmigung erteilen. Die Bundesrepublik Deutschland hat in der Vergangenheit von solchen Paritätsänderungen ebenso wie einige andere Länder Gebrauch gemacht; so wurde im März 1961 die DM – zusammen mit dem holländischen Gulden – um 5% aufgewertet, d. h. die Parität von 4,20 DM für 1 US-Dollar auf 4,— DM gesenkt, um den inflatorisch wirkenden Überschüssen in der Zahlungsbilanz zu begegnen. Die nächste Aufwertung erfolgte 1969 durch Änderung der Parität DM: Dollar von 4,— DM auf 3,66 DM, was eine Aufwertung von 9,3% bedeutete. Weitere Aufwertungen nahm die Bundesrepublik Deutschland im Dezember 1971 um 13,6%, im März 1973 um 3% und im Juni 1973 um 5,5% vor. Nach der Freigabe der Wechselkurse im Frühjahr 1973 sind weitere Aufwertungen der DM durch administrativen Akt nicht mehr erfolgt, jedoch hat sich marktbedingt der Außenwert der deutschen Währung erhöht. Er lag Ende März 1978 um 39% über dem vom März 1973.

Ziel des Währungsabkommens war die Förderung des internationalen Wirtschaftsverkehrs. Zu dessen Finanzierung bedarf es sogenannter **internationaler Liquidität,** d. h. von Zahlungsmitteln, die im zwischenstaatlichen Verkehr allgemein anerkannt und akzeptiert werden. Verfügt ein Land nun nicht oder nicht mehr über genügend internationale Zahlungsmittel, wird dadurch sowohl der Wirtschaftsverkehr beeinträchtigt als auch das gesamte Währungssystem gefährdet. Um das zu verhindern, sah das Abkommen Möglichkeiten vor, einzelnen Ländern kurz- oder längerfristige Währungskredite zur Verfügung zu stellen. Jedes Mitglied im IWF hatte das Recht, solche Kreditfazilitäten oder sogenannte Ziehungsrechte in Anspruch zu nehmen.

Kreditfazilitäten und Ziehungsrechte

Der Internationale Währungsfonds verfügte in seiner Grundkonstruktion über ein Gesamtvermögen, das zu 25% aus Gold und zu 75% aus den Währungen der Mitgliedsländer bestand. Dieses Fondsvermögen sollte dazu dienen, vorübergehende Störungen im Zahlungsbilanzgleichgewicht einzelner Partner zu überwinden und so die Elastizität der internationalen Währungsordnung zu vergrößern. Jedes Mitgliedsland konnte in bestimmtem Umfang durch Hingabe der eigenen Währung ausländische Währung beim IWF aufnehmen, wobei sich das Volumen nach der Quote bemaß, die das Land eingezahlt hatte. Das Ziehungsrecht war bis zur Höhe der Geldeinzahlungen, der sogenannten **Goldtranche,** praktisch unbeschränkt. Darüber hinaus konnten im Bedarfsfall weitere Mittel bis zur Höhe der Gesamtquote in Anspruch genommen werden. Die Kredittranche war jedoch an eine Reihe von Bedingungen geknüpft, die sich mit zunehmender Höhe verschärften.

Da die vorhandene internationale Liquidität in Form von Gold und US-Dollar im Laufe der Zeit nicht mehr ausreichte, um das ständige Wachstum des Welthandels zu finanzieren, wurde 1967 beschlossen, ein zusätzliches Reservemedium, die sogenannten **Sonderziehungsrechte,** zu schaffen. Diese – 1969 eingeführt – stellten für die Mitgliedsländer der IWF eine weitere Möglichkeit dar, entsprechend ihrer Quote Liquidität zu schöpfen. Die Sonderziehungsrechte waren durch eine Goldwertsicherungsklausel in ihrem Wert festgelegt. Sie ließen sich dadurch aktivieren, daß dafür beliebige konvertierbare Währungen beim Fonds in Anspruch genommen wurden.

Dieses Währungssystem hat sich mehr als ein Vierteljahrhundert bewährt und dazu beigetragen, die angestrebten Ziele zu erreichen. Ende der sechziger Jahre zeigten sich jedoch deutlich seine Schwächen in einer veränderten internationalen ökonomischen Landschaft. Sie führten schließlich 1971 dazu, daß die meisten Industrienationen sich zu einer Neuregelung entschlossen: Das Abkommen wurde zwar nicht aufgekündigt, jedoch wurden die festen Wechselkurse in freischwankende (flexible) umgewandelt. Die Gründe, die dazu führten, sind im wesentlichen folgende:

1. Das System fester Wechselkurse begünstigt die Währungsspekulationen. Die Ursache dafür liegt in der Entwicklung des Außenhandels des betreffenden Landes. Weist dieses Überschüsse auf, befindet sich der Wechselkurs immer am unteren Interventionspunkt. Spekulanten rechnen damit, daß die Währung in absehbarer Zeit aufgewertet wird, da kein Land bereit ist, ständig Devisen aufzukaufen und somit eine importierte Inflation zu fördern. Die Aufwertungserwartung der Spekulanten führt dazu, daß diese ihre Währungen in die des aufwertungsverdächtigen Landes eintauschen und somit den Druck auf den Wechselkurs dieser Währung noch verstärken. Tritt dann die Aufwertung tatsächlich ein, was nahezu zwangsläufig ist, machen die Spekulanten in Höhe des Aufwertungssatzes einen Gewinn.
2. Im Lauf der Zeit schwand das Vertrauen in die Leitwährung US-Dollar stetig. Die amerikanische Zahlungsbilanz wies nämlich über viele Jahre hin ein Defizit auf, das bedeutete, daß die anderen Währungen gegenüber dem US-Dollar permanent aufwertungsverdächtig waren. Deshalb floh die Spekulation aus dem Dollar in andere Währungen. Andererseits konnte und kann nicht übersehen werden, daß der US-Dollar schlechthin die internationale Liquidität darstellt, mit der der Welthandel zu großen Teilen finanziert wurde und wird. Dollars können jedoch international in ausreichendem Umfang nur dann zur Verfügung stehen, wenn die amerikanische Zahlungsbilanz negativ ist. Hier zeigt sich deutlich das Dilemma von Leitwährungen.

3. Feste Wechselkurse bedeuten für die heimische Wirtschaft, vor allem aber die Wirtschaftspolitik, die um eine gleichgewichtige Entwicklung bemüht ist, eine erhebliche Erschwernis. Die Bekämpfung der Preissteigerungen in einem Land bei gleichzeitig unvermindert anhaltender Inflation in anderen führt in der stabilen Volkswirtschaft tendenziell zu ständig steigenden Exportüberschüssen, damit zu einer Zunahme des Drucks auf den Wechselkurs sowie dem zusätzlichen Zufluß spekulativer Devisenbeträge. All das wirkt jedoch insbesondere den Bemühungen um Preisstabilisierung entgegen. Die offene außenwirtschaftliche Flanke erschwert also den Spielraum der inländischen Wirtschaftspolitik.

Aus den genannten Gründen ist es also nicht verwunderlich, wenn an die Stelle einer Weltwährungsordnung mit stabilen Wechselkursen aus der unterschiedlichen wirtschaftlichen Entwicklung der einzelnen Länder heraus ein System flexibler Wechselkurse trat.

6.5.4 Von Bretton Woods zu flexiblen Wechselkursen

Bevor es Ende 1971 zur Abkehr vom Internationalen Währungsfonds mit seinem System fester Wechselkurse kam, bemühten sich die Mitgliedsländer des IWF, die periodisch auftretenden Zahlungsbilanzschwierigkeiten in einzelnen Volkswirtschaften durch Reformen des gesamten Währungssystems zu beheben. So kam es zunächst zum Aufbau währungspolitischer Verteidigungslinien im Rahmen des IWF, und zwar zuerst nach der Aufwertung der DM und des holländischen Gulden 1961. In dem sogenannten Baseler Abkommen entwickelte man ein System zur Stützung gefährdeter Währungen. Danach sollte nicht nur die Notenbank eines von Devisenspekulanten bedrohten Landes intervenieren, sondern auch alle anderen Zentralbanken sollten zu einem festen Stützungskurs diese Währung ankaufen. Es folgten, insbesondere zur Stützung der USA, 1972 der Abschluß von sogenannten allgemeinen Kreditvereinbarungen – sie sollten den zehn wichtigsten Welthandelsländern zusätzlich Mittel bis zu einem Betrag von 6 Mrd. Dollar zur Behebung von Zahlungsbilanzungleichgewichten zur Verfügung stellen –, ferner die Schaffung von sogenannten **Stand-by-Krediten,** der Abschluß von zwei- und mehrseitigen Swap-Vereinbarungen u. a. m. Schließlich gab es mehrfach Quotenerhöhungen sowie die Bildung von Expertenkommissionen zur Erarbeitung neuer Verbesserungen des Währungssystems. Aus der Erkenntnis, daß der Gold-Devisen-Standard im Sinne des IWF nur dann funktionieren kann, wenn sich die Goldparität der Reservewährungsländer, insbesondere also des Dollars, nicht so weit vom freien Goldpreis entfernt, wurde ferner bereits 1961 ein sogenannter Londoner **Gold-Pool** geschaffen mit dem Ziel, Goldpreisbewegungen in engen Grenzen zu halten. Das sollte dadurch erreicht werden, daß die wichtigsten Notenbanken sich verpflichteten, Gold nicht mehr am offenen Markt zu erwerben, wenn der Preis die durch die Verschiffungskosten gezogenen Grenzen der Dollarparität überstieg.

Alle Maßnahmen brachten nur auf Teilbereichen oder vorübergehend die gewünschten Ergebnisse, konnten aber auf Dauer die im Gold-Devisen-Standard liegenden Probleme nicht beseitigen oder ausschalten. Der Übergang zu flexiblen Wechselkursen war somit die zwangsläufige Konsequenz.

6.5.5 Das System flexibler Wechselkurse

Ein System **freier Wechselkurse,** die sich entsprechend dem Angebot und der Nachfrage bilden, führt über den Marktmechanismus tendenziell stets zu einer ausgeglichenen Zahlungsbilanz.

Ergeben sich beispielsweise Ungleichgewichte durch Exportüberschüsse, steigt der Wechselkurs so lange, bis die Exportwirtschaft preislich nicht mehr in der Lage ist, auf dem Auslandsmarkt zu konkurrieren, während andererseits die Importeure durch die günstigere Parität zu niedrigeren Preisen im Ausland einkaufen und damit das inländische Güterangebot vermehren. Ein weiterer Vorteil flexibler Wechselkurse liegt darin, daß die binnenländische Konjunkturpolitik vor ausländischen Einflüssen geschützt wird und somit wirtschaftliche Entwicklungen besser gelenkt werden können. Voraussetzung für das Funktionieren dieses Systems ist einerseits die jederzeitige Anpassung der Preise und Warenströme an die veränderte Wechselkurssituation. Ferner darf der Devisenmarkt nicht durch andere Faktoren in seiner Ausgleichsfunktion gestört werden, z. B. durch reine Kapitaltransaktionen oder aufgrund von Devisenspekulationen.

Im Gegensatz zu den starren bedeuten flexible Wechselkurse für die Ex- und Importwirtschaft infolge der Unsicherheit über ihre Entwicklung eine Erschwerung der Kalkulation. Das gilt ebenso auch für den internationalen Geld- und Kapitalverkehr. Um diese Risiken innerhalb gewisser Grenzen zu halten, kam es deshalb zu dem Vorschlag, eine sogenannte Stufenflexibilität zu verwirklichen.

6.5.6 Die Methode der Stufenflexibilität

Die gelegentlich von Währungsfachleuten vorgeschlagene **Stufenflexibilität** stellt eine Zwischenlösung zwischen den Wechselkurssystemen mit festen und flexiblen Relationen dar. Die Grundlage bildet hier primär ein System fester Wechselkurse. Treten jedoch im Verlauf eines Jahres in den einzelnen Ländern Zahlungsbilanzdefizite bzw. -überschüsse auf, erfolgt gemäß allgemeiner Vereinbarungen am Ende eines jeden Jahres eine Neubewertung der einzelnen Währungen sowie eine Anpassung der Wechselkurse an die bestehende Zahlungsbilanzsituation. Dabei kann das Ausmaß der jeweiligen Angleichung der Wechselkurse an die neuen Entwicklungslinien und die veränderte Außenwirtschaftssituation nach verschiedenen Maßstäben geschehen. Wegen der damit verbundenen Problematik ist das Verfahren der Stufenflexibilität auf keine große Gegenliebe gestoßen.

6.5.7 Das neue Weltwährunggssystem

Die in den Jahren 1972 bis 1974 unternommenen Versuche, das bestehende Weltwährungssystem grundlegend zu reformieren, wurden durch die zwischenzeitliche weltwirtschaftliche Entwicklung förmlich überrollt. Die 1976 verabschiedete zweite Änderung der Gründungsakte des IWF von Bretton Woods aus dem Jahre 1944 beschränkte sich deshalb im wesentlichen darauf, die eingetretene Entwicklung nachträglich zu legalisieren. Ein Großteil der Neuregelungen wurde aufgrund vorläufiger Beschlüsse bereits praktiziert, obwohl die zweite Änderung der IWF-Statuten förmlich erst hätte wirksam werden können, wenn ⅗ der damals inzwischen 135 Mitglieder, die über mindestens ⅘ der Stimmen verfügen müssen, ihr zustimmten. Nachdem das geschehen war, konnte nach fast zweijähriger Ratifizierungsdauer am 1. 4. 1978 die Neufassung des Übereinkommens über den internationalen Währungsfonds in Kraft treten. Der deutsche Bundestag hat am 9. 1. 1978 mit Zustimmung des Bundesrates das IWF-Gesetz von 1976 beschlossen.

Im wesentlichen sieht die Neufassung folgende Änderungen vor:
- ein flexibleres Wechselkurssystem
- den Abbau der Rolle des Goldes
- die Stärkung der Sonderziehungsrechte (SZR)
- die Erleichterung der finanziellen Transaktionen des Fonds und
- Änderungen der IWF-Organisation.

Nach Inkrafttreten dieser Neufassung ist auch die vom Gouverneursrat im Zuge der sechsten Quotenerhöhung am 1. 4. 1976 beschlossene vierte allgemeine Quotenerhöhung wirksam geworden. Der Gegenwert der gesamten Quoten, die jetzt nicht mehr zu 25% in Gold eingezahlt werden müssen, erhöhte sich damit von 29,2 auf 39,3 Mrd. Sonderziehungsrechte. Schon im Vorgriff auf diese Erhöhung wurden die Ziehungsmöglichkeiten der Mitgliedsländer aber vorab erweitert.

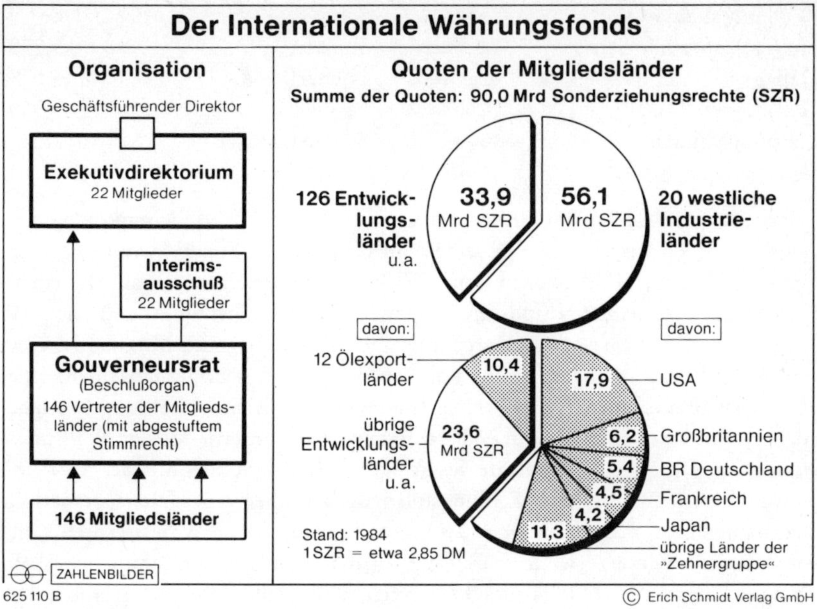

1978 beschloß der Internationale Währungsfonds auf seiner 33. Jahrestagung eine weitere Aufstockung der dem IWF zur Verfügung stehenden Mittel auf knapp 59 Mrd. Sonderziehungsrechte, umgerechnet rund 150 Mrd. DM. Darüber hinaus wurde eine Neuzuteilung von Sonderziehungsrechten für die Jahre 1979 bis 1981 bewilligt, wonach ab 1981 die IWF-Mitgliedsländer über zusätzliche Mittel in der Größenordnung von umgerechnet rund 30 Mrd. DM disponieren können. Im Februar 1983 einigte man sich im IWF-Interimsausschuß darauf, die Quotensumme auf 90 Mrd. Sonderziehungsrechte – das sind etwa 235 Mrd. DM – zu erhöhen. Die Aufteilung dieser Quotensumme sieht einen Anteil von 37,7% für die Entwicklungsländer vor.

Vorweg ging im Januar 1983 ein Beschluß der zehn wichtigsten Länder im Internationalen Währungsfonds, der sogenannten **IWF-Zehnergruppe** – ihr trat als elftes Mitglied 1984 nun auch die Schweizerische Nationalbank bei, ohne daß die Schweiz Mitglied im IWF wurde –, den Rahmen der allgemeinen Kreditvereinbarung auf 17 Mrd. Sonderziehungsrechte (SZR) auszuweiten und die Mittel im Falle einer Bedrohung des internationalen Finanzsystems auch den Entwicklunsgländern zugänglich zu machen. Mit dem erweiterten Rahmen soll der IWF einen ‚Reservetank' für Krisensituationen erhalten. Der erweiterte Rahmen der allgemeinen Kreditvereinbarungen (AKV) wurde am 26. 12. 1983 wirksam, nachdem alle zehn ursprünglichen Teilnehmerstaaten ihre Zustimmung gegeben hatten. Der neue Verteilungsschlüssel im Rahmen der AKV sieht nun unter Berücksichtigung der Schweiz folgende Quoten vor:

Vereinigte Staaten	25 %	Schweiz	6 %
Bundesrepublik	14 %	Kanada	5,25%
Japan	12,5%	Niederlande	5 %
Frankreich	10 %	Belgien	3,5 %
Großbritannien	10 %	Schweden	2,25%
Italien	6,5%		

Nach dem am 1. April 1978 in Kraft getretenen 2. IWF-Übereinkommen ist jedes Mitglied verpflichtet, ¼ seiner Subskription in Sonderziehungsrechten, Fremdwährung, Gold oder in vom IWF verwendeter eigener Währung einzuzahlen. Die restlichen ¾ sind unverändert in Landeswährung zu entrichten. In Höhe der allgemein verwendbaren Einzahlung erwirbt jedes Mitgliedsland ein automatisches Ziehungsrecht im Rahmen der sog. Reservetranche, d.h. jedes Land hat bis zu einem Viertel seiner Quote automatisch bei Zahlungsbilanzbedarf Kredit beim IWF. Auf der 35. Jahrestagung des Internationalen Währungsfonds im Oktober 1980 wurde festgelegt, daß Mitgliedsländer des IWF mit unverhältnismäßig hohem Zahlungsbilanzdefizit über eine Dreijahresperiode nunmehr bis zu 600% (bisher 300%) ihrer Einzahlung im Währungsfonds ziehen dürfen. Dieser erweiterte Zugang zu den Fondsmitteln stand den IWF-Mitgliedsstaaten auch 1984 und 1985 offen, wobei allerdings die grundsätzlich maximal möglichen Zielmengen in einem Dreijahreszeitraum auf 500% (1984) bzw. 450% (1985) der Quote beschränkt wurden.

Über den Wert der 1967 geschaffenen Sonderziehungsrechte, die als **Papiergold** im Zahlungsverkehr mit dem IWF sowie zwischen den Notenbanken der 146 Mitgliedsstaaten verwendet werden, entscheiden seit dem 1. 1. 1981 nicht mehr 16, sondern nur noch die 5 wichtigsten Valuten. Der **Währungskorb** setzt sich von diesem Stichtag an aus dem Dollar, der DM, dem franz. Franc, dem japanischen Yen und dem Pfund Sterling zusammen. Das Gewicht der 5 Währungen im Währungskorb ist nunmehr wie folgt:

US-Dollar	42%	(alte Rechnung: 33,0%)
DM	19%	(alte Rechnung: 12,5%)
fr. Franc	13%	(alte Rechnung: 7,5%)
Yen	13%	(alte Rechnung: 7,5%)
Pfd. Sterling	13%	(alte Rechnung: 7,5%)

Die Zusammensetzung des Korbes wird nach 5 Jahren überprüft.

Nach den neu formulierten Wechselkursbestimmungen des IWF kann jedes Mitgliedsland unter Einhaltung bestimmter allgemeiner Verpflichtungen die ihm angemessene Wechselkursverfassung frei wählen. Der Fonds überwacht dabei das Wechselkursverhalten der Mitglieder, die gehalten sind, ein gleichgewichtiges Wirtschaftswachstum bei angemessener Preisniveaustabilität anzustreben, um dadurch die Voraussetzungen für die allgemeine Stabilität des Wechselkurssystems und geordnete Verhältnisse an den Devisenmärkten zu schaffen. Wechselkursänderungen sollen vor allem dem Zahlungsbilanzausgleich dienen. Ausdrücklich untersagt sind Kursänderungen – insbesondere Abwertungen – zur Erlangung von Wettbewerbsvorteilen.

Es ist also jedem IWF-Mitglied überlassen,
- den Wert seiner Währungen an das Sonderziehungsrecht oder an eine andere Bezugsgröße (z. B. eine Leitwährung, nicht aber an Gold) zu binden,
- sich an Gemeinschaftsregelungen (z. B. die Europäische Währungsgemeinschaft) anzuschließen, bei denen die Teilnehmer eine feste Parität untereinander aufrechterhalten, oder
- eine beliebige andere Wechselkursregelung zu treffen.

Ein Land kann also den Wechselkurs seiner Währung entweder an einer anderen Währung oder einem Währungskorb ausrichten, frei floaten, mit anderen Ländern einen Währungsverbund bilden oder ein frei gewähltes Verfahren zur Kursbildung anwenden.*

Die Rückkehr zu einem System fester Wechselkurse, wie es bis 1973 bestand, ist nach den neuen Regelungen möglich, es bedarf aber einer Stimmenmehrheit von 85%.

Das Gold – die Zentralbanken halten davon 35000 Tonnen oder ca. 35 Weltjahresproduktionen in ihren Tresoren – verliert im Weltwährungssystem immer mehr an Bedeutung. Es besitzt nicht mehr die Leitfunktion für Währungsparitäten und ähnliche Orientierungslinien. Der offizielle Goldpreis, durch den bis 1975 auch die Sonderziehungsrechte definiert wurden, ist abgeschafft. Er kann nach den Statuten auch durch Mehrheitsbeschlüsse nicht wieder eingeführt werden. Die Zentralbanken wickeln vielmehr zukünftig alle gewünschten Goldtransaktionen zu frei vereinbarten Preisen ab. In den laufenden Geschäften des IWF wird Gold durch die SZR ersetzt. Von den Goldbeständen des Fonds in Höhe von 150 Mio. Unzen Feingold wurde zunächst ⅓ zur Veräußerung freigegeben, und zwar ist die erste Hälfte in vier Tranchen – ab 1976 jeweils zum Jahresende – an die Mitgliedsländer zum früheren offiziellen Goldpreis zurückerstattet worden. Anfang 1980 wurde mit Beginn des vierten und letzten Jahres

* Am 30. 4. 1985 ließen z. B. 14 IWF-Mitglieder ihre Währungen autonom floaten, 32 hatten sie fest an den US-Dollar, 14 an den französischen Franc und 35 an andere Währungen gebunden, während andere Länder den Wechselkurs nach weiteren Indikatoren festsetzten. 8 europäische Staaten ließen die Kurse ihrer Währungen gegenüber allen anderen Ländern frei schwanken, hielten untereinander jedoch innerhalb einer engen Bandbreite feste Wechselkurse im Rahmen des Europäischen Währungssystems aufrecht. 12 wählten das Sonderziehungsrecht als Bezugsgröße.

die monatlich zu versteigernde Menge noch einmal herabgesetzt, um die verbleibende Goldmenge gleichmäßig auf die letzten zwölf Auktionen zu verteilen. Die andere Hälfte wird vom Fonds am freien Markt versteigert. Für die Verwendung der restlichen 100 Mio. Unzen ist ebenso wie für künftige Goldtransaktionen zwischen dem Fonds und seinen Mitgliedern ein Mehrheitsbeschluß von 85% der Stimmen erforderlich.

Trotz dieser veränderten Einstellung zum Gold und seiner Demonetisierung dürfte es als Bestandteil der offiziellen Währungsreserven in den einzelnen Ländern noch lange relevant bleiben. Dabei ist es jedoch fraglich, inwieweit sich die Währungsbehörden bei der Unsicherheit über die künftige Preisentwicklung zu Goldkäufen und -verkäufen bereitfinden werden.

Das 1969 geschaffene Sonderziehungsrecht bildet seit Wirksamwerden der zweiten Satzungsänderung den Kern des Währungssystems. Alle Zahlungen und Leistungen der Mitglieder – bisher in Gold vorgeschrieben – sind nun grundsätzlich in Sonderziehungsrechten zu leisten, die damit zentrale Bezugseinheit und Hauptwährungsreserve-Medium werden sollen. Angesichts der großen Goldbestände bei den Zentralbanken und der gegenwärtig unkontrollierten Schaffung von Devisenreserven ist der Weg bis zum Erreichen der letzteren Ziele noch recht lang. Insgesamt sind die Regelungen zur Handhabung der Sonderziehungsrechte erheblich erweitert worden. Die von der Dritten Welt gewünschte Koppelung von Entwicklungshilfe und SZR-Zuteilung – der sog. **Link** – fand bei der zweiten Änderung der IWF-Statuten keine Berücksichtigung, weil dadurch der Charakter dieser künstlichen Währungseinheit deutlich verändert worden wäre.

Die Rolle, die der IWF in Zukunft spielen wird, hängt naturgemäß nur zu einem Teil von Inhalt und Formulierung der Übereinkommen ab. Die Neufassung von 1978 sowie in den Folgejahren beschlossene Novellierungen verschiedener Regelungen haben Bestimmungen beseitigt, die sich in der Vergangenheit zu Hemmnissen notwendiger Flexibilität entwickelt hatten.

Eine besondere Bedeutung kommt dem IWF neuerdings im Rahmen der Umschuldungsverhandlungen innerhalb der Partnerländer des Weltwährungssystems zu. Es ist kaum denkbar, daß ohne Mitwirkung des IWF sich Lösungen realisieren lassen, da eine Einigung zwischen den Gläubigerbanken und den Schuldnerländern in der Regel abhängig gemacht wird von Vereinbarungen mit dem IWF über Stand-by-Kredite und die von Schuldnerländern zu erfüllenden Auflagen des IWF.

6.5.8 Europas Verfahren des Blockfloatings

Die ökonomische Entwicklung seit der Gründung der Europäischen Wirtschaftsgemeinschaft führte auch zu Überlegungen über eine währungspolitische

Zusammenarbeit mit dem Ziel einer weiteren Integration. Den ersten Schritt in diese Richtung vollzogen im April 1972 die Mitgliedsländer der EG, indem sie verhältnismäßig enge Schwankungsbreiten (maximal je 1,125% nach beiden Seiten) um die zwischen den EG-Währungen fixierten festen Paritäten vereinbarten. Die verringerte Bandbreite stellte eine erste Maßnahme dar zur Beseitigung der Paritäts-Schwankungen mit dem letztlichen Ziel, eine einheitliche Währung in Europa zu schaffen.

Infolge der Entwicklung des internationalen Währungssystems beschlossen dann die meisten EG-Staaten im März 1973, einen **Euro-Währungs-Block** zu bilden, dessen Mitglieder nach wie vor feste Wechselkurse untereinander hatten mit einer Bandbreite von insgesamt maximal 2,25%, deren Kurse aber gegenüber dem Dollar frei schwankten bzw. floateten. Neben Großbritannien, Frankreich, Italien und Schweden, die autonom floateten, gehörten diesem Währungsblock – vielfach auch als **Währungsschlange** bezeichnet – die Bundesrepublik Deutschland, Dänemark, Belgien, die Niederlande, Luxemburg und Norwegen an.

Auf den Devisenmärkten funktionierte dieses Euro-Blockfloaten wie folgt: Während entsprechend dem internationalen Währungsabkommen für alle wichtigen Währungen der Welt eine feste Relation zum Dollar bestand, war diese Bindung in dem neuen System des Euro-Währungsblocks fortgefallen. Die genannten Währungen Europas schwankten also gegenüber dem Dollar entsprechend den Marktverhältnissen völlig frei. Dafür gab es aber zwischen den beteiligten Euro-Ländern feste Paritäten, die lediglich um eine Spanne von maximal 2,25% um die festgelegten Leitkurse schwanken konnten. Es bestand also ein oberer und unterer Interventionspunkt bei plus/minus 1,125%. Die Zentralbanken der **Blockfloating**-Währungen waren verpflichtet, an den Devisenmärkten ihres Landes jede angebotene Menge fremder Währungen der Blockpartner anzukaufen, deren Kurse am unteren Interventionspunkt standen. Ebenso mußten sie diejenigen Währungen der Gemeinschaft abgeben, deren Kurse den oberen Interventionspunkt zu überschreiten drohten. Eine der wichtigen Voraussetzungen für das Funktionieren dieses Systems liegt darin, daß die Wirtschaftspolitik der Länder untereinander abgestimmt wird; denn beim Blockfloating besteht die gleiche Problematik wie beim System fester Wechselkurse.

Das europäische Währungssystem des Blockfloating sah wie das IWF auch Kreditvergabemöglichkeiten an einzelne Mitgliedsländer vor, wenn sie in internationale Währungsschwierigkeiten geraten waren.

Daß auch dieses System nicht vor Rückschlägen gefeit war und aus den unterschiedlichen konjunkturellen und strukturellen Entwicklungen heraus immer wieder vor neue Probleme gestellt wurde, beweist nicht zuletzt die Tatsache, daß Frankreich zwischenzeitlich sowohl vorübergehend ausgetreten als wieder in den Kreis der Partner zurückgekehrt war, ferner das Fehlen von Italien, Schweden und Großbritannien in der Schlange.

6.5.9 Das Europäische Währungssystem

Wie das Weltwährungssystem entfaltete auch der europäische Verbund in der Folgezeit erhebliche Aktivitäten. Auf zahlreichen internationalen Treffen der obersten nationalen Währungsbehörden und Spitzenpolitiker wurde der Entwurf für ein neues Europäisches Währungssystem entwickelt, das ursprünglich am 1. 1. 1979 in Kraft treten sollte. Der Stichtag für die Neugründung verzögerte sich dann schließlich bis zum 13. März 1979.

Das **Europäische Währungssystem** (**EWS**) hat das Ziel, die Wechselkurse zwischen den Währungen der EG-Länder zu stabilisieren und zur Festigung der internationalen Währungsbeziehungen beizutragen. Zugleich sollen dem europäischen Integrationsprozeß neue Impulse verliehen werden. Die EG-Mitgliedstaaten stimmen darin überein, daß eine engere währungspolitische Zusammenarbeit dann erfolgreich sein wird, wenn die Teilnehmerländer eine Politik verfolgen, die sowohl im eigenen Land als auch im Ausland zu größerer Stabilität führt.

Teilnehmer am EWS sind zehn Länder der EG: Bundesrepublik Deutschland, Frankreich, Großbritannien, Italien, die Niederlande, Belgien, Luxemburg, Dänemark, Irland und Griechenland.

Großbritannien beschloß jedoch, die Wechselkursbestimmungen des EWS zunächst noch nicht anzuwenden, so daß das Pfund Sterling in die Interventionsregeln des Systems bisher nicht einbezogen worden ist. Auch Griechenland nimmt noch nicht am Interventionssystem teil. Außerdem können sich auch Nicht-EG-Länder, die zu der Gemeinschaft enge wirtschaftliche Beziehungen unterhalten, durch Assoziierung an den Wechselkursvereinbarungen des EWS beteiligen. Ebenso wie dadurch die mit dem System angestrebte „Zone der Stabilität" in Europa und über den EG-Bereich hinaus ausgeweitet wird, haben auch die Länder der Gemeinschaft ihre Bereitschaft zur wechselkurspolitischen Koordinierung mit den Währungsbehörden anderer Länder ausdrücklich bekräftigt.

Das EWS löst den Europäischen Wechselkursverband von 1972 (Währungsschlange) ab. Es vereinigt bestehende und neue Regeln für die Währungsbeziehungen in der Europäischen Gemeinschaft.

Eine Schlüsselrolle im EWS nimmt die Europäische Währungseinheit **ECU** (European Currency Unit) ein. Sie dient als Bezugsgröße für die Wechselkurse, Indikator für Wechselkursabweichungen, Recheneinheit für Forderungen und Verbindlichkeiten im EWS und schließlich als Zahlungsmittel und Reserveinstrument der EG-Zentralbanken.

Die Europäische Währungseinheit (ECU) ist als **Währungskorb** definiert, der sich aus festen Beträgen der Währungen der Gemeinschaft zusammensetzt. Die Korbanteile der einzelnen Währungen sind ursprünglich nach den Anteilen am innereuropäischen Handel, dem Sozialprodukt und den Quoten, die zur Stützung der Währungen unter den europäischen Ländern vereinbart wurden, festgelegt. Die untenstehende Tabelle zeigt die Komponenten des ECU-Korbes sowie deren Gewicht am Gründungsstichtag.

Korbzusammensetzung und -gewicht sollen alle fünf Jahre überprüft werden. Zwischenzeitlich kann jedes Mitglied eine Korrektur beantragen, falls sich das Gewicht einer Währung im Währungskorb um 25% verändert hat.

Alle Teilnehmerländer am Europäischen Währungssystem haben für ihre Währungen einen Leitkurs in ECU festgelegt. Die ECU-Leitkurse der am Wechselkurssystem teilnehmenden Währungen dienen der Festlegung eines Gitters bilateraler Leitkurse zwischen diesen Währungen. Sofern Währungen von diesen Leitkursen über eine bestimmte Schwankungsbreite hinaus abweichen, müssen die Zentralbanken intervenieren. Als zulässige Schwankungsbreite wurde eine Abweichung von ±2,25% fixiert. Abgesehen von Großbritannien und Griechenland, die am Interventionssystem gegenwärtig nicht teilnehmen, macht eine Ausnahme Italien mit einer Marge von ±6%. Dieses System fester Wechselkurse im Rahmen des EWS, das die Zentralbanken zur Intervention am Devisenmarkt bei Überschreitung der vereinbarten Schwankungsbreiten verpflichtet, stellt sich gegenüber allen nicht dazugehörigen Währungen als System mit flexiblen Wechselkursen dar, d. h. das EWS in seiner Gesamtheit unterliegt gegenüber den anderen Währungen der Welt einer Wechselkursentwicklung, wie sie sich am freien Devisenmarkt ergibt.

Der ECU-Währungskorb und ECU-Leitkurse ... am Stichtag der Neugründung

Währungen	Währungsbeträge im ECU-Währungskorb	ECU-Leitkurse: 1 ECU = ... Währungseinheiten (13. 3. 1979)	Prozentuale Anteile der Währungsbeträge am ECU-Leitkurs (13. 3. 1979)
Deutsche Mark	0,828	2,51064	33,0
Pfund Sterling	0,0885	0,663247	13,3
Französischer Franc	1,15	5,79831	19,8
Italienische Lira	109,00	1148,15	9,5
Holländischer Gulden	0,286	2,72077	10,5
Belgischer Franc	3,66	39,4582	9,6
Luxemburgischer Franc	0,14		
Dänische Krone	0,217	7,08592	3,1
Irisches Pfund	0,00759	0,662638	1,2

Der ECU-Währungskorb und ECU-Leitkurse ... 5 Jahre später

Währungen	Währungsbeträge im ECU-Währungskorb (seit 17. 9. 84)	ECU-Leitkurse: 1 ECU = ... Währungseinheiten (17. 9. 1984)	Prozentuale Anteile der Währungsbeträge am ECU-Leitkurs (seit 17. 9. 1984)
Deutsche Mark	0,719	2,24184	32,0
Pfund Sterling	0,0878	0,585992	15,0
Französischer Franc	1,31	6,87456	19,0
Italienische Lira	140,0	1403,49	10,2
Holländischer Gulden	0,256	2,52595	10,1
Belgischer Franc	3,71	44,9008	8,2
Luxemburgischer Franc	0,14	44,9008	2,7
Dänische Krone	0,219	8,14104	1,3
Irisches Pfund	0,00871	0,72569	1,2
Griechische Drachme	1,15	87,4813	0,3

Das System sieht Korrekturen der Wechselkursbeziehungen zwischen den beteiligten Ländern durch Leitkursänderungen ausdrücklich vor, sie erfordern aber das Einverständnis aller Beteiligten. Die Wahl des ECU als fester Bezugsgröße für die Leitkurse der teilnehmenden Währungen hat zur Konsequenz, daß die Änderung des ECU-Leitkurses bei einer Währung zwangsläufig auch eine Korrektur bei den übrigen Währungen bedingt. Dies erklärt sich dadurch, daß die

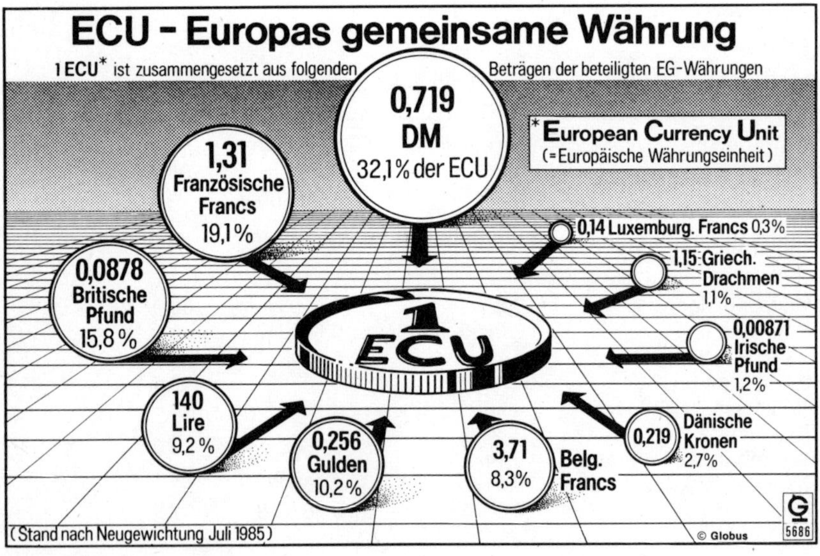

ECU-Leitkurse über die bilateralen Leitkurse miteinander verknüpft sind. Jede Leitkursänderung im EWS wird gesondert im Rahmen eines „Realignment" sämtlicher ECU-Leitkurse vollzogen und bedarf folglich der Zustimmung aller Partnerländer.

Eine Übersicht über die Leitkurse des EWS (im Juli 1985) zeigt die nachfolgende Tabelle auf.

ECU-Leitkurse, Bilaterale Leitkurse, Höchst- und Niedrigstkurse innerhalb des Europäischen Währungssystems (EWS)*

Stand 22. Juli 1985

Land / Währung \ Währungseinheiten (WE)		100 bfr = ... WE	100 dkr = ... WE	100 DM = ... WE	100 FF = ... WE	1 ir £ = ... WE	1000 Lit = ... WE	100 hfl = ... WE
Belgien/	H	–	564,10	2048,35	668,00	63,2810	31,305	1818,00
Luxemburg	M	–	551,536	2002,85	653,144	61,8732	29,4831	1777,58
bfr/lfr	N	–	539,30	1958,50	638,60	60,4965	27,765	1738,00
Dänemark	H	18,5430	–	371,40	121,11	11,4735	5,676	329,63
dkr	M	18,1312	–	363,141	118,423	11,2184	5,34563	322,297
	N	17,7270	–	355,06	115,78	10,9687	5,035	315,13
Bundesrep.	H	5,106	28,165	–	33,350	3,160	1,5630	90,770
Deutschland	M	4,99288	27,5375	–	32,6107	3,08925	1,47205	88,7526
DM	N	4,882	26,925	–	31,885	3,021	1,3865	86,780
Frankreich	H	15,659	86,365	313,63	–	9,6885	4,7930	278,35
FF	M	15,3106	84,4432	306,648	–	9,47313	4,51402	272,158
	N	14,97	82,565	299,85	–	9,2625	4,2515	266,10
Irland	H	1,6530	9,1168	33,1015	10,7964	–	0,505956	29,3832
ir £	M	1,61621	8,91396	32,3703	10,5562	–	0,476508	28,7295
	N	1,5803	8,7157	31,6455	10,3214	–	0,448775	28,0904
Italien	H	3318,9	18305,0	66473,0	21677,0	2053,53	–	58997,0
Lit	M	3125,76	17239,7	62604,3	20415,7	1934,01	–	55563,0
	N	2943,8	16236,0	58960,0	19227,0	1821,45	–	52329,0
Niederlande	H	5,7535	31,7325	115,235	37,58	3,5600	1,76100	–
hfl	M	5,62561	31,0273	112,673	36,7434	3,48075	1,65861	–
	N	5,5005	30,3375	110,1675	35,925	3,4030	1,56200	–
ECU-Leitkurse[1] ECU = ... WE		44,832	8,12857	2,2384	6,86402	0,724578	1520,6	2,52208

* Die bilateralen Leitkurse (M=Mittelwert) wurden aus den ECU-Leitkursen errechnet. Die Höchstwerte (H=Verkauf) sowie die Niedrigstkurse (N=Ankauf) wurden von der jeweiligen Zentralbank festgesetzt.
[1] Für das Pfund Sterling und die Drachme bestehen fiktive Leitkurse.

Mit der Schaffung des Europäischen Währungssystems am 13. März 1979 sollte die europäische Einheit gefördert, das Wirtschaftswachstum in den Mitgliedsländern angekurbelt und die Währungsstabilität in der EG vergrößert werden. Inzwischen mußten jedoch wegen der fehlenden Koordination der in den Partnerstaaten praktizierten Wirtschaftspolitiken, der unterschiedlichen Inflationsraten und des Auseinanderdriftens der Leistungsbilanzen die Paritäten nicht weniger als achtmal geändert werden. Im einzelnen wurden folgende Korrekturen vorgenommen:

24. 09. 1979	Abwertung dkr	um 3,00%	Aufwertung DM	um 2,00%
30. 11. 1979	Abwertung dkr	um 5,00%		
23. 03. 1981	Abwertung Lira	um 6,00%		
05. 10. 1981	Abwertung FF	um 3,00%	Aufwertung DM	um 5,50%
	Abwertung Lira	um 3,00%	Aufwertung hfl	um 5,50%
22. 02. 1982	Abwertung bfr/lfr	um 8,50%		
	Abwertung dkr	um 3,00%		
14. 06. 1982	Abwertung FF	um 5,75%	Aufwertung DM	um 4,25%
	Abwertung Lira	um 2,75%	Aufwertung hfl	um 4,25%
21. 03. 1983	Abwertung FF	um 2,50%	Aufwertung DM	um 5,50%
	Abwertung Lira	um 2,50%	Aufwertung hfl	um 3,50%
	Abwertung Ir.Pf.	um 3,50%	Aufwertung dkr.	um 2,50%
			Aufwertung bfr/lfr	um 1,50%
22. 07. 1985	Abwertung Lira	um 6,00%	Aufwertung DM	um 2,00%
			Aufwertung bfr/lfr	um 2,00%
			Aufwertung dkr	um 2,00%
			Aufwertung FF	um 2,00%
			Aufwertung Ir. Pf.	um 2,00%
			Aufwertung hfl	um 2,00%

Das auf dem Gitter bilateraler Leitkurse und Interventionspunkte basierende Wechselkurssystem wird ergänzt durch einen sogenannten Abweichungsindikator. Er soll darüber Auskunft geben, ob eine der beteiligten Währungen sich deutlich anders entwickelt als die übrigen. Dabei dient als Meßgröße die Abweichung des täglich ermittelten ECU-Wertes einer Währung vom Leitkurs.

Auch das Europäische Währungssystem sieht die Möglichkeit von Kreditgewährungen und Beistandsregelungen für die Mitgliedsländer vor. Dabei ist der Zugang zu Krediten des Europäischen Währungsfonds erleichtert und der Rahmen der Beistandsfazilitäten erheblich erweitert worden.

Im Rahmen dieses Währungsbeistands hat der **Europäische Fonds für währungspolitische Zusammenarbeit (EFWZ)** entsprechende Aufgaben übernommen. Dazu haben die Mitgliedsländer des Europäischen Währungssystems 20 v.H. ihrer Währungsreserven hier eingebracht. Im Rahmen der Interventionsmaßnahmen der einzelnen Zentralbanken wird der Ausgleich der Salden, die im Zuge der Interventionen entstehen, über den EFWZ durchgeführt. Der Fonds hat allerdings keine darüber hinausgehenden Befugnisse, so daß die einzelnen Zentralbanken der Mitgliedsländer individuell alle Interventionen auch gegenüber Drittwährungen durchführen. Damit ist der EFWZ letztlich nur eine Verrechnungsstelle mit geliehenem Eigenkapital, aber in keinem Fall eine Art europäische Zentralbank.

Nach sechs Jahren Praxis läßt sich zum EWS kritisch folgendes feststellen: Betriebswirtschaftlich verbessert ein höheres Maß an Wechselkursstabilität die Kalkulationsgrundlage für den internationalen Waren-, Dienstleistungs- und Kapitalverkehr von privaten Wirtschaftssubjekten und Unternehmen. Die Probleme der Kurssicherung werden verringert, größere Wechselkursschwankungen aufgrund destabilisierender Spekulationen eingeschränkt.

Gesamtwirtschaftlich wird der innergemeinschaftliche Waren-, Dienstleistungs- und Kapitalverkehr verstärkt. Allerdings widerspricht ein System fester Wechselkurse ordnungspolitisch dem marktwirtschaftlichen Prinzip, d.h. die Interventionen der Notenbanken bei Überschreiten der Bandbreite sind marktinkonform. Durch die Interventionspflicht erfolgt auch kein automatischer Ausgleich der Zahlungsbilanz.

Für die Geldpolitik birgt das EWS das generelle Risiko in sich, daß ein Land mit starken Aufwertungstendenzen durch umfangreiche Käufe von schwachen Partnerwährungen am Devisenmarkt zu unerwünscht hoher Geldschöpfung im Innern gezwungen wird. Die Bundesrepublik Deutschland, die im ECU-Korb das größte Gewicht hat, trägt hierbei ein besonders hohes Maß an Verantwortung bzw. Risiko.

Das EWS brachte – insgesamt gesehen – gegenüber dem vorher praktizierten „Schlange"-Währungsverbund einige bemerkenswerte Neuerungen, insbesondere mit der Verbindung der ECU als gemeinsamer Bezugsgröße und Reserveinstrument sowie dem Abweichungsindikator als Ergänzung des Interventionsmechanismus. Darüber hinaus stehen erheblich größere Beistandsfazilitäten als früher zur Verfügung. Das EWS bindet alle EG-Länder – ausgenommen Großbritannien und Griechenland – wieder in eine engere währungspolitische Zusammenarbeit ein. Damit sind die institutionellen Voraussetzungen für eine Zone größerer Wechselkursstabilität in Europa geschaffen und die Basis für eine positive wirtschaftliche Entwicklung sowohl in Europa als auch in anderen Teilen der Welt gelegt. Wichtiger aber als die institutionellen Grundlagen ist für den dauerhaften Erfolg des EWS ein hoher Grad an Übereinstimmung bei der wirtschaftlichen Entwicklung in den Teilnehmerstaaten, insbesondere ein möglichst großes Maß an Stabilität des Geldwertes.

Lange Zeit liefen die monetären Entwicklungen, d.h. die Geldmengen und die Preise, in den Mitgliedstaaten des EWS trotz intensiver währungs- und wirtschaftspolitischer Konsultation auseinander. In den letzten Jahren hat es hier jedoch eine deutliche Annäherung gegeben. Das als Festkurssystem konzipierte EWS entwickelte sich inzwischen mehr zu einem stufenflexiblen System – mit verzögerten Leitkursanpassungen in großen Sprüngen. Die Erwartungen, daß die Preissteigerungsraten der Mitgliedstaaten der europäischen Gemeinschaft insgesamt abgeschwächt und harmonisiert werden könnten, erfüllten sich bisher nicht. Diejenigen Länder, die dem Ziel der Geldwertstabilität besonderes Gewicht beimessen, werden vor allem durch den internationalen Preiszusammenbruch (importierte Inflation) in der Verfolgung dieser Zielsetzung behindert. Dagegen sehen sich die Mitglieder des EWS mit höheren Preissteigerungsraten ständig mit einer zunehmenden Verschlechterung ihrer Wettbewerbsposition und damit vermeidbaren Wachstums- und Beschäftigungsproblemen konfrontiert. Infolgedessen kommt es zu einem Teufelskreis von Eingriffen in den internationalen Kapital- und Handelsverkehr, indem z. B. Länder mit abwertungsbedrohten Währungen den Kapitalexport ihrer Bürger und Unternehmen Beschränkungen unterwerfen, gleichzeitig jedoch die gesamten wirtschaftlichen Folgen ihrer wechselkurspolitischen Fehlentscheidungen durch Importbeschränkungen, staatliche Exportförderungen, Unterstützung von Kartellabsprachen und Subventionierung international nicht mehr wettbewerbsfähiger Branchen und Unternehmen verschleiern. Das Ziel des EWS-Vertrages, einen wirklich „gemeinsamen" Markt oder aber „binnenmarktähnliche" Verhältnisse zu schaffen, wird damit unterlaufen.

Anhaltende Widersprüche zwischen Wechselkurs- und Geldpolitik und die sich daraus ergebenden Folgen für andere Sektoren der Gemeinschaftspolitik, z. B. freier Waren-, Dienstleistungs- und Kapitalverkehr, einheitliche Agrarpolitik, geben Anlaß zu ständig neuen Schwierigkeiten.

Die Bilanz der übrigen Elemente des EWS ist ebenfalls unbefriedigend. Die anläßlich der Errichtung des Europäischen Währungssystems beträchtlich ausgeweiteten kurz- und mittelfristigen Beistandsmechanismen wurden bisher nicht aktiviert. Auch die Festlegung einer gemeinsamen Dollar-Politik ist bisher unzureichend. Als Zahlungsmittel der Währungsbehörden des EWS nimmt der ECU noch längst nicht die ihm von seinen Währungsvätern zugedachte Position ein. Nur ein Bruchteil der Interventionen wird in der neuen Gemeinschaftswährung abgewickelt, obwohl die Verwendung des ECU in den Institutionen der europäischen Wirtschaftsgemeinschaft als Wert- und Recheneinheit sowie im Rahmen der Abrechnung zwischen den Zentralbanken der am EWS beteiligten Länder von Anbeginn praktiziert wird. Im Wirtschaftsleben konnte sich der ECU als Recheneinheit bisher kaum durchsetzen; das um so weniger, weil zunächst nicht daran gedacht war, den ECU als Währungseinheit für private Transaktionen zu verwenden, unbeschadet der Tatsache, daß täglich ein Kurs für den ECU ermittelt wird.

Obwohl es keine Münze und keinen Geldschein von dieser Kunstwährung gibt, konnte gleichwohl nicht verhindert werden, daß das Interesse an dieser Währungseinheit im privatwirtschaftlichen Bereich zur Kreation und Verwendung verschiedener auf ECU lautender monetärer Forderungen und Verbindlichkeiten geführt hat. So gibt es mittlerweile als drittwichtigste Emissionswährung ECU-Bonds auf dem Euro-Markt. Die Einführung von Traveller-Schecks auf ECU hat jüngst stattgefunden. In vielen Ländern besteht die Möglichkeit, ECU-Konten zu unterhalten und ECU-Kredite aufzunehmen. Insbesondere in den nicht so preisstabilen Staaten hat sich der ECU als eine eigenständige Devise einen großen Raum geschaffen. In der Bundesrepublik Deutschland kann man zwar auf ECU lautende Wertpapiere erwerben und auch ECU-Kredite entgegennehmen, Einlagen in ECU bei deutschen Kreditinstituten werden jedoch von der Deutschen Bundesbank nicht genehmigt. Von ihr wird der ECU nicht als eigenständige Währung akzeptiert. Die Deutsche Bundesbank führt vier Argumente an, um die private Verwendung des ECU noch nicht im vollen Umfang zuzulassen:

- Es fehlen die Voraussetzungen für die Anerkennung des ECU als eigenständige Währung innerhalb Europas, da dessen Emission und der Umlauf von keiner Notenbank kontrolliert werden und der ECU kein eigenständiges Währungsgebiet besitzt.
- Nach Ansicht der Bundesbank verstößt das Eingehen von ECU-Forderungen im Geschäftsverkehr zwischen Gebietsansässigen gegen das Indexierungsverbot nach § 3 Währungsgesetz, weil ein bestimmter ECU-Betrag je nach Entwicklung der Wechselkurse innerhalb der EG zur DM einen unterschiedlichen DM-Wert haben kann. DM-Beträge dürfen sich im Zeitablauf nach dem Nominalwertprinzip aber nicht verändern.
- Durch eine Parallelwährung zur DM besteht die Gefahr, daß die Geldpolitik der Bundesbank durch eine unkontrollierte Ausweitung von ECU-Guthaben beeinträchtigt wird.
- Eine verstärkte private Verwendung des ECU ist nach Ansicht der Bundesbank kein geeignetes Mittel, um die politisch angestrebte europäische Währungsunion zu verwirklichen. Die Bank vertritt vielmehr den Standpunkt, daß vorrangig ein Angleichen der Geld- und Wirtschaftspolitiken innerhalb der Gemeinschaft zu erfolgen hat und eine übergeordnete Währungsbehörde die Kontrolle über den ECU erhalten muß, bevor eine Währungsunion zustande kommen kann.

Die Attraktivität des ECU für private Verwendungen nahm allerdings parallel zu den zunehmenden Turbulenzen der Wechselkursrelationen zwischen den Hauptreservewährungen US-Dollar, D-Mark, Schweizer Franken und Japanischer Yen zu. Dabei stellte der ECU als eine vergleichsweise stabile Währungseinheit eine Alternative dar. Im Vergleich zu einer einzelnen Währung erweist sich der ECU beispielsweise gegenüber dem US-Dollar als Währungseinheit mit relativ geringen Kursausschlägen, d. h. das Wechselkursrisiko wird reduziert.

Insgesamt bleibt also das EWS hinter den hoch gespannten Erwartungen seiner Gründer zurück, wenn es auch in bestimmtem Umfang zu verstärkter Annäherung und Abstimmung in den Wirtschaftspolitiken der Mitgliedsländer geführt hat. Soll es aber den Herausforderungen der Zukunft gerecht werden, muß die künftige Ausgestaltung des Systems einige Änderungen erfahren. Diese lassen sich wie folgt postulieren:

- Die Sicherung eines freien Personen-, Güter-, Dienstleistungs- und Kapitalverkehrs muß Vorrang vor der Verteidigung der Wechselkurse haben.
- In allen Ländern sollte die Preisniveaustabilisierung gleiche Priorität besitzen.
- Wechselkurskorrekturen müssen in Zeitpunkt und Ausmaß der ökonomischen Entwicklung folgen.
- Das Verfahren für Leitkursänderungen sollte flexibler und gezielter gehandhabt werden, z. B. durch regelmäßige Überprüfung anhand festgelegter „objektiver Indikatoren".
- Bestehende Hemmnisse gegen die private und offizielle Verwendung von ECU sind abzubauen.
- Die von einzelnen Mitgliedstaaten seit Errichtung des EWS im internationalen Geld-, Kapital-, und Zahlungsverkehr geschaffenen Restriktionen sind aufzuheben und die Einführung neuer Beschränkungen zu verhindern.

Nur wenn das EWS verstärkt in den Dienst der Entwicklung der Europäischen Gemeinschaft gestellt wird, bestehende Reglementierungen schnell und soweit wie möglich aufgehoben werden sowie zugleich den im EWS verankerten Konzentrations- und Integrationsmechanismen freier Raum gegeben wird, kann das EWS tatsächlich zum Baustein eines Wirtschaftsblocks in Europa werden. Die Ziele, an denen sich das EWS messen lassen muß, lauten – nochmals zusammengefaßt –: Schaffung eines einheitlichen Wirtschaftsraumes mit freiem Personen-, Güter-, Dienstleistungs- und Kapitalverkehr; die Verwirklichung einer ‚Stabilitätsgemeinschaft'; ein regional ausgewogenes Wirtschaftswachstum; die Schaffung einer Währungsunion mit einheitlicher Währung und europäischem Zentralbanksystem; schließlich die politische Integration Europas.

Zusammenfassung

6.5 Vom Goldstandard zum Europäischen Währungssystem

Ein internationaler Güter- und Geldverkehr ist nur möglich, wenn Währungen oder ein anderes Medium von allen Teilnehmern als internationales Zahlungsmittel akzeptiert werden. Zur Sicherung des internationalen Güter- und Geldaustauschs haben sich in den vergangenen Jahrzehnten unterschiedliche Währungssysteme herausgebildet.

Um die Jahrhundertwende galt ein Goldwährungssystem, anschließend gab es einen Golddevisenstandard. Nach dem Zweiten Weltkrieg beruhte das internationale Währungssystem auf dem Prinzip fester Wechselkurse (Bretton Woods). Um diesem System einen Rahmen sowie eine geschäftlich organisatorische Stütze zu geben, kam es gleichzeitig zur Gründung des Internationalen Währungsfonds. Zentrale Vereinbarung in diesem System war die Festlegung einer Währungsparität und einer darum herumgelegten Bandbreite, innerhalb derer – gegebenenfalls durch Interventionen der Zentralbanken – der Wechselkurs der beteiligten Währungen zu halten war. Alle Mitgliedsstaaten des Internationalen Währungsfonds mußten in Höhe einer festgelegten Quote Gold und eigene Währungen einzahlen. Gleichzeitig wurde den Mitgliedern das Recht eingeräumt, in Höhe der Goldeinzahlungen in jeder beliebigen Währung auf den Internationalen Währungsfond ‚ziehen' d. h. Kredit aufnehmen zu können. Darüber hinaus wurden Kredittranchen, deren Inanspruchnahme an bestimmte Bedingungen geknüpft war, zur Verfügung gestellt. Um das ständige Wachstum des Welthandels finanzieren zu können, kam es 1967 erstmals zur Schaffung von Sonderziehungsrechten, die den Mitgliedern entsprechend ihrer Quote zugeteilt wurden. Nachdem dieses Währungssystem 25 Jahre relativ reibungslos funktioniert hatte, zerstörten letztlich Anfang der 70er Jahre die Schwächen seine weitere Anwendbarkeit.

Eine fehlende Konformität in den Wirtschaftspolitiken der einzelnen Länder, die oftmals unter politischen Gesichtspunkten erfolgten Paritätsänderungen und das schwindende Vertrauen in den US-Dollar führten schließlich dazu, daß die Regeln fester Wechselkurse suspendiert wurden. An ihre Stelle trat ein System flexibler Wechselkurse, innerhalb dessen es aber einzelne Ländergruppen gibt, deren Währungen den Regeln fester Kurse unterworfen wurden. Im System flexibler Wechselkurse bilden sich die Kurse frei nach den jeweiligen Angebots- und Nachfragebedingungen nach einer Währung. Dabei kann die Funktion des Wechselkurses als Ausgleichsmechanismus für die Leistungsbilanz gestört werden durch autonome Kapitalbewegungen, was schließlich zu Verzerrungen der internationalen Güter- und Dienstleistungsbewegungen führt.

Eine Verbindung aus den Systemen flexibler und fester Wechselkurse in Form der Stufenflexibilität, d. h. einer häufigen, an bestimmte Regeln gebundenen Anpassung der Wechselkurse an veränderte ökonomische Verhältnisse, hat sich weltweit nicht durchsetzen lassen.

Innerhalb des Systems flexibler Wechselkurse praktizieren die Mitgliedsländer am Europäischen Währungssystem ein Festkurssystem mit Parität und oberen und unteren Interventionskursen. Mit diesem System wurde die europäische Währungseinheit ECU eingeführt, die als Bezugsgröße für die Wechselkurse, als Indikator für Wechselkursabweichungen, als Recheneinheit für Forderungen und Verbindlichkeiten im EWS und schließlich als Zahlungsmittel und Reserveinstrument der EG-Zentralbanken dient. Der Wert des ECUs ergibt sich aus einem Währungskorb, der sich aus den Mitgliedsländern des EWS zusammensetzt. Änderungen der Leitkurse im Interventionssystem erfolgen nach Abstimmungen zwischen den EWS-Ländern. Dieses System sieht die Möglichkeit von Kreditgewährungen und Beistandsregeln für die Mitglieder vor, was über den gegründeten Europäischen Fonds für währungspolitische Zusammenarbeit praktiziert wird. In diesen Fonds haben die Mitglieder 20 v. H. ihrer Währungsreserven eingezahlt. Das EWS hat in den mehr als 10 Jahren seines Bestehens erfolgreich funktioniert, nicht zuletzt auch deswegen, weil die Wirtschaftspolitiken der Mitgliedsländer sich einander angenähert haben.

6.6 Euromärkte

Mit der Ausweitung des Welthandels und der Internationalisierung der Kapitalströme haben sich seit etwa Mitte der sechziger Jahre monetäre Märkte herausgebildet, die ein beträchtliches Eigenleben führen und sich weitgehend den Einflußmöglichkeiten der Wirtschaftspolitik der einzelnen Staaten entziehen. Ausgangspunkt dieser Entwicklung war der sogenannte Euro-Devisenmarkt. Auf ihm werden Dollarguthaben außerhalb der USA gehandelt, die nicht wieder oder zunächst nicht wieder nach dorthin zurückfließen.

Die Geschäfte am **Euro-Dollar-Markt** umfassen auf der einen Seite die Anlage solcher Währungsbeträge und zum anderen die Kreditaufnahme in Dollar durch Banken und internationale Unternehmen. Euro-Dollar-Transaktionen haben in der Regel kurze Laufzeiten. Sie dienen sowohl der Finanzierung von Export- und Importgeschäften als auch der Geldanlage. Die Ursachen für das Zustandekommen eines solchen Euro-Dollar-Marktes waren folgende:

1. das Bestehen freier Devisenmärkte
2. ein permanentes Defizit in der US-Zahlungsbilanz
3. die Anlage von Dollarguthaben außerhalb der Vereinigten Staaten durch Ostblockländer
4. die Teilnahme an diesem Markt von seiten einiger Zentralbanken mit ihren Dollarguthaben.

Die Existenzberechtigung des Euromarktes – früher häufig in Zweifel gezogen – steht inzwischen außer Frage, nachdem der Übergang zum System floatender Wechselkurse die Notenbanken von der Interventionspflicht am Devisenmarkt weitgehend befreite und damit zugleich den Euromarkt vom Vorwurf entlastete, der Inflation in einzelnen Ländern ständig neue Nahrung zu liefern. Außerdem erinnert man sich gut daran, daß es der Euromarkt war, über den nach der plötzlichen Vervierfachung des Rohölpreises ein Großteil der Petro-Dollars aus den gewaltigen Zahlungsbilanzüberschüssen der OPEC-Länder wieder in den monetären Kreislauf zurückfloß, so daß es möglich wurde, die Zahlungsbilanzdefizite der Ölimportländer weitgehend reibungslos abzudecken.

Der Bankensektor unterliegt aufgrund seiner besonderen Stellung in der Volkswirtschaft in den meisten Ländern einer mehr oder weniger restriktiven Gesetzgebung. Euromarktgeschäfte konzentrieren sich aber vornehmlich auf Plätze, die wie Luxemburg und London in Europa oder die sogenannten **Off-shore-Zentren** außerhalb Europas, wie z. B. Bahamas, Cayman Islands, Hongkong, Manila oder Singapur, eine vergleichsweise liberale Bankengesetzgebung aufweisen. Ein neuer Euromarktplatz wurde 1982 in New York mit Einführung der International Banking Facilities (IBF) geschaffen. Weitgehend frei von administrativen Regelungen können an den genannten Plätzen ansässige Banken ihrer Kundschaft in der Regel bessere Konditionen bieten als Banken, deren Geschäftstätigkeit gesetzlichen Restriktionen unterliegt. Die sich daraus ergebenden Zinsdifferenzen zum nationalen Finanzmarkt sowie die enge Verzahnung der drei Teilmärkte, nämlich Geldmarkt, Kreditmarkt und Kapitalmarkt, durch äußerst flexible Anlage- und Finanzierungsinstrumente machen es für ein Unternehmen oft lohnend, als Geldgeber oder -nehmer an den Euromarkt anstatt an den heimischen Finanzmarkt zu gehen. Angesichts des winkenden Zinsvorteils darf jedoch das Währungsrisiko nicht übersehen werden, wenn die Transaktion in einer für das Unternehmen fremden Währung vorgenommen wird.

Die einzelnen Anlage- und Finanzierungsformen bewegen sich in dem Laufzeitenraum von 1 Tag bis zu 15 Jahren. Das Marktvolumen des Euromarktes belief sich in den letzten Jahren auf folgende Beträge, wobei es sich zum Teil um Schätzungen handelt:

Jahr	1977	1978	1979	1980	1981	1982	1983	1984
				– Mrd. US-Dollar –				
Bruttovolumen	689,8	893,1	1110,0	1321,9	1549,5	1693,7	2093,7	2153,5
Nettovolumen[1]	435	530	665	810	945	1020	1240	1265

[1] Bei dem Nettovolumen handelt es sich um das von den Interbankenbeziehungen bereinigte Bruttovolumen.

Die Bezeichnung Euromarkt nimmt keine geografische Abgrenzung des Marktgebietes vor. Ein Euromarktgeschäft kann auch dann zustande kommen, wenn beide Partner ihren Sitz außerhalb Europas haben. Denn der Euromarkt umfaßt alle Finanzgeschäfte, die in einer für den Gläubiger, also in der Regel die kreditgebende Bank, fremden Währung stattfinden. Daß gerade die Bezeichnung Euromarkt gewählt wurde, hat historische Gründe und hängt mit dem Entstehen des Marktes zusammen.

Wichtigste Währung des Marktes ist traditionell der US-Dollar. Sein Anteil schwankt je nach Teilmarkt zwischen 60 und 80 v. H. Aber neben dem Euro-Dollar-Markt haben sich inzwischen auch Märkte für andere Währungen herausgebildet. So ist als nächst wichtigste Währung die DM zu nennen, deren Anteil zwischen 10 und 25 v. H. liegt. Ferner der Kanadische Dollar, der Schweizer Franken, der Holländische Gulden, der Japanische Yen und der ECU.

Alle diese Märkte ermöglichen Banken und multinationalen Unternehmen – sog. **Multis** – über den heimischen Geld- und Kreditmarkt hinaus die Beschaffung bzw. Anlage der Währungen außerhalb des jeweiligen Hoheitsgebietes. So können auch dann Kredite aufgenommen werden, wenn diese im Inland aufgrund einer entsprechenden Kredit- und Währungspolitik der Zentralbank nicht oder nur zu hohen Konditionen zu beschaffen sind. Diese Möglichkeit muß sich zwangsläufig negativ auf die inländische Wirtschaftspolitik auswirken, wird sie doch dadurch in bestimmter Hinsicht unterlaufen.

Aus diesem Grund haben einzelne Staaten, so auch die Bundesrepublik Deutschland, den Katalog ihrer außenwirtschaftlichen Maßnahmen durch gesetzliche Bestimmungen erweitert, durch die Euro-Geschäfte ausgeschlossen oder neutralisiert werden oder werden können.

Infolge des steigenden Kapitalbedarfs der Unternehmen und der fortschreitenden Integration in Europa gewannen in den letzten Jahren neben den kurzfristigen Euromärkten zunehmend die **Euro-Kapital-Märkte** an Bedeutung.

Auf ihnen soll den kapitalsuchenden Wirtschaftssubjekten in größerem Rahmen geholfen werden, den entsprechenden Kapitalgeber zu finden, der zur Finanzierung von Investitionen benötigt wird. Im Gegensatz zu den Kapitalmärkten in den einzelnen Ländern, deren Funktion weitgehend durch Gesetz und Verordnungen abgesichert ist, bestehen solche Regelungen für die Euro-Kapital-Märkte nur in sehr begrenztem Umfang. Die Ergiebigkeit des Euro-Kapital-Marktes hängt aber wesentlich mit davon ab, ob es gelingt, die unterschiedlichen Verfassungen und Gegebenheiten auf den nationalen Kapitalmärkten so einander anzugleichen, daß die im Euro-Kapital-Markt gehandelten Wertpapiere von den Kapitalgebern aus den verschiedenen Euro-Staaten gleichermaßen als sichere und rentable Anlageformen anerkannt werden.

Als Mittler zwischen Geldgeber- und Geldnehmerseite des Marktes fungieren etwa 60–70 marktbestimmende international ausgerichtete Banken. Die Zentren des Euromarktgeschäftes liegen in Luxemburg und London. Auf der Geldgeberseite befinden sich in erster Linie multinationale Unternehmen, OPEC-Länder mit Zahlungsbilanzüberschüssen sowie einige Zentralbanken. Auf der Geldnehmerseite dominieren multinationale Unternehmen und Länder mit Zahlungsbilanzdefiziten.

Dabei sind die Unternehmen häufig im Energie- oder Verkehrssektor zu Hause und müssen hohe Investitionsvolumina bewältigen. So ist ein Großteil der Investitionen zur Erschließung der Nordsee-Ölvorkommen über den Euromarkt finanziert worden.

Einerseits stehen zwar den Marktteilnehmern alle Teilbereiche des Marktes offen, aber andererseits begrenzt der Markt den Kreis der Marktteilnehmer insoweit, als er strenge Bonitätsmaßstäbe anlegt. Außerdem werden erst Beträge von einer bestimmten Größenordnung an akzeptiert, weil die Abwicklungskosten für Euromarktgeschäfte in der Regel höher sind als am nationalen Finanzmarkt.

Die gewaltigen Volumina, die auf den verschiedenen Euromärkten bewegt werden, haben bereits in den 70er Jahren die Zentralbanken der Industrienationen zu Überlegungen einer Kontrolle dieser Märkte veranlaßt. Es sind vor allem drei Elemente, die diese Überlegungen vorangetrieben haben. Zum einen steigen mit dem zunehmenden Volumen der Euromärkte die Risiken, die aus der finanzierten Verschuldung, insbesondere auch der Entwicklungsländer, resultieren. Zusätzliche Gefahren erwachsen aus dem beträchtlichen Umfang des Interbanken-Geschäfts. Bei Problemen an der einen oder anderen Stelle kann das zu multiplikativen Schwierigkeiten bei vielen Banken führen, die sich am Euromarkt beteiligen. Schließlich befürchten die Notenbanken, daß durch die Aktivitäten am Euromarkt ihre im Inland betriebene Geldpolitik unterlaufen wird.

Die Bestrebungen einer stärkeren Kontrolle des Euromarktes durch die Zentralbanken gehen daher vor allem in zwei Richtungen. Einmal soll durch verstärkte Information die Transparenz der Euromärkte vergrößert werden. So geben die am Euromarkt beteiligten Institute bestimmte regelmäßige statistische Meldungen freiwillig ab. Die Konsolidierung der Jahresabschlüsse der Mutterbanken mit den Euromarkttöchtern wird seit September 1981 in der Bundesrepublik auf der Basis eines Gentlemen's Agreement zwischen der Deutschen Bundesbank und den Kreditinstituten praktiziert. Am 1. 1. 1985 trat die Änderung des Kreditwesengesetzes aus dem Jahr 1961 in Kraft, das die staatliche Zulassung und Beaufsichtigung der in der Bundesrepublik tätigen Kreditinstitute regelt. Zu den Kernpunkten der **KWG-Novelle** gehört die Konsolidierung der risikobegrenzenden Eigenkapitalvorschriften sowohl für das gesamte Kreditgeschäft als auch für große Einzelkredite. Danach darf seit dem 1. 7. 1985 die Gesamtheit der Kredite und Beteiligungen einer Bank, aber auch eines Bankkonzerns, das 18fache des haftenden Eigenkapitals nicht mehr übersteigen (Grundsatz I KWG). Außerdem wurde die Großkreditgrenze von 75% auf 50% der haftenden Eigenmittel herabgesetzt. Dadurch soll eine Doppel- oder Mehrfachbelegung des haftenden Eigenkapitals in Zukunft ausgeschlossen werden, die durch die Einbringung von Eigenkapital in ausländische Beteiligungs- oder Tochterbanken bislang möglich war. Zum Abbau des bestehenden Kreditüberhangs wurden Übergangsfristen eingeräumt, in denen die Kreditinstitute ihr Eigenkapital erhöhen und/oder ihr Kreditgeschäft zurückführen müssen. Darüber hinaus besteht bei vielen Notenbanken die Vorstellung, die Kreditinstitute am Euromarkt mit Mindestreserven zu belegen, um auf diese Weise eine Einflußmöglichkeit auf die Entwicklung dieser Märkte zu erhalten. Die Durchsetzung beider Ansatzpunkte bereitet erhebliche Schwierigkeiten. Zum einen berufen sich die Kreditinstitute zu Recht auf die hohe Leistungsfähigkeit zur Lösung der internationalen Probleme durch diese internationalen Geld- und Kapitalmärkte, zum anderen ist das Netz der Euro-Banken weltweit mittlerweile so stark verteilt, daß eine lückenlose Kontrolle kaum realisiert werden kann. Über mehr oder weniger direkte Eingriffe der einzelnen Notenbanken in die Geschäftstätigkeit der Euro-Banken besteht noch keine Übereinstimmung bei den nationalen Stellen, so daß eine Realisierung dieser Vorstellungen nur unvollständig und in kleinen Schritten möglich erscheint.

Zusammenfassung

6.6 Euromärkte

Mit der Ausweitung des Welthandels und der Internationalisierung der Kapitalströme haben sich monetäre Märkte herausgebildet, die ein beträchtliches Eigenleben führen und sich weitgehend den Einflußmöglichkeiten der Wirtschaftspolitik der einzelnen Staaten entziehen. Diese Märkte werden als Euro-Märkte bezeichnet. Auf dem Euro-Dollar-Markt werden Dollarguthaben außerhalb der USA gehandelt. Die Geschäfte am Euro-Dollar-Markt umfassen die Anlage solcher Währungsbeträge und die Kreditaufnahme in Dollar durch Banken, internationale Unternehmen und staatliche Institutionen.

Euromarktgeschäfte konzentrieren sich auf Plätze wie Luxemburg, London und New York oder auf sogenannte Off-Shore-Zentren, in denen sich der Kapitalverkehr und die Preisbildung frei von Reglementierungen vollziehen. Die Bezeichnung Euro-Markt nimmt keine eingrenzende geographische Definition vor. Wichtigste Währung des Marktes ist der US-Dollar, gefolgt von der D-Mark und einigen wenigen anderen Währungen. Man unterscheidet den Euro-Geld- und den Euro-Kapitalmarkt. Marktteilnehmer sind nur solche Banken, Unternehmen und Staaten, die den strengen Bonitätsmaßstäben genügen. Das auf den Euro-Märkten bewegte beachtliche Volumen, das sich außerhalb der Eingriffs- und Steuerungsmöglichkeiten von Zentralbanken befindet, hat die Bestrebungen zu einer stärkeren Kontrolle des Euro-Marktes forciert. In der Bundesrepublik Deutschland ist es durch Einbeziehung der Euro-Markt-Töchter deutscher Kreditinstitute in den Konzernabschluß und im Rahmen einer KWG-Novellierung durch Einbeziehung in die Grundsatzregelungen zu einer erhöhten Transparenz und in gewissem Umfang auch begrenzenden Einflußnahme auf die Euro-Markt-Aktivitäten deutscher Banken gekommen.

6.7 Außenhandel und Entwicklungsländer

Wenn in der Vergangenheit von Außenhandel die Rede war, wurde im allgemeinen darunter der Austausch von Gütern und Dienstleistungen zwischen den Industrienationen verstanden. Dabei bezog man unterschwellig die Lieferungen an Naturprodukten und Rohstoffen mit ein, die frühere Kolonialmächte aus den ihnen unterstehenden Gebieten bezogen. Die beiden Weltkriege und die in der Zwischenzeit rund um den Globus einsetzenden Autarkiebestrebungen haben die Ströme und den Inhalt der außenwirtschaftlichen Beziehungen weitgehend verändert. So betreiben einerseits heute die großen Industrienationen aufgrund der weltweiten Arbeitsteilung untereinander intensiven Güter- und Leistungsaustausch. Daneben entwickelt sich aus dem früher nahezu einseitigen Lieferverhältnis für Rohstoffe aus Teilen der unterentwickelten Länder in die Industrienationen mehr und mehr auch ein wechselseitiger Handels- und Kapitalverkehr. Das um so intensiver, als sich die inzwischen zu souveränen Staaten gewordenen **Entwicklungsländer** mehr und mehr ihrer Bedeutung innerhalb der Welt aufgrund einseitig verteilter Energiereserven etc. bewußt werden.

Die Frage, welche Länder als unterentwickelt klassifiziert werden können, läßt sich an folgenden Kriterien messen:

1. **Sozialprodukt**
   Entwicklungsländer zeichnen sich durch ein niedriges Sozialprodukt pro Kopf der Bevölkerung aus, durch ein relativ geringes Volumen an Nahrungsmitteln sowie eine auf wenige Erzeugnisse ausgerichtete Produktion von Agrargütern und Grundstoffen (sogenannte **Monokulturen**).
2. **Produktionsfaktor Kapital**
   Infolge geringen Einkommens der Bevölkerung besitzen Entwicklungsländer eine niedrige gesamtwirtschaftliche Sparquote. Kapitalbildung und damit Investitionen sind so enge Grenzen gesetzt.
3. **Produktionsfaktor Arbeit**
   In den Entwicklungsländern ist der Anteil an **Analphabeten** vergleichswei-

se hoch. Die Arbeitsproduktivität ist relativ gering, der überwiegende Teil der erwerbstätigen Bevölkerung ist im Agrarbereich beschäftigt.

4. **Kombination der Produktionsfaktoren**
   Beim Einsatz der Produktionsfaktoren zeigt sich eine niedrige **Kapitalintensität,** d. h. ein ungünstiges Ergebnis aus dem Einsatz von Kapital und Arbeitskräften.

5. **Einkommens- und Vermögensverteilung**
   Durch den außerordentlich krassen Gegensatz zwischen Armen und Reichen ergeben sich im allgemeinen sehr extreme Ungleichgewichte bei der Einkommens- und Vermögensverteilung.

6. **Steuerungs- und Lenkungsmechanismus**
   Die überwiegende Erscheinungsform in den unterentwickelten Ländern ist die sogenannte **Bedarfsdeckungswirtschaft.** In Basaren und auf regelmäßigen Märkten wird alles das angeboten, was zum Lebensunterhalt notwendig ist. Daneben finden sich ein kleiner Kreis quasi monopolkapitalistischer Unternehmen und – zur Beseitigung der dringendsten Not – staatliche Wirtschafts- und Entwicklungsplanungen.

7. **Ressourcen und Exportabhängigkeit**
   Nur wenige Entwicklungsländer verfügen über gewaltige Reserven an Rohstoffen, insbesondere Rohöl und Erdgas. Durch die erstmals 1973 in den Industrienationen spürbar gewordene Energiekrise aufgrund von Lieferbeschränkungen der Förderländer und den darauf einsetzenden beträchtlichen Preisanstieg haben sich in diesen Volkswirtschaften beträchtliche Kapitalreserven angesammelt, ohne daß die gesamtwirtschaftliche Entwicklung der vergangenen kurzen Zeitspanne entsprechend positiv verlaufen ist.

Anhand dieser klassifizierenden Merkmale umfaßt die Gruppe der armen oder besser unterentwickelten Länder einen Anteil an der Weltbevölkerung von rd. drei Viertel, dagegen am Welteinkommen von nur einem Fünftel. Gerade wegen der unterschiedlichen Verteilung der Ressourcen innerhalb dieser Länder ergeben sich jedoch erhebliche Differenzen bezüglich des Pro-Kopf-Einkommens. Es schwankt zwischen weniger als 100 US-Dollar pro Jahr in Bangladesh und mehreren tausend US-Dollar in Libyen. Enorm groß ist auch der Abstand beim Bruttosozialprodukt je Einwohner zu den sog. reichen Ländern mit dem höchsten Bruttosozialprodukt pro Kopf der Bevölkerung. Allerdings finden sich einzelne Ölländer bereits in dieser Gruppe (siehe Grafik S. 259). Da ihr Reichtum jedoch ausschließlich auf dem Öl basiert, wäre in den Ländern am Persischen Golf das goldene Zeitalter schnell zu Ende, würden diese Quellen plötzlich versiegen.

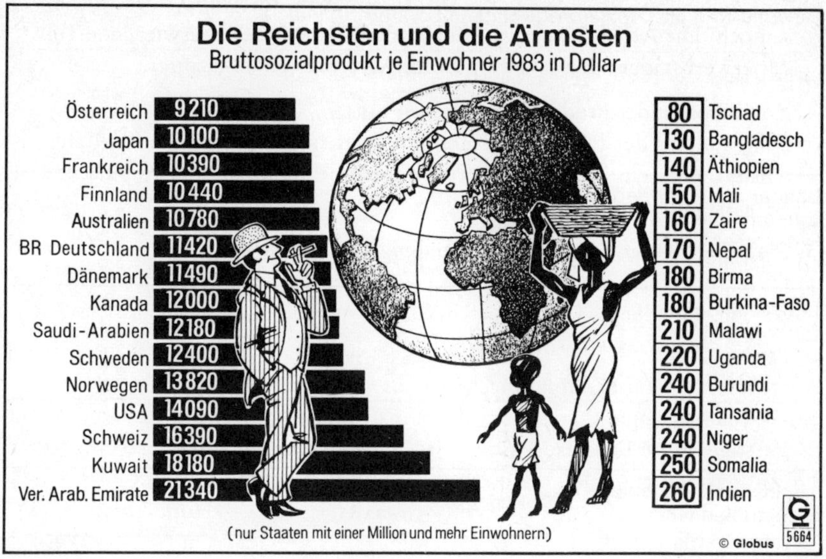

Trotz eines prozentualen Zuwachses zugunsten der Entwicklungsländer hat sich jedoch das Gewicht in der Vergangenheit absolut weiter zum Vorteil der Industrienationen verschoben, wie auch der Vergleich der Jahre 1960 bis 1982 zeigt (siehe hierzu Tabelle Seite 260).

Untersucht man die Entwicklungslinien im internationalen Handel, so ergibt sich beispielsweise, daß 1975 die Industrienationen Güter im Wert von 26 Mrd. Dollar aus Entwicklungsländern importieren, während ihre Exporte in dieselben Länder einen Wert von 123 Mrd. Dollar hatten. Das entspricht einem Anteil von 30% ihres Gesamtexports an produzierten Gütern. Diese Diskrepanz hat sich in den letzten Jahren eher noch vergrößert. Die Länder der Dritten Welt liefern auch heute noch mit weniger als 2% nur einen äußerst geringen Teil aller produzierten Güter, die in den Industrienationen konsumiert werden.

Das heißt also, daß der Handel mit Entwicklungsländern für die westlichen Industrienationen sehr viel unbedeutender ist als im umgekehrten Fall, dagegen die Dritte Welt in ihren internationalen Handelsbeziehungen stark auf die Wirtschaftsnationen angewiesen ist.

Die geringen Exportchancen der Entwicklungsländer lassen sich überwiegend auf ihre Monostruktur zurückführen, d. h. auf die nur wenige Agrarprodukte oder Rohstoffe umfassende Angebotspalette.

Der Anteil der arbeitsintensiv verarbeiteten Erzeugnisse am Export der Dritten Welt nimmt aufgrund der relativ günstigen Kostensituation der Länder zwar

Bevölkerung und Sozialprodukt nach Ländergruppen 1982

Ländergruppe	Bevölkerung in Mio.	Durchschnittliche Wachstumsraten des Bruttoinlandsprodukts (US-$) in % 1960–1970	1970–1981	Bruttosozialprodukt in US-$ 1982	Durchschnittliches Wachstum in % 1960–1982
Länder mit niedrigem Einkommen	2269	4,6	4,5	280	3,0
darunter China und Indien	1725	4,5	4,8	290	3,5
Länder mit mittlerem Einkommen	1163	6,0	5,6	1520	3,6
Ölexporteure	521	6,3	6,2	1260	3,6
Ölimporteure	642	5,8	5,4	1710	3,5
Ölexportländer mit hohem Einkommen	7	·	5,3	14820	5,6
Marktwirtschaftliche Industrieländer	723	5,1	3,0	11070	3,3
Osteuropäische Staatshandels-Länder	394	·	6,4[1]	4640[2]	4,2[3]

[1] 1970–1980. [2] 1980. [3] 1960–1980.

beständig zu, jedoch konzentriert er sich auf nur wenige Volkswirtschaften wie z. B. Hongkong, Taiwan und Singapur.

Die Stellung der Entwicklungsländer im internationalen Handel wird nachhaltig erschwert durch

1. eine Begrenzung der mengenmäßigen Nachfrage nach den Erzeugnissen der Entwicklungsländer,
2. Schutz der Eigenproduktion und Erschwerung des Marktzutritts für die ausländische Konkurrenz durch die Industrienationen,
3. Schaffung von Ersatzprodukten in den technisch hoch entwickelten Ländern, wodurch die Erzeugnisse aus den Entwicklungsländern vom Markt verdrängt werden.

Die einseitige Konzentration der Dritten Welt auf Agrarprodukte und Rohstoffe führte im Lauf der Zeit für diese Länder zu einer ständigen Verschlechterung der terms of trade und damit zu ständigen Handelsbilanzdefiziten und wachsenden Verschuldungsraten.

Ausgewählte Länder in der Reihenfolge der Pro-Kopf-Einkommen

Land	Leistungsbilanz (in Mio. US-Dollar, 1983) Defizit	Leistungsbilanz (in Mio. US-Dollar, 1983) Überschuß	Bruttosozialprodukt je Einwohner (in US-Dollar, 1983)
Länder mit niedrigem Einkommen:			
Äthiopien	170		140
Indien	1906		230
Pakistan		14	310
Sudan	220		380
Länder mit mittlerem Einkommen:			
Ghana	218		390
Ägypten	785		490
Brasilien	6837		1600
Algerien	86		1880
Malaysia	3379		1930
Argentinien	2436		2260
Israel	2327		4840
Industrieländer:			
Italien		597	6130
Frankreich	4904		9480
Japan		20800	9710
Deutschland		4470	10700
USA	41580		14000
Schweiz		3526	15620
Ölüberschußländer:			
Libyen	1707		7770
Kuweit		5115	12750

Quelle: IWF

Die **terms of trade** spiegeln das gütermäßige Austauschverhältnis zwischen Ein- und Ausfuhr wider. Sie geben an, wieviele Gütereinheiten im Durchschnitt für eine Exportmengeneinheit im Ausland gekauft werden können, und werden durch die Relation

$$\frac{\text{Index der Ausfuhrpreise}}{\text{Index der Einfuhrpreise}} \times 100$$

ermittelt.

Die terms of trade lassen sich also definieren als das Verhältnis von Exportwertindex zu Importwertindex, jeweils bezogen auf ein bestimmtes Basisjahr. Sinkende Exportpreise bzw. steigende Importpreise lassen den Wert der terms of trade kleiner werden. Das bedeutet: Um die gleichen Einfuhrmengen zu erzielen, müssen in diesem Fall mehr Güter exportiert werden. Gerade dieses Dilemma war kennzeichnend für die Außenhandelsentwicklungen der Dritten Welt in der Vergangenheit.

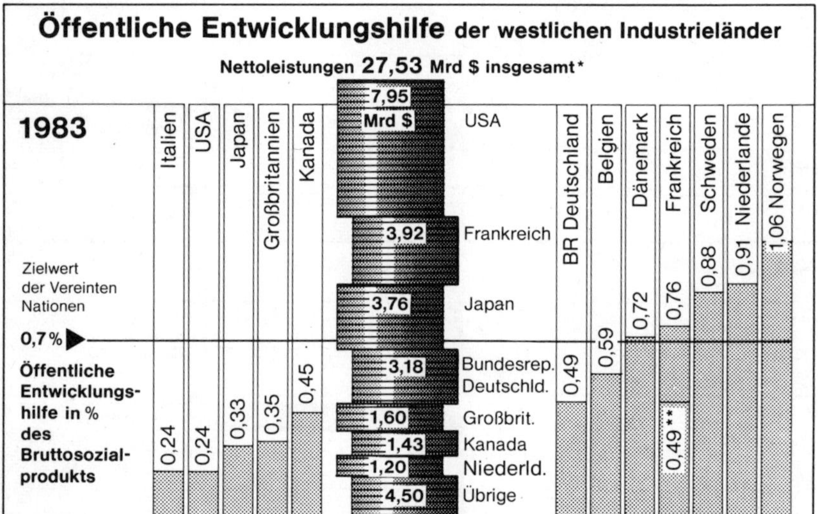

Ein weiteres spezifisches Merkmal der internationalen wirtschaftlichen Verbindungen der Entwicklungsländer sind die Kapitalbewegungen. Die Geld- und Kreditströme, die von den industrialisierten zu den unterentwickelten Staaten fließen, bestehen aus öffentlichen Mitteln und privaten Kapitaltransaktionen.

Die privaten Kapitalübertragungen setzen sich sowohl aus privaten Direktinvestitionen zum Aufbau von Niederlassungen oder aber zum Kauf von Aktien und sonstigen Anteilen, ferner aus der Gewährung von Exportkrediten zusammen. Bei der Vergabe staatlicher Finanzhilfen spielen vor allem politische Motive eine Rolle.

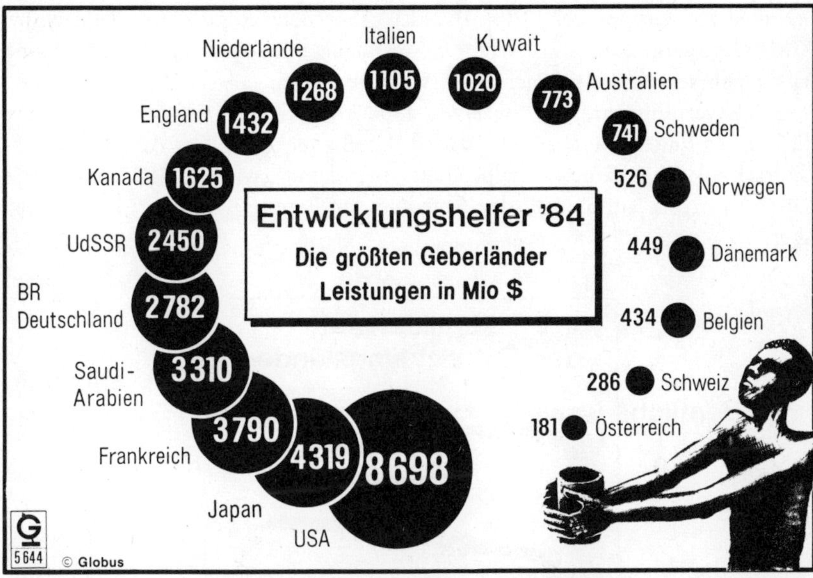

Wenn sich auch in den letzten 15 Jahren die Zahlungen erheblich erhöht haben, wobei zunehmend multilaterale Hilfen gegeben wurden, gelten diese Summen dennoch als unzureichend. Die Weltbank forderte deshalb auch in ihren Jahresberichten regelmäßig massive Entwicklungshilfeanstrengungen der Industrienationen. Insbesondere die drei größten Industriestaaten der Welt (USA und Japan – sie leisten in den letzten Jahren stets weniger als die Hälfte ihres offiziellen Entwicklungshilfeziels von 0,7% des jeweiligen Bruttosozialproduktes – sowie die Bundesrepublik Deutschland, die ihre Zahlungen in den letzten Jahren verstärkte, mit 0,45% im Jahr 1984 aber immer noch weit unter dem von den UN empfohlenen Richtsatz liegt) wurden um verstärkte Aktivitäten gebeten. Insgesamt zahlten die westlichen Industrieländer 1984 (siehe Graphik) 28,85 Mrd. US-Dollar an öffentlicher Entwicklungshilfe. Diese Beträge reichen jedoch bei weitem nicht aus, um die Kosten abzudecken, die den Entwicklungsländern allein durch die Explosion der Ölpreise entstanden sind. Während die Industrieländer zumindest einen Teil des Ölpreisschubs durch verstärkte wirtschaftliche Anstrengungen auffangen können, geraten die Entwicklungsländer – wie die Graphik zeigt – immer tiefer in die Öl-Klemme, wenngleich sich im Zuge der jüngsten Ölpreissenkung eine Entlastung ergibt. Die Bundesrepublik

Deutschland sagte 1978 den 30 ärmsten Entwicklungsländern eine Hilfe in Form von Zuschüssen – statt wie bisher Darlehen – zu, d. h. sie wird bis zum Jahr 2000 diesen Volkswirtschaften 4,3 Mrd. DM aufgelaufener Schulden erlassen.

In dem Bemühen, ihre wirtschaftliche Entwicklung voranzutreiben, erhöhten die nicht zur Gruppe der OPEC-Länder gehörenden Entwicklungsländer ihre Auslandsverschuldung drastisch. Die Auslandsschulden dieser Ländergruppe haben sich seit dem Ausbruch der ersten Ölkrise im Jahr 1973 bis Ende 1984 mehr als verfünffacht, und zwar von 130 Mrd. US-$ auf 730 Mrd. US-$. Sie dürften bis Ende 1986 auf fast 800 Mrd. US-$ zunehmen. Der Anteil der Auslandsschulden am Bruttosozialprodukt stieg damit zwischen 1973 und Ende 1984 von 22,4% auf 36,2%, der Anteil an den Exporterlösen von 115,4% auf über 150%.

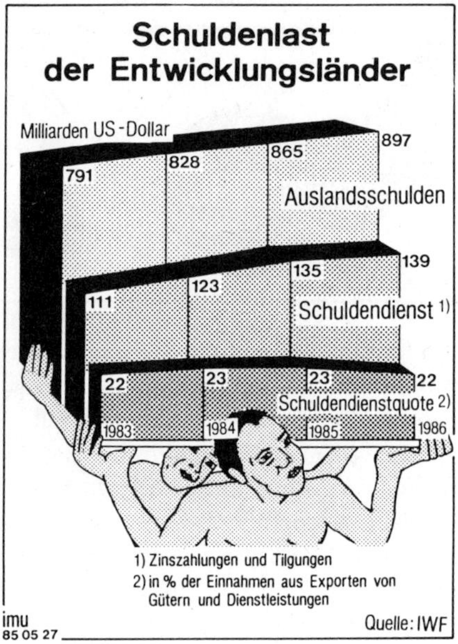

Die Bedienung des Schuldendienstes, der von knapp 20 Mrd. US-$ 1973 auf 123 Mrd. US-$ im Jahr 1984 anstieg, stellte viele Schuldnerländer vor erhebliche Probleme, als die weltwirtschaftliche Rezession – begleitet von hohen Zinsen und einem Verfall der internationalen Rohstoffpreise – von 1980 bis 1982/83 anhielt. Nur mit Umschuldungen und Überbrückungskrediten der Banken und der internationalen Institutionen wie dem IWF gelang es, die Zahlungsunfähigkeit zahlreicher großer und kleinerer Schuldnerländer und eine Gefährdung des internationalen Finanzsystems sowie der Weltwirtschaft abzuwenden. Zwischen 1980 und Ende 1984 kam es zu fast 100 Umschuldungsaktionen, die 38 Entwicklungsländer betrafen. Allein 1984 wurden Verhandlungen über ein Umschuldungsvolumen von mehr als 115 Mrd. US-$ geführt. Davon entfielen vier Fünftel auf die lateinamerikanischen Schuldnerländer Argentinien, Mexiko und Venezuela.

Der zunehmenden Verschuldung der Entwicklungsländer sowie dem Anstieg der Zins- und Tilgungsleistungen stand eine permanente Verschlechterung der terms of trade gegenüber.

Eine Abhilfe und Verbesserung der gesamtwirtschaftlichen Situation in den Ländern läßt sich aber nicht allein mit Hilfe von Kapitalspritzen und finanziellen Unterstützungsaktionen erreichen. Viclmehr müssen die Länder auch unterstützt werden bei ihrem Bemühen um Abbau der Monostrukturen, Förderung der Industrialisierung, Schulung und Ausbildung der Arbeitskräfte u. a. m.

Zusammenfassung

6.7 Außenhandel und Entwicklungsländer

Nachdem in der Vergangenheit die Entwicklungsländer im Außenhandel vornehmlich die Rolle der Lieferanten von Naturprodukten und Rohstoffen spielten, haben sich in den vergangenen Jahrzehnten diese Verhältnisse deutlich verändert. So entstanden insbesondere auch aus den früher eher einseitigen Lieferverhältnissen aus den unterentwickelten Ländern in die Industrienationen mehr und mehr wechselseitige Handels- und Kapitalbeziehungen.

Die Frage, welche Staaten zu den unterentwickelten Ländern zu rechnen sind, läßt sich anhand von Kriterien – wenn auch nicht immer ganz zweifelsfrei – bestimmen. Zu diesen Maßstäben gehören das Sozialprodukt und seine Zusammensetzung, die Höhe der gesamtwirtschaftlichen Sparquote und Kapitalbildung, Ausbildungsstand und Arbeitsproduktivität, ferner extreme Ungleichgewichte bei der Einkommens- und Vermögensverteilung. Führt man anhand dieser Kriterien eine Klassifizierung der Länder in unterentwikkelte und entwickelte Staaten durch, so läßt sich feststellen, daß zwar mehr als die Hälfte der Weltbevölkerung in unterentwickelten Ländern lebt, ihr Anteil am Welteinkommen aber nur bei einem Fünftel liegt.

Insgesamt hat sich in der Vergangenheit die wirtschaftliche Leistung relativ und absolut weiter zum Vorteil der Industrienationen verschoben. Es ist auch festzuhalten, daß der Handel mit Entwicklungsländern für die westlichen Industrienationen sehr viel unbedeutender ist als im umgekehrten Fall,

d. h. die Dritte Welt ist in ihren internationalen Handelsbeziehungen stark auf die Wirtschaftsnationen angewiesen. Die Stellung der Entwicklungsländer im internationalen Güter- und Dienstleistungsaustausch wird nicht nur von den eigenen begrenzten Ressourcen her erschwert, sondern auch durch Marktzugangsbeschränkungen in den entwickelten Staaten sowie durch die Schaffung von Ersatzprodukten in den technisch hochentwickelten Ländern.

Die ständige Verschlechterung der Terms of Trade bei den unterentwickelten Ländern führt zu permanenten Handelsbilanzdefiziten und zunehmender internationaler Verschuldung. Die Terms of Trade geben an, wieviele Gütereinheiten im Durchschnitt für eine Exportmengeneinheit im Ausland gekauft werden können. Sinkende Exportpreise bzw. steigende Importpreise lassen den Wert der Terms of Trade kleiner werden. Das heißt, es müssen mehr Güter exportiert werden, um die gleichen Einfuhrmengen wie zuvor realisieren zu können.

Ein spezifisches Merkmal der internationalen wirtschaftlichen Verbindungen zu den Entwicklungsländern ist der seit vielen Jahren anhaltende Kapitalfluß aus öffentlichen und privaten Transaktionen. Dabei ist zum einen zwischen der Entwicklungshilfe durch öffentliche Stellen und zum anderen der Kreditgewährung durch Banken, öffentliche Stellen und internationale Institutionen zu unterscheiden. Der prozentuale Anteil der öffentlichen Entwicklungshilfeleistungen am Bruttosozialprodukt der Industriestaaten liegt in den meisten dieser Länder weit unter einem Prozent. Diese Mittel reichen im allgemeinen nicht aus, um eine dynamische Entwicklung in den Ländern der Dritten Welt nachhaltig zu fördern. Darüber hinaus sind zahlreiche etwas weiter entwickelte Länder mit hohen Auslandsschulden gegenüber Kreditinstituten belastet, die viele von ihnen heute nur über Umschuldungsabkommen noch zu bedienen in der Lage sind. Die Lösung der Problemlage der Entwicklungsländer gestaltet sich außerordentlich schwierig. Keineswegs reichen Kapitalspritzen und finanzielle Unterstützungsaktionen allein aus. Vielmehr muß es auch zu einer breiteren Öffnung der Märkte der Industrienationen für Produkte dieser Länder kommen.

Übungsfragen:

1. Die modernen Verkehrswirtschaften sind gekennzeichnet durch einen relativ großen Anteil des Außenhandels am Wirtschaftsleben. Welche Gründe haben zu den intensiven zwischenstaatlichen Wirtschaftsbeziehungen geführt?
2. Erläutern Sie die Theorie der komparativen Kosten für die Begründung des Außenhandels.
   Warum ist es sinnvoll, daß sich ein Land vorrangig auf die Produktion des kostengünstigsten Produktes beschränkt?

3. Nennen Sie die Voraussetzungen, die erfüllt sein müssen, damit die internationale Arbeitsteilung zum Vorteil aller daran beteiligten Volkswirtschaften genutzt werden kann.

4. Worin liegt die Bedeutung von Zöllen für eine Volkswirtschaft, und welche verschiedenen Arten können zur Steuerung des binnenländischen Wirtschaftslebens erhoben werden?

5. Welche Wirkung haben unterschiedlich hohe Mehrwertsteuersätze in verschiedenen Ländern für den Güteraustausch? Wie kann man sicherstellen, daß diese Folgen nicht eintreten?

6. Wodurch unterscheidet sich die Zahlungsbilanz von der Bilanz eines Unternehmens?

7. Buchen Sie folgende Transaktionen in die Zahlungsbilanz bzw. ihre Unterbilanzen:
   a) Export einer Maschine im Wert von 1 Mio. DM gegen ein Zahlungsziel von 3 Monaten;
   b) Import einer Haushaltssendung französischen Weines im Wert von 5000,– DM gegen Barzahlung;
   c) ein unter US-Flagge laufender Dampfer transportiert deutsche Ware von Bremerhaven nach New York zu einem Preis von 100000,– DM, der bei Anlandung fällig wird;
   d) ein französisches Unternehmen versichert seine Fabrikanlagen gegen Feuer bei einem deutschen Versicherer und zahlt eine Jahresprämie von 200000,– DM;
   e) die Bundesrepublik Deutschland schenkt der Republik Dahomey zwei Klinomobile;
   f) eine deutsche Landesbank erhält aus ihrer Anlage in US-Wertpapieren Zinsen in Höhe von 2 Mio. DM;
   g) ein deutsches Unternehmen beteiligt sich an einer argentinischen Rinderfarm mit einem Betrag von 5 Mio. DM;
   h) ein Kreditinstitut kauft von der Republik Südafrika Krüger-Rand-Münzen im Wert von 6 Mio. DM.

8. Was verstehen Sie unter Währungsreserven einer Volkswirtschaft, und wer verwaltet diese normalerweise?
   Wie verändern sich die Währungsreserven aufgrund der in der vorhergehenden Aufgabe genannten internationalen Transaktionen?

9. Was bedeuten im Außenhandel die Bezeichnungen cif und fob?

10. Welche Beziehung besteht zwischen der Höhe des Wechselkurses und verschiedenen Zahlungsbilanzsituationen?

11. Erläutern Sie anhand eines Beispiels den Zusammenhang zwischen Devisenkassa- und Devisenterminmarkt.
    Wie bezeichnet man die Differenz zwischen Kassa- und Terminkurs?

12. In der Bundesrepublik Deutschland konnten wir in der Vergangenheit mehrere Aufwertungen der DM verzeichnen. Welches sind die Gründe für diese Aufwertungen, und was sollte tendenziell mit ihnen erreicht werden?

13. Erläutern Sie den grundlegenden Unterschied zwischen flexiblen und festen Wechselkursen und ihre Bedeutung für die Geldpolitik einer Zentralbank.

14. In der Vergangenheit gab es Goldumlauf- bzw. Goldkernwährungssysteme. Wie wirkten sich damals in einem Land Importüberschüsse aus?

15. Was versteht man unter Sonderziehungsrechten im internationalen Währungsgefüge, und welche Bedeutung haben diese?

16. Das internationale Währungssystem von Bretton Woods mit festen Wechselkursen basierte auf dem Reservemedium US-Dollar. Es brach in den frühen 70er Jahren zunehmend zusammen und wurde schließlich durch flexible Wechselkurse ersetzt. Welches sind die Gründe für den Zusammenbruch des alten Wechselkurssystems?
17. Welches Ziel hat das Europäische Währungssystem und wieweit ist es bisher erreicht?
18. Eine Wirtschafts- und Währungsunion verfolgt unter anderem das Ziel, eine einheitliche Währung für alle daran beteiligten Länder zustande zu bringen. Welche Voraussetzungen müssen erfüllt sein, damit ein solches gemeinsames Währungsgefüge installiert werden kann?
19. Was ist der Euro-Dollar-Markt, und welche Gründe haben zu seinem Entstehen beigetragen?
20. Auf welche Weise erhalten Sparkassen Zugang zum Euro-Dollar-Markt?

7 Wirtschaftsintegrationen

Einführung in die Thematik

Aufgrund eines belgischen Kompromißvorschlages einigte sich die Mehrheit der EG-Partner gestern in Brüssel darauf, daß die Europäische Währungseinheit die Grundlage für das künftige neue Leitkurssystem und für die Festlegung des währungspolitischen Beistandssystems sein soll. Das bedeutet, daß der Bezugspunkt des neuen Währungssystems entsprechend den deutschen Vorstellungen grundsätzlich feste Leitkurse sein werden und keine flexiblen, täglich schwankenden „Währungskorb-Kurse", wie es die Abwertungsländer gerne sähen.

(Börsen-Zeitung vom 19. 9. 1978)

Ein Europäisches Währungssystem mit festen Wechselkursen setzt eine gleichgerichtete Wirtschafts- und Konjunkturpolitik der Teilnehmerländer auf der Basis der Stabilität voraus. (Süddeutsche Zeitung vom 15. 9. 1978)

Vom Standpunkt der Moskauer Bank existiert der Rubel international nur als Transferrubel, der in Abrechnungen zwischen den Comecon-Staaten verwendet wird. Aber auch hier ist er eine Fiktion, weil die Preise im Handel zwischen den Comecon-Ländern auch auf der Basis der Weltmarktpreise festgesetzt und aus Dollar, DM, Franken, Yen und Pfunden mit der Hilfe derselben Kurstabelle in Rubel umgerechnet werden. (Handelsblatt vom 29. 8. 1978)

Der Europäische Rat bekräftigt seine Entschlossenheit, das offene Welthandelssystem durch gemeinsame Anstrengungen zu stärken. Er unterstreicht die überragende Bedeutung, die er einem substantiellen und ausgewogenen Ergebnis der multilateralen Handelsverhandlungen im Rahmen des GATT beimißt.

(Bulletin des Presse- und Informationsamtes der Bundesregierung vom 11. 7. 1978)

Die Agrarproduktion in den westlichen Industrieländern, an der Spitze die der Europäischen Gemeinschaft, ist die teuerste der Welt. Die Überschüsse daraus käuflich zu erwerben, können sich die armen Länder gar nicht leisten, ganz abgesehen davon, daß sie im Wettbewerb mit den Großeinkäufern Sowjetunion und China nicht mitzuhalten vermögen. (Frankfurter Allgemeine Zeitung vom 24. 10. 1980)

Ziel des Weltwirtschaftsgipfels muß es sein, Bilateralismus, Protektionismus und Subventionen als Maßnahmen zu identifizieren, bei denen niemand auf Dauer gewinnen, aber alle verlieren werden.

(Otto Graf Lambsdorff – Vortrag am 12. 4. 1983 in Hannover)

Das viel gepriesene und auch von Europa so respektvoll erwartete pazifische Zeitalter, mit dem zugleich die Zukunft des alten Kontinents als wirtschaftlich/technologisches Kraftzentrum begraben werden sollte, scheint, bevor es tatsächlich begonnen hat, bereits an den Strukturen der Region zu scheitern. Ehe die Region zu einem Wirtschaftsraum mit einem Minimum an integrativer Substanz zusammenwachsen kann, bedrohen Parallelität der Entwicklung und Rivalität der Akteure das Wachstum und den ordnungspolitischen Rahmen für den Handel sowie eventuell auch für den Kapitalverkehr.

(Helmut Becker, Börsenzeitung vom 14. 6. 1985)

Lerninhalte

1. Bi- und multilaterale Handelsverträge sollen weltweiten Wettbewerb sichern
2. EWG und EFTA – zwei Wege zu einem Ziel
3. Der Weg der Europäischen Wirtschaftsgemeinschaft von Rom bis zur Währungsschlange
4. Die EFTA – eine Antwort auf die EWG
5. Was will das Comecon?
6. Bessere Marktversorgung durch das GATT
7. Die OECD – Koordinierungsstelle für Konjunktur- und Währungspolitik
8. Die Notenbanken Europas unter einem Dach in der Bank für Internationalen Zahlungsausgleich
9. Entwicklungshilfe der Weltbank
10. Weltwirtschaftsgipfel – ein Problemlöser?

Nach dem Durcharbeiten dieses Kapitels sollte der Leser die vorgenannten Lerninhalte erfaßt haben, den Wissensstoff beherrschen und die behandelten wirtschaftlichen Fachbegriffe bzw. Zusammenhänge erklären können. Eine Kontrolle bieten dazu die Übungsfragen am Schluß dieses Kapitels.

7.1 Regionale Wirtschaftsintegrationen

Die wachsende Weltbevölkerung und ihre Versorgung sowie die Vorteile internationaler Arbeitsteilung machen es notwendig, daß sich zwischen den einzelnen Staaten ein permanenter Güter- und Dienstleistungsaustausch vollzieht. Jede den freien Wettbewerb beeinträchtigende Maßnahme, die eine einzelne Nation im Außenhandel trifft, sei es zum Schutz der inländischen Wirtschaft oder zur Förderung des Exportes, beeinflußt direkt oder indirekt die Transaktionen anderer Länder. Es ist deshalb durchaus verständlich, daß das Ausland auf Alleingänge bei außenwirtschaftspolitischen Aktionen einer Volkswirtschaft mit gleichen oder ähnlichen Schritten reagiert. Das muß also jede Nation, die den freien

Wettbewerb behindernde Maßnahmen trifft, von vornherein in Rechnung stellen. Um nun die internationale Arbeitsteilung und den Welthandel nicht zu gefährden, zugleich den Waren- und Dienstleistungsaustausch durch die Länder noch zu intensivieren, ist man bestrebt, Aktionen und Reaktionen der einzelnen Volkswirtschaften, die sich auf dem Weltmarkt auswirken, überschaubar zu machen, d. h. den internationalen Wettbewerb an bestimmte Regeln zu binden. So wurde z. B. versucht, durch allseitig anerkannte Handelsverträge Regeln aufzustellen, die die nationalstaatliche Autonomie in bezug auf außenwirtschaftliche Instrumente einschränkt. Die Idee, daß Staaten untereinander wirtschaftlich zum gegenseitigen Vorteil zusammenarbeiten, hat sich ferner nicht nur in mancherlei zweiseitigen (**bilateralen**) und mehrseitigen (**multilateralen**) **Handelsverträgen** niedergeschlagen, sondern auch in einer Reihe von Zusammenschlüssen, die weitergehende Ziele haben und an denen mehrere Länder beteiligt sind. Eine der bedeutendsten Vereinigungen, welche verschiedene Staaten eng aneinanderbindet, zugleich auch jene mit den am weitesten gehenden Zielen, sind die „Europäischen Gemeinschaften" mit 10 Mitgliedsländern.

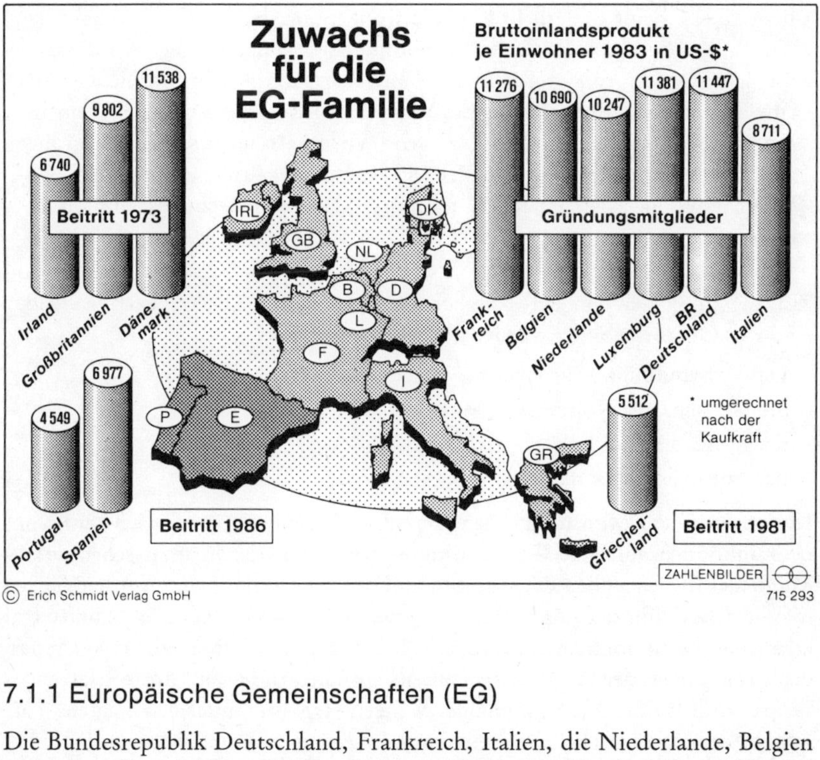

 715 293

7.1.1 Europäische Gemeinschaften (EG)

Die Bundesrepublik Deutschland, Frankreich, Italien, die Niederlande, Belgien und Luxemburg bilden seit 1951 die **Europäische Gemeinschaft für Kohle und**

Stahl (EGKS/Montanunion) sowie seit 1958 die Europäische Wirtschaftsgemeinschaft (EWG) und die Europäische Atomgemeinschaft (EAG/Euratom). Diese drei Vertragsgemeinschaften haben seit 1967 als „Europäische Gemeinschaften (EG)" gemeinsame Institutionen. Sie sind nach Maßgabe jedes der drei Verträge sowie eines Fusionsvertrages tätig. Zum 1. Januar 1973 sind Großbritannien, Dänemark und die Republik Irland den Verträgen beigetreten. Seit dem 1. Januar 1981 ist Griechenland Vollmitglied in dieser Wirtschaftsgemeinschaft. Am 1. 1. 1986 werden Portugal und Spanien der EG beitreten, die dann zwölf Mitgliedsländer umfaßt.

Europäische Wirtschaftsgemeinschaft (**EWG**)

Das Vertragswerk über die EWG wurde am 25. 3. 1957 in Rom unterzeichnet. Es trat am 1. 1. 1958 in Kraft. Die sechs Unterzeichnerstaaten dieses „Vertrages von Rom" hatten sich als gemeinsame Zielsetzung die Steigerung des wirtschaftlichen Wohlstands in ihren Ländern gesetzt.

In Artikel 2 heißt es deshalb über die Konzeption der EWG: „Aufgabe der Gemeinschaft ist es, durch die Errichtung eines gemeinsamen Marktes und die schrittweise Anlehnung an die Wirtschaftspolitik der Mitgliedsstaaten eine harmonische Entwicklung des Wirtschaftslebens innerhalb der Gemeinschaft, eine beständige und ausgewogene Wirtschaftsausweitung, eine größere Stabilität, eine beschleunigte Hebung der Lebenshaltung und engere Beziehungen zwischen den Staaten zu fördern, die in dieser Gemeinschaft zusammengeschlossen sind."

Zur Erfüllung der den europäischen Gemeinschaften übertragenen Aufgaben sind vier Organe gebildet worden:
- Die Versammlung (Europäisches Parlament)
- die Gemeinsame Kommission
- der Ministerrat und
- der Europäische Gerichtshof.

Kommission und Ministerrat üben Exekutiv-, Parlament und Gerichtshof Kontrollfunktionen aus. Die **Gemeinsame Kommission** besteht inzwischen aus 14 Mitgliedern, die von den Regierungen im Einvernehmen ernannt werden. Sie hat für die Durchführung des Vertrages sowie die Befolgung der vom **Ministerrat** erlassenen Bestimmungen zu sorgen. Der Ministerrat, bestehend aus Vertretern der Regierungen der Mitgliedsstaaten, als entscheidendes und normensetzendes Organ sorgt für die Abstimmung der Wirtschaftspolitik unter den Staaten. Vorschläge der Europäischen Kommission können nur auf einstimmigen Beschluß hin geändert werden. Alle EG-Organe unterliegen der demokratischen Kontrolle durch das **Europäische Parlament.** In ihm sind nunmehr 434 Abgeordnete aller Mitgliedsstaaten vertreten. Die meisten Vorschläge der Kommission müssen, bevor der Ministerrat über sie entscheiden kann, erst dem Parlament zur Stellungnahme vorgelegt werden. Der Europäische Gerichtshof, dem Richter und Anwälte aus den Mitgliedsstaaten angehören, zeichnet für die Einhaltung der Verträge verantwortlich. In allen die EG berührenden Rechtsfragen ist der Europäische Gerichtshof die letzte entscheidende Instanz. Seine Urteile sind für alle Mitgliedsstaaten rechtsverbindlich.

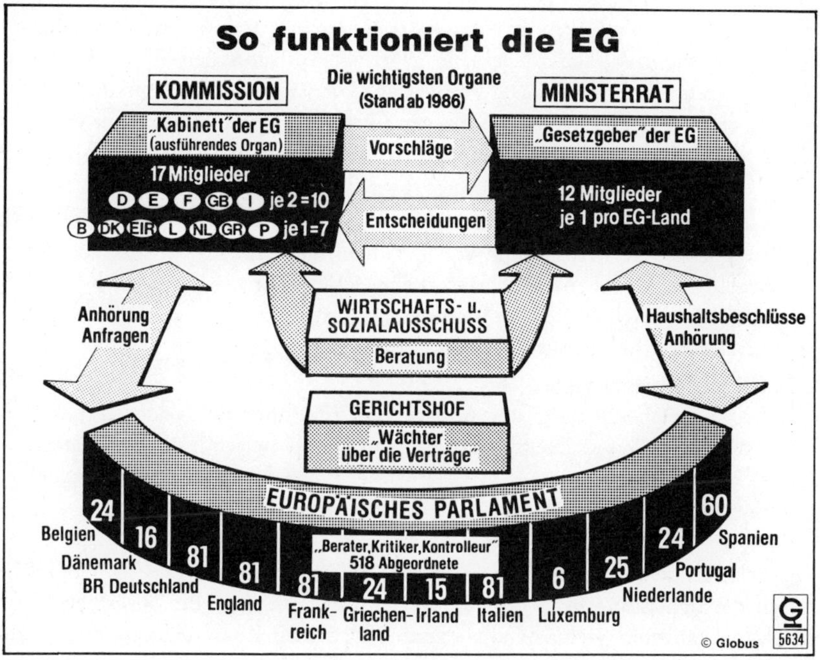

Zur Errichtung eines Gemeinsamen Marktes dienen folgende Schritte:

1. Der freie Warenverkehr
   Durch Abbau der zwischen den Mitgliedsländern bestehenden Handelshemmnisse für industrielle Erzeugnisse wurde als Kernstück der EG eine **Zollunion** errichtet. Dies geschah 1968. Gleichzeitig trat ein **gemeinsamer Außenzolltarif** in Kraft, der alle aus Drittländern eingeführten Erzeugnisse mit einheitlichen Zollbelastungen erfaßt. Für die gemeinsame Außenhandelspolitik ist seit 1970 die Gemeinschaft zuständig.

2. Freizügigkeit der Arbeitnehmer
Seit 1968 bilden die EG-Mitgliedsstaaten einen gemeinsamen Arbeitsmarkt. Dadurch können Arbeitskräfte in jedem Land der EG zu den gleichen Bedingungen wie inländische Arbeitskräfte eine Beschäftigung aufnehmen.
3. Harmonisierung des Niederlassungsrechts
Bis Ende 1969 mußten alle EG-Mitglieder die Niederlassungsfreiheit für Unternehmen und Einzelpersonen sowie die Freizügigkeit auf dem Gebiet des Dienstleistungsverkehrs einführen. Dadurch wurde es möglich, in jedem Land der EG Produktions- oder Vertriebsstätten zu errichten, ohne Diskriminierung oder Nachteile gegenüber inländischen Einrichtungen hinnehmen zu müssen. Die Freiheit des Dienstleistungsverkehrs beseitigt Beschränkungen und Behinderungen für ausländische Unternehmen, insbesondere im Transportgewerbe. Hierunter fällt auch der freizügige Kapitalverkehr.
4. Gemeinsame Verkehrspolitik
Sie gilt für die Beförderung von Personen und Frachten im Eisenbahn-, Straßen- und Binnenschiffahrtsverkehr. Angestrebt werden möglichst gleiche, den verschiedenen Verkehrsstrukturen der Mitgliedsländer entsprechende Wettbewerbsbedingungen.
5. Gleiche Wettbewerbsregeln
Die Vereinheitlichung der Wettbewerbsordnung wurde durch unterschiedliche Gesetzgebung und Verwaltung in den Mitgliedsstaaten erschwert. Sowohl der EGKS- als auch der EWG-Vertrag verbieten jedoch Praktiken, die den Wettbewerb einschränken oder verfälschen.

Die Schaffung eines europäischen Binnenmarktes ist im gewerblichen Bereich durch die Errichtung der Zollunion verwirklicht worden. Ein ähnlicher, dem Marktmechanismus weitgehend Rechnung tragender Zusammenschluß konnte für den Agrarbereich nicht erzielt werden. Die Eingliederung der Landwirtschaft in den Gemeinsamen Markt wird durch ein Agrarkonzept versucht, das zentral gelenkt und finanziert wird. Instrument der Integrationspolitik sind hier die **gemeinsamen Marktordnungen** für landwirtschaftliche Erzeugnisse, die gemeinsame Mindestpreise, ein System von Ausgleichszahlungen und Programme zur Strukturbereinigung sowie eine gemeinsame Ein- und Ausfuhrpolitik gegenüber Drittländern vorschreiben (Brüsseler Beschlüsse vom 14. 1. 1962).

Seit dem 1. 7. 1977 bilden die damals neun, heute zehn und ab 1. 1. 1986 zwölf Länder der Europäischen Gemeinschaft eine uneingeschränkte Zolltarifunion. Zu diesem Zeitpunkt fielen die restlichen Binnenzölle für gewerbliche Waren und fast alle Agrarerzeugnisse, die seit der Erweiterung der EG Anfang 1973 im Handel zwischen den EG-Gründungsländern und den drei späteren Beitrittspartnern, Großbritannien, Dänemark und Irland, noch bestanden. Der Zollabbau vollzog sich stufenweise in einer 4½-jährigen Übergangsfrist. Zum 1. 7. 1977 hatten die drei Beitrittsländer auch ihre bisherigen Zollsätze gegenüber Drittländern an die Sätze des gemeinsamen EG-Zolltarifs angeglichen. Mit den neuen Beitrittsländern Griechenland, Spanien und Portugal wird nach einer mehrjährigen Übergangsfrist ebenfalls der Zollabbau vollzogen werden.

Ebenfalls zur Jahresmitte 1977 wurden aufgrund des Beitrittsabkommens zwischen den EG-Ländern und den restlichen EFTA-Ländern (Finnland, Island, Norwegen, Österreich, Portugal, Schweden und Schweiz) die noch bestehenden Zollsätze für die meisten Waren abgebaut. Die zwischen EG und EFTA geschaffene Zollfreiheit birgt für die insgesamt inzwischen 17 Länder insofern Probleme in sich, als in diesen Staaten der generelle Außenzolltarif der EG gilt. Anders als in einer Zollunion gibt es nämlich in einer Freihandelszone keinen gemeinsamen Außenzolltarif gegenüber Drittländern. Der Zollwegfall zum 1. 7. 1977 kann sich somit nur auf Ursprungsprodukte der EFTA-Länder beschränken. Um zu verhindern, daß Waren über Drittstaaten zollfrei eingeschleust werden, ist beim Import in die EG jeweils ein Ursprungsnachweis zu erbringen.

Das gleiche gilt ab 1. 7. 1977 auch für die Einfuhr industrieller Güter aus den meisten Mittelmeerländern (Marokko, Algerien, Tunesien, Ägypten, Jordanien, Syrien und Libanon), mit denen von diesem Stichtag an Zollfreiheit in der Gemeinschaft vereinbart wurde.

Mit der Einführung des gemeinsamen Zolltarifs in der EG ist die Zolltarifhoheit der Mitgliedsstaaten auf die Organe der Gemeinschaft übergegangen. Damit verbunden ist die gemeinsame Handelspolitik der Gemeinschaft gegenüber Drittstaaten. Dies umfaßt die Kompetenz auch für die Festlegung von Zollkontingenten und die Verhandlungsvollmacht für internationale Zollverhandlungen sowie die Aushandlung von Handelsabkommen mit Drittländern. So trat die Europäische Gemeinschaft erstmals bei der sogenannten Tokio-Runde des GATT als ein Land auf. Zu den Aufgaben der Europäischen Gemeinschaft gehört auch, die Handelsbeziehungen zu den Entwicklungsländern zu regeln. Dabei spielen die Länder eine besondere Rolle, die ehemals Kolonialgebiete einer der EG-Mitgliedsstaaten waren. Diese sind durch Vertragsbestimmungen als assoziierte Länder eingestuft, was nichts anderes heißt, als daß der Zollabbau und der Abbau der mengenmäßigen Handelsbeschränkungen gleichermaßen wie zwischen den Mitgliedsstaaten der EG besteht. In diesem Rahmen dehnte die EG-Kommission im Jahr 1975 nach vorangegangenen Verhandlungen dieses Abkommen auf 46 Entwicklungsländer in Afrika, im karibischen Raum und im Pazifischen Ozean (AKP-Staaten) in Lomé aus. Dieses Abkommen mit den AKP-Staaten, deren Zahl zwischenzeitlich auf 66 anstieg, wurde 1979 durch ein neues Abkommen ausgedehnt, das bis 1985 gilt. Von großer Bedeutung in diesem Abkommen ist das System zur Stabilisierung der Exporterlöse der AKP-

Staaten (Stabex), das aus einem speziell dafür eingerichteten Stabilisierungsfonds finanziert wird.

Die gemeinsame Politik

Auch nach dem Zusammenschluß zur EWG bleibt die Wirtschaftspolitik zwar Angelegenheit der Mitgliedsstaaten, sie soll jedoch koordiniert und nach gemeinsamen Grundsätzen – das sind im wesentlichen stabiles Preisniveau, hoher Beschäftigungsstand und Gleichgewicht der Zahlungsbilanzen – ausgerichtet werden. Regelmäßige Konjunkturberichte, Empfehlungen an die Mitgliedsstaaten über zu ergreifende Maßnahmen und ein noch zu erarbeitendes Programm für eine mittelfristige Wirtschaftspolitik unterstützen die Konjunkturpolitiken der einzelnen Länder. Die **Europäische Investitionsbank** dient dabei der Erschließung weniger entwickelter Gebiete innerhalb der Gemeinschaft. Ziel der weiteren europäischen Entwicklung ist der Ausbau des gemeinsamen Marktes zu einer Wirtschafts- und Währungsunion. 1971 wurde deshalb ein Dreistufenplan zur Vollendung dieses Programms bis 1980 verabschiedet. In der ersten Stufe – sie umfaßt die Jahre von 1971 bis 1973 – galt es, folgende Zielsetzungen zu erreichen: Koordinierung im Bereich der Geld- und Kreditpolitik, Einführung eines Wechselkurssystems, das der Gemeinschaft in den internationalen Währungsbeziehungen Eigenständigkeit verleiht, beschleunigte Liberalisierung des Kapitalverkehrs, verstärkte Koordinierung der kurz- und mittelfristigen Wirtschaftspolitiken, erste Maßnahmen zur Lösung der Struktur- und Regionalprobleme sowie flankierende Fortschritte bei der Harmonisierung der Steuervorschriften und des Wirtschaftsrechts. Nach der ersten Währungskrise des Jahres 1973 war man noch bestrebt, die Arbeiten an der Verwirklichung der Weltwährungsunion (WWU) zu beschleunigen. Im weiteren Verlauf von 1973 kam man jedoch nicht über Beschlüsse hinaus, mit denen am 2. und 3. April 1973 die Errichtung des Europäischen Fonds für währungspolitische Zusammenarbeit (EFWZ) veranlaßt wurde. Die Bedeutung des EFWZ war von Anfang an eingeschränkt, weil Großbritannien und Irland schon seit Juli 1972 nicht mehr an dem Währungssystem teilnahmen. Schließlich zogen sich im Februar 1973 auch Italien und im Januar 1974 Frankreich aus dem gemeinschaftlichen Wechselkurssystem zurück. Von ausreichender Geschlossenheit konnte seit Anfang 1974 deshalb kaum mehr die Rede sein. Zugleich mit dem Austritt Frankreichs beschlossen die Bundesrepublik Deutschland, die Beneluxländer und Dänemark am 21. Januar 1974, das System der auf 2,25% verringerten Bandbreiten mit gegenseitig stützenden Interventionen beizubehalten, um den anderen Partnerländern die Rückkehr in dieses System offenzuhalten. Trotz des Verlustes einiger Glieder – am 24. August 1977 trat auch Schweden noch aus – lebte die Währungsschlange weiter, bis sie 1979 durch das neue Europäische Währungssystem abgelöst wurde. Von ihm wird u. a. erwartet, daß es dem europäischen Integrationsprozeß neue Impulse verleiht.

7.1.2 Europäische Freihandels-Assoziation (EFTA)

Die **EFTA** (European Free Trade Association) wurde am 4. Januar 1960 von den Ländern Großbritannien, Dänemark, Norwegen, Schweden, Schweiz, Österreich und Portugal gegründet. Ziel dieses Zusammenschlusses war, den Nachteilen zu begegnen, die die Nicht-EG-Mitglieder erwarteten. Der Zollabbau zwischen den EG-Ländern drohte nämlich, die Handelsbeziehungen zwischen den Ländern zugunsten der konkurrierenden Anbieter innerhalb der EG zu beeinträchtigen. Wenn schon nicht ganz auszuschalten, so sollte doch durch Bildung eines zweiten handelspolitischen Blocks wenigstens untereinander ein Ausgleich für die Nachteile geschaffen werden, die durch die Bildung der EG den Ländern entstanden waren. Die dem Übereinkommen von Stockholm zugrunde liegende Konzeption sah eine Ausweitung der Wirtschaftstätigkeit, Vollbeschäftigung, Produktivitätssteigerung und finanzielle Stabilität in den Mitgliedsstaaten vor, wobei sich die Mitglieder zum Abbau der Zölle und anderer Handelshemmnisse verpflichteten. Schrittweise sollte eine **Freihandelszone** angestrebt werden. Dabei behielten die EFTA-Länder gegenüber dritten Staaten ihre jeweiligen Zolltarife bei. Im Unterschied zur EG gab es keinen gemeinsamen Außenzolltarif.

Das erklärte Endziel der Association, die Errichtung eines einzigen, ganz Europa umfassenden freien Marktes, rückte 1972 beträchtlich näher, kam es doch zu einem Beitritts- und Freihandelsvertrag mit der EG. Dennoch messen zahlreiche Mitgliedsländer wie Finnland, Island, Norwegen, Österreich, Schweden und die Schweiz der EFTA weiterhin eine große Bedeutung bei. Das kommt nicht zuletzt in dem Bemühen zum Ausdruck, die in der Vergangenheit erzielten integrationspolitischen Fortschritte innerhalb der EFTA zu konsolidieren. 1979 wurde zwischen der EFTA und Spanien ein multilaterales Freihandelsabkommen unterzeichnet.

7.1.3 Rat für gegenseitige Wirtschaftshilfe (RGW)

Die sozialistischen Länder Osteuropas gründeten bereits 1949 zur Förderung der wirtschaftlichen Zusammenarbeit zwischen den Mitgliedsländern den **Rat für gegenseitige Wirtschaftshilfe** (RGW), im Westen häufig **COMECON** genannt. Ihm gehören heute zehn Mitgliedsstaaten an: Bulgarien, DDR, Kuba, Mongolei, Polen, Rumänien, Tschechoslowakei, UdSSR, Ungarn und Vietnam. Albanien, das von 1949 bis 1961 Mitglied war, hat seine Mitarbeit inzwischen eingestellt, ohne formal ausgetreten oder ausgeschieden zu sein. Jugoslawien nimmt dagegen seit 1964 an der Arbeit des RGW teil, ohne Mitglied zu sein. Oberstes Gremium sind die „Tagungen des RGW", auf denen von Regierungsvertretern, meist den Regierungschefs der Mitgliedsländer selbst, die Grundsätze der Tätigkeit der RGW festgelegt werden. Die laufenden Geschäfte besorgt das 1962 gegründete

„Exekutiv-Komitee des RGW". Für besonders wichtige Probleme der Koordinierung der Wirtschaftspläne der Mitgliedsländer steht dem Exekutivorgan ferner ein „Komitee für die Zusammenarbeit im Gebiet der Planungstätigkeit" seit 1971 zur Verfügung. In demselben Jahr wurde auch ein „Komitee für wissenschaftlich-technische Zusammenarbeit" ins Leben gerufen.

Inwieweit es in den Gremien gelungen ist, die gesamtwirtschaftliche Entwicklung und die Wirtschaftspolitik in den Ländern aufeinander abzustimmen, zeigen die nachstehenden Übersichten für die 7 europäischen RGW-Länder (s. auch S. 279).

Gebiet und Bevölkerung der RGW-Länder

Jahresmitte 1984

Land	Fläche	Bevölkerung	
	1000 Quadratkilometer	Millionen Personen	Personen je Quadratkilometer
Bulgarien	111	8,9	81
CSSR	128	15,5	121
DDR	108	17,0	154
Polen	313	37,1	119
Rumänien	238	22,5	95
Ungarn	93	10,7	115
RGW (6)	991	111,7	113
UdSSR	22402	276,3	12
RWG (7)	23393	388,0	17

Der Artikel 1 des RGW-Status von 1959 nennt folgende Zielsetzungen für den Zusammenschluß: „Das Ziel des RGW besteht darin, durch Vereinigung und Koordinierung der Anstrengungen der Mitgliedsländer des RGW die planmäßige Entwicklung der Volkswirtschaft, die Beschleunigung des ökonomischen und technischen Fortschritts in diesen Ländern, die Hebung des Industrialisierungsniveaus der Länder mit weniger entwickelter Industrie, ständige Steigerung der Arbeitsproduktivität und die kontinuierliche Hebung des Wohlstands der Völker der RGW-Länder zu unterstützen." Innerhalb des RGW wird unverändert die Koordination der Nationalwirtschaftsplanung als wichtigster Weg zur Integration der nationalen Volkswirtschaften der Mitgliedsländer gesehen. Wenig Fortschritte waren bei der Multilateralisierung des Handels- und Zahlungsverkehrs zu verzeichnen.

Die Unterschiede in den nationalen Preisstrukturen und teilweise willkürliche Festsetzung der Wechselkurse machen eine Konvertibilität der Währungen auch innerhalb des RGW nach wie vor unmöglich.

Indikatoren der gesamtwirtschaftlichen Entwicklung in den RGW-Ländern

Jährliche Veränderung in v. H.

Länder	1960/65[1]	1966/70[1]	1971/75[1]	1976/80[1]	1984	1981/85[1]
	Ist					Plan
			Produziertes Nationalprodukt[2]			
Bulgarien	6,7	8,7	7,8	6,1	4,6	3,7
CSSR	2,0	6,9	5,5	3,6	2,6	2,0–2,6
DDR	3,4	5,2	5,4	4,1	5,5	5,1
Polen	6,1	6,0	9,7	1,2	5,5–6,0	·
Rumänien	9,0	7,7	11,3	7,3	7,7	7,1
Ungarn	4,1	6,8	6,2	3,2	2,8–3,0	2,7–3,2
UdSSR	6,5	7,8	5,7	4,2	3,0	3,8
RGW	·	·	6,3	4,2	3,6	3,7
			Bruttoproduktion der Industrie			
Bulgarien	11,7	10,9	9,1	6,1	4,5	5,1
CSSR	5,2	6,7	6,7	4,7	3,9	2,7–3,4
DDR	5,8	6,6	6,5	4,9	4,2	5,1
Polen	8,5	8,4	10,5	4,6	5,3	·
Rumänien	13,8	11,9	12,9	9,5	6,7	7,6
UdSSR	8,6	8,5	7,4	4,4	4,2	4,7
Ungarn	7,5	6,1	6,4	3,4	– 2,6	3,5–4,1
			Bruttoproduktion der Landwirtschaft			
Bulgarien	3,2	3,5	3,0	0,9	6,8	3,4
CSSR	– 0,6	4,9	2,7	1,8	3,6	1,4–1,9
DDR	0,8	1,5	2,9	1,2	10,0	·
Polen	2,8	1,8	3,6	– 1,7	5,7	·
Rumänien	2,5	1,9	6,5	3,6	13,3	7,6–8,4
UdSSR	2,4	3,9	0,6	1,5	0,0	3,9
Ungarn	1,1	2,8	4,7	2,5	2,5–3,0	2,3–2,8
			Arbeitsproduktivität in der Industrie[3]			
Bulgarien	6,9	6,9	6,8	5,1	·	·
CSSR	4,8	5,3	6,0	4,2	3,3	2,3–3,0
DDR	6,5	5,7	5,4	4,5	3,7	5,2
Polen	4,2	4,9	7,7	4,5	5,9	·
Rumänien	7,6	7,3	6,4	5,9	7,1	7,0
UdSSR	4,6	5,7	6,0	3,2	3,8	4,2
Ungarn	4,8	3,5	6,2	4,5	3,1	·

Anmerkungen: [1] Im Jahresdurchschnitt. [2] Gewichte in v. H. des pNP: Bulgarien 2,1; CSSR 5,1; DDR 6,7; Polen 8,3; Rumänien 4,8; Ungarn 2,3; UdSSR 70,7. [3] Bruttoproduktion je Beschäftigtem.

Neben den nationalen Banken der einzelnen Staatshandelsländer existieren im Comecon-Bereich zwei Supra-Nationale-Kreditinstitute: die Internationale

Bank für wirtschaftliche Zusammenarbeit (IBWZ) und die Internationale Investitionsbank (IIB).

Die **Internationale Bank für wirtschaftliche Zusammenarbeit** (IBWZ) wurde im Oktober 1963 gegründet. Sie nahm am 1. Januar 1964 in Moskau ihre Tätigkeit auf. Ihre Aufgabe gemäß Gründungsabkommen sollte sein, die internationale sozialistische Arbeitsteilung zu betreiben, die Handels- und Wirtschaftsverbindungen zu festigen sowie das Verrechnungssystem und die Erfüllung der gegenseitigen Verpflichtungen zu verbessern. Mit dem zunehmenden Außenhandel der Comecon-Länder kommt den Operationen der IBWZ in konvertierbaren Währungen und in Gold ständig wachsende Bedeutung zu. So werden etwa 25% der Verrechnungstransaktionen heute in westlichen Währungen abgewickelt.

Seit Anfang 1971 arbeitet – ebenfalls in Moskau domizilierend – die **Internationale Investitionsbank** (IIB). Sie soll vor allem die begrenzten Kreditmöglichkeiten der IBWZ erweitern und die Investitionsvorhaben finanzieren, die für die Mitgliedsländer von gemeinsamem Interesse sind.

Die beiden Comecon-Banken lassen gewisse Parallelen zu ähnlichen Instituten in Westeuropa bzw. der Welt zu. So wird die IBWZ als Pendant zur Europäischen Zahlungsunion (EZU) und der Bank für Internationalen Zahlungsausgleich (BIZ) in Basel angesehen. Für die IIB findet man gelegentlich die Bezeichnung „Weltbank des Ostens“. Es steht fest, daß beide Banken eine wichtige Funktion bei der starken Einbeziehung der Comecon-Länder in die Weltwirtschaft erfüllen und den Zugang zu den westlichen Geld- und Kapitalmärkten wesentlich erschlossen haben.

Zusammenfassung

7.1 Regionale Wirtschaftsintegrationen

Aus der Erkenntnis, daß ein freier grenzüberschreitender Waren- und Leistungsverkehr den Beteiligten Vorteile bietet, es aber weltweit oftmals Schwierigkeiten bereitet, bestehende Handelshemmnisse zu beseitigen, kam es zwischen einzelnen Staaten zur Bildung von regionalen Wirtschaftsintegrationen. Sie verfolgen letztlich alle das Ziel, die Wirtschaftsbeziehungen zwischen den beteiligten Staaten auszudehnen.

Die 1958 gegründete Europäische Wirtschaftsgemeinschaft (EG) ist mit 12 Ländern der bedeutendste und größte Zusammenschluß. Aufgabe dieser Gemeinschaft ist es, durch Errichtung eines gemeinsamen Marktes und die schrittweise Anlehnung der Wirtschaftspolitiken der Mitgliedsstaaten eine harmonische Entwicklung des Wirtschaftslebens innerhalb der Gemeinschaft zu erreichen. Nach Abschaffung der Zölle – mit Ausnahme der neuen Mitgliedsländer, für die noch Übergangsregelungen gelten – hat sich der Güter- und Leistungsaustausch zwischen den Ländern beträchtlich erhöht. Die Organe der EWG sind die Versammlung (Europäisches Parlament), die gemeinsame Kommission, der Ministerrat und der Europäische Gerichtshof. Während innerhalb der EG-Mitgliedsstaaten die Zölle beseitigt wurden, besteht gegenüber Drittländern ein gemeinsamer Außenzolltarif. Eine Besonderheit bildet der gemeinsame Agrarmarkt, für den es im Rahmen von Markt- und Preisordnungen spezifische Regelungen gibt. Wichtige, den interregionalen Handel behindernde Regeln wurden ganz oder teilweise beseitigt. So besteht Freizügigkeit für Arbeitnehmer, Harmonisierung des Niederlassungsrechts, eine gemeinsame Verkehrspolitik und eine vereinheitlichte Wettbewerbsordnung. Die EG hat mit einzelnen Staaten Assoziierungsabkommen abgeschlossen, in denen insbesondere die Zoll- und sonstigen Handelsbedingungen geregelt sind. Mit der Europäischen Investitionsbank wurde eine Einrichtung geschaffen, die dazu dient, die Erschließung weniger entwickelter Gebiete innerhalb der Gemeinschaft finanzieren zu helfen.

Die Europäische Freihandelsassoziation (EFTA) verfolgte mit ihrer Gründung im Jahr 1960 die Errichtung eines Freihandels zwischen den Mitgliedsländern, die aber ihre unterschiedlichen Außenzölle beibehalten sollten. Nachdem mehrere Mitglieder zwischenzeitlich in die EG überwechselten, gehören heute – mit Ausnahme Dänemarks – die skandinavischen Länder, Österreich und die Schweiz dieser Einrichtung an.

Die sozialistischen Länder Osteuropas gründeten 1949 den Rat für gegenseitige Wirtschaftshilfe zur Förderung der wirtschaftlichen Zusammenarbeit – RGW – (Comecon). Heute sind auch nicht-europäische sozialistische Länder wie Kuba, Nordkorea, Vietnam und die Mongolei Mitglieder. Wichtiges Instrument ist die Koordination der Wirtschaftspläne der Mitglieder. So werden innerhalb dieser Gemeinschaft die nationalen Produktionsstrukturen ebenso festgelegt, wie die gegenseitig zu liefernden Güter und Leistungen. Die Fortschritte des auch hier angestrebten Ziels einer Hebung des Wohlstands in den RGW-Ländern konnte bei weitem nicht in dem Umfang wie in der EG erreicht werden. Die Unterschiede in den nationalen Preisstrukturen und immer noch teilweise willkürliche Festsetzungen der Wechselkurse machen eine Konvertibilität der Währungen innerhalb des RGW als eine wichtige Voraussetzung für eine fortschreitende Integration unmöglich. Die Comecon-Staaten haben zwei supranationale Kreditinstitute gegründet, nämlich die Internationale Bank für wirtschaftliche Zusammenarbeit und die Internationale Investitionsbank. Beide Banken sollen mit unterschiedlichen Aufgabenstellungen dem Ziel dienen, die internationale sozialistische Arbeitsteilung über eine koordinierte Lenkung von Geld- und Kapitalströmen zu fördern.

7.2 Integrationsfördernde Institutionen

Die Periode der liberalen Weltwirtschaft endete mit dem Zusammenbruch der Goldwährung im bzw. nach dem Ersten Weltkrieg, später dann endgültig in der Weltwirtschaftskrise der beginnenden dreißiger Jahre. Mit dem Goldmechanismus, der die einzelnen Wirtschaften und ihre Entwicklungen verband, war auch ein international wirkender Marktmechanismus aufgehoben. An seine Stelle traten die autonomen Wirtschaftspolitiken der einzelnen Länder, die von diesen gesetzte Ziele verfolgen. Eine Desintegration der Weltwirtschaft – nicht zuletzt auch gefördert durch eine Reihe von sich entwickelnden totalitären Regimen – war die Folge.

Geringere wirtschaftliche Arbeitsteilung führte zu geringerer Produktivität in einzelnen Staaten. Mehr und mehr setzte sich deshalb vor allem nach dem Ende des Zweiten Weltkrieges die Erkenntnis durch, daß eine Re-Integration notwendig sei. Da totale Zusammenschlüsse sich allenfalls regional verwirklichen ließen, versuchte man zunächst, durch internationale Institutionen den Zusammenhalt auf währungs- und handelspolitischen Gebieten zu fördern. Erste Schritte in diese Richtung waren die Bildung des Internationalen Währungsfonds im währungspolitischen und die Verabschiedung der Charta von Havanna im handelspolitischen Bereich. Im Laufe der Zeit entwickelten sich – in verstärktem Maß nach dem Zweiten Weltkrieg – verschiedene internationale Institutionen, deren Mitglieder an einer weltweiten Arbeitsteilung interessiert waren und an ihrer Verwirklichung mitarbeiten wollten. Als wichtige integrationsfördernde Institutionen sind zu nennen die Weltbank, die Bank für internationalen Zahlungsausgleich, das GATT und die OECD.

7.2.1 Allgemeines Zoll- und Handelsabkommen (GATT)

Das **GATT** (General Agreement on Tariffs and Trade) ist keine internationale Organisation. Es geht zurück auf die Bemühungen um eine wirtschaftliche Neuordnung der Welt, zunächst allgemein formuliert in der Atlantik-Charta (1941), dann in der Charta der UN (1945). Gründungsdatum des GATT ist der 30. 10. 1947 durch Unterzeichnung der Schlußakte der Genfer Zollkonferenz 1947 durch 23 Staaten in Genf. Mit Wirkung vom 1. 1. 1948 trat das Abkommen in Kraft. Die Bundesrepublik Deutschland ist dem GATT zum 1. 10. 1951 beigetreten. Anfang 1985 zählte das GATT 90 Staaten als Mitglieder sowie 28 weitere Anwenderstaaten.

Das **allgemeine Zoll- und Handelsabkommen** war vorher von den Vertragsparteien mit der Zielsetzung geschlossen worden, ,,daß ihre Handels- und Wirtschaftsbeziehungen auf die Erhöhung des Lebensstandards, auf die Verwirklichung der Vollbeschäftigung, auf ein hohes und ständig steigendes Niveau des Realeinkommens und der wirksamen Nachfrage, auf die volle Erschließung der Hilfsquellen der Welt, auf die Steigerung der Produktion und des Austauschs von Waren gerichtet sein soll". Durch den Abschluß von Vereinbarungen galt es, diese Ziele zu erreichen, ,,die auf der Grundlage der Gegenseitigkeit und zum gemeinsamen Nutzen auf einen wesentlichen Abbau der Zölle und anderer Handelsschranken sowie auf die Beseitigung der Diskriminierung im internationalen Handel abzielen".

Die Vertragspartner hatten die Aufgabe, zur Verwirklichung dieser Leitmotive insbesondere durch kollektiven Zollabbau, Vermeidung von gegenseitigen Wettbewerbsnachteilen und durch den Fortfall mengenmäßiger Beschränkungen beizutragen. Nach dem Grundsatz der unbedingten Meistbegünstigung gelten alle bilateral ausgehandelten Zoll- und Handelszugeständnisse, die ein Parnter einem anderen gewährt, sofort und ohne jede Gegenleistung auch für alle anderen Länder, und zwar als vertragliches Recht. Abgesehen von einzelnen Ausnahmen sind nach dem GATT Einfuhrkontingentierungen grundsätzlich verboten, da Zollkonzessionen durch sie leicht unwirksam gemacht werden können. Ein Abbau der Devisenbewirtschaftung, die den Handel beschränkt, wird angestrebt.

Seit der Gründung des GATT hat es zur Erreichung der Ziele sieben Runden von Zoll- und Handelsverhandlungen gegeben (Zollsenkungen in GATT-Runden):

- 1947 in Genf (18,9%)
- 1949 in Annecy (1,9%)
- 1950/51 in Torquay (3,0%)
- 1955/56 in Genf (2,4%)
- 1961/62 in Genf, sogenannte Dillon-Runde (7,0%)
- 1964/67 in Genf, sogenannte Kennedy-Runde (35,0%)
- 1973/79 in Tokio, sogenannte Tokio-Runde (33,0%).

Die Zollsenkungen der Kennedy-Runde liefen am 1. Januar 1972 aus. Nach rund sechsjährigen Vorarbeiten verabschiedeten die Minister von 102 Staaten am 14. 9. 1973 den Text der Erklärung von Tokio. Sie stellte den Startschuß für eine neue Runde multilateraler Handelsverhandlungen dar. In der zweiten Jahreshälfte 1979 wurde die 7. GATT-Runde abgeschlossen. Die hier verabschiedeten Zollsenkungen sollen von 1980 bis 1987 in 8 Etappen vorgenommen werden. Die Europäische Gemeinschaft hat sich allerdings eine Senkung in zwei Etappen von 5 und 3 Jahren vorbehalten.

7.2.2 Organisation für wirtschaftliche Zusammenarbeit und Entwicklung (OECD)

Die **OECD** (Organization for Economic Cooperation and Development) ist seit dem 1. Oktober 1961 Nachfolgeorganisation der **OEEC** (Organisation für europäische wirtschaftliche Zusammenarbeit). Nachdem letztere ihre Aufgaben weitgehend erfüllt hatte – Beendigung der im Zusammenhang mit dem Marshallplan von den USA gewünschten koordinierten europäischen Wiederaufbauphase, Aufbau einer gesunden europäischen Wirtschaft durch wirtschaftliche Zusammenarbeit, Förderung der Produktion, Rationalisierung, Vollbeschäftigung, Ausweitung und Erleichterung des europäischen Handels- und Zahlungsverkehrs – und die Bemühungen um die Liberalisierung der innereuropäischen Wirtschaftsbeziehungen sich immer mehr auf EG und EFTA verlagerten, wurde im Januar 1960 auf einer atlantischen Wirtschaftskonferenz die Erweiterung und Reorganisation der OEEC beschlossen. Die neue Konvention unterzeichnete man am 14. Dezember 1960. Hauptziele der OECD sind Koordinierung der Wirtschaftspolitik, insbesondere der Konjunktur- und Währungspolitik, sowie die Entwicklungshilfe. Daneben soll weiterhin zur Ausweitung des Welthandels und zur Erhöhung der Produktivität beigetragen werden. Die auch als **Atlantischer Wirtschaftsrat** bezeichnete Organisation zählt 24 Mitgliedsstaaten, darunter die Bundesrepublik Deutschland.

Die OECD hat als eine von den Industriestaaten der westlichen Welt unterhaltene gemeinsame Forschungs- und Studienstelle zu gelten, deren Tätigkeit im Dienste einer vierfachen Aufgabe steht:

- der Förderung des Wirtschaftswachstums ihrer Mitgliedsstaaten
- der Aufrechterhaltung der finanziellen Stabilität
- der Entwicklung des Welthandels
- und der Bereitstellung von Mitteln für die Dritte Welt.

Innerhalb der Organisation werden umfangreiche Untersuchungen über verschiedene aktuelle Wirtschaftsprobleme durchgeführt. Sie befaßt sich aber nicht nur mit der Wirtschaftspolitik, sondern auch mit Fragen der Energiewirtschaft, der technischen Kooperation des Umweltschutzes sowie anderer aktueller Themen. Alle Untersuchungen und Veröffentlichungen der OECD sind als Vorschläge und Entscheidungshilfen anzusehen, da sie selbst nicht über ausreichende Vollmachten verfügt, um ihre Mitglieder zur Verfolgung der von ihr empfohlenen Politik anzuhalten.

7.2.3 Bank für internationalen Zahlungsausgleich (BIZ)

Die **Bank für internationalen Zahlungsausgleich** mit Sitz in Basel hat nach ihren Statuten insbesondere den Zweck, die Zusammenarbeit der Notenbanken zu fördern und neue Möglichkeiten für internationale Finanzgeschäfte zu schaffen. Sie wird außerdem als Treuhänder oder Agent bei den ihr aufgrund von Verträgen mit den beteiligten Parteien übertragenen internationalen Zahlungsgeschäften tätig sein. Die Verhandlungen von 1929 und 1930 galten einer Regelung der von Deutschland zu leistenden Reparationszahlungen nach dem Ersten Weltkrieg und führten zur Gründung der BIZ. Der als **Young-Plan** bekanntgewordene Sachverständigenbericht sah eine „Kommerzialisierung" der Annuitäten Deutschlands vor sowie die Möglichkeit, einen Teil dicser Raten durch die Ausgabe internationaler Anleihen zu mobilisieren. Um dieses Ziel zu verwirklichen, wurde beschlossen, eine internationale Bank zu schaffen, die von den Zentralbanken der wichtigsten beteiligten Länder gegründet werden und die Aufgabe haben sollte, die Zusammenarbeit der Notenbanken zu fördern und den internationalen Zahlungsausgleich zu erleichtern. Diesen Funktionen konnte am besten eine Bank mit amtlichem, kommerziellem Charakter entsprechen. Gestalt und Aufgaben der künftigen internationalen Bank, welche die Bezeichnung „Bank für internationalen Zahlungsausgleich" tragen sollte, sind im Young-Plan beschrieben. Am 17. Mai 1930 nahm die BIZ in Basel ihre Tätigkeit auf.

Mit Ausnahme der Russischen Staatsbank und der Notenbank der DDR sind alle europäischen Zentralbanken, auch die Zentralinstitute sozialistischer Länder, Aktionäre und somit Mitglieder der BIZ. Dazu treten noch fünf außereuropäische Zentralbanken, nämlich die der Vereinigten Staaten, Kanadas, Japans, Australiens und Südafrikas. Das oberste Organ, die Generalversammlung, wird von den Zentralbanken gebildet. Die Geschäftsführung liegt in den Händen des Verwaltungsrats, der die Geschäftspolitik bestimmt. Ausgeführt wird diese vom Generaldirektor und der Direktion, die sich aus Vertretern verschiedener Nationen zusammensetzt. Die BIZ ist in erster Linie Bank der Zentralbanken. Daneben tätigt sie sowohl mit nichtbeteiligten außereuropäischen Zentralbanken als auch mit kommerziellen Banken verschiedener Länder Geschäfte.

Sie betreibt ferner auch Forschungsarbeit auf dem Währungs- und Wirtschaftsgebiet. Zu den bekanntesten regelmäßigen Veröffentlichungen zählt der Jahresbericht der Bank.

7.2.4 Internationale Bank für Wiederaufbau und Entwicklung (Weltbank)

Die **Weltbank** verdankt ihre Entstehung der Einsicht der alliierten Nationen im Zweiten Weltkrieg, daß systematische nationale und internationale Anstrengungen notwendig werden würden, um dem Wohlstand der Völker, ihrer Freiheit und dem kommenden Frieden durch Produktionsausweitung, zunehmende Beschäftigung und verbesserten Güteraustausch eine verläßliche materielle Grundlage zu geben. Zwei komplementäre Finanzinstitutionen sollten diesen Zielen dienen, der Internationale Währungsfonds und die Internationale Bank für Wiederaufbau und Entwicklung. Die letztere nahm am 25. Juni 1946 in Washington ihre Geschäftstätigkeit auf. Die Bundesrepublik Deutschland trat ihr 1952 bei.

Anteilseigner sind die Mitgliedsregierungen. Ihre Anteile richten sich nach der Wirtschaftskraft des einzelnen Mitgliedslandes. Die Weltbank besitzt einen **Gouverneursrat** – jedes Mitgliedsland bestimmt einen Gouverneur und einen Vizegouverneur –, ein Direktorium – es ist allein für die allgemeine Geschäftstätigkeit verantwortlich – und einen Präsidenten – er wird vom Direktorium gewählt.

Artikel 1 der Statuten nennt der Weltbank ihre Aufgaben. Danach soll sie

1. den Aufbau und die Entwicklung der Mitgliedsländer unterstützen
2. soweit privates Kapital zu angemessenen Bedingungen nicht erhältlich ist, die private Anleihetätigkeit ergänzen
3. das langfristig wohl ausbalancierte Wachstum des Außenhandels und die Aufrechterhaltung gleichgewichtiger Zahlungsbilanzen fördern
4. bei den von ihr ausgegebenen Anleihen die Verwendung der aus dem Verkauf hereinkommenden Mittel so steuern, daß die nützlichen und dringlichen Projekte bevorzugt in Angriff genommen werden
5. bei ihrer Geschäftstätigkeit die Auswirkungen internationaler Investitionen auf die Wirtschaftslagen in den Mitgliedsländern gebührend berücksichtigen.

Die Beschaffung der Mittel, mit denen die Weltbank ihre Ausleihungen finanziert, erfolgt aus folgenden Quellen:

1. Grundkapital
2. Emissionen eigener Obligationen
3. Weitergabe von Schuldnerobligationen
4. Kreditrückzahlungen
5. Gewinne.

Während nach dem Zweiten Weltkrieg die Weltbank fast ausnahmslos ihre Ausleihungen zunächst für den Wiederaufbau in Europa einsetzte, wandte sie sich inzwischen mehr und mehr der Finanzierung von Entwicklungsvorhaben in unterentwickelten Ländern zu, insbesondere von sogenannten Grundlageninvestitionen.

Die sogenannte Weltbankgruppe umfaßt neben der Weltbank auch deren zwei Schwesterorganisationen, die Internationale Entwicklungsorganisation **(IDA)** und die Internationale Finanz-Corporation (**IFC**), die 1960 bzw. 1956 gegründet wurden. Beide Organisationen werden in Personalunion von den Organen der Weltbank geführt. Die IDA wurde mit dem Ziel gegründet, den anderen Entwicklungsländern finanzielle Hilfe zu besonders günstigen Bedingungen zu gewähren. Die Tätigkeit der IDA konzentriert sich daher auf diejenigen mehr als 50 Länder, deren jährliches Pro-Kopf-Einkommen weniger als 796 US-$ (1981) beträgt. Demgegenüber unterstützt die IFC die wirtschaftliche Entwicklung der weniger entwickelten Länder, indem sie das Wachstum des privaten Sektors ihrer Volkswirtschaften fördert und dabei hilft, für diesen Zweck in- und ausländisches Kapital zu mobilisieren.

7.2.5 Weltwirtschaftsgipfel

Die Probleme der divergierenden Weltwirtschaftsentwicklung, der Beeinträchtigung des freien Welthandels, der Verstärkung der Entwicklungshilfe sowie des unterschiedlichen Wirtschaftswachstums und der internationalen Arbeitsteilung sind seit Mitte der siebziger Jahre auch Gegenstand des regelmäßig tagenden sogenannten **Weltwirtschaftsgipfels.** Seit 1975 treffen sich jährlich die Staats- und Regierungschefs der sieben wichtigsten westlichen Industrienationen (USA, Kanada, Japan, Großbritannien, Frankreich, Italien, Bundesrepublik Deutschland), um die anstehenden ökonomischen Probleme zu beraten und Lösungsvorschläge zu erarbeiten. Die bisherigen Tagungen der Regierungschefs wurden von folgenden Themen bestimmt bzw. führten zu den nachstehenden Ergebnissen:

1975: 15.–17. November in Rambouillet
Plädoyer für strukturpolitischen Kampf gegen die Arbeitslosigkeit bei gleichzeitiger Beachtung der Stabilitätspolitik; Bekenntnis zur arbeitsteiligen Weltwirtschaft bei freiem Welthandel sowie zu wechselkursglättenden Devisenmarkt-Interventionen

1976: 27.–28. Juni in Puerto Rico
Einvernehmen über Vorrang der Inflationsbekämpfung; keine Einigkeit über internationale Rohstoffabkommen als Finanzierungshilfe für Entwicklungsländer

1977: 7.–8. Mai in London
Priorität der Inflationsbekämpfung auch unter beschäftigungspolitischen Aspekten, Bekenntnis zu freiem Welthandel, Energieeinsparung und Intensivierung der Entwicklungshilfe

1978: 16.–17. Juli in Bonn
Verpflichtung der Teilnehmer, Maßnahmen zur Belebung des Wirtschaftswachstums, Drosselung des Energieverbrauchs und zum Abbau der Arbeitslosigkeit zu treffen; Absage an handelspolitischen Protektionismus

1979: 28.–29. Juni in Tokio
Vorrang der Energiepolitik; nur nebenrangige Behandlung von Inflation, industriellem Strukturwandel und Verbesserung der Nord-Süd-Beziehungen

1980: 21.–23. Juni in Venedig
Erneute Priorität der Energieeinsparung; Konsens über Inflationsbekämpfung sowie Zurückhaltung im Ost-West-Verhältnis nach Sowjet-Einmarsch in Afghanistan

1981: 20.–22. Juli in Ottawa
Vorrang der Inflationsbekämpfung, ferner Verteidigung des freien Welthandels, Verstärkung der Entwicklungshilfe sowie Überlegungen zu weiterer Energieeinsparung; Divergenzen hinsichtlich der „richtigen" Wirtschaftspolitik sowie des Ost-West-Handels

1982: 5.–6. Juni in Versailles
Wirtschaftswachstum und Drosselung der Arbeitslosigkeit; Kampf gegen Inflation sowie gegen Handelsprotektionismus; Unstimmigkeiten bezüglich der währungspolitischen Zusammenarbeit und der Ostkredite

1983: 28.–30. Mai in Williamsburg
Erklärung zur wirtschaftlichen Gesundung, Bekämpfung der Inflation, Erhöhung der Beschäftigungschancen vor allem für Jugendliche, Förderung der Wechselkursstabilität, Kampf gegen protektionistische Tendenzen, Aufstockung der Mittel des IWF, Behandlung von Umweltschutz und Abrüstung bzw. Rüstungskontrolle, Fragen des Ost-West-Handels einschließlich der Problematik des Technologietransfers

1984: 7.–9. Juni in London
Maßnahmen zur Verringerung von Inflation, Zinssätzen und Haushaltsdefiziten, Strategie zur Bewältigung der Schuldenlast der Entwicklungsländer, Erklärung zu Ost-West-Beziehungen und Rüstungskontrolle, zum internationalen Terrorismus und zum iranisch-irakischen Konflikt

1985: 4.–6. Mai in Bonn
Keine Beschlüsse zu konkreten wirtschaftlichen Schritten, Vorrang der Eindämmung des Protektionismus

Gemessen an der weltwirtschaftlichen Entwicklung haben die Ergebnisse der bisherigen Gipfelkonferenzen seit 1975 enttäuscht. 1983 versprachen sich die Teilnehmer von einer neuen sachbezogenen Form mit einem gemeinsam erarbeiteten Abschlußkommuniqué größere Effizienz. Ob das Ziel angesichts des Problemkatalogs und der in der westlichen Welt bestehenden Kontroversen wirtschaftspolitischer Auffassungen erreicht wird, bleibt abzuwarten.

7.2 Integrationsfördernde Institutionen

Zur Förderung der weltweiten Handels- und Kapitalbewegungen sind nach dem Zweiten Weltkrieg mehrere internationale Verträge geschlossen und Einrichtungen ins Leben gerufen worden.

Das GATT (Allgemeines Zoll- und Handelsabkommen) wurde 1947 von 23 Staaten mit dem Ziel gegründet, die Handels- und Wirtschaftsbeziehungen zur Erhöhung des Lebensstandards und zur Verwirklichung der Vollbeschäftigung voranzutreiben. Dabei galt es im wesentlichen, durch einen systematischen Abbau von Zöllen und anderen Handelsschranken die Diskriminierung im internationalen Handel abzubauen. Im Rahmen dieses GATT wurde auch der Grundsatz der unbedingten Meistbegünstigung festgeschrieben. Das GATT hat dabei in mehreren Verhandlungsrunden erreichen können, daß die internationalen Zölle beträchtlich reduziert wurden.

Die Organisation für wirtschaftliche Zusammenarbeit und Entwicklung (OECD) ist als Nachfolgeorganisation der OEEC 1961 gegründet worden. Hauptziele dieser Einrichtung sind die Koordination der Wirtschaftspolitiken, insbesondere der Konjunktur- und Währungspolitiken sowie die Entwicklungshilfe. Wichtige Tätigkeiten sind dabei die Erarbeitung von Analysen, Prognosen und wirtschaftspolitischen Handlungsvorschlägen für die Mitgliedsländer der OECD. Diese sollen als Vorschläge und Entscheidungshilfen dienen.

Die Bank für Internationalen Zahlungsausgleich (BIZ) war 1930 mit dem Ziel einer Verbesserung der Zusammenarbeit der Notenbanken und der Erleichterung des internationalen Zahlungsausgleichs errichtet worden. Mit Ausnahme der UdSSR und der DDR sind alle europäischen Zentralbanken sowie die der Vereinigten Staaten, Kanadas, Japans, Australiens und Südafrikas Mitglieder. Die BIZ nimmt insbesondere für den Euro-Markt die Aufgabe einer Evidenzzentrale wahr.

Die Weltbank hat die Aufgabe, den Aufbau und die Entwicklung der Mitgliedsländer zu unterstützen. Dabei soll sie Mittel zur Verfügung stellen, soweit dazu privates Kapital nicht zu angemessenen Bedingungen erhältlich ist. Die von der Weltbank benötigten Mittel stammen aus Einzahlungen der Mitgliedsländer sowie aus der Emission eigener Schuldverschreibungen. Während die Weltbank nach dem Zweiten Weltkrieg ihre Ausleihungen nahezu ausnahmslos für den Wiederaufbau in Europa einsetzte, liegt heute die Masse der von ihr finanzierten Projekte in unterentwickelten Ländern. Ähnliche Ziele wie die Weltbank verfolgen auch die internationale Entwicklungsorganisation IDA und die internationale Finanzkorporation IFC.

Seit 1975 treffen sich jährlich die Staats- und Regierungschefs der sieben wichtigsten westlichen Industrienationen im Rahmen eines Weltwirtschaftsgipfels. Ihre Hauptaufgabe liegt darin, die weltwirtschaftliche Lage zu analysieren, wirtschaftspolitische Maßnahmen zu ihrer Steuerung zu diskutieren und die Wirtschaftspolitiken der einzelnen Länder besser aufeinander abzustimmen. Die bisher regelmäßig durchgeführten Weltwirtschaftsgipfel konnten allerdings den Zielen und den in sie gesetzten Erwartungen kaum entsprechen.

Übungsaufgaben:

1. Worin liegen die Vorteile der wirtschaftlichen Integration mehrerer Staaten, und welche Voraussetzungen müssen geschaffen werden, damit diese wirksam werden?
2. Welche Schritte sind notwendig, um in einer Wirtschaftsintegration die Geld- und Fiskalpolitik effizient einsetzen zu können?
3. Was bedeutet eine Wirtschaftsintegration für ein einzelnes Kreditinstitut bzw. die nationalen Banksysteme?
4. Die im Jahr 1958 gegründete Europäische Wirtschaftsgemeinschaft hat derzeit zehn Mitglieder. Wie heißen sie, und welche hauptsächlichen Ziele werden mit den Verträgen von Rom angestrebt?
5. Welcher grundlegende Unterschied besteht zwischen der Konstruktion der Europäischen Wirtschaftsgemeinschaft und der Europäischen Freihandelsassoziation?
6. Kann man von den Zielsetzungen her die Europäische Wirtschaftsgemeinschaft mit dem Rat für gegenseitige Wirtschaftshilfe vergleichen?
7. Hat das 1948 begründete Allgemeine Zoll- und Handelsabkommen (GATT) auch heute noch eine Existenzberechtigung?
8. Erläutern Sie den Inhalt der Meistbegünstigung im Außenwirtschaftsverkehr.
9. Welche Rolle spielt heute die ursprünglich für die Abwicklung von Reparationszahlungen gegründete Bank für internationalen Zahlungsausgleich im internationalen Wirtschaftsleben?
10. Was war ursprünglich Zweck der zusammen mit dem Internationalen Währungsfonds gegründeten Weltbank, und was ist er heute? Welche Möglichkeiten der Refinanzierung stehen diesem Institut zur Verfügung?
11. Worum geht es auf dem jährlichen Weltwirtschaftsgipfel?

Quellen

Bundesministerium für Finanzen
Bundesministerium für Wirtschaft
Deutsche Bundesbank
Deutsches Institut für Wirtschaftsforschung
Erich Schmidt Verlag
Globus-Bildkarten-Dienst
Ifo-Institut
Internationaler Währungsfonds
OECD
Statistisches Bundesamt
Weltbank

Sachwortverzeichnis